现代汽车技术丛书

汽车悬架

（中文版·原书第2版）

（德）耶尔森·赖姆帕尔　著
李旭东　译

机械工业出版社

本书译自1988年德国弗戈出版社出版的耶尔森·赖姆帕尔主编的“汽车底盘技术”丛书的第三分册《汽车悬架》的第2版。汽车悬架的重要性众所周知，它直接决定了汽车的行驶性能。本书对各种悬架形式的结构、运动学以及弹性运动学的特性进行了详细的分析，包括刚性悬架、复合式悬架、双横臂悬架、纵摆臂悬架、斜臂式悬架等，以及各种衍生结构形式，如牵引杆悬架、扭转曲轴悬架、De-Dion悬架、Weissach悬架等。

本书配有丰富的插图、详细的知识和大量的实例，具有很强的实用性，自出版以来深受德国汽车界的称赞，成为德国汽车工程师的案头常备书。

Fahrwerktechnik：Radaufhängungen
2.，überarb. u. erw.
Jörnsen Reimpell
ISBN 3-8023-0738-0

北京市版权局著作权合同登记　图字：01-2012-4429号。

图书在版编目（CIP）数据

汽车悬架：第2版/（德）赖姆帕尔著；李旭东译. —北京：机械工业出版社，2013.4（2025.1重印）
（现代汽车技术丛书）
ISBN 978-7-111-41406-3

Ⅰ.①汽…　Ⅱ.①赖…②李…　Ⅲ.①汽车-车悬架　Ⅳ.①U463.33

中国版本图书馆CIP数据核字（2013）第025055号

机械工业出版社（北京市百万庄大街22号　邮政编码100037）
策划编辑：冯春生　责任编辑：冯春生　韩　冰
版式设计：霍永明　责任校对：刘怡丹　肖　琳
封面设计：张　静　责任印制：邓　博
北京盛通数码印刷有限公司印刷
2025年1月第1版第9次印刷
184mm×260mm·18.25印张·449千字
标准书号：ISBN 978-7-111-41406-3
定价：65.00元

电话服务	网络服务
客服电话：010-88361066	机　工　官　网：www.cmpbook.com
010-88379833	机　工　官　博：weibo.com/cmp1952
010-68326294	金　　书　　网：www.golden-book.com
封底无防伪标均为盗版	机工教育服务网：www.cmpedu.com

前言

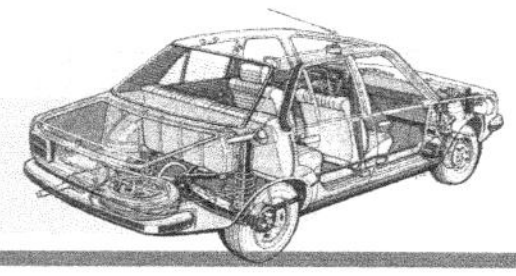

也许20年前可以把整个的汽车底盘技术分成3册来进行阐述，汽车悬架只是其中的一个章节。随着工业技术尤其是汽车工业技术的迅猛发展，底盘技术有必要重新进行编写，原来只是一个章节的内容必须独立成册进行阐述。

汽车悬架是路面和车身之间的连接桥梁。它决定了车轮和车身之间相互关联的优劣。越来越高的车辆行驶速度迫使人们不断优化汽车空气动力学和发动机性能，所有部件承受的载荷也越来越大。四轮驱动和四轮转向已经投入应用，底盘的使用条件也因此深刻改变，需要全新的匹配。对行驶舒适性和经济性要求的日益增长，也同样影响着悬架技术的发展。

本版第5、6、8章内容在第1版的基础上进行了重新扩展编写。大量的数据和实例使这本书成为汽车工程师、高等院校教师和学生以及汽车维修和评估人员的知识宝库。

感谢所有慷慨提供技术资料的公司。特别感谢Opel公司的Helmut Stoll工程师、科隆专科学校底盘技术实验室主任Guenter Gackstetter先生及其同事Helmut Rappenhoener工程师。书中许多图表都来源于该实验室的测量结果。

Joernsen Reimpel 耶尔森·赖姆帕尔
弗赖堡/科隆

目 录

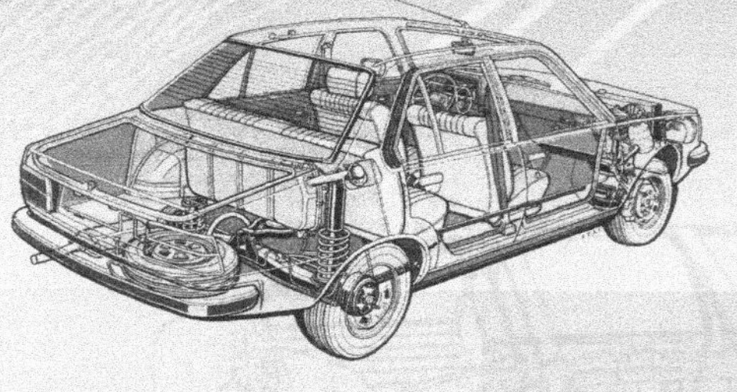

1

车轮悬架和整车

1.1 要求

车轮悬架作为车身和地面之间的连接部件，应重量轻，在确保理想的行驶安全性的条件下，尽可能地提高行驶舒适性。悬架除了应保证车轮精确导向外，还要保证精准、轻便地转向；另外，还要隔离路面噪声，并避免车轮滚动产生的噪声传到车身。车轮接地点处的力都是通过车轮悬架传递到车身的（图 1-1），因此对车轮悬架的强度和耐久性必须给予充分考虑。

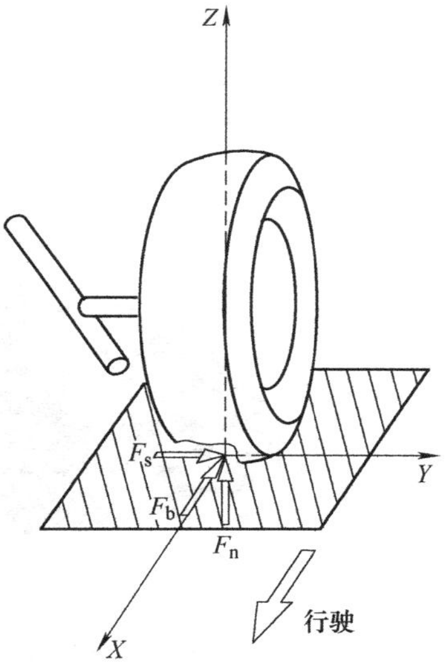

图 1-1　轮胎和地面之间的力通过悬架传递到车身，图示为左前桥上的垂直力 $+F_n$、滚动阻力和制动力 $-F_b$ 以及由内向外作用的侧向力 $+F_s$。

车轮托架和车身间的连接件有摆臂、撑杆和弹簧，它们必须与这些要求相适应。铰链在实际应用中应满足易于转动、挠度小并且隔离噪声的要求。摆臂应能承受各个方向的力以及驱动、制动力矩；同时摆臂又不能太重，以免制造费用过高。弹簧应尽可能有效地利用材料，并且结构简单，易于布置，保证足够的车轮跳动量。

轿车的车桥通常不是直接固定在车身上的，而是通过副车架固定；副车架和悬架单元构成一个装配模块。这样布置可以简化装配线，也可以使调整工作以及将来的维修变得简单；此外，也为增加橡胶件降低噪声提供了条件。车架只是在个别情况下才在轿车上使用（图 1-2）；轿车车身本身可以承载，与车身和车架分开的轿车相比，承载式车身不仅重量轻而且制造更经济。只有中型、重型货车和多功能越野车还使用车架，以提高强度（图 1-3 和图 5-34）；另外，采用车架能够使用户进一步改装车身的愿望得以实现。前车轮应该有尽可能大的转向角，驱动轮应该能够安装防滑雪链。但遗憾的是宽胎往往不可能安装防滑雪链。

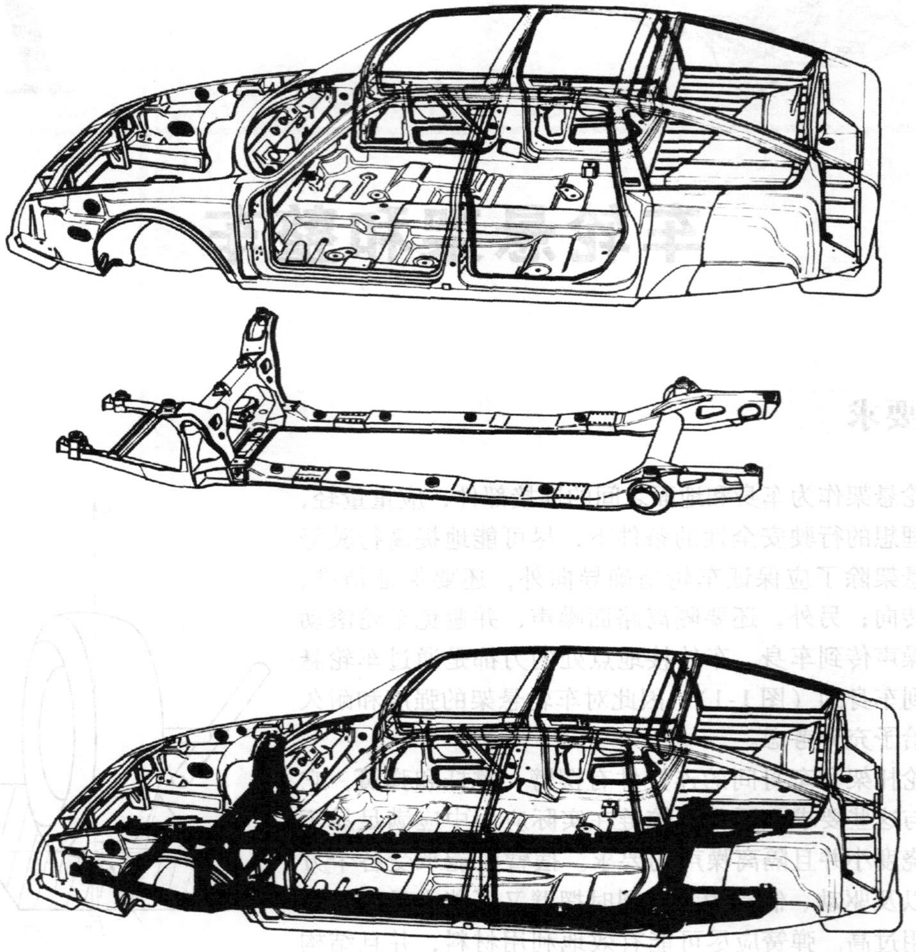

图 1-2　为了隔离路面噪声和钢丝束带式轮胎㊀的滚动冲击，Citroen 的 CX 车型采用了车架，车架通过 16 个橡胶支承连接到车身。

㊀ 子午线轮胎——译者注

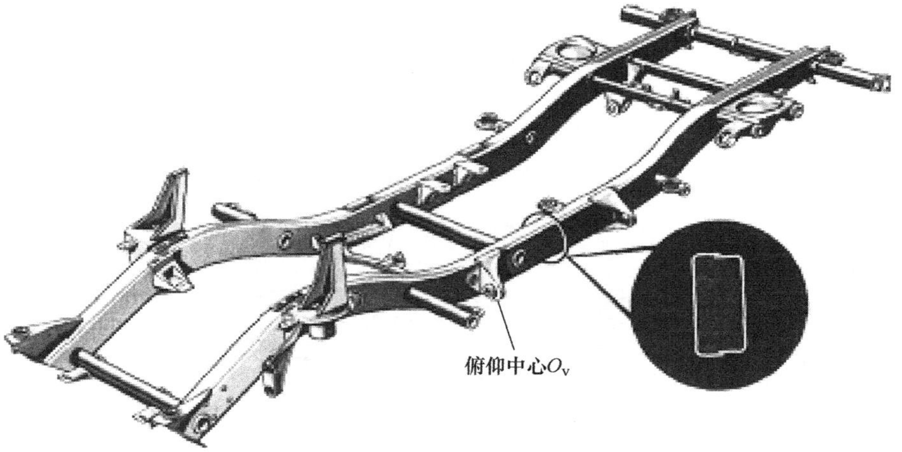

图 1-3 图示为 Daimler- Benz G 车型，四轮驱动多用途车。可以有多种轮距，用于装配不同的车身。230GE 车型如图 1-15 所示。

1.2 车身和车架应力

弹簧应支撑在车身的主承载区：发动机中间、后座椅下和行李箱下（图 1-4），以及在后座椅和行李箱之间（图 1-5）。车身应力会由此减小，车身可以轻量化。货车和特种轿车采用板簧，以便承受较高的载荷（图 1-6 和图 3-2）。带扭杆弹簧的纵臂式悬架能够把所有的弹簧力通过悬臂以弯矩的形式传递到车身（图 1-7 中位置 4 和图 7-12）。此种方式的缺点是：垂直力被传到车轮前面，车身从转动点 5（图 1-7）开始成为一个自由悬臂；另外减振器会产生一定的拉力。

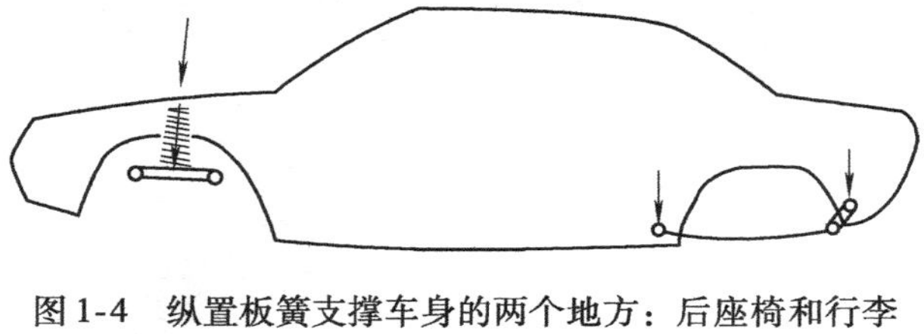

图 1-4 纵置板簧支撑车身的两个地方：后座椅和行李箱，优点是车身应力较小。

图 5-26 和图 6-57 所示为带纵向布置扭杆的前桥，两个扭杆的弹力作用方向相反，从而支撑车身。简单、隔噪、易于布置的横梁支撑着扭杆，车身的高度可以进行无级调整。

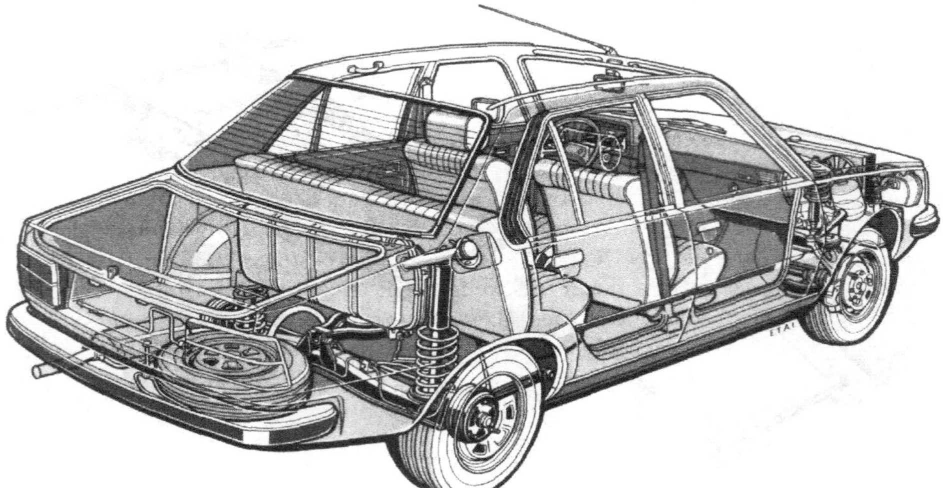

图1-5　Renault 18 车型中位于桥体上的螺旋弹簧支撑车身的位置为后座椅靠背和行李箱之间。刚性后桥不可避免地产生横向通道，油箱布置在该通道上，优点是行李箱的地板保持平坦。备用轮胎放在下面，并将其上面固定（防止被盗）。带有拉伸止位块和压缩止位块的减振器位于螺旋弹簧内部，与弹簧一同构成载力单元。

图1-6　在VW Golf车型的基础上开发出的车型Caddy，是一种带平板车箱的轿车。刚性后桥采用纵置板簧，板簧前后固定在纵梁上，有效支撑装载区域。装载总量（不包括驾驶员）可达到625kg。

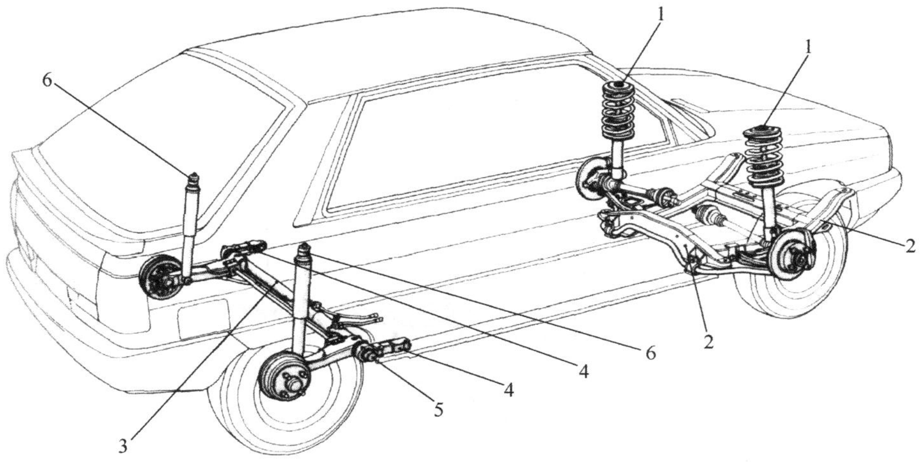

图 1-7 Renault 11 车型的车头由弹簧支柱 1 支撑，弹簧支柱下面与向前伸展的副车架 2 相连。后桥纵臂式悬架带有管横梁载力单元 3，两侧的扭杆位于管横梁中。其产生的扭矩通过悬臂 4 传递到车身底板。垂直力通过位于轮心前面的摆动中心点 5（参见图 7-12）；其他力通过减振器上的连接点 6 传递到轮罩，进而传递到车身后悬部位。

1.3 载力单元

1.3.1 副车架

为了阻隔路面噪声和衰减传递到车身上的力，双横臂式悬架采用了副车架（图 1-8）。副车架不仅支撑弹性元件，如螺旋弹簧 1、拉伸止位块 2、压缩止位块 3 和减振器 4，而且支撑横摆臂以及发动机悬置（在板 5 上）。

20 世纪 70 年代初以前，副车架通常使用在标准驱动形式的轿车上，由于其高成本，前碰撞褶皱吸能区难以构建，难以实现在一定方向吸收规定的能量，因此大多数汽车生产厂放弃了这种载力单元。如图 5-17 所示，新的轻型货车 VW LT 车型上还可以看到副车架，只是这里的副车架通过螺栓固定在纵梁上。

为了增大行李箱的有效容积，纵臂式悬架中弹簧和减振器水平布置，并且和副车架固定，从而省去了行李箱中两侧的“炮弹筒”（图 7-12 和图 7-17）。图 1-9 所示为装载宽度增加的 Citroen BX 车型，而图 1-10 所示则为因为弹簧支柱而产生“炮弹筒”使容积变小的行李箱。

1.3.2 弹簧减振器

弹簧减振器来源于摩托车，后来越来越多地应用在轿车上，独立悬架、非独立悬架（刚性悬架）以及复合悬架都采用弹簧减振器（图 1-11）。这种最早被称为弹簧支柱的载力单元几乎包含了所有的弹性元件：螺栓弹簧 1、拉伸止位块 2、副簧 4（图 1-12）和作为承载件的减振器。

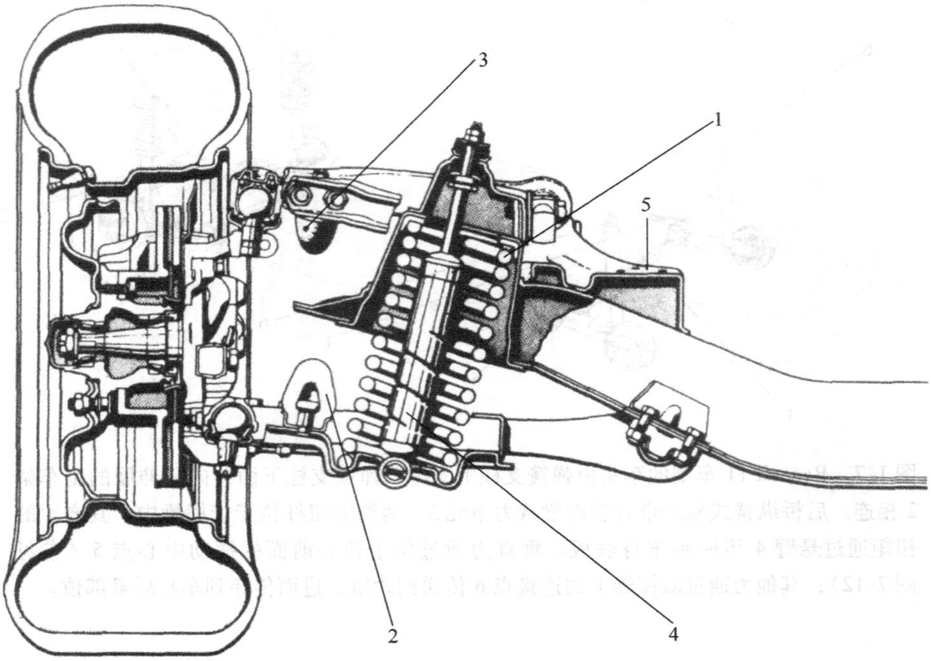

图1-8 双横臂前桥，1969～1975年Opel生产的Admiral车型和Diplomat车型带有副车架作为载力单元。减振器4比弹簧1长，因此减振器需要借助销轴式铰链与向上隆起的“炮弹筒”连接。“站立”布置的上导向球铰侧面被夹紧，同样“站立”布置的承载球铰通过1∶10的锥面连接。车轮轴承为圆锥滚子轴承；通风制动盘从内侧连接到车轮轮毂上（装配不便），由此可以获得较大的车轮固定螺栓孔圆周直径。

图1-9 图示为Citroen BX车型宽阔的后行李箱，1/3∶2/3的可折叠后座椅靠背。纵臂式后桥的副车架使得底板装配更加便利，在轮罩处不需要另外的空间。较低的行李箱使得装载工作变得轻松。

图 1-10 Toyota Camry 车型由于要给出弹簧支柱的安装位置，在行李箱中形成“炮弹筒”，使得行李箱变窄。后座椅靠背分开，较低的行李箱底板以及向下伸展的边沿使装卸更加容易。减振器支柱在侧面需要的空间要小一些。

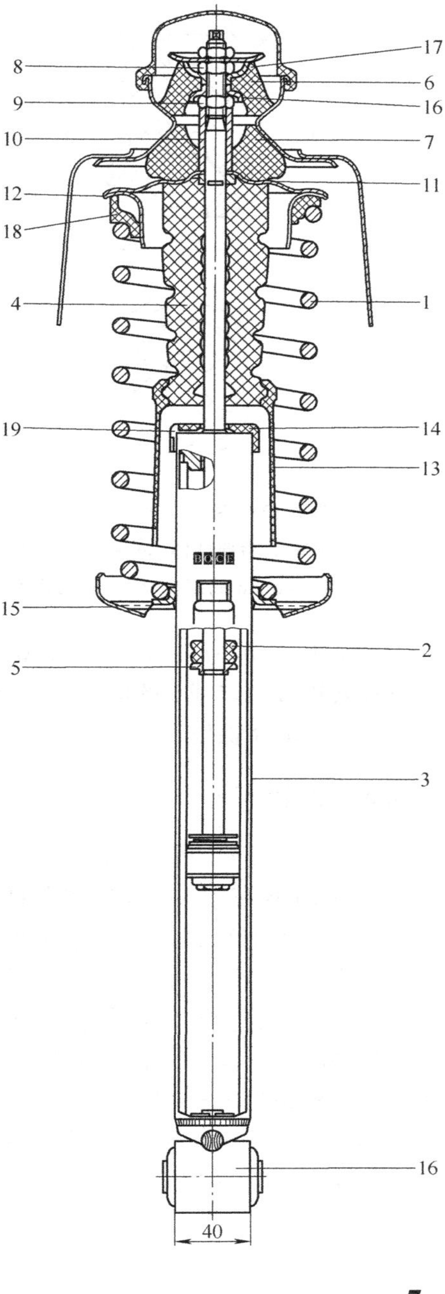

图 1-11 图示为 Boge 公司生产的用于 VWGolf Ⅱ 车型（以及 Jetta 车型）上的弹簧减振器，1 为螺旋弹簧，在剖面上可看到拉伸止位块 2，拉伸止位块套在直径为 11mm 的活塞杆上，比直径为 27mm 的活塞高出 107mm，以保证在弹簧最大拉伸时活塞杆仍有足够的导向长度；止位块托盘 5 嵌在活塞杆的槽中。上面和车身通过销轴式铰链连接，弹簧力及冲击力通过大体积橡胶块 6 和 7 隔噪传递到车身。两个橡胶件通过六角螺母 8 和 9 拧紧到一起；套管 10 和衬套 16、17 用于固定时产生一定大小的预紧力。下垫片 11 支撑在卡环上（卡环卡在活塞杆半圆形槽中），同样间隔套管 10 和弹簧上托盘都支撑在卡环上。弹簧上托盘通过弹性橡胶圈 18 支撑弹簧 1 和聚氨酯副簧 4，副簧下周有一圈隆起，以便固定塑料防尘罩 13。车轮向上跳动时，副簧 4 接触罩盖 14，罩盖起到保护活塞杆密封的作用，另外沟槽 19 可以排除副簧挤压时内部产生的高压气体。弹簧下托盘支撑在 3 个凸台上（位置 15），凸台是由减振器外管 3 从内向外压胀产生的，其外径的公差为 ±0.5mm。铰链 16 的宽度为 40mm，这样压在套管内的橡胶件在承受垂直力时只产生较小的变形；减振器用 M10 螺栓联接到车桥上。

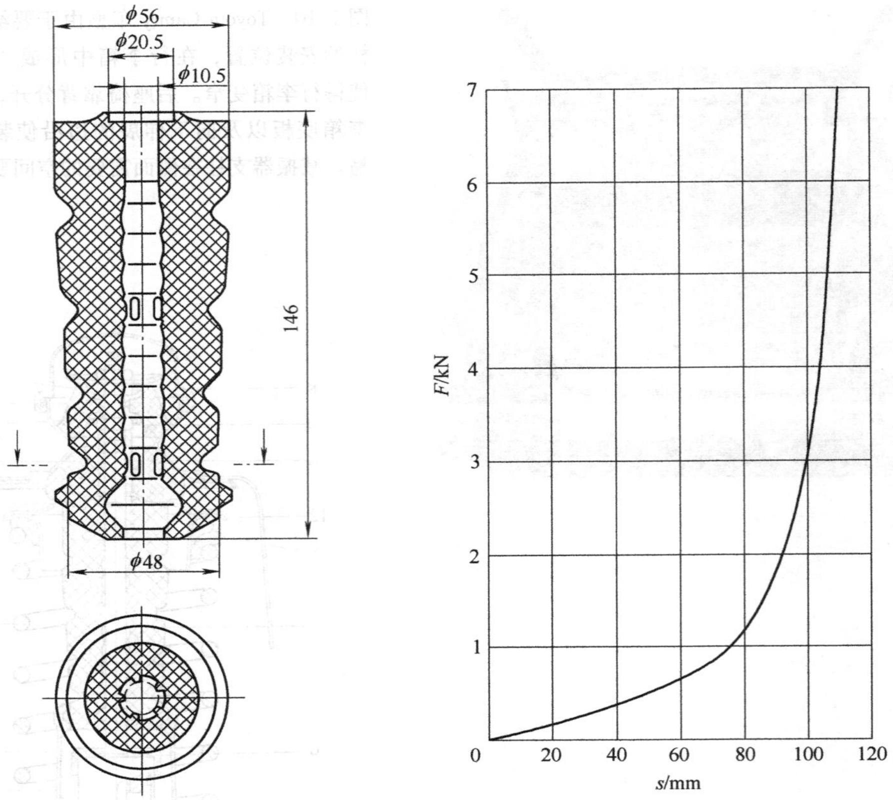

图1-12　图示为VW Golf Ⅱ车型后桥采用的副簧，由Elastogran公司制造，材料为蜂窝状聚氨酯弹性体Cellasto。其材料及形状使得该副簧能够产生很强的非线性弹性。总长为146mm的蜂窝状体可压缩至110mm，可承受超过7kN的冲击载荷，即$F_{no}\geq 7kN$。

图1-13所示为Renault 18车型的前驱动的双横臂悬架，螺栓5不仅固定弹簧减振器而且支撑着连接稳定杆6的耦合杆。与车轮托架相连的上承载臂承受所有的垂直力，下摆臂上的导向球铰的摩擦较小。

1.3.3　弹簧支柱

具有车轮导向功能的弹簧支柱也是载力单元，能承受弹簧和稳定杆的力，在Opel Omega和Senator B车型上承受这些力的是承载管1（图1-14）。活塞杆2（由于车轮导向因而加粗）的上面为副簧11，下面为拉伸止位块（图中没有标出）。弹簧托盘3和支架4以同样的方式固定在承载管1上。耦合杆5上面的球铰从内侧与支架4连接。这种连接方式可以有效地减小稳定杆的直径。G点处可以是比较简单的球铰，它只承受侧向力和纵向力。

转向时，弹簧支柱围绕连线EG转动。连线延伸到地面的交点位于车轮中心平面以外，即主销偏移距为$r_s=-1mm$。

副车架也是载力单元，它用于和车身连接，同时也支撑横摆臂以及稳定杆7；另外发动机支承8也固定在副车架上。Opel Omega车型前桥的其他细节可参见图6-30、图6-38和图6-41。

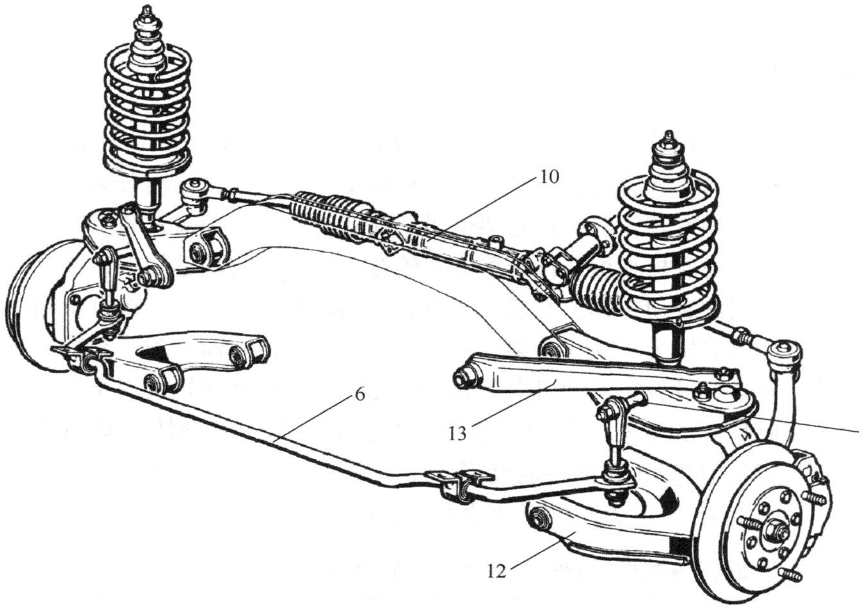

图 1-13 图示为 Renault 18 车型的双横臂悬架。为了让出传动轴的安装通道，弹簧减振器装在上面摆臂上。转向机 10 固定在车身横梁上。

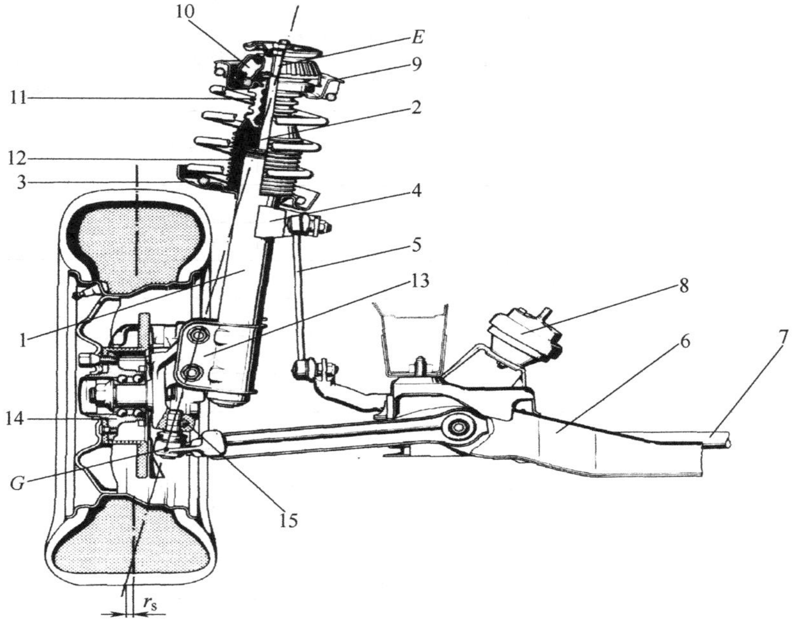

图 1-14 图示为 Opel Omega 以及 Senator B 车型的带摆动稳定杆的弹簧支柱前桥左侧后视图。螺旋弹簧斜置，以减小活塞杆与减振器套管导向部分之间的摩擦。活塞杆 2 和上弹簧盘 9 通过推力轴承和翼子板内板固定于 *E* 点。

弹性体材料的副簧 11 在内部卡在上弹簧盘 9 上，防尘波纹管 12 嵌在副簧下面，保护表面镀铬的活塞杆。车轮上跳时，副簧支撑在承载管 1 的盖板上。

夹板 13 和承载管 1 焊接在一起，夹板通过两个螺栓和车轮托架连接，其中上面的螺栓孔为腰形孔，以便调整出规定的车轮外倾角，消除生产过程中产生的误差，达到必需的精度。车轮导向由第三代双列角接触球轴承 14 来完成，具体结构如图 2-135 所示。

导向球铰 *G* 的球销通过夹紧与车轮托架相连。横向拧紧的螺栓 15 贴合球销上的沟槽，以防螺栓拧紧力矩松动导致球销从车轮托架脱出。

1.4 车轮悬架的应用

悬架因用于前桥或后桥、驱动桥或非驱动桥、独立悬架或非独立悬架（刚性悬架）而有所不同。双横臂悬架、车轮导向的弹簧支柱或减振器支柱属于独立悬架，它们对侧面以及车辆中间的安装空间要求较小；纵臂式和斜臂式悬架也属于独立悬架，它们对安装空间的高度几乎没有要求，这样可以使车身底板平坦，行李箱空间较宽。在车轮跳动过程中，所有非独立悬架的桥体均一起运动，因此必须在其上部留出相应的空间，从而减小了后部行李箱的尺寸，使备胎也难以布置。如果前桥为非独立悬架，则桥体位于发动机下面，为了获得足够的车轮上跳行程，必须抬高发动机或者把发动机向后移，因此非独立悬架前桥仅用于货车或四轮驱动的多功能轿车上。而复合式悬架则是独立悬架和非独立悬架的综合体（具体内容见第4章），目前其作为后桥悬架仅能用在前桥驱动形式中。表1-1为一些知名汽车制造商生产的前、后桥悬架形式，图1-15所示为四轮驱动的多功能轿车。

表1-1　一些知名汽车制造商1988年度生产的前、后桥悬架形式

制造商	驱动形式	前桥			后桥						
		双横臂	车轮导向		刚性悬架	复合式悬架	双横臂	车轮导向		纵摆臂	斜摆臂
			弹簧支柱	减振器支柱				弹簧支柱	减振器支柱		
Alfa-Romeo	标准驱动	×			×						
Austin Rover			×		×						
BMW			×								×
Daimler-Benz		×		×			×				×
Ford			×								×
Jaguar		×					×				
Mazda			×				×				×
Mitsubishi			×								×
Opel			×								×
Peugeot			×		×						×
Porsche		×	×				×				×
Toyota		×	×		×		×				
Volvo			×		×		×				
Alfa-Romeo	前轮驱动		×		×			×			
Austin Rover		×	×		×				×		
Auto Union			×		×						
Citroen			×							×	
Fiat			×		×	×		×	×		
Ford			×		×				×		
Honda		×	×				×		×		
Lancia			×		×			×			
Mazda			×					×			

（续）

制造商	驱动形式	前桥			后桥						
		双横臂	车轮导向		刚性悬架	复合式悬架	双横臂	车轮导向		纵摆臂	斜摆臂
			弹簧支柱	减振器支柱				弹簧支柱	减振器支柱		
Mitsubishi	前轮驱动		×		×					×	
Nissan			×		×			×			×
Opel			×			×					
Peugeot			×							×	
Renault		×	×			×			×	×	
Saab		×	×		×						
Seat			×		×			×			
Toyota			×		×			×			
VW			×			×					
Volvo			×	×	×						
Alfa-Romeo	四轮驱动		×		×						
Auto Union			×				×	×			
BMW			×								×
Daimler-Benz				×			×				
Fiat			×		×						
Ford			×								×
Honda		×					×				
Lancia			×		×						
Mazda			×					×			
Mitsubishi			×		×						×
Nissan			×					×			
Porsche		×					×				
Subaru			×						×		×
Toyota			×		×						
VW			×								×
Porsche	H	×		×			×				
Renault	M	×					×				
Toyota	M		×					×			

注：1. 许多制造商在相同驱动形式的不同车型上采用相同结构的车桥。不论是标准驱动形式还是前轮驱动或者四轮驱动形式，一个明显的趋势是：越来越多的车型在前桥采用“车轮导向的弹簧支柱”悬架；在标准驱动形式的轿车上，逐渐用斜臂式悬架或双横臂悬架替代刚性悬架；而刚性悬架则越来越多地应用在前轮驱动形式和四轮驱动形式的后桥中。

2. H 表示发动机后置的跑车，M 表示发动机中置的跑车。

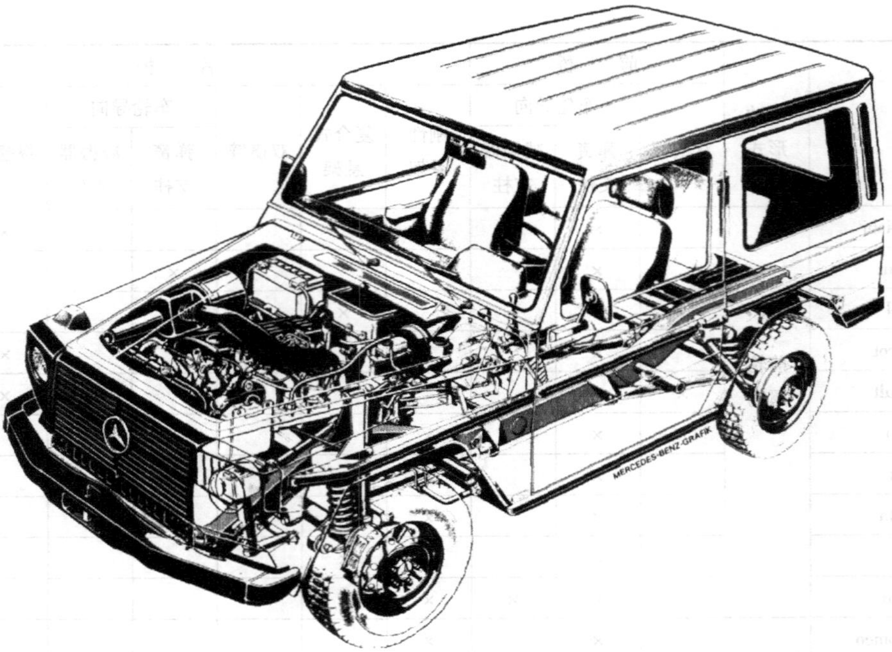

图 1-15　图示为 Daimler-Benz 230GE 车型，多用途两门四轮驱动车，前后桥为刚性悬架；图 3-55 所示为其前桥，图 1-3 所示为其车架。

1.5　车轮悬架的优缺点

轿车底盘的发展速度比发动机快。越来越好的加速性能和制动性能，以及越来越快的弯道行驶速度，要求要有更加安全的底盘。以下列举独立悬架的主要优点：

1）需要的安装空间小。

2）能够把前束运动学变化或弹性运动学变化设计成不足转向趋势（参看图 6-64～图 6-66）。

3）重量轻。

4）左右车轮互不影响。

后两点特别有利于车轮着地的附着性，特别是在弯道起伏不平的路面上。

横摆臂和纵摆臂的作用是：获得理想的车轮上下跳动运动学性能，另外还可把力传递到车身上（图 1-16）。侧向力产生附加力矩，加剧弯道中的车身侧倾。摆臂需要橡胶支承，在载荷作用下橡胶支承产生变形；另外橡胶支承也能影响弹性系统：橡胶支承中的橡胶体转动使弹性系统变硬，或者连接件间相互转动的摩擦力使弹性系统变硬（图 1-17）。

车轮随着车身而倾斜（图 1-18），外侧车轮必须承受高的侧向力，其外倾角向正变化，内侧车轮的外倾角向负变化，轮胎的侧向导向能力下降。应该对外倾角运动学变化进行匹配，避免这种缺点（图 5-12、图 6-6 和图 8-9）。另外，车身侧倾角在弯道中应尽可能小，为此需要较硬的弹性系统、稳定杆或者提高侧倾中心。

与独立悬架一样，非独立悬架虽然也有许多缺点，但在轿车中还有一定作用，因此在中型和重型货车中，它的以下缺点是可以接受的：

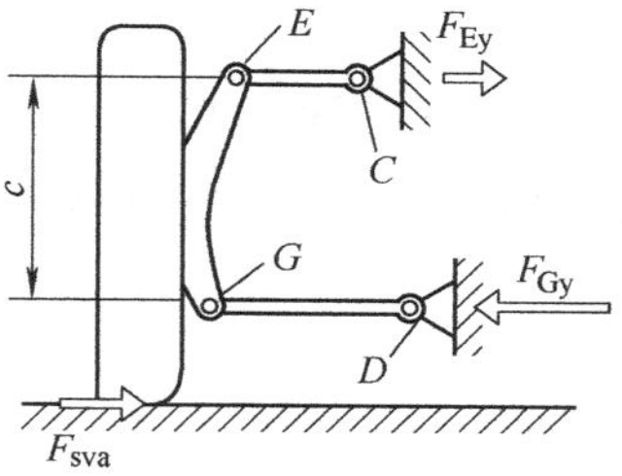

图1-16　在前桥独立悬架中，弯道侧向力 F_{sva} 在悬架与车身的连接件处产生反作用力 F_E 和 F_G；由此弯道外侧和弯道内侧产生力矩，该力矩不利于车身侧倾的支承。点 E 和点 G 的作用距离为 c，在双横臂悬架中 c 值应尽可能大，这样传到车身的力以及摆臂支承处的力较小，橡胶件的变形也可以控制在一定范围内。

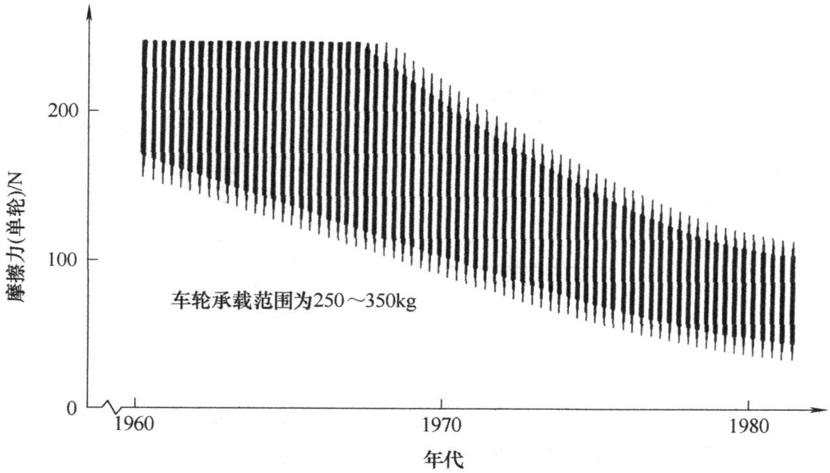

图1-17　图示为近几十年来车桥中的摩擦力减小的趋势：摩擦力越小，则弹性系统的作用越舒适，驱动系统产生的“振颤”也越小。

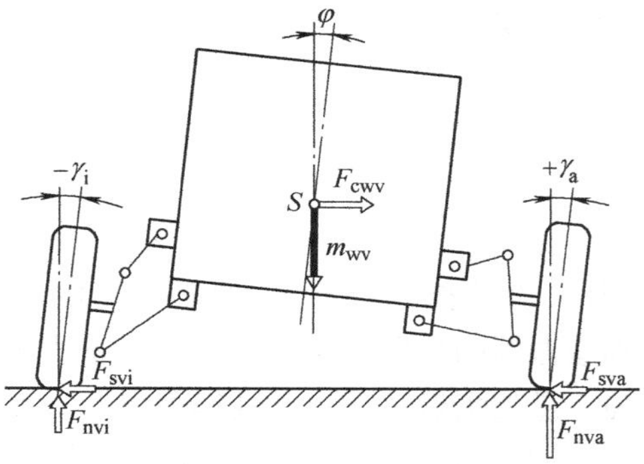

图1-18　车身在弯道中的侧倾角为 φ，外侧车轮的车轮外倾角为正（$+\gamma_a$），内侧车轮的车轮外倾角为负（$-\gamma_i$）。为了承受侧向力 $F_{sa,i}$，轮胎侧偏角不得不变大。m_{wv} 是车身支撑在前桥部分的质量，F_{cwv} 则是在质心 S 处产生的离心力。

1）如果差速器在桥体中，则质量较大。

2）在左右不平的路面上车桥会倾斜。

3）左右车轮相互影响（图1-19）。

4）桥体上方的空间应能满足车轮上跳的要求。

5）在坑洼路面直线行驶（两侧车轮反向跳动或单侧跳动）时会产生不利的轴转向特性。

6）驱动力会导致车轮载荷发生变化，特别是双

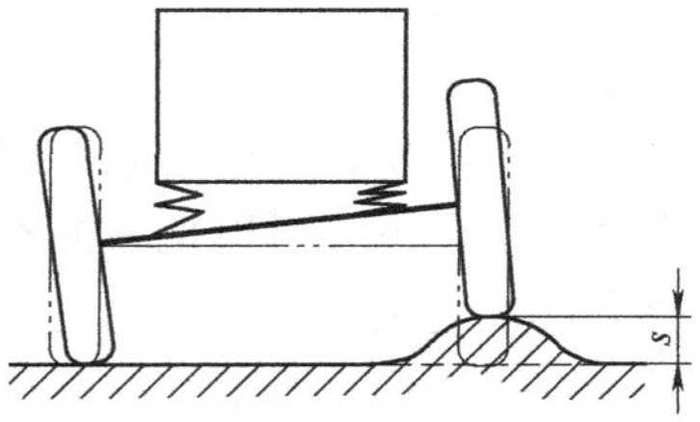

图1-19　刚性车桥在越过不平路面时车轮相互影响，图示为一侧跳动。

轮胎车桥（图1-20）。

7）支撑距离 b_F 不理想，只有通过特定的设计才能加大 b_F（图3-45和图3-46）。

弹簧作用距离 b_F 一般小于轮距 b_h，车轮反向跳动的弹簧刚度 $C_{h\varphi}$（图1-21）可以由车轮同向跳动刚度 C_{hz} 推导出来，即

$$C_{h\varphi} = C_{hz}/i_{\varphi}^2$$

其中 $i_{\varphi} = b_h/b_F$

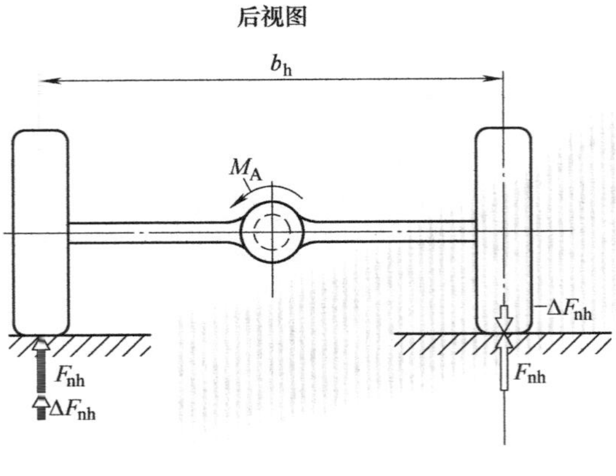

图1-20 差速器位于刚性车桥的桥体中，车轮接地点支撑发动机产生的驱动力矩 M_A 和垂直力变化 $\pm\Delta F_{nh}$。图示中左后轮载荷增加（$F_{nh}+\Delta F_{nh}$），右后轮载荷减小（$F_{nh}-\Delta F_{nh}$）。在右转向弯道右侧车轮滑转，从而丧失侧向力，车辆突然甩尾。

独立悬架驱动后桥的差速器支承在副车架上。驱动力矩 M_A 同样产生绕车辆纵轴的转矩，该转矩不由车轮承受（图8-25），而是由副车架支承来承受，车身倾斜则不可避免。

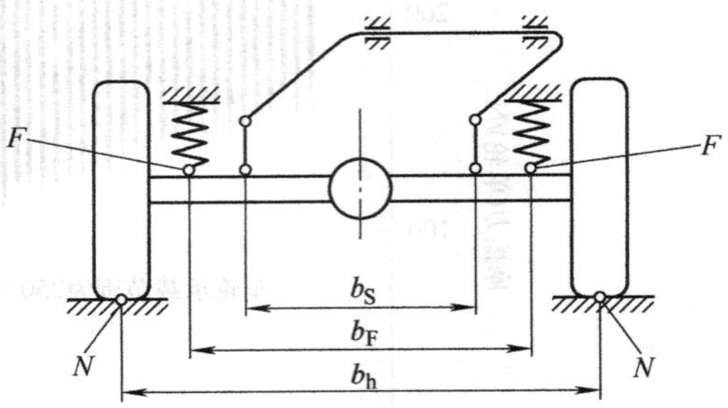

图1-21 在考察车身侧倾时，通过距离 b_F（弹簧 F）和 b_S（稳定杆连接点）可计算出刚度 $C_{h\varphi}$。$C_{h\varphi}$ 的计算公式中 i_{φ} 为平方项。传递比越大，车身的侧倾支撑就越小。也就是弹簧和稳定杆与刚性桥体的连接点应尽可能向外布置。

在弯道中，作用于质心 S 的离心力（F_{cw}，图1-18）在非独立悬架上会使侧倾角增大。

通过对悬架的进一步开发，以及合理布置弹簧和减振器的位置，作为驱动桥的非独立悬架的性能得到了改善。因此尽管差速器较重，但非独立悬架仍然广泛用于豪华车型上，其速度可达200km/h以上（Rover Vitesse、Morgan Plus 8、Volvo 760等），特别是应用在较轻的四轮驱动车的后桥上。

由于重量原因，汽车在不平路面（尤其是弯道）上行驶时，独立悬架式驱动桥优于非独立悬架式驱动桥；车桥的倾斜程度可以通过充气的单筒减振器来缓解。在不明显感觉到舒适感下降的情况下，可以把减振器压缩阶段调得硬一些，这会增加一些成本。最简单最经济的解决方法是利用车轮向上跳动时减振器压缩产生的阻尼力来克服刚性车桥这个主要缺点。

与标准驱动形式相反，前驱动形式的刚性后桥悬架的优点大于缺点。其质量和独立悬架的质量相当，另外它能够使侧倾中心位置较高（这对于此种驱动形式是有利的）。另外，此种形式对驱动桥的优点如下：

1）制造简单经济。

2）车轮跳动时轮距、前束、外倾角没有变化，因此轮胎磨损小，轮迹稳定。

3）在弯道，车身侧倾，车轮外倾角不变（图 1-18），这样轮胎传递侧向力的能力不变。

4）通过一个几乎可以处于任何高度的横臂（潘哈杆，图 1-22）承受侧向力矩 $M = F_T h_{wh}$，以便转向时可以往不足转向方向或者过多转向方向进行调整。

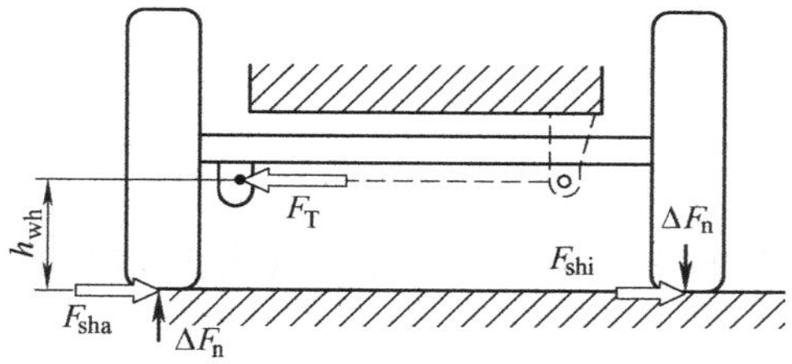

图 1-22 在刚性车桥中，侧向力产生的弯矩由桥体承担；在悬架和车身之间仅产生力 F_T，其大小取决于侧向力 F_{sha} 和 F_{shi}（车轮接地点处）的大小。对于水平布置的潘哈杆，距离 h_{wh} 即为侧倾中心的高度。这个值在地面上越高，则车轮力的变化 $\pm\Delta F_{nh}$ 就越大。

刚性后桥可以悬挂在斜臂或纵向板簧上，这样在弯道行驶（俯视）中在相对车辆纵轴方向会产生一个小的角度 δ_h（图 1-23），准确地说，弯道外侧的轴距缩短，弯道内侧的轴距相应加长。这样后桥拐进弯道中时，就会产生固有转向特性趋向不足（图 1-24）。这种效应虽然不利于在情况不好的路面行驶，但是它抵消了标准驱动形式的轿车在弯道行驶中的过多转向趋势。即使是驱动的刚性桥也表现出载荷变换反应的趋势，即不论是怎样的悬架形式，只是没有斜臂式悬架的程度深而已。

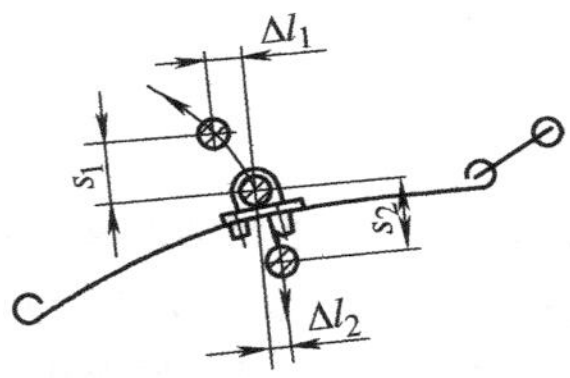

图 1-23 前低后高倾斜连接在车身上的纵置板簧，使刚性后桥产生“不足转向”趋势的轴转向。车身侧倾时，外侧车轮上跳距离 s_1，外侧轴距强制缩短 Δl_1；内侧车轮下跳 s_2，内侧轴距伸长 Δl_2；车桥倾斜转角为 δ_h。

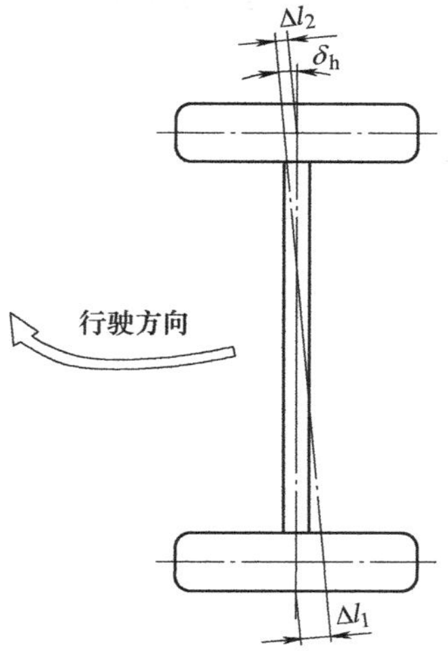

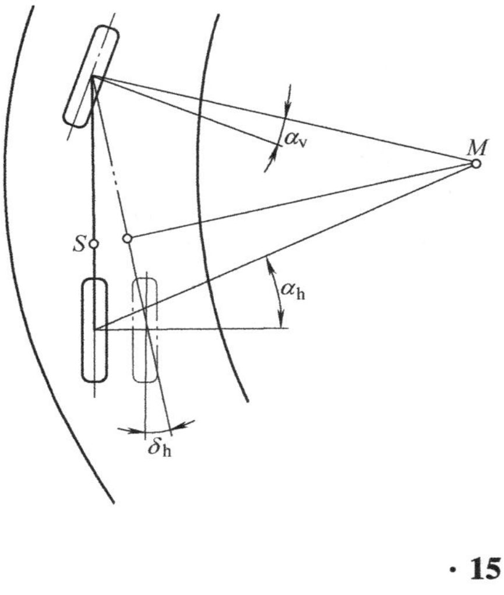

图 1-24 刚性后桥向“不足转向”趋势的方向转动角度 δ_h，或者独立悬架承载较高的外侧车轮在这个方向偏斜，这样后桥在弯道中向外滑动减少，驾驶人产生中性转向的感觉，从而提高快速换道的安全性。

前驱车辆的非驱动桥的车轮外倾角可以保持负值，由此能提高轮胎侧向导向能力，但是轮胎的磨损情况不好。在复合式悬架上也可以采取相同方式。复合式悬架是刚性悬架和独立悬架的一种折中形式，到目前为止仅用于前驱形式。它具有很多优点，第4.1节将对其进行详细介绍。

1.6 载荷变换反应

1.6.1 概念确定

保持相同速度在弯道行驶的车辆可分为中性转向特性、不足转向特性（图1-24）和过多转向特性（图2-80和图3-27）。

在高速弯道行驶中驾驶人松开加速踏板，因为他感觉车辆已经到了他能控制的极限，车辆变慢。车轮接地点的驱动力变为制动力，使得车辆绕垂直轴瞬时转动，即车身向弯道内侧转向，称为载荷变换反应，也称为转入效应（图1-25）。如果不能及时反打转向盘，车辆将滑出路面，如果是左弯道，则会滑入对方车道，可能产生车祸。驱动力越大（比如挂二档爬坡），这种从不足转换到过多转向的感觉越强烈，速度越快，这种变换也越迅速。驾驶人可通过离合器踏板强烈感觉到这种从驱动到制动迅速过渡的过程，如果传动系统中有液力变矩器，这种转换会变得柔和一些。

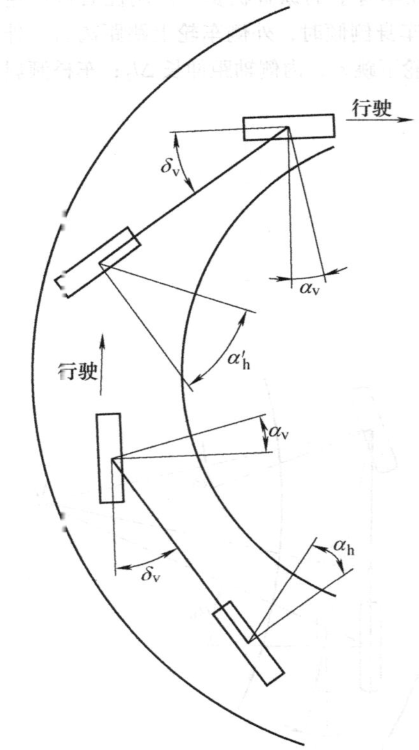

图1-25 在弯道行驶时松开加速踏板，标准驱动以及发动机后置驱动形式的后轮的轮胎侧偏角从 α_h 提高到 α'_h。如果转向角 δ_v 不回打，则会导致车辆向弯道内侧偏转。这个过程称为载荷变换反应或转入效应。

1.6.2 斜臂式悬架的影响

在后轮驱动车辆上，驾驶人踩下加速踏板时，后轮接地点产生的驱动力 F_{Ah}、空气阻力 F_L 以及惯性力 F_T 产生力矩，该力矩使车辆前端稍微仰起、后端轻微俯下（图 1-26）。根据运动学知识，前轮趋向正的外倾角（图 8-9），后轮趋向负的外倾角。这样前轮承受侧向力的能力略有下降，后轮略有提高，即前轮侧偏角 α_v 变大，后轮侧偏角 α_h 变小。

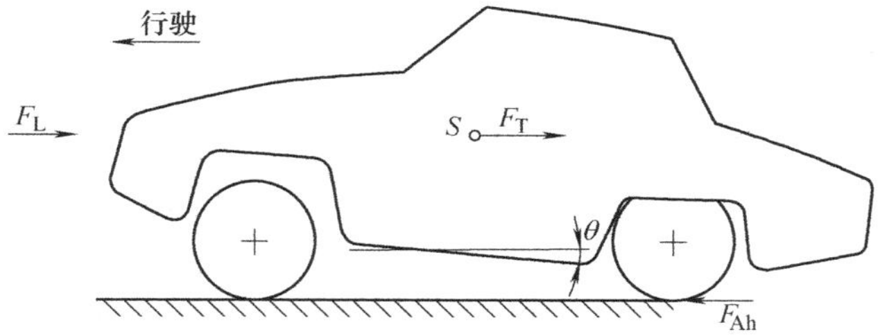

图 1-26　惯性力 F_T 和空气阻力 F_L 使车辆（特别是弹性系统较软的车辆）前端轻微抬升、后端轻微下沉，产生仰角 θ。前轮向正的车轮外倾角变化，后轮向负的车轮外倾角变化。在这里 F_{Ah}是指两个车轮的驱动力。

如果松开加速踏板，在后轮接地点产生制动力 F_{Bh}，在车辆质心 S 处产生向前的反作用力 F_{Bg}（图 1-27）。这对力偶使车身前端下沉、后端上升，从而导致前、后车轮的外倾角和轮距发生变化。前轮的外倾角为较小的正值（甚至为负值），后轮的外倾角为较大的正值。这样前轮承受侧向力的能力增强，只需要较小的轮胎侧偏角。后轮情况则相反，需要较大的轮胎侧偏角 α'_h，结果是增强了过多转向。

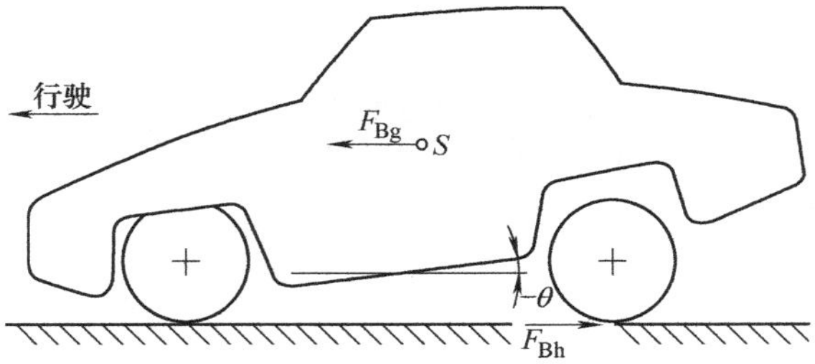

图 1-27　松开加速踏板，由发动机制动在驱动后桥车轮接地处产生力 F_{Bh}，以及质心 S 处产生力 F_{Bg}。这对力偶使得车身前端下沉、后端抬升。在此，前轮向负的车轮外倾角变化，后轮向正的车轮外倾角变化。F_{Bh}在此处制动两个车轮。

松开加速踏板后后部仰起，轮距也会减小（图 8-6），这不利于车辆的正常行驶。弯道侧倾力矩的支撑宽度变小，载荷转移会更多，这意味着要产生更大的轮胎侧偏角 α'_h（而不是 α_h）。在“点头”过程中，车辆前端轻微的下沉导致前轮轮距有很小程度的增加。

斜臂式独立悬架的摆臂在副车架上分开支撑，在纵向力的作用下支撑点 E 和 G 产生挠性，这样在驱动力 F_{ah}作用下，承载较高的外侧车轮产生轻微弹性前束角 $+\delta_e$，减轻过多转向趋势（图 1-28）。如果松开加速踏板，发动机制动，驱动力 F_{ah} 变为制动力 F_{bh}（图1-29）。支承点 *E* 和 *G* 产生相反的作用力 F_x 和 F_y，车轮前束由正值变为负值（后束）（图1-30），这意味着车辆在很短的时间内拐进弯道，也就是突然过多转向，产生载荷变换反应。

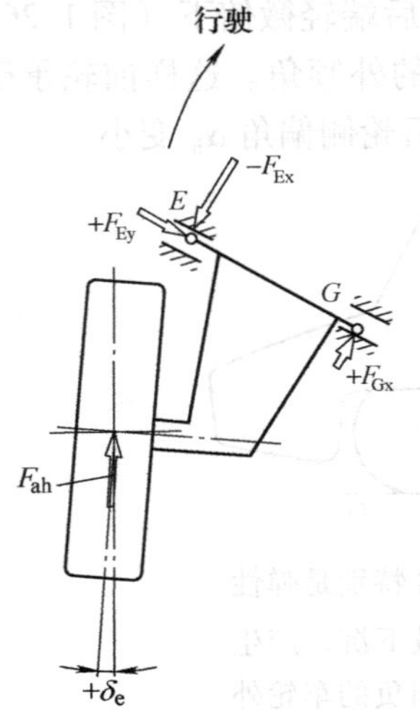

图1-28　单个车轮上的驱动力 $F_{ah}=0.5F_{Ah}$，在斜臂的两个支承处产生反作用力 $-F_{Ex}$ 和 $+F_{Gx}$。橡胶件产生变形，斜臂式悬架两侧产生前束 $+\delta_e$；承载较高的外侧后车轮在弯道偏转，促成“不足转向”。图中省略了产生反方向作用力矩的侧向力。

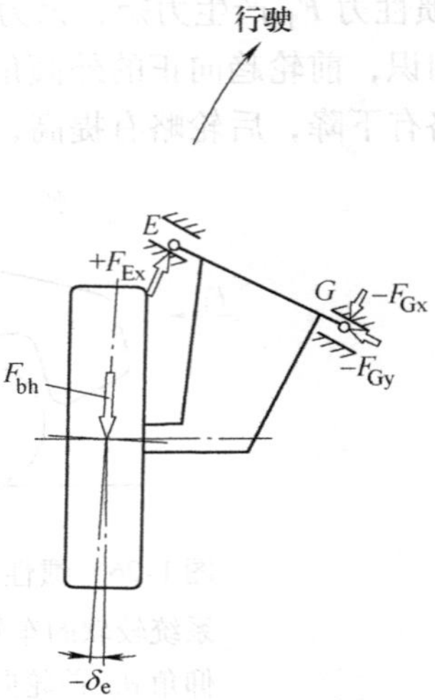

图1-29　由发动机产生的制动力 $F_{bh}=0.5F_{Bh}$，压迫车轮成为后束。弯道外侧表现为“过多转向”。和 F_{bh} 作用方向相同的滚动阻力 F_R 在弯道处（记为 F_{RK}）会明显增加。可通过整个副车架组件的“反向偏转”或者设定“前束变化”来克服此缺点。

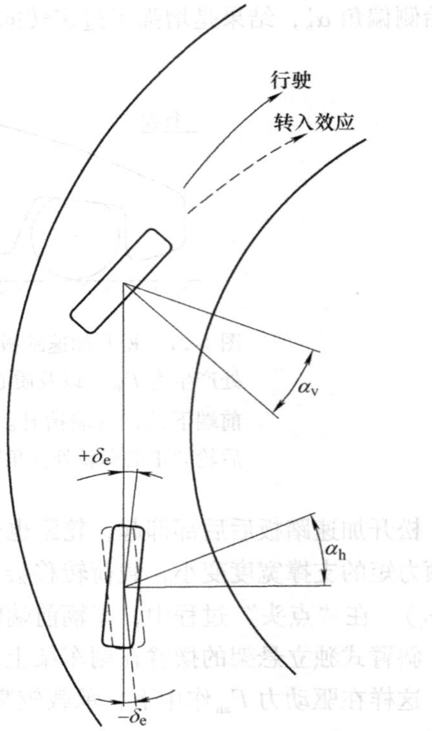

图1-30　松开加速踏板时，纵向力的改变使得弯道外侧车轮的前束向后束方向变化。其结果是后桥驶出弯道，车辆“转动”，驶向弯道内沿。

1.7 底盘缺陷及后果

1971 年起，TÜV 协会每年出版《TÜV 汽车报告》。在该报告中，汽车的缺陷以百分比形式进行汇总。除了显示各轿车或旅行车的缺陷概率，还会公布车辆使用 2、4、6、8 年或更多年后所有缺陷的平均值。表 1-2 表明，车辆使用 4 年后车轮球铰为最敏感的底盘零件，车轮球铰将在第 2. 3. 3 节介绍；传动轴的防尘罩也是值得注意的（将在第 2. 4. 5 节中叙述）。车辆使用 6 年以后缺陷率最高的不再是底盘零件，而是车身的承载件，纵梁或横梁是否锈蚀、是否有裂纹、是否未按照操作规程进行修理过，以及与悬架（摆臂、弹簧、减振器等）固定连接的地方是否还能承受作用力，均是需要特别注意的方面。疲劳载荷或者某些很大的载荷会导致这些零件断裂，甚至发生事故。

表 1-2 《TÜV 汽车报告 1987》公布的底盘检查位置、缺陷描述以及可能发生的后果

检查位置			缺陷	调查车辆中的缺陷百分比						后果
				车辆年限						
新的	旧的	类型		至 2 年	至 4 年	至 6 年	至 8 年	至 10 年	10 年以上	
317	312	车轮定位	外倾角和/或前束不符合规定值	0. 8	0. 9	1. 0	1. 4	1. 7	1. 6	轮胎磨损严重，行驶性能受影响，难以保持直线行驶
601 和 602	601 至 604	车架、承载件	车架或车身承载件裂开、裂纹或者锈蚀，联接铆钉或螺栓松动以及断裂，修理不当	0. 1	0. 3	4. 5	16. 2	32. 0	32. 9	底盘零件固定不牢靠；如果断裂，则不允许继续行驶
606 和 610	605/606	前后悬架、桥体	悬架铰链处间隙过大，铰链防尘罩失效，摇臂支承脱出，悬架零件出现裂纹，固定和连接件有缺陷。机械损伤，如摇臂弯曲	0. 4	0. 9	2. 5	5. 3	7. 5	8. 1	悬架和转向的重要零件松动或存在断裂的危险；影响行驶性能，车轮颤动，轮胎磨损严重；转向抖动，行驶方向稳定性差；零件断裂，车辆不能继续行驶
609	607	前车轮轴承	轴承间隙太大或有缺陷，轴承座磨损	0. 1	0. 3	0. 4	0. 7	0. 9	2. 5	转向抖动，影响行驶方向稳定性；滚动阻力增加，车轮卡死，轮胎磨损不均匀
613		后车轮轴承		0. 0	0. 1	0. 2	0. 3	0. 4	1. 3	
617	626	传动轴所有缺陷	间隙/噪声/防尘罩/固定	0. 5	1. 1	2. 2	2. 9	3. 6	3. 5	卡死；断裂时丧失驱动力矩，可能影响方向稳定性，转向受影响

注：数据为检测轿车的车龄和缺陷平均百分比。

表 1-3 《货车到底有多安全》报告节选

编号 新的	编号 旧的	检查位置 类型	缺陷	3.5t以下轻型货车 最短年限 至2年	至4年	至6年	6年以上	3.5t以上7.5t以下中型货车 最短年限 至2年	至4年	至6年	6年以上	7.5t以上16t以下重型货车 最短年限 至2年	至4年	至6年	6年以上	16t以上超重型货车 最短年限 至2年	至4年	至6年	6年以上
	312	前车轮定位	外倾角和/或前束不符合规定值	1.1	1.6	1.4	1.9	*)				*)				*)			
	601	车架、承载件：裂开、裂纹	车架或车身承载件裂开、裂纹或者锈蚀，联接铆钉或螺栓松动、断裂，修理不当	*)				*)				*)				1.1	2.6	4.5	8.6
	602	腐蚀		0.1	0.9	9.6	20.1	*)				*)				*)			
	603	铆钉/螺栓		*)				*)				2.1	3.1	4	5.3	4.2	5.5	8.4	12
	604	修理		0.0	0.1	1.6	4.7	*)				*)				*)			
	605	前悬架	悬架铰链处间隙过大，铰链防尘罩失效，摇臂支承脱出，悬架零件出现裂纹，固定和连接件有缺陷。机械损伤，如摇臂弯曲	1.1	3.5	4.2	7.7	1.6	4.6	7.3	8.4	0.8	2.7	3.8	3.8	1.5	2.5	4.1	3.5
	606	后悬架		*)				0.6	1.7	2.1	1.4	1.7	3.3	2.8	1.3	5.9	6.8	11.7	12.1
	607	前后车轮轴承	滚动轴承间隙过大或有缺陷，轴承座磨损	0.4	0.9	0.9	1.0	*)				*)				*)			
	609	前弹簧	弹簧部分或全部断裂，严重疲劳老化；钢板弹簧夹丢失或松动，弹簧脱出；改装弹簧	*)				0.9	2.4	4.2	5.2	1.4	2.9	4.6	6.0	2.2	4.4	5.6	5.3
	610	后弹簧		*)				1.4	2.3	4.0	6.1	1.7	2.7	3.4	4.6	3.1	4.2	4.0	4.8
	613	桥体	裂纹或弯曲	*)				0.2	0.9	3.9	5.6	0.2	0.8	3.6	10.0	0.5	1.1	3.2	8.1
	627	传动轴、防尘罩	防尘罩不密封或受损	*)				*)				3.1	4.6	5.4	5.7	6.8	8.6	7.4	6.6

注：1. 标“*)”表示由于缺乏样本则无统计数据。

2. 表1-3所列内容为节选TÜV（莱茵州）报告《货车到底有多安全》中底盘缺陷及其概率（根据车辆的质量来划分）。该报告于1977年发表，此后未再发表。

货运车辆的情况则有所不同。1977 年 TÜV 协会提供了一份名为《货车到底有多安全》的报告，该报告中根据整车允许质量以及使用年限对结果进行归类。表 1-3 所列为底盘零件平均值百分比。轻型货车和轿车类似，大多为承载式车身，纵梁焊接在车身上，比载重货车的车架更容易生锈。不同的是，轻型货车纵梁上的裂纹、裂口以及有缺陷的铆接或螺栓联接都会被发现。

载重货车大多数为板簧式的刚性悬架前桥（图 2-2），转向节轴套从支承中脱出（表 1-3 中位置 605 和第 2.3.1 节），或者某些簧片开始破裂（表 1-3 中位置 609）。这些缺陷同样会在后桥出现（表 1-3 中位置 610），刚性后桥桥体也经常受到损坏。

1.8 底盘改装和运行许可

底盘是否允许改装，可以在《道路交通批准规章》（StVZO㊀）中进行查询。StVZO 第 19 篇第 2 章“运行许可颁发和有效性”中规定：如果运行许可没有被明确吊销，只要那些性能有规定的零件或那些运行可能会危害交通参与者的零件没有被改动，运行许可的有效性可持续至车辆最终失效。如果这些零件被改动了，且对这些安装的零件没有单独的特别运行许可证，这种特别许可的有效性不依赖于验收规定（第 22 篇），持有者必须委托官方认可的车辆交通鉴定机构对车辆的法规规定状态进行鉴定，申请一个新的运行许可。只有以下零件被改动后运行许可依然有效：

1）其性能没有规定。

2）其运行对其他交通参与者不会产生危害。

同样，如果更换的零件具有零件运行许可（第 22 篇）或者结构许可（第 22a 篇），并且对于安装不存在特别的责任，那么运行许可同样保留有效。

为了减轻操作人员和负责机关的工作量，在第 19 篇中附加了示例目录，目录中规定了零件的性能。目录中也列举了改装范围作为参考，以及影响运行许可有效性的评判方法。表 1-4 为 TÜV 拜仁州《摩托车和汽车改装》报告中与底盘相关的内容摘录。制动和转向的改装不在其中，有专册加以规定。

表 1-4 范例目录节选

<table>
<tr><th>汽车零件</th><th>改装范围和方式</th><th>运行许可是否有效</th><th>备 注</th></tr>
<tr><td rowspan="2">1. 车桥</td><td>1）用另外一种结构形式的车桥来更换现存的车桥</td><td rowspan="2">无效</td><td rowspan="2">这些零件的改变会影响其他交通参与者（影响制动、行驶、转向性能）</td></tr>
<tr><td>2）另外安装车桥</td></tr>
<tr><td>9. 油箱</td><td>更换或另外增加油箱</td><td>无效</td><td>在第 45 篇中有特性规定</td></tr>
<tr><td>10. 传动零件</td><td>改变从发动机到驱动轮的传动比</td><td>无效</td><td>例如影响速度指示器（第 57 篇第 2 章）、噪声以及排放</td></tr>
</table>

㊀ StVZO 为 Straβenverkehrs-Zulassungsordnung 的缩写，为德国的《道路交通批准规章》。本小节所介绍的内容均引自该文件。——编者注

（续）

汽 车 零 件	改装范围和方式	运行许可是否有效	备　注
14. 车轮	1）更换另外一种车轮	无效	如果更换的车轮（例如同样的铝合金车轮）已经根据第22篇内容颁发了运行许可，其安装不需要特别的许可，对车轮轮罩没有影响，也不改动车桥本身，那么车辆的运行许可保留有效
	2）卸除车轮饰盖	有效	卸除车轮饰盖不会导致车辆运行许可失效。但是一部载重车没有车轮饰盖是不允许运营的，如果取下饰盖后那些暴露的零件（车桥闷头、车轮固定螺栓）凸出在外会伤害和车辆接触的人体
	4）改变车轮外倾角	失效	车桥和转向的任何运动学改动都将导致车辆运行许可失效
	5）安装间隔板	失效	如果通过增加间隔板来增加轮距，则车辆运行许可将失效
19. 减振器	更换另外一种减振器	有效	如果改变了车桥的零件或者会伤害其他交通参与者，则车辆的运行许可失效（见车桥第1点）

注：表中内容摘自原联邦德国交通部1973年颁布的范例目录中与悬架和油箱相关的部分。它列出了会导致运行许可失效的变更，存在这些变更的车辆不受保险保护。

对表1-4中所列内容进行如下说明：

第1点：改装车辆的车桥，不论是载重货车、挂车还是轿车，则运行许可绝对不再有效。为了改善行驶性能，可以采用硬一些的弹簧以及相应变化的减振器和弹簧支柱（图1-11）。但是这些改装必须注意相关法律规定，在表1-4的备注中可以找到相关说明。

第9点：把油箱改装为另外一种油箱或者增加一个油箱，则运行许可失效。

第10点：改变发动机到驱动轮的传动比，则运行许可绝对失效。这里指安装另外一种档位的变速器以及改变后桥的传动比。在汽车运动比赛以及在野外极端路面上持续使用的车辆中，应严格注意这种改装。这种改装的论证费用是昂贵的，不仅要重新校正车速表，而且还要检查噪声以及排放是否合格。

第14点：对于底盘来说，车桥运动学不被改变以及制动散热性能不下降是很重要的。另外，轮胎不应该被高温制动盘炙烤，车轮偏距 e 应保持不变（图1-31）。减小 e 值会导致主销偏移距向正值方向变化。在制动回路对角布置的车辆和带有ABS（以及ABV）的车辆上这种改装会导致不舒适的后果。安装一种和汽车厂家规定不一样的轮胎，首先应该得到汽车厂家的补充认可。

第19点：获得更换减振器的许可比其他零件容易得多。这包括拉伸止位块以及副簧，尽管从外面看不到它们，但它们承担着限制弹簧行程的任务（图5-9）。更换另外一个汽车厂家的减振器可能会产生不舒适的感觉。止位块过早损坏会导致减振器密封损坏，或者会加大弹簧行程，结果是造成在车轮处的等速万向节或者转向横拉杆球铰的偏转角过大，制动软管拉得太紧等，使车辆的行驶安全成为问题，并会由此引发事故。原则上要求一个车桥的两个减振器应该同时更换。

个别改装虽然法律不允许，但实际上已实施的则需要在TÜV验收并登记在车辆记录中，

图 1-32 所示为该流程。若不按照此流程进行，则运行许可无效，车辆不允许继续运行，保险也由此失效。这种车辆发生的事故可能会造成很恶劣的后果。

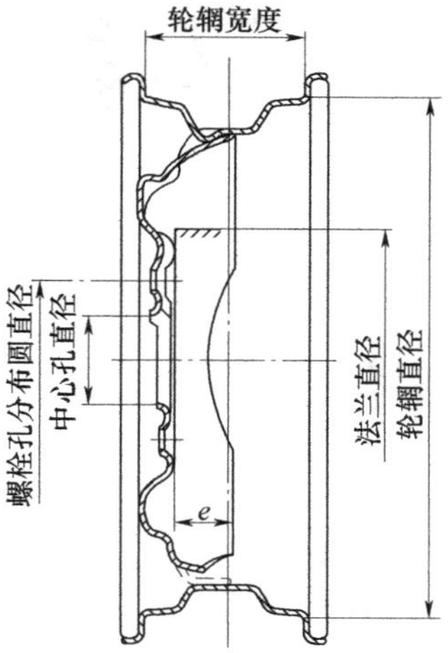

图 1-31　轿车车轮由轮辋以及焊接的轮辐组成；车轮螺栓孔分布圆直径越大，螺栓孔的应力就越小。减小固定法兰的贴靠面到轮辋中心面的间距（即偏距 e），会增大正的主销偏移距，即主销偏移距负得少一些甚至为正值。主销偏移距 r_s 如图 5-1 所示。

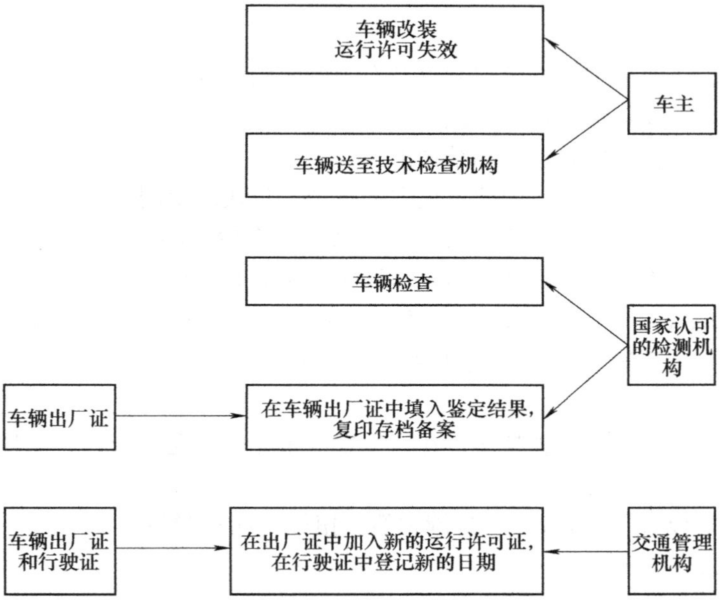

图 1-32　改装车辆获得新的运行许可证件的流程，保险依然有效。

2 车轮悬架的零部件

2.1 弹簧和稳定杆

2.1.1 弹性系统零部件

车桥的弹性、车轮上下跳动的限制以及车身侧倾的控制在轿车上一般由 2 根弹簧、4 个止位块、2 个减振器和 1 根稳定杆来承担。

这里只介绍各零件的安装位置和结构形式。

现在的弹性系统不是很硬，因此不仅需要拉伸止位块以限制车轮下跳的极限位置，而且还需要利用副簧的弹性特性的非线性增长部分来限制车轮上跳的极限位置（图 2-1）。如果弹簧本身就具有非线性弹性，那么只需要压缩止位块来限位就够了。这些零件在图 1-3、图 2-159、图 3-2 和图 8-16 中可以看到，另外一些图中的文字也对它们进行了进一步说明。

根据材料和介质弹簧可分为钢制弹簧、空气弹簧、塑料弹簧、橡胶弹簧和发泡聚氨酯弹簧。

后两种主要用于轿车的单轴挂车，在这里发泡聚氨酯承受压应力，橡胶承受拉应力。只有 Austin Mini 车型还采用橡胶弹簧。

钢制弹簧包括板簧（板弹簧）、螺旋弹簧、扭杆（扭杆弹簧）和稳定杆。

2.1.2 纵置板簧

除极个别特例外，板簧仅用于刚性车桥的轿车，尤其是货车以及挂车。图 2-2 所示为几种弹簧的簧重比较，以前仅用多片式板簧，现在为抛物线板簧，图 2-3 和图 2-4 所示为不同的结构形式。为了降低成本和减重，在轻型货车（甚至轿车）中越来越多地采用单片式板簧。因为主片中具有导向的吊耳不是很牢靠（图 2-4），这种板簧几乎仅用于后桥（图 2-5、图 3-9 和图 3-36）。Ford 在一款样品车上使用的板簧材料为玻璃纤维增强塑料（图 2-6），但其较轻的优点并不能弥补弹性模量小和成本高的缺点。

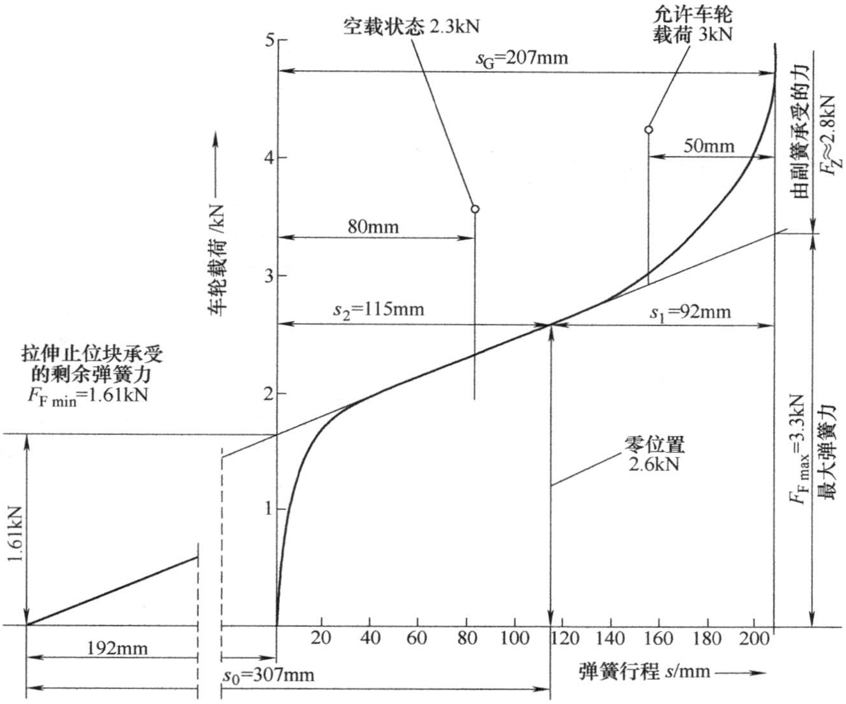

图 2-1　图示为前桥弹性系统的弹性曲线，纵坐标为车轮载荷，横坐标为车轮跳动量。图示的弹簧较软，需要止位块；如果没有拉伸止位块，那么前车轮可以从零位置（车辆中坐 3 人，每人体重为 68kg）下跳 307mm。如果不存在副簧，则车桥在 F_{Fmax} = 3. 3kN 时车桥硬性碰到支承面。由副簧产生的非线性在图中很明显。止位块在“弹簧减振器”中，因此悬架零件的挠性同样体现在特性曲线中（图 1-11）。

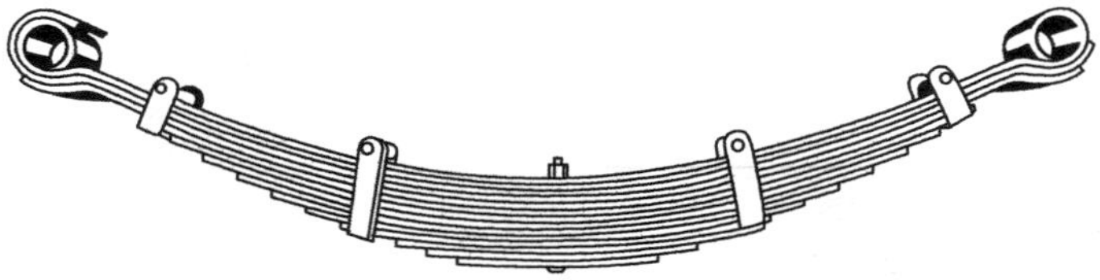

叶片端部光滑切断的传统多片式梯形板簧：14 层，组件高度为 140mm，质量为 122kg

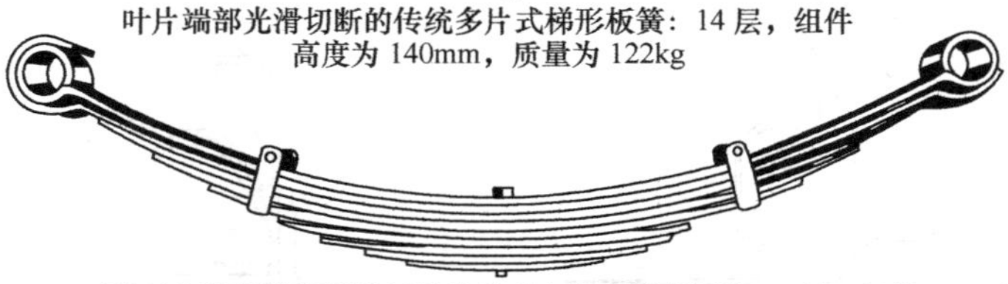

叶片端部轧制带塑料垫层的改进型多片式梯形板簧：9 层，组件高度为 127mm，质量为 94kg

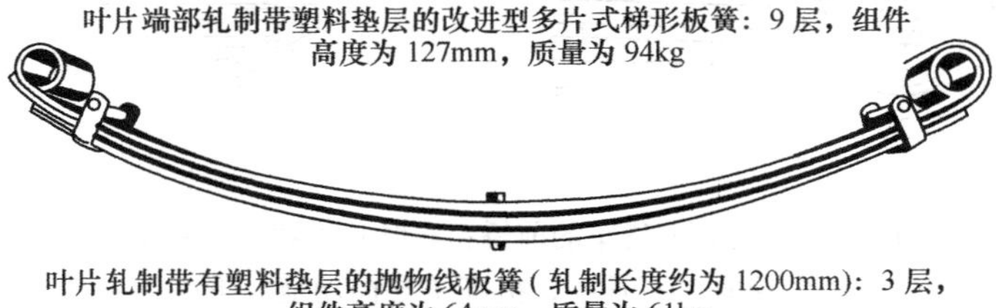

叶片轧制带有塑料垫层的抛物线板簧（轧制长度约为 1200mm）：3 层，组件高度为 64mm，质量为 61kg

图 2-2　图示为 Krupp-Brueninghaus 公司三种不同货车后桥弹簧的簧重比较，基本参数一样：吊耳跨度 L = 1650mm，弹簧刚度 c_h = 200N/mm，满载 F_w = 33kN；但其结构各不相同。

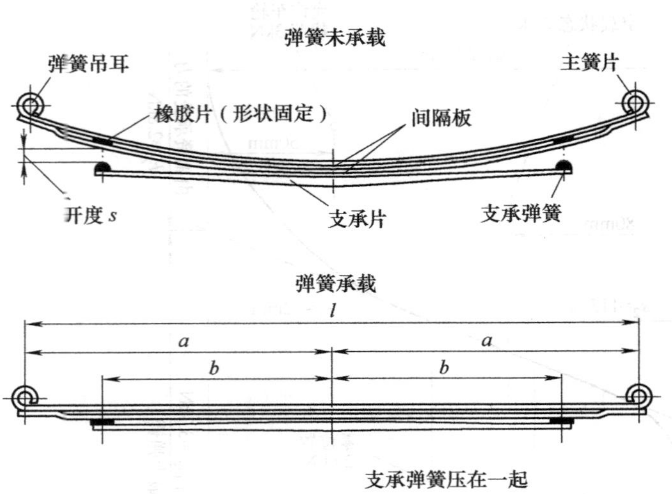

图2-3　图示为渐近抛物线板簧，用于VW LT50车型的刚性后桥。LT50为允许整车车重为5t的中型货车，主叶片以及一直支撑到吊耳处的第二叶片的整个厚度一样，并且为了避免摩擦产生的锈蚀以及蠕动产生的噪声，在中间部分夹有间隔板，在外侧由橡胶片彼此隔开。稍短的支承片（$b \sim 0.8a$）采用轧制而成，端部带橡胶块，在装载时和主簧片接触。较长的支承弹簧使得整个组件的应力分布均匀，也使满载时的弹簧刚度为空载时的4倍。由此车身的频率保持恒定，这有利于行驶安全性和弯道安全性。车桥本身如图3-2所示。

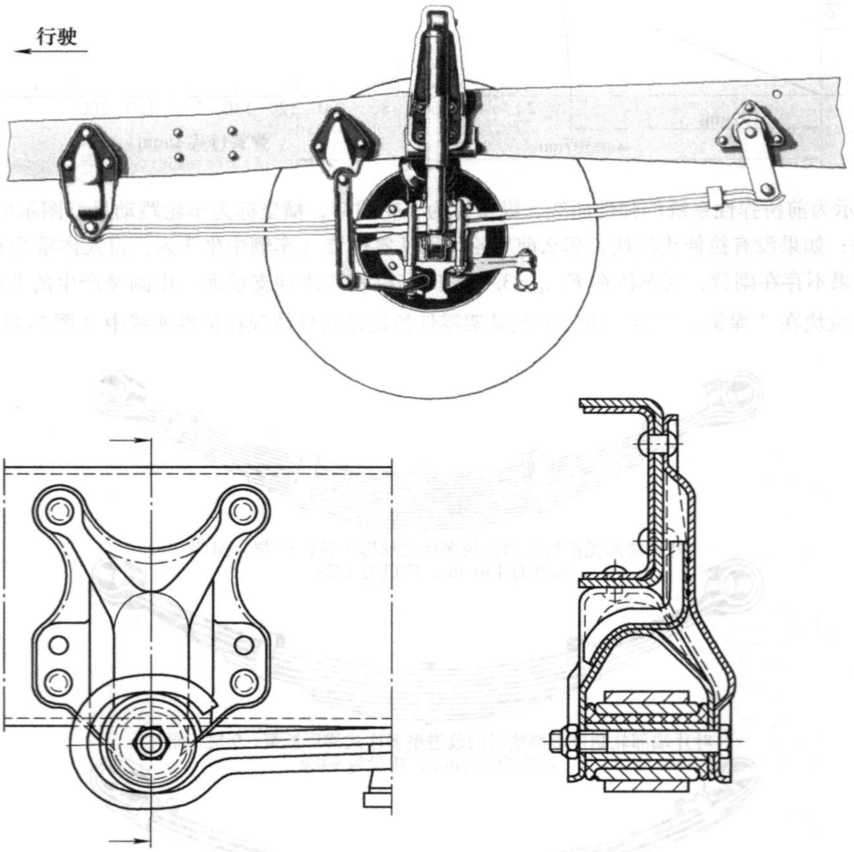

图2-4　图示为Daimler-Benz公司的轻型货车的前桥：双叶片抛物线形板簧。为了保证即使在主簧片破裂时仍可以转动，第二簧片也卷曲在吊耳中，提高了导向功能。下图为弹簧支架，在侧视图（左侧）中可以看到的间隙是用来补偿簧片跳动时在两簧片间产生的长度变化。如同在前视图（右侧）所见，由许多板件连接而成的弹簧支架从下侧和外侧与纵梁铆接在一起；带有两个外部凸缘的橡胶件支撑弹簧吊耳（图2-64）。另外清晰可见的是垂直“站立”的减振器以及稳定杆连接到桥体上。

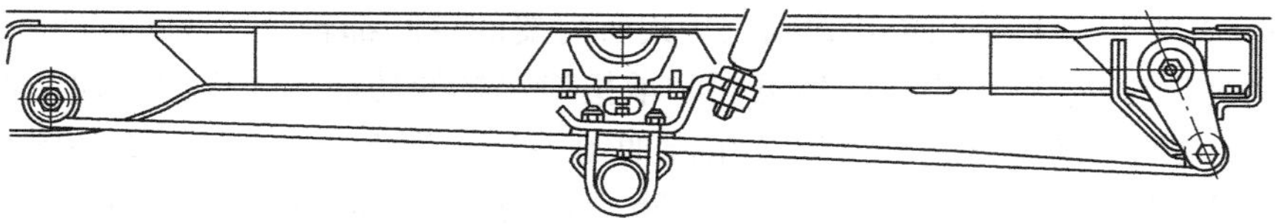

图 2-5　图示为轻型货车刚性后桥的抛物线型单片式板簧。前吊耳固定在车架纵梁上，可以转动，后吊耳固定在夹板中，夹板可以补偿跳动时的长度变化。减振器通过销轴式铰链连接到簧片上（Renault 公司图片）。

图 2-6　图示为玻璃纤维增强塑料单片式后板簧，用在 Ford Concept Cargo 车型的刚性后桥上，该车型为一种中型试验性货车。在抛物线形的主簧片上安装了一个副簧（通过间隔块保持间距），在一定车轮跳动量时副簧和特殊的支架接触。由于材料副为钢/塑料，故在支架上滑动时不会产生噪声。可以看到通风制动盘以及向外延伸的轮毂，这样可以固定双轮胎车轮。

2.1.3　横置板簧

横置板簧承担车身在车桥上的弹性装置作用，有时还起到转向前桥的导向作用。这种情况下必须有两片簧片固定在主片的吊耳上（图 2-7、图 2-159 和图 5-34），以便导向位置断裂时仍能保持导向能力。

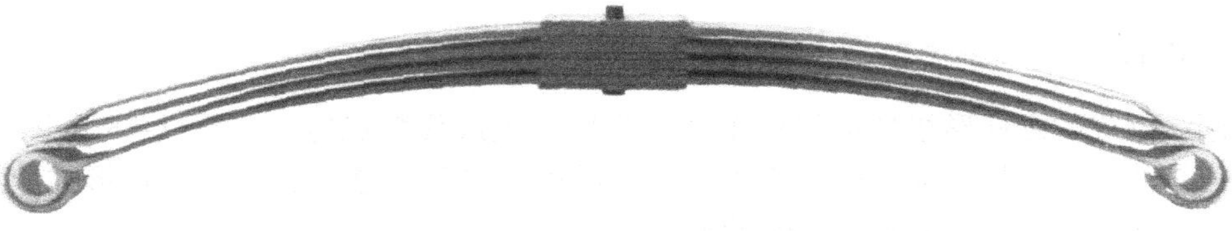

图 2-7　图示为由 Hoesch 公司开发的横置大跨度板簧。其中每个叶片为轧制抛物线形，长度也相似；为了牢靠，将第二叶片卷在主叶片的吊耳上。VW Iltis 车型的前、后桥上使用了这种板簧。

抛物线形轧制横置板簧从单片式到三片式所需要的空间都较小。除了减重和降低成本，横置板簧另外还有某些特别用途，如可同时承担稳定杆的功能，这样它取代了稳定杆的支承、连接杆以及两个螺旋弹簧。其安装情况如图5-30、图5-35、图6-72和图6-73所示，图5-31和图5-33描述了稳定杆功能。图5-56所示为单片式玻璃纤维增强塑料板簧。

2.1.4 螺旋弹簧

等钢丝直径 d（图2-8）、等节距的螺旋弹簧的弹性特性在整个车辆跳动过程中为线性，可用于前桥和后桥。在这种情况下副簧提供所需的弹性（图2-1）。通过非等直径钢丝的圆柱螺旋弹簧以及桶形弹簧可以得到所需的非线性弹性特性（图2-9～图2-13）。这种所谓的迷你缩并弹簧在高度上需要的空间较小，可以保证行李箱平坦、侧边缩进较小（图4-22和图8-16）。

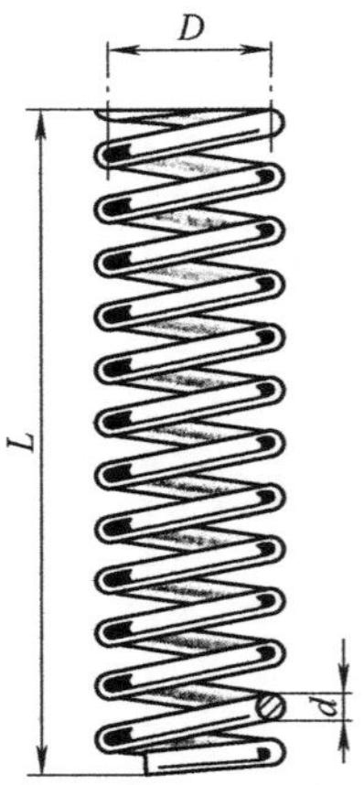

图2-8　如 Mercedes 190/190 E 车型的前螺旋弹簧以及后螺旋弹簧所示，螺旋弹簧需要很小的圆柱状空间。钢丝直径在13～14mm间，前弹簧的自由长度接近400mm，后弹簧自由长度约为310mm。D 为弹簧中径。弹簧上端磨平，下端靠在弹簧托盘上。

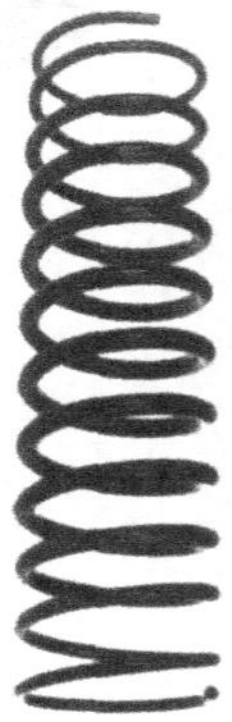

图2-9　VW Golf Ⅰ车型的变刚度后弹簧由 Krupp-Brueninghaus 公司生产。弹簧的起始刚度为 $c_{FA}=9.8$N/mm，压并刚度为 $c_{FE}=31.4$N/mm。这么强的非线性是通过两端都采用圆锥形弹簧钢丝产生的，其端部钢丝直径 $d_0=7.6$mm，中间 $d_1=10.2$mm，在两端3.5圈内直径渐进变化。材料为弹簧钢50Cr4V，调质后的抗拉强度 $R_m=1600\sim1750$N/mm^2。

2.1.5 扭杆

由圆钢制成的圆柱形扭杆可用作车身的弹性系统或代替稳定杆（图7-18和图7-21）。为传递扭矩两端热镦粗成细齿槽或四边形。也可对焊在U形连接板上，这种形式应用在稳定杆上（图7-12），很简单地固定在摆臂上。

这种弹性系统的缺点是其长度较大，底板以下的空间都必须作为安装空间。另外两端的细齿槽的同心度误差必须精确到分，或者必须有调节装置来补偿这种偏差，图5-25、图5-26、

图 2-10 Audi 100 车型的后弹簧由 Krupp-Brueninghaus 公司生产。该弹簧两端的钢丝直径比中间大，即所谓的“粗端弹簧”。端部直径 $d_0 = 14.5\text{mm}$，中间 $d_1 = 12.9\text{mm}$。通过这种结构使端部的应力下降，避免弹簧工作范围内并圈而导致表面保护漆受损。材料为弹簧钢 50Cr4V，调质后的抗拉强度 $R_m = 1600 \sim 1750\text{N/mm}^2$。

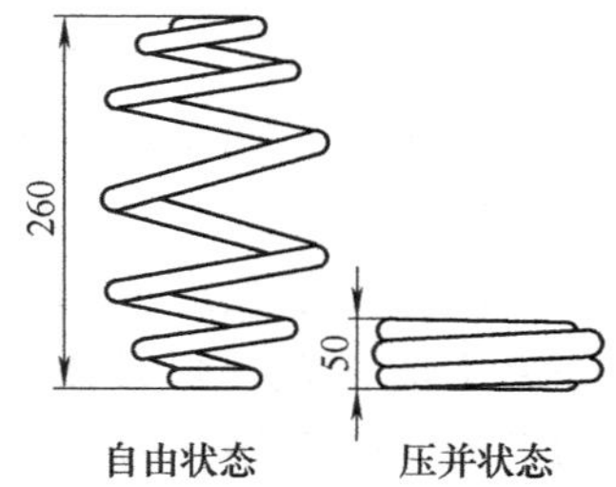

图 2-11 图示左侧为迷你缩并弹簧，右侧为螺旋弹簧。两者的弹簧刚度相同，但是钢丝直径不同，刚度是变化的。此类弹簧可减重并节省安装空间。与螺旋弹簧相比，在压缩时其高度明显较低。

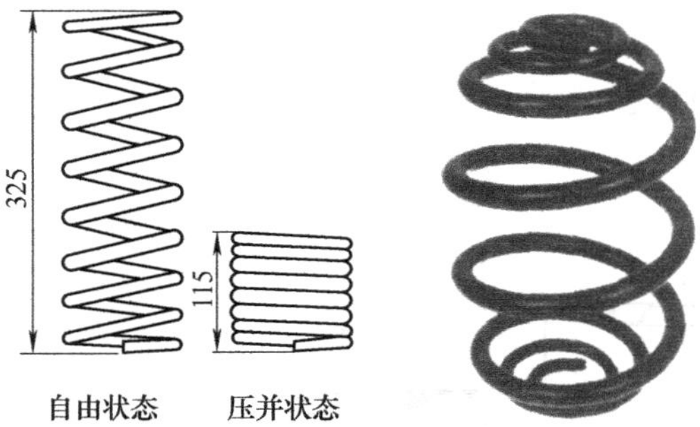

图 2-12 图示为非线性鼓式弹簧，使用在 BMW 3 系列车型的后桥上，由 Krupp-Brueninghaus 公司制造。最大外径 $D_e = 150\text{mm}$，端部内径 $D_i = 40\text{mm}$。弹簧的起始刚度为 $c_{FA} = 38.9\text{N/mm}$，压并刚度为 $c_{FE} = 61.6\text{N/mm}$。非线性刚度是通过形状和变钢丝直径获得的。钢丝直径从 $d_0 = 10\text{mm}$ 变到 14.5mm。材料为弹簧钢 50Cr4V，调质后的抗拉强度 $R_m = 1600 \sim 1750\text{N/mm}^2$。

图 2-13 图示为 Hoesch 公司生产的迷你缩并弹簧，变钢丝直径，变节距。漏斗形压并的高度很小，只需要较小的安装高度。簧重 2kg，材料为 55Cr3V，调质后的抗拉强度 $R_m = 1600 \sim 1800\text{N/mm}^2$。

图6-59和图7-16中安装了扭杆，图6-58和图7-14所示为两种调节装置。其理想的材料使用率（即减重）以及在直径上特别小的安装空间的优点使它的缺点（为消除缺点需要一定的成本）可以接受。另外，车身高度有可以调节的可能性，两个相邻布置的扭杆能够作为稳定杆使用（图7-20）。

圆柱形扭杆由于强度原因限制在一定长度内。如果不能横置，则必须采用多层捆扎在一起的平板（图2-14和图2-141）。这种扭板弹簧在两端需要用四边形连接，公差很小，较重，成本也较高；其优点是在卷边方向也能承受弯矩。如果产生这种应力，只能采用扭板弹簧。

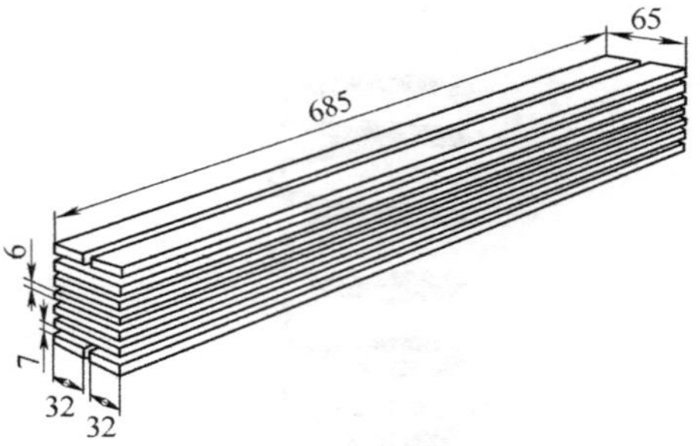

图2-14　图示为捆扎在一起的扭板弹簧，应用在Peugeot的轻型货车J7的加强纵臂式后桥。该弹簧由4层65mm×7mm，1层65mm×6mm和4层32mm×7mm的板组成。轮边弹簧刚度（即悬架刚度）$c_h = 82N/mm$。

2.1.6　空气弹簧

所有的公共汽车都采用空气弹簧，越来越多的载重汽车及其挂车也采用空气弹簧。其原因就是空气弹簧的弹性较软，舒适性好，也有利于保护被运送的货物，车轮动载荷很小，对路面产生的应力也小。另外的优点是可以调整车身姿态，对于公共汽车，可以保证上车高度和站台高度一样；对于货车，可以调整装载面的高度，方便货物装卸。图2-15和图2-16所示为货车和挂车上使用的膜片折叠气囊空气弹簧，图3-31～图3-37和图3-40所示为安装状态。

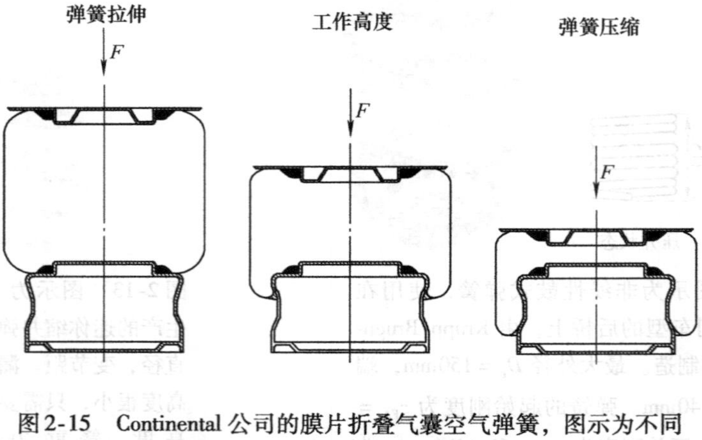

图2-15　Continental公司的膜片折叠气囊空气弹簧，图示为不同工作高度。滚罐产生缩颈，在开口上与气囊内室连接。

日本1987年生产的大批轿车为空气弹簧承载，图6-53所示为膜片折叠气囊在一部试验研究车上的应用。气液弹性系统在轿车上具有实用性，气体承担弹性，液体传递力。在第5.2.4和第6.7.3小节中将对此内容进行更详细的介绍。

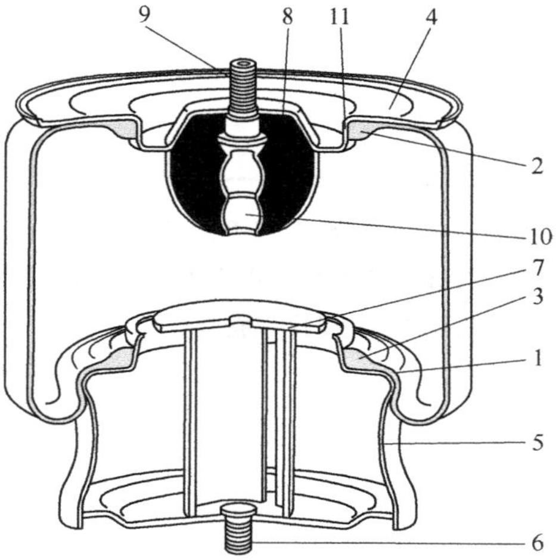

图 2-16 Continental 公司的膜片折叠气囊空气弹簧，承载能力为 5 ~ 35kN，弹簧行程可达 300mm。其结构类似于轮胎：基座 1 为强度承载件，上下基座中有钢丝圈 2 和 3 缠绕。上面基座的侧橡胶层贴覆在平板 4 下，下面基座的橡胶层卷在拱起的罐状部件 5 上。联接螺栓 6 以及板 7 固定在焊接底板上，当内部压力丧失时止位块 8 可以支承在板 7 上。气体通过联接螺栓 9 以及通道 10 进入内腔；气囊以及罐状部件 5 内的气体产生弹性。为了保证内部压力，气囊有内密封层（和无内胎轮胎一样）。钢丝圈 2 和 3 压靠在上下的斜面（位置 11）上，斜面的形状和深槽轮辋的轮缘基本相同。

2.1.7 稳定杆

根据悬架形式，在轿车上使用简单的扭杆（图 7-18 和图 7-21），或者使用 U 形稳定杆。图 2-17 和图 6-54 所示为 Mercedes 190/190 E 车型的前稳定杆，借助橡胶支承在侧面与下摆臂连接，稳定杆在纵向通过弹性夹箍支撑在底板组件上。这个车辆的后稳定杆（图 2-18 和图 5-48）支撑在车身上，可以转动，它与独立悬架的下摆臂通过耦合杆连接。此外，U 形稳定杆还能承担车轮导向功能，这样可以省去两根纵杆以及耦合杆（包括支承，图 5-9、图 6-4 和图 6-57）。

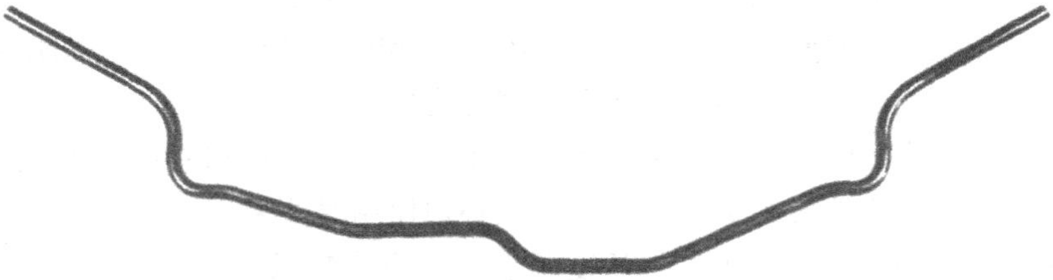

图 2-17 图示为 Mercedes 190/190 E 车型的前稳定杆，直径为 22mm。由 Krupp-Brueninghaus 公司生产，材料为弹簧钢 60SiCr7，调质到 $R_m = 1350 \sim 1650\text{N/mm}^2$。

在刚性车桥上稳定杆布置在下纵臂（或上纵臂）上。如图 2-19 所示，稳定杆的肘管由前面车身一侧的摆臂联接螺栓联接，支承孔由后面的螺栓固定。这个螺栓把摆臂固定到图 3-18 所示的车桥上。为了不影响离地间隙的大小，稳定杆中部应向上弯曲。

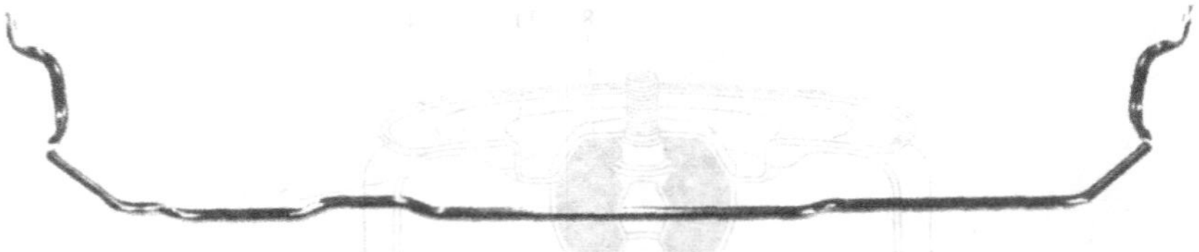

图2-18　图示为 Mercedes 190/190 E 车型的后稳定杆，由 Krupp-Brueninghaus 公司生产。材料为拉拔弹簧钢钢丝 ϕ17 DIN 17233，抗拉强度 $R_m = 1.0 \sim 1.15$kN/mm²。由于形状复杂，钢丝冷弯成形。

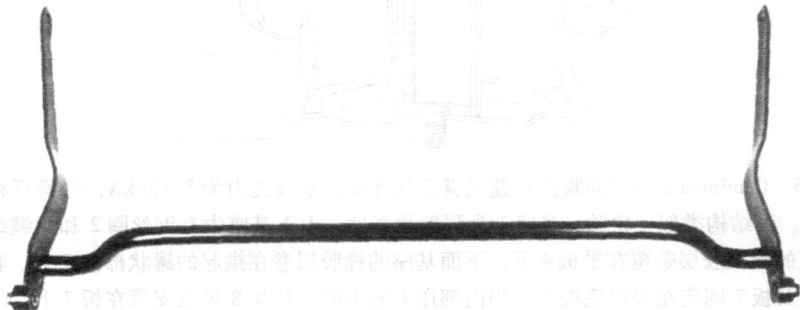

图2-19　图示为 Saab 900 Turbo 车型用的后稳定杆，质量为 3.4kg，扭转刚度很高。连接管的材料为非标准钢 17Mn4，焊接前调质处理后的抗拉强度达到 $R_m = 1.05 \sim 1.2$kN/mm²。制造商 Krupp-Brueninghaus 对肘管采用结构钢 St 52-3。连接管承受扭转和弯曲应力，承载方式如图 4-12 所示。

2.2　铰杆和摆臂

2.2.1　杆件和撑杆

铰杆和摆臂是用来把车轮托架（又称为转向节柱）连接到车身或者副车架、车架上的。如果在一个方向上承受力，即仅承受压力或拉力，则应用连接撑杆。图 2-20 中的前束杆为连接撑杆，图 2-21 所示为稳定杆的耦合杆，图 3-14 和图 3-16 所示为加强刚性车桥的侧向导向能力的潘哈杆，图 5-17 和图 6-48 所示为制动力撑杆。

为了抗弯需要一定的惯性矩，如果找不到圆钢，也可以把材料卷成圆形或采用其他特殊型面（图 2-22）。采用管件大约贵一倍，只有在必须使用时才采用，例如，杆件长度较长易折断，则要求圆形截面，或者为了进行长度调节需要有内螺纹（图 2-23）。由于空间限制，杆件有时必须做成弯曲形状，可以采用模锻制造方法保证截面具有较高的抗弯能力（图 2-24）。杆件的一端可以为铰链外壳，以便可以装入球头座和球头。这种既经济又简单的结构可以在任何材料上实施（图 2-20、图 2-24、图 2-25 和图 2-63）。

刚性驱动桥侧向和纵向的导向功能可以通过两根斜置聚合成一体的杆件来实现（图 3-33）；杆件通过一个无需维护的球铰支撑在桥体上。图 2-26 所示为 Lemfoeder Metallwaren 公司生产的由两根杆件组成的三角摇臂，图 2-27 所示为可进行调节的三角摇臂。这种

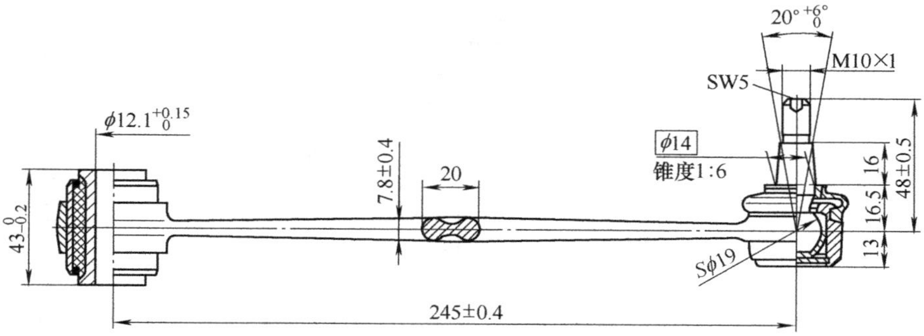

图 2-20 在图 5-47 中可以看到的 Mercedes 190/190 E 车型的后桥由四根横摆臂和一根前束杆组成。前束杆保证规定的前束变化。图示为 TRW-Ehrenreich 公司生产的材料为调质钢 C45V 的前束杆。该锻件的轮侧端为球铰支座，内侧为一个橡胶支承，该橡胶体硫化到内外管上。

结构可以很精确地围绕车桥校准，也能补偿部件的误差；既可以调节长度（如同转向横拉杆），也能校正角度方向。如图 2-27 中 *A—A* 所示，一个杆件上面有可转动的夹紧装置，该夹紧装置位于球铰外壳上，该外壳和另外一个杆件连在一起。松开螺栓就可以调整角度。

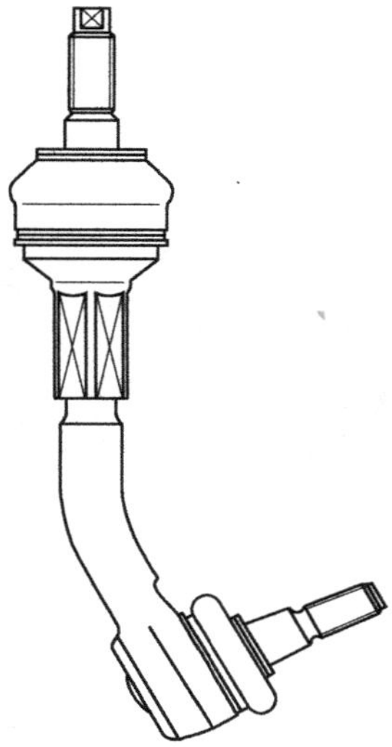

图 2-21 图示为 TRW-Ehrenreich 公司生产的耦合杆，用在 Citroen BX 车型的前桥上。为了限制气液弹性系统车辆的侧倾在一定范围内，稳定杆应该尽可能多地利用工作行程，也应该保证在一定角度可以摆动，由此需要耦合杆。耦合杆一端为轴向支承，与上面的稳定杆连接，另一端为球铰（与转向横拉杆球铰相同），与下面的摆臂连接。两个支承均加以持久润滑，以减小摩擦，球销在支座内的摆动力矩不允许超过 3.5N · m。

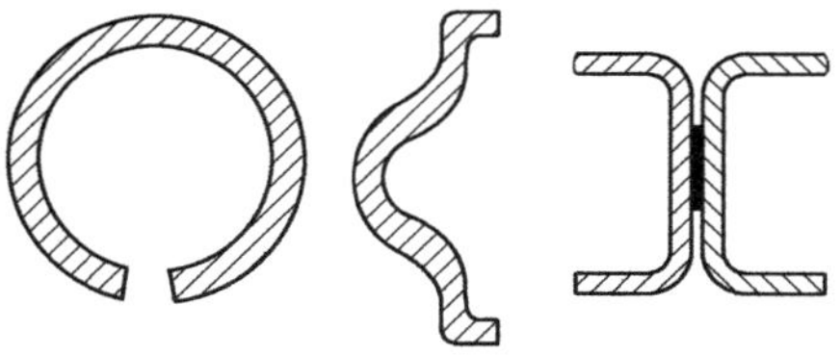

图 2-22 图示为抗纵向折断常用的截面形式。

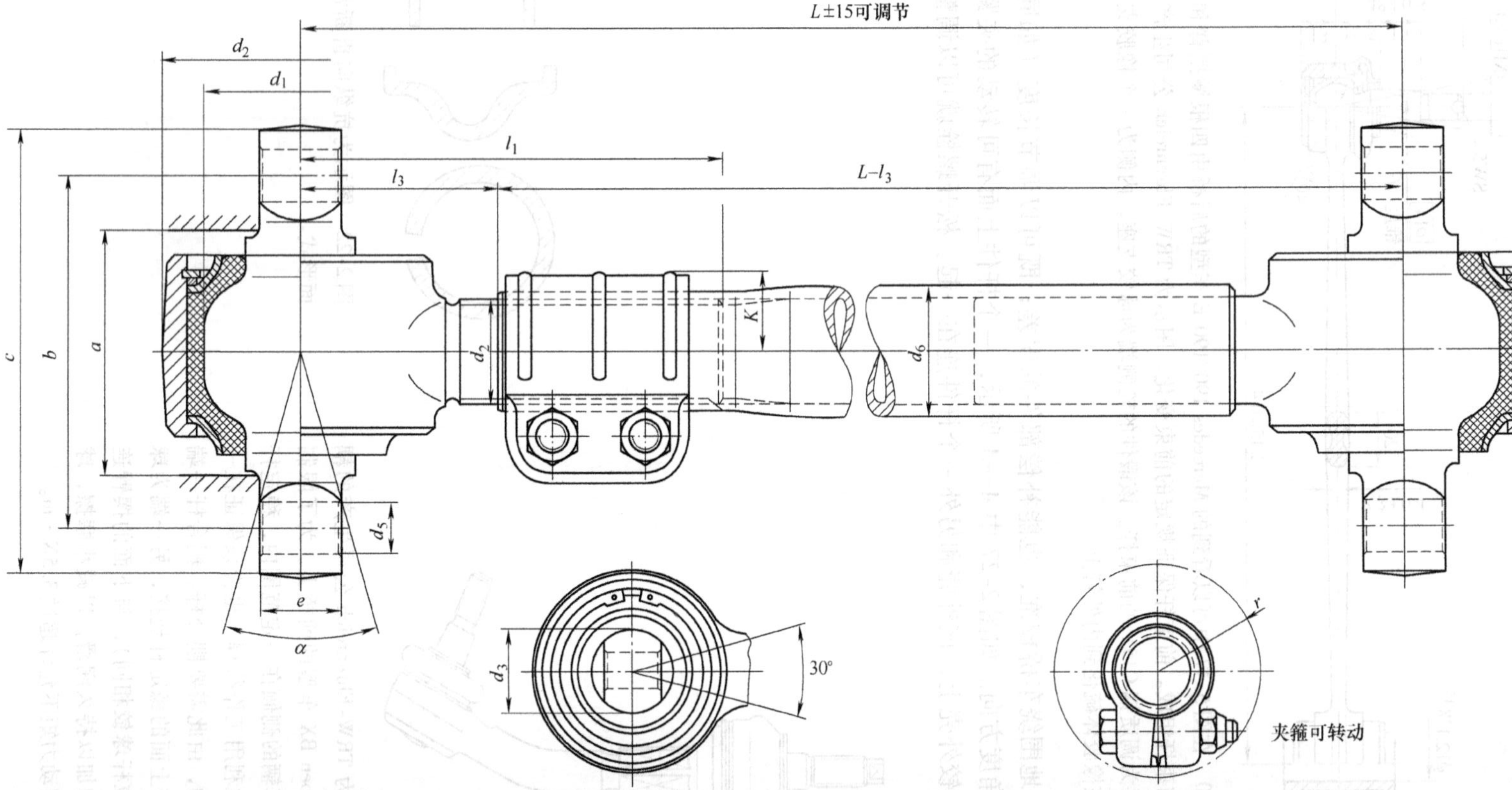

图2-23 为了保证导向功能，弹簧为空气弹簧、板簧、螺旋弹簧的刚性车桥货车的下摆臂通常采用撑杆。撑杆的铰链无需维护。内部为橡胶件承受冲击，直径为45～110mm，曲折角$\beta/2=\pm6.5°$，转动角$\alpha/2=\pm7.5°$（图2-64）。可以根据实际需要转动铰链进行安装。

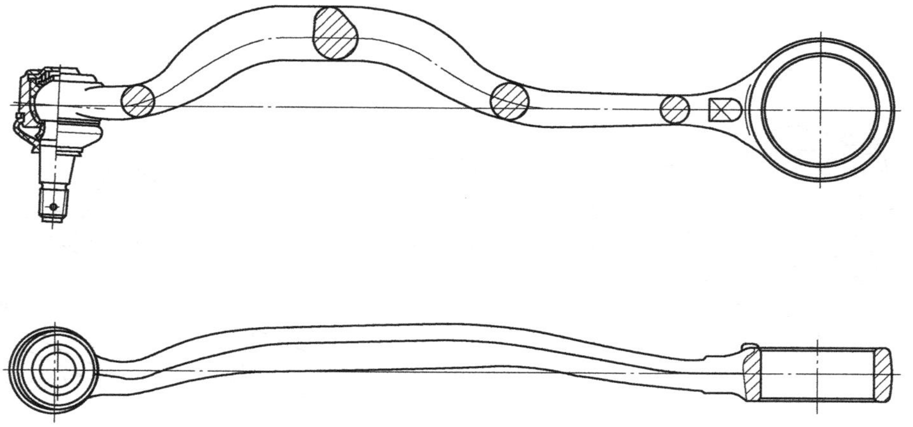

图 2-24　图示为双铰链前桥 BMW-5 系列的压杆。为了得到足够的抗折断强度，杆件做成特定截面。在内侧压入橡胶支承，外侧构造为铰链支座。杆件材料为钢 C45V（调质后 $R_m = 660 \sim 900\text{N/mm}^2$）；球销材料为 41Cr4V，抗拉强度 $R_m = 880 \sim 1050\text{N/mm}^2$，$A_5 \geqslant 12\%$（生产商 Lemfoeder Metallwaren 公司）。

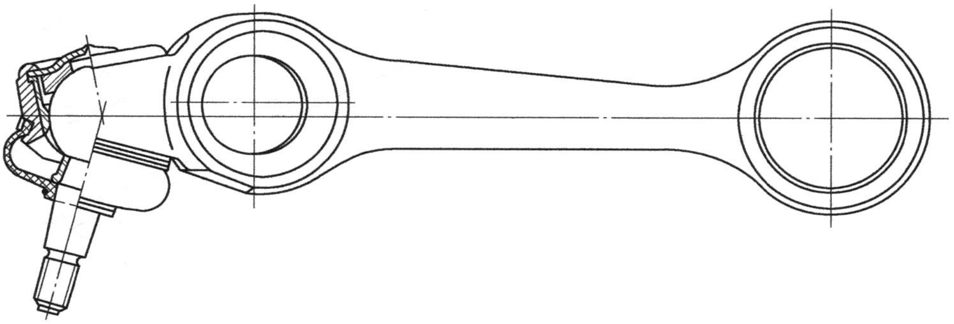

图 2-25　图示为 TRW-Ehrenreich 公司生产的用在 Daimler-Benz 260S/560 SEC 车型前桥上的上横臂。横臂外侧构造成铰链支座，用来安装两个塑料壳体和球销；稳定杆臂连接到孔中。材料为 AlMgSiF31，$R_m \geqslant 310\text{N/mm}^2$，$R_{p0.2} \geqslant 260\text{N/mm}^2$，$A_5 \geqslant 6\%$。

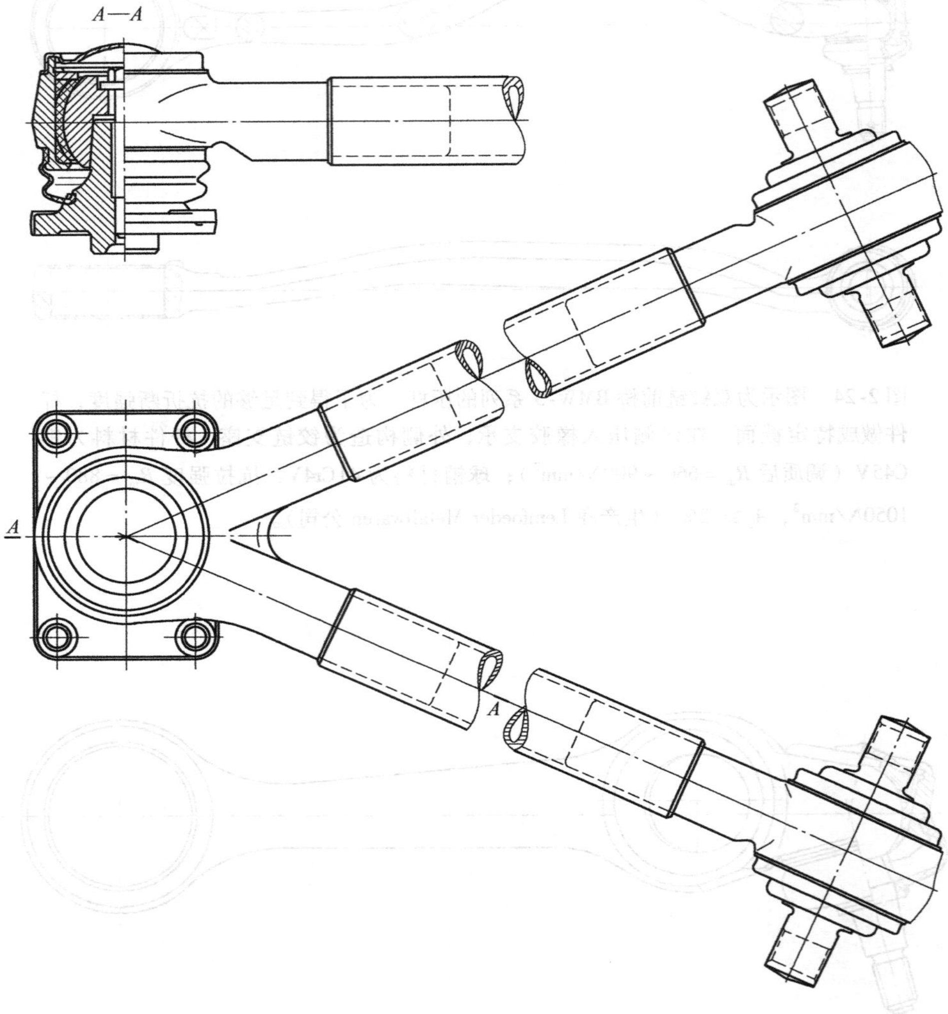

图2-26　图示为 Lemfoeder Metallwaren 公司生产的由两根杆件组成的三角摇臂。大多使用在空气弹簧或螺旋弹簧的货车的驱动后桥上，作为导向上摆臂。球铰通过六角螺栓和桥体联接，即所谓的“爪式连接”（也可参见图3-31和图3-33）。

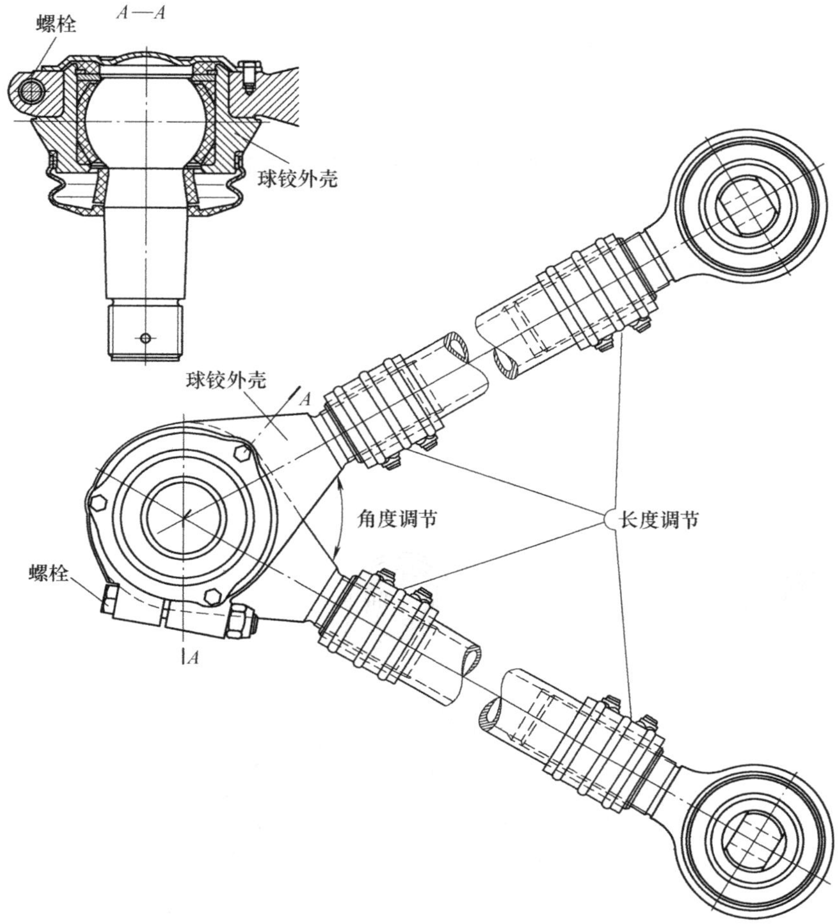

图 2-27 图示为 Lemfoeder Metallwaren 公司生产的三角摇臂，杆件的角度和长度可以调节。球销以 1∶10 的锥面与后桥桥体连接。

2.2.2 横摆臂

假如在独立悬架上摆臂必须承受两个方向的力，例如在车轮处产生的侧向力和纵向力，那么在车身一侧的支撑间距必须较大（图 2-28）。为此两根杆件固结为三角摇臂（图 2-29），或者能够支撑力矩的横摆臂（图 2-30）。零件应尽量轻，同时必须保证在侧向力作用下的抗折断强度、大制动力作用下的抗弯强度。在大批量生产中可以采用板材拉深成形件、钢或铝合金锻件、铁或铝合金铸件等。

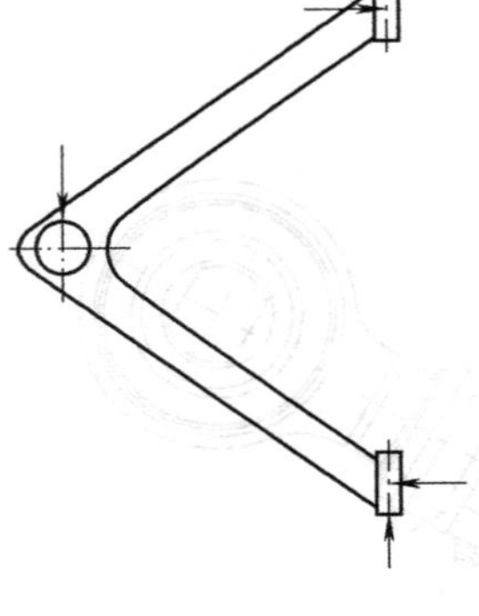

图 2-28　两根杆件固结在一起构成三角摇臂承受纵向力。

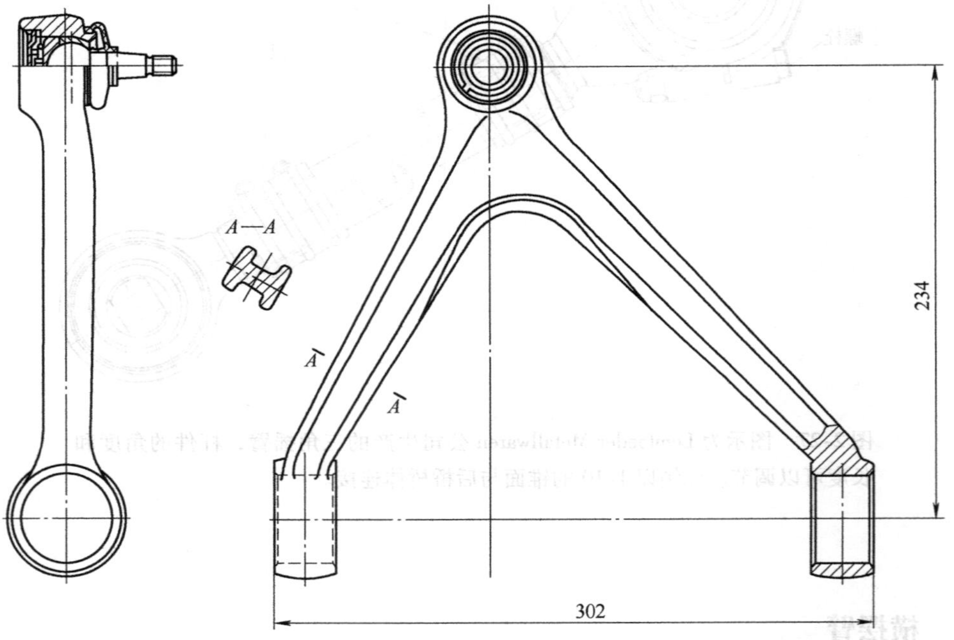

图 2-29　图示为 TRW-Ehrenreich 公司生产的用于 Porsche 928 车型前桥上的上横摆臂，摆臂带导向球铰。零件为铝合金重力铸造件 GK-AlSi7Mg，强度为 $R_m = 250 \sim 340\text{N/mm}^2$，$R_{p0.2} = 200 \sim 280\text{N/mm}^2$，$A_5 = 5\% \sim 9\%$。

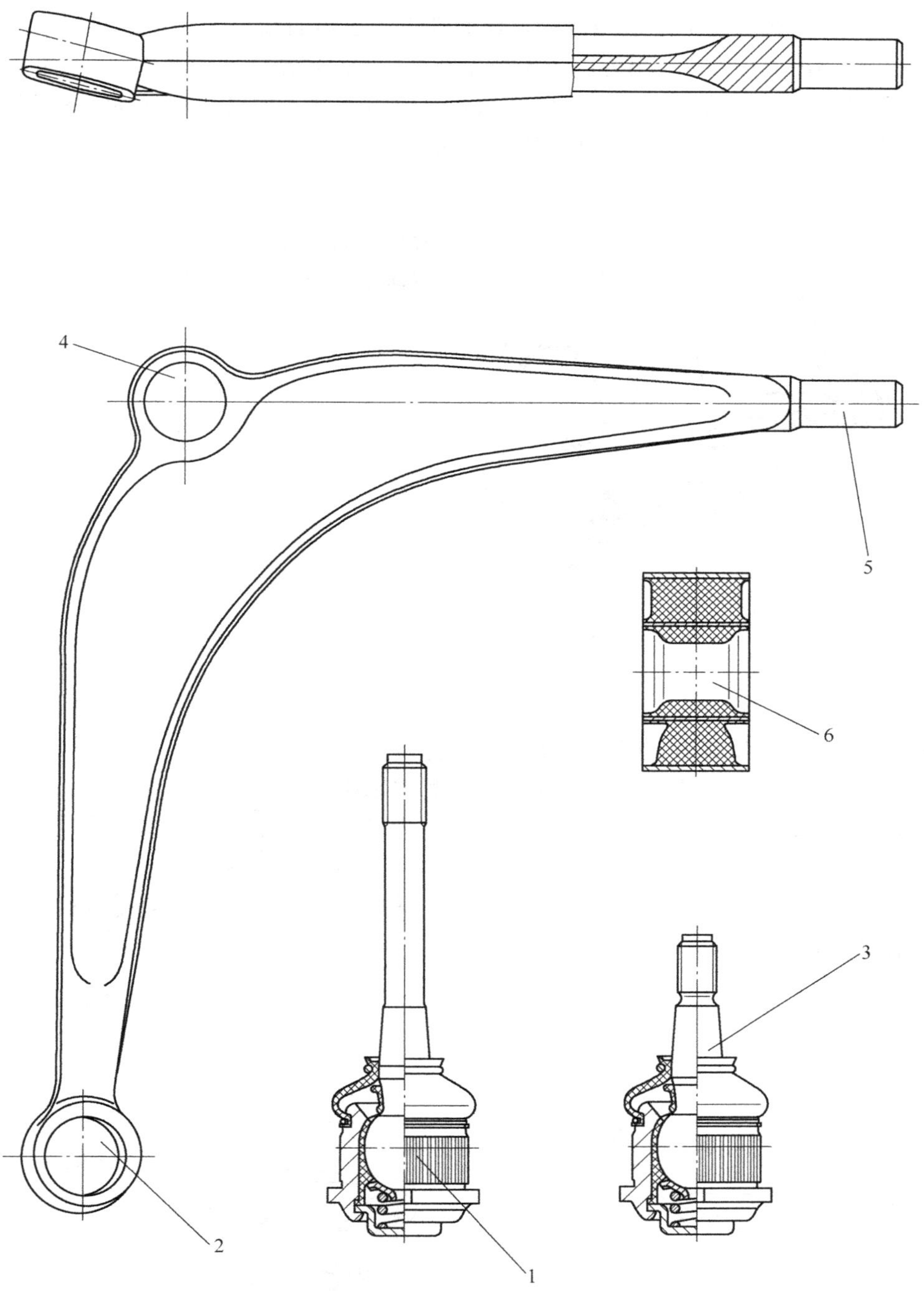

图 2-30 图示为 BMW 3 系列车型采用的镰形摆臂，材料为 C45N 钢。球铰 1 压在孔 2 中连接摆臂和弹簧支柱，球铰 3 安装在孔 4 中。如图 2-72 所示，在纵向力作用下，摆臂围绕球铰 3 转动，通过支承 6 侧向支撑在悬臂 5 上（Lemfoeder Metallwaren 公司图片）。

橡胶支承的支座采用钢板 St37-2 或 St52-3 深冲成形，焊接到摆臂上，这种制造方法在保证大批量零件耐久强度上是最经济的。钢锻件由于还需后续机加工，因此成本高，质量大，但是扭转强度比板件高；另外由于无需焊接，其截面较光洁（图 2-31）。与可承受的力相比，质量最小的为时效硬化锻铝，但其缺点是刚度较小。其弹性模量为 $7\times10^4\text{N/mm}^2$，约为钢的 1/3（钢的弹性模量为 $20.6\times10^4\text{N/mm}^2$）。

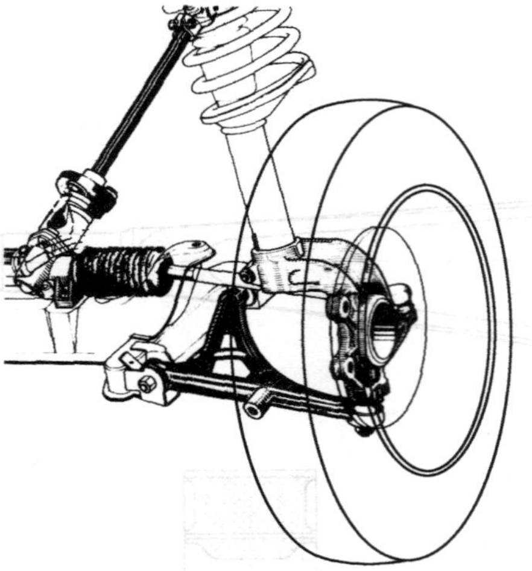

图 2-31　图示为 Peugeot 305 车型的左前悬架。下横摆臂为锻件，悬臂向后延伸，在侧向方向承受纵向力。车轮托架为铸件。

摆臂同时也承受弹簧力，因为弹簧（空气弹簧或螺旋弹簧）支撑在摆臂上（图 2-32），或者其内侧支承必须支撑扭杆（图 2-33 和图 2-34），在这种情况下为了达到一定的抗弯强度，截面必须为抗弯能力强的形状，如采用框形截面，或者采用铸件、锻件。摆臂上同样也承受减振器的冲击力。

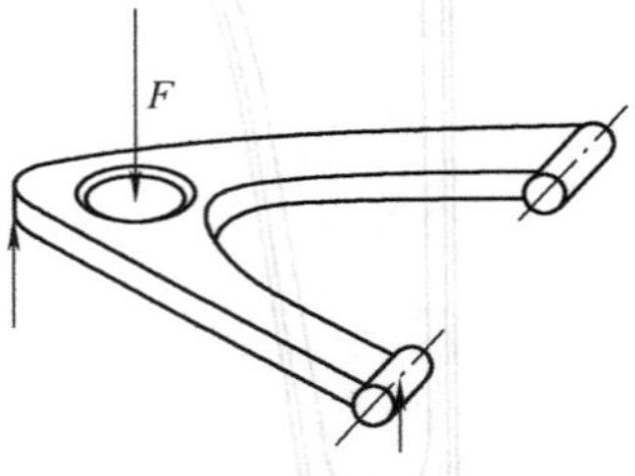

图 2-32　在三角摇臂点 *F* 作用的弹簧力产生的反力。

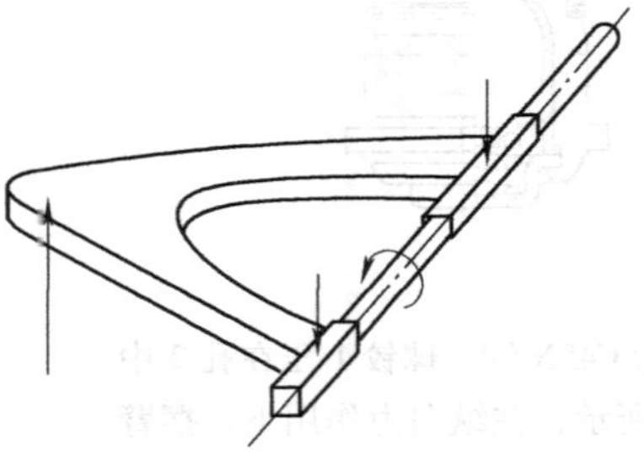

图 2-33　三角摇臂上的力，在车身一侧支承着一根扭杆。

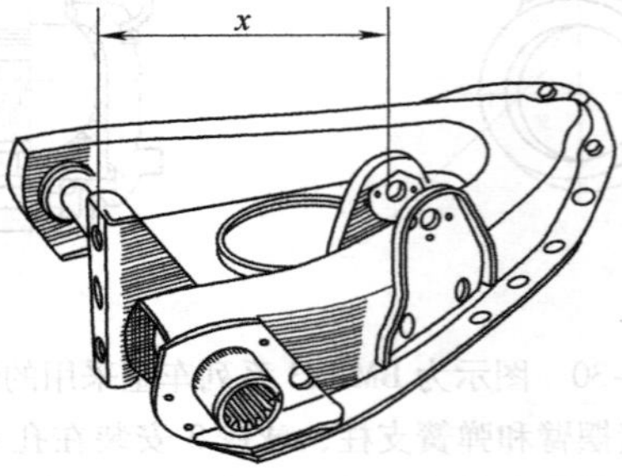

图 2-34　Renault 5 “Le-Car” 车型前桥的下摆臂。减振器支座与摆臂通过焊接相连。纵向套管内有细齿花键用来连接扭杆。图上标注的距离 *x* 为控制尺寸。

2.2.3 纵摆臂、斜摆臂

纵摆臂和斜摆臂承担后轮导向功能，承受弯曲和扭转产生的较大应力（图 2-35）。为避免产生不利的前束以及外倾角变化的前提条件是具有足够高的刚度。为了达到较高刚度，钢板可以拉深、焊接成框形截面（图 2-36 和图 2-37）。对于小批量生产，采用铸铝件则更为有利（图 2-38 和图 2-39）。

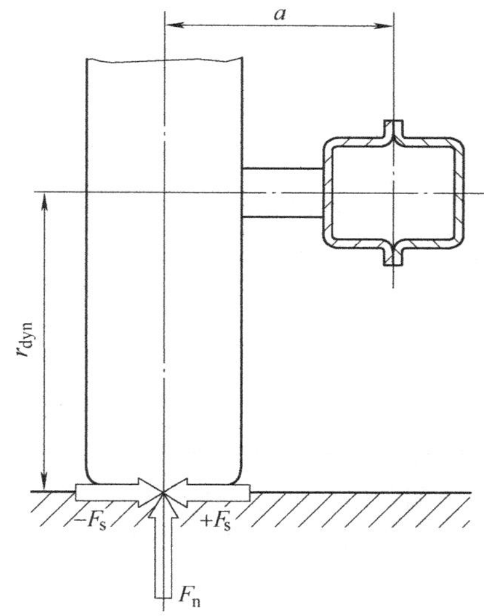

图 2-35 图示为纵摆臂后桥承受垂直力 F_n 和侧向力 F_s 产生的弯矩和扭矩。其截面必须为封闭的框形。最大力矩为 $M_t = F_n a + F_s r_{dyn}$。

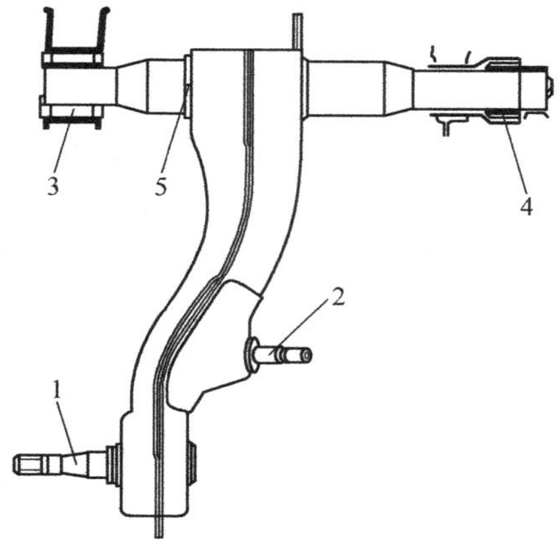

图 2-36 图示为 Renault 5 “Le Car” 车型的高扭转强度和高弯曲强度的纵摆臂，其为两个拉深成形的半壳焊接在一起的框形结构。轴颈 1、减振器支座 2 以及支承 3、4 在图中清晰可见。两个支承间的距离越大，前束和外倾角在侧向力和纵向力的作用下的变化越小。在摆臂和套管的高强度连接处 5 横置着扭杆。

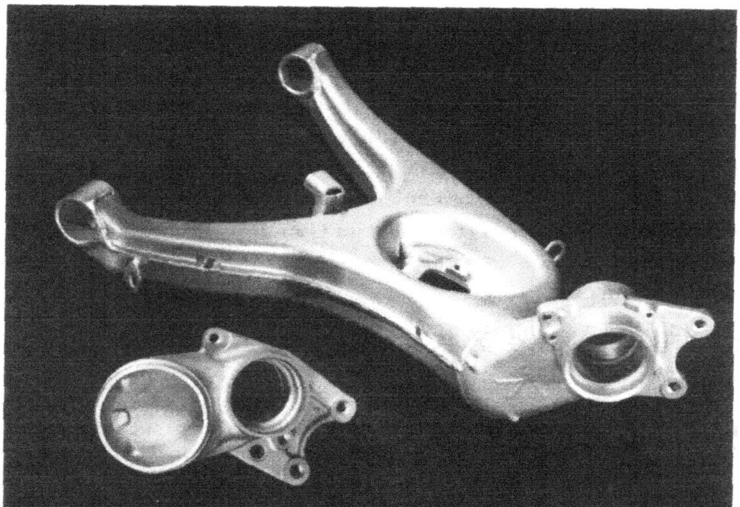

图 2-37 图示为 Daimler-Benz S 级车型的后桥斜摆臂。两个壳体与材料为 GTW-S38 的车轮托架以及两个套管焊接在一起，车轮托架在图中分开显示（Georg Fischer 公司图片）。

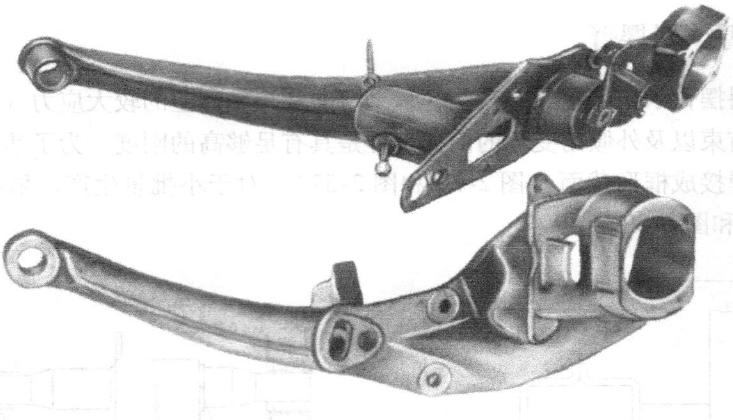

图 2-38　图示为 Porsche 911 车型的后桥斜摆臂。上图为以前的焊接钢结构；下图为现在的 GK-AlSi7Mg 材料的铸铝结构，强度性能为 $R_m = 250 \sim 340\text{N/mm}^2$，$R_{p0.2} = 200 \sim 280\text{N/mm}^2$，$A_5 = 5\% \sim 9\%$。

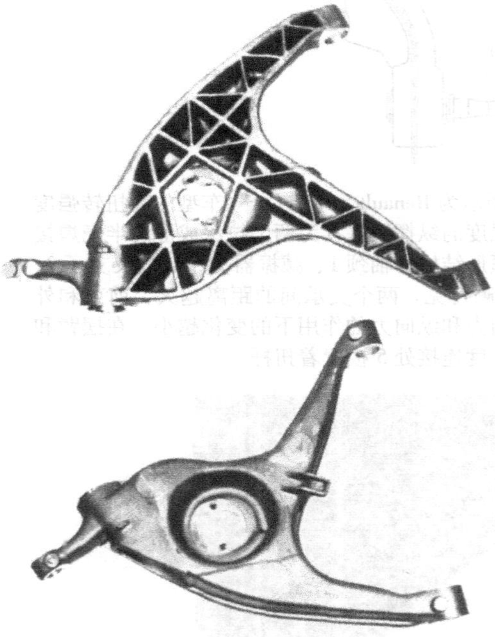

图 2-39　图示为 Daimler-Benz 500 SE/560 SEC 车型的后桥斜摆臂。其材质为用锶进行变质处理的铸铝件。下面为其俯视图，上面视图中可以看到有很多加强筋。

2.3　摆臂支承和车轮托架支承

2.3.1　转向节支承

在刚性车桥上，转向节轴销连接车轮托架 2（又称转向节）和前桥桥体 1 如图 2-40 ~ 图 2-42 所示；图中偏置角度 σ 形成主销内倾角，延长线与地面的交点偏离车轮中心 r_s 形成主销偏移距。轴销材料一般为 25MoCr4E 钢，轴销表面硬度很高，与车桥桥体固定，与车轮托架的连接处在转向时可以转动。该转动的轻便性将直接影响转向的回正性，特别是有助力转向的车辆。受轮胎和车轮定位值影响的回正力矩必须克服转向系统中的阻力。

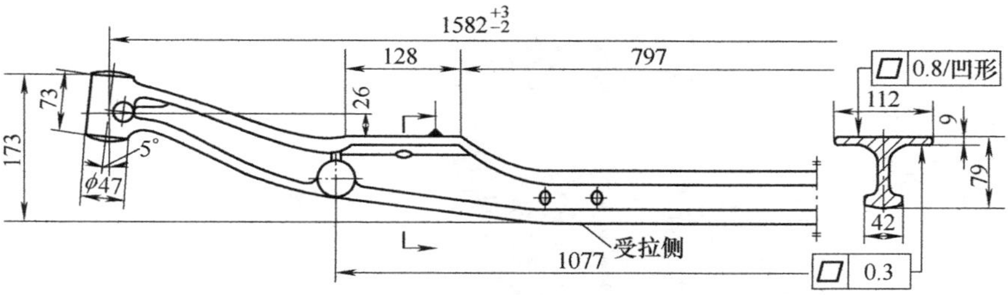

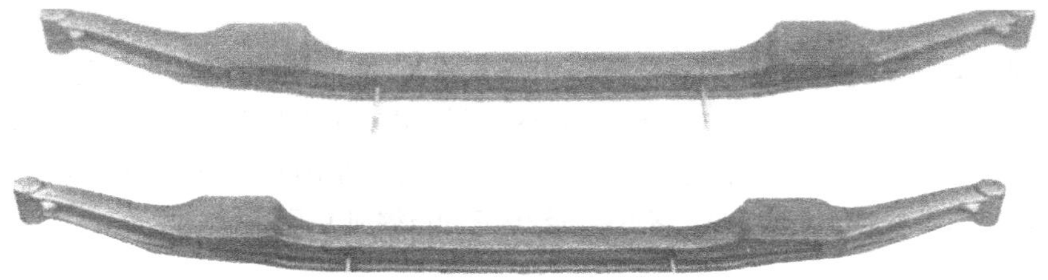

图 2-40 图示为 Krupp-Brueninghaus 公司生产的 41Cr4V 锻件，用于货车的前桥桥体，调质后的强度 $R_m = 900 \sim 1050\mathrm{N/mm^2}$。该零件承受较高的动态载荷，为文档备案的安全件，必须全部进行裂纹和硬度检验。毛坯质量为 31.5kg。

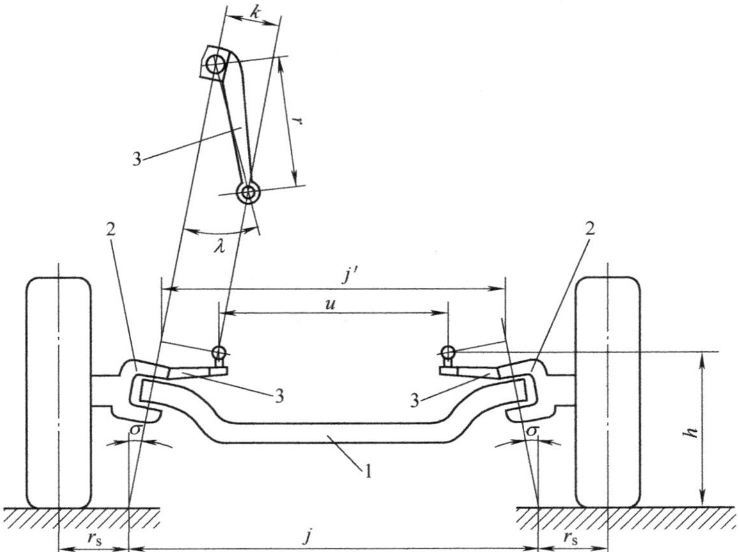

图 2-41 图示为某种刚性前桥简图。转向节两侧的轴销向内倾斜，形成主销内倾角 σ；轴销在桥体 1 中固定，在车轮托架 2 中可以转动。转向横拉杆以夹角 λ 与节臂 3 连接，以便转向时车轮按照预定的曲线运动。

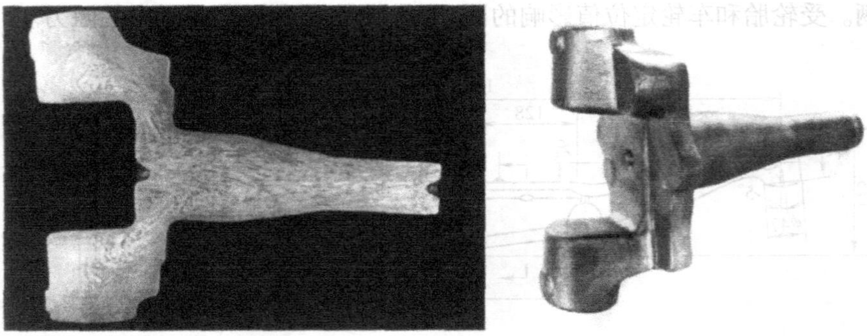

图2-42　图示为Krupp-Brueninghaus公司生产的材料为42CrMoS4的车轮托架，用于货车，调质后强度$R_m=850\sim1000\text{N/mm}^2$，热挤压成形毛坯的质量为5.4kg。通过这种制造方法生产的毛坯几乎没有毛刺。在左图中可以看到清晰的金属流线组织以及被挤压的中心，这可以减轻检查和后续加工工作。

中型和重型货车前桥大部分为刚性车桥，带助力转向。由于前桥载荷m_v高，在轴销处产生很大的应力，因此在轴销两端采用径向轴承（力F_{Eu}和F_{Gu}，图2-43），一端G点采用轴向轴承（力F_{Gw}）。根据车轮质量m_R、主销内倾角σ以及图中标注的尺寸，可以计算出各分力为

$$F'_{nv}=9.81\left(\frac{m_v}{2}-m_R\right)\qquad F_G=F'_{nv},\ r_b=r_s\cos\sigma$$

$$F_{nu}=F'_{nv}\sin\sigma\qquad F_{nw}=F_{Gw}=F'_{nv}\cos\sigma$$

$$F_{Eu}=\frac{F_{nw}r_b+F_{nu}h_G}{h_E-h_G}\qquad F_{Gu}=F_{Eu}+F_{nu}$$

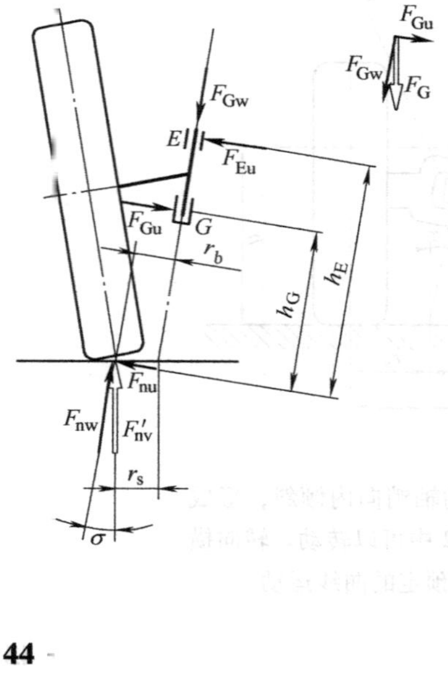

图2-43　图示为前桥刚性车桥在E点和G点的径向轴承上的作用力为F_{Eu}和F_{Gu}，轴向轴承上的作用力为F_{Gw}，该力和垂直方向偏离的角度为σ。

以上公式表明：E 点和 G 点的间距越大（距离为 $h_E - h_G$），主销偏移距 r_s 越小，则力 F_{Eu} 和 F_{Gu} 越小，在两个径向轴承上的载荷也越小。

轴向轴承上的应力很高，几乎一半的前桥质量由轴向轴承承受。为了达到所需的转动轻便性，在这里只能采用滚动轴承。图 2-44 和图 2-45 所示为径向力由支承套筒承受的转向节支承。如果在安装空间有限的驱动桥上要降低摩擦力（图 2-46 和图 3-42），则应采用滚针轴承（图 2-45 和图 2-118）或圆锥滚子轴承。

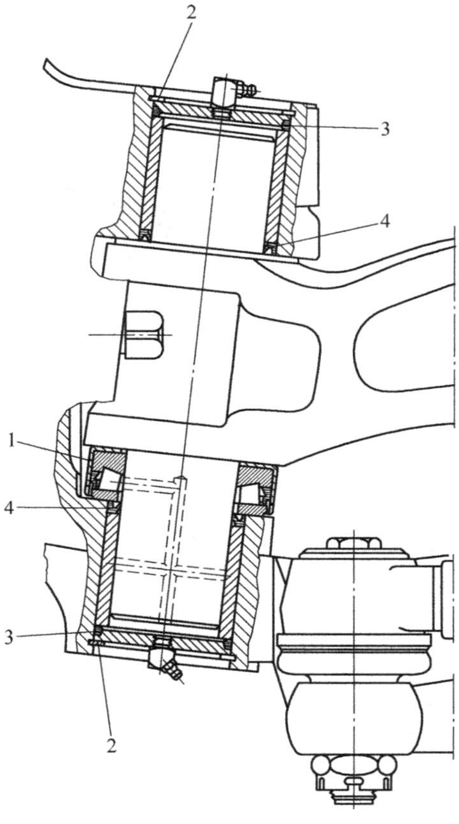

图 2-44　图示为 6.5 ~ 7.0t 货车前桥的转向节支承。车轮载荷和垂直力由 SKF 公司的推力圆锥滚子轴承承受。上圈内的导向缘起到保持架的作用。上圈与转向节轴销固定；下圈上有一个更大的孔，轴承侧面由密封圈和环形罩盖 1 进行密封。支承套筒上面和下面与端盖闭合，端盖支承在固定圈 2 上。O 形密封圈 3 和连到桥体的波形密封圈 4 构成密封系统。两个螺纹接头用于补充支承套筒的润滑脂，该润滑脂同时润滑推力轴承。油道在图中用虚线画出。

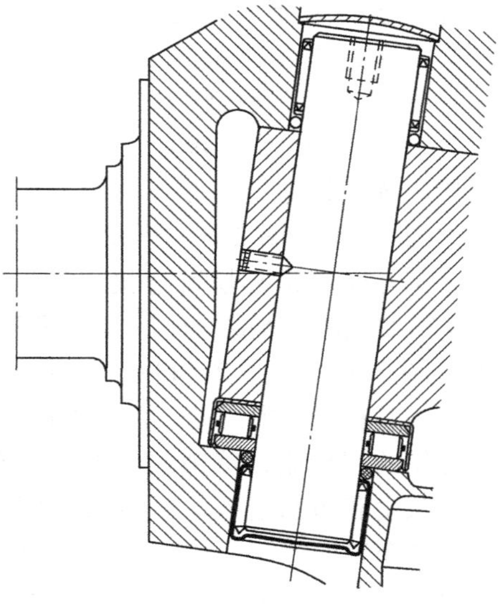

图 2-45　图示为在货车上使用 Nadella 公司生产的滚针轴承的转向节支承，该轴承可以持久润滑。下面的外套筒有一个底板，上面的支承通过盖板封闭；车轮托架和桥体间的密封由 O 形密封圈承担。轴向（垂直）力由圆柱滚子轴承承受。

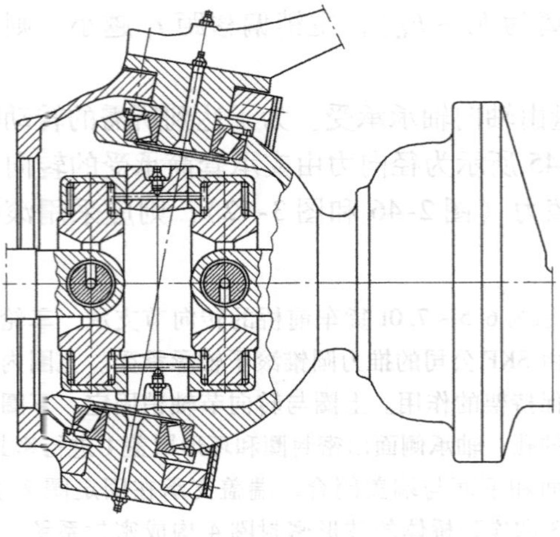

图2-46　图示为用于前桥驱动货车上的转向节支承。SKF公司生产的两个圆锥滚子轴承承受所有方向的力，两个轴承通过下面的间隔板相对布置。拧紧力矩在45～55N·m之间，静态预载为85～100kN。在剖视图中还能看到双联式十字轴万向节，该万向节可以补充润滑脂。

2.3.2　车轮铰链

车轮铰链用来连接车轮托架和摆臂（图2-47中的4、5、6）。它在垂直方向可以摆动，这样车轮可以上下跳动（图5-2中的角度α、β）；转向时可以转动角度δ。满足以上两个要求的最适合的铰链就是球铰。在双横臂悬架中螺旋弹簧位于下面的摆臂4上，因此那里需要使用承载球铰，承受所有方向的力。上面的摆臂不承受垂直力，因此只需使用摩擦力小的导向球铰即可，仅承受侧向力和纵向力（垂直力很小）。有车轮导向作用的弹簧支柱在转向时，上面通过滚动轴承转动，如果稳定杆是连接到弹簧支柱上，下面则用导向球铰即可。如果像减振器支柱那样，弹簧和稳定杆支撑在下面摆臂上，则必须采用承载球铰（图2-48和图2-49）。这两种球铰的结构与转向横拉杆球铰相似。

图2-50和图2-51所示为竖立的承载球铰，其外壳通常与摆臂连接，球头借助1∶10 DIN 71831的锥体或圆柱球销连接到车轮托架上（图2-140和图2-143）。球头在可以持久润滑的塑料罩壳中滑动，无需维护；球铰中填注专用的润滑脂，球销颈部固定一圈防尘罩，防止灰尘和污水侵入。图2-52～图2-54所示为倒立布置的球铰，其缺点是上面的塑料圈和球形外壳之间的垂直力的承载情况不是很好，承

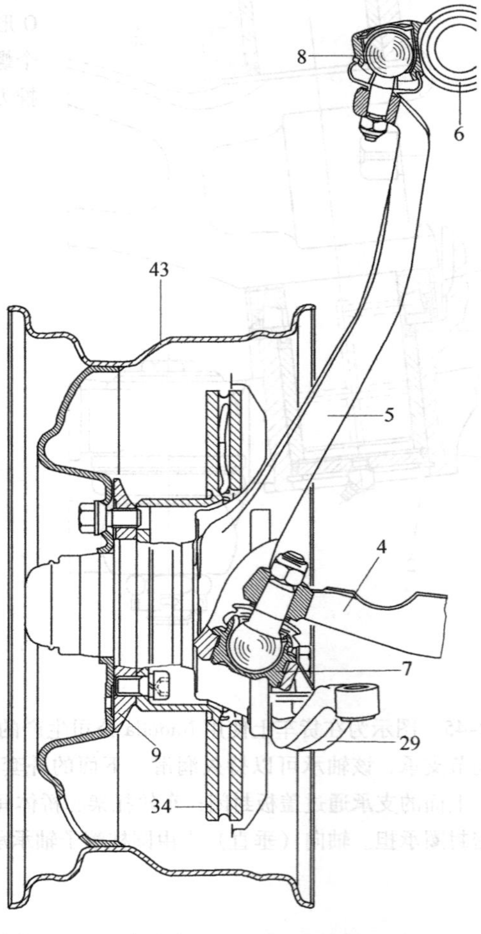

图2-47　图示为Daimler-Benz的260 S/560 SEC车型前桥车轮托架。上摆臂6构成球销8的壳体；下面的承载球铰7压在车轮托架5中。通风制动盘34从内侧连接到轮毂9上，件43为双凸峰非对称深槽轮辋（细节参看图2-25和图5-9）。

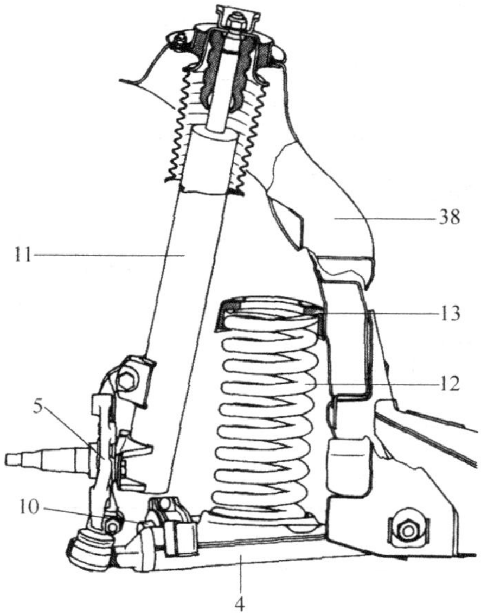

图 2-48 图示为 Mercedes 190/190E 车型的减振器支柱式前桥，车轮托架下面采用承载球铰，上面通过减振器支柱 11 支承；减振器用三个螺栓与车轮托架连接。活塞杆被弹性地支撑在车身部件 38 中（参看图 6-35）。还可看到稳定杆 10 支撑在摆臂 4 上，另外弹簧 12 通过橡胶支承 13 支撑在车身部件上。整个车桥参看图 6-54。

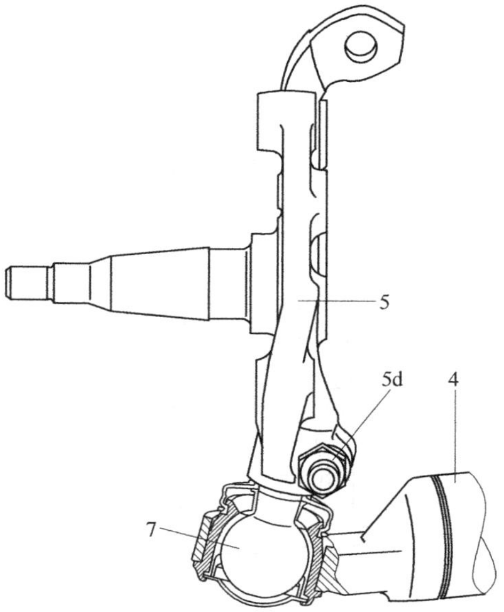

图 2-49 Mercedes 190/190E 车型上的承载球铰 7 的壳体压在下摆臂 4 中，并通过凸缘支撑在下摆臂上；通过横向螺栓卡在球销的槽中，球销与车轮托架 5 固定。

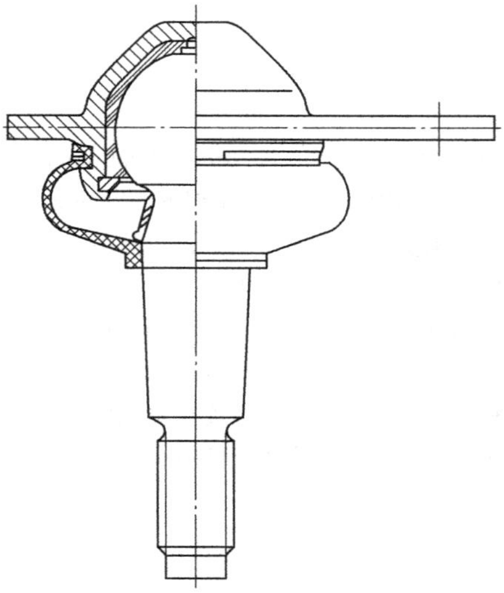

图 2-50 图示为 TRW-Ehrenreich 公司生产的竖立的承载球铰，其塑料罩壳为一体式，适用于承受各个方向的力。可在防尘罩中填注润滑脂保证持久润滑。

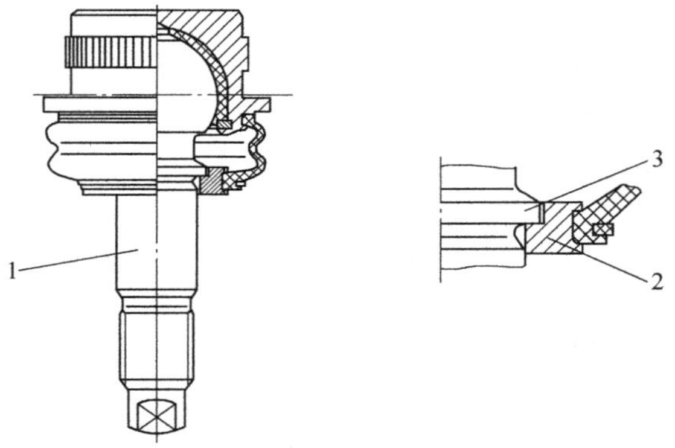

图 2-51 图示为 Lemfoeder Metallwaren 公司生产的用于 Citroen CX 车型的竖立布置的承载球铰。与铝合金摆臂相连的球销 1 为直径为 18mm 的圆柱体。为了连接牢靠，在凸缘 3 上采用了间隔环 2，这样受压面压力分布情况比较好。直径为 27mm 的球头被聚甲醛（POM）一体式罩壳围箍住。螺纹下面有两个平面，用来在拧紧螺母时夹持球销。壳体上带有外滚花 RAA DIN 82。

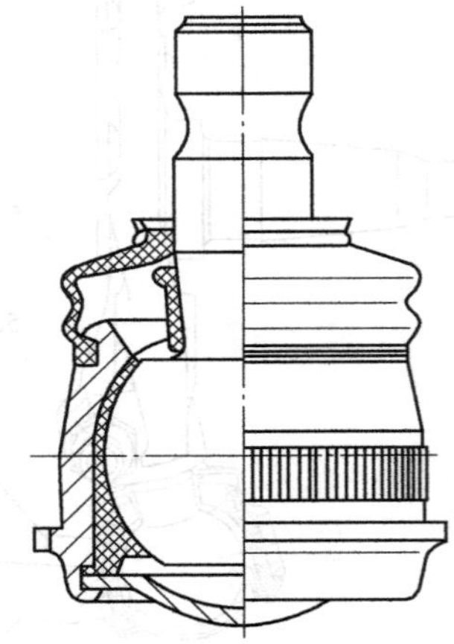

图 2-52　图示为 Lemfoeder Metallwaren 公司生产的用于 Mercedes 190/190E 车型上的倒立布置的承载球铰，球头直径为 35mm。壳体借助滚花 RAA 12 DIN 82 固定在摆臂上（图 2-49）；铰链上大的滚花直径是为了维修方便。直径为 18mm 的球销通过一个横卧的 M12 × 1.5 螺栓卡在圆槽中进行固定；罩壳为一体式，材料为聚甲醛，球头在罩盖中转动。

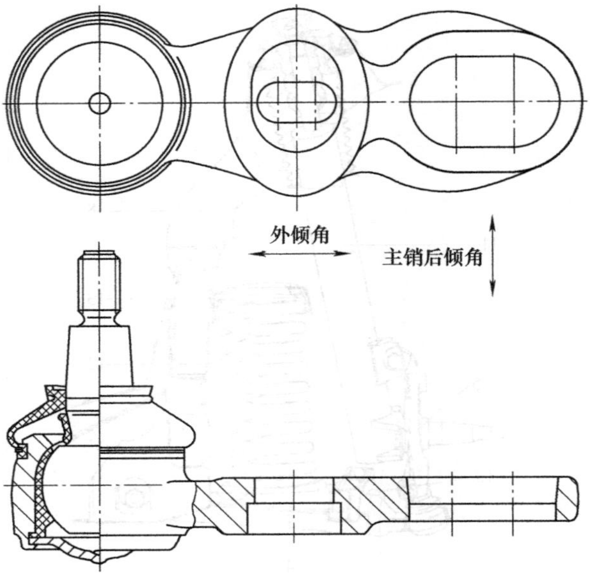

图 2-53　图示为 Porsche 928 车型上使用的前桥下摆臂，带有两个长孔的承载球铰倒立布置：一个孔用来调整外倾角，另一个孔用来调整主销后倾角。该锻件由 Lemfoeder Metallwaren 公司生产，材料为调质钢 C35V，球头采用 41Cr4V。

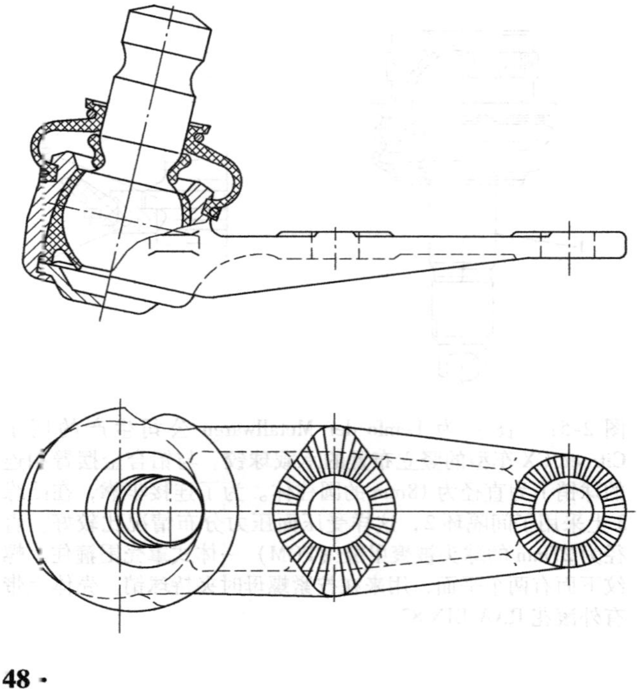

图 2-54　图示为 Lemfoeder Metallwaren 公司生产的用于 Audi 80 车型下摆臂的球铰。主要承受侧向力和纵向力，但是由于稳定杆安装在摆臂上会产生垂直力，因此必须采用承载球铰。悬臂上的两个孔可以通过在摆臂上的长孔在一定范围内调整外倾角和后倾角。细齿花纹使连接更加牢靠。横向螺栓卡在销轴的环形槽中。

载投影面较小，接触面上会产生过高的压力。由于新状态的承载球铰具有较小的摩擦力矩，最大摩擦力矩 $M_T = 8N \cdot m$，另外在任何方向的挠性都很小，Daimler-Benz 公司在 380 SE/560 SEC 车型中使用承载球铰用于气液弹簧的弹簧支柱的下面支承（图 2-55）。如果需要进一步降低噪声，可以在球座上增加一个橡胶支承。图 2-56 所示为 Ehrenreich 公司生产的一种特殊结构球铰，用在 Daimler-Benz 260 S/560 SEC 车型的前桥下摆臂上来承受制动力。

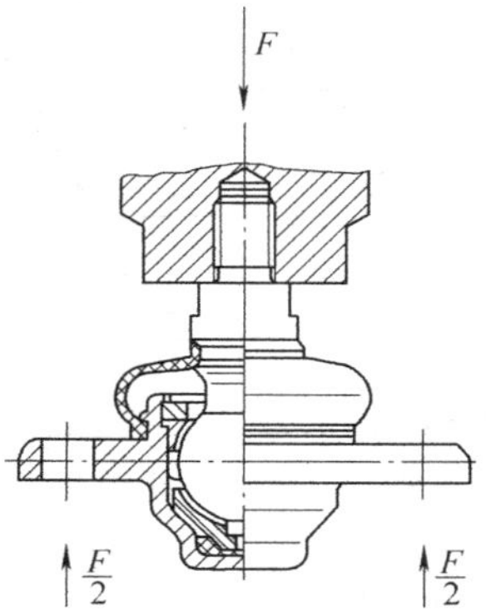

图 2-55　图示为 TRW-Ehrenreich 公司生产的承载球铰，用在 Daimler-Benz 420 SE/560 SEC 车型的前桥下摆臂上来支撑气液弹簧式弹簧支柱。轴销的颈部有两个平面，用来放置扳手（参看图 2-59）。

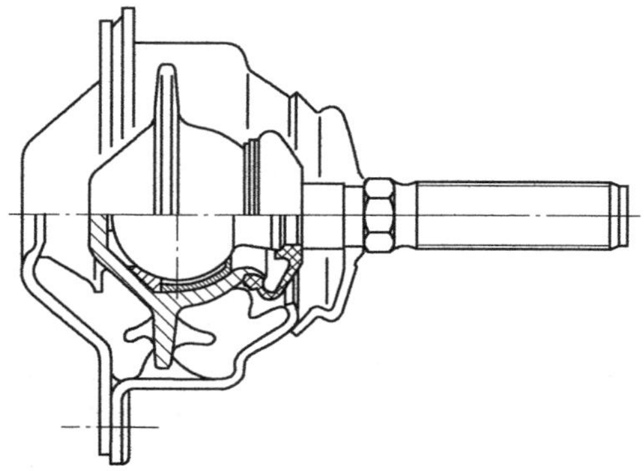

图 2-56　图示为 TRW-Ehrenreich 公司生产的承载球铰，带有用于隔声的橡胶支承，其一定的纵向刚度也能隔离轮胎的滚动冲击。Daimler-Benz 公司将这种支承球铰用来承受前桥下摆臂上的制动力。

在导向球铰中可以使用一个部分包裹球头的罩壳，或者一个压簧来保证没有间隙和恒定的小摩擦力矩，一般不会超过 4N · m。图 2-57 所示为竖立的球铰，其球销为锥体，图 2-58 所示为倒立的球铰。另外，球头固定在车轮托架中（或摆臂中）；锥形球销在自锁螺母拧紧时会跟转。在拧紧球铰时特别是自动化生产中，球铰上必须可以放置扳手，以防止跟转，图 2-59 所示为 4 种不同的结构。

用于球销的材料大多采用可以进行表面硬化的调质钢 41Cr4V，强度为 $R_m = 880 \sim 1080N/mm^2$，$R_{eL} \geqslant 665N/mm^2$，$A_5 \geqslant 12\%$。也可以采用 42CrMo4V 和 42CrMoS4V 钢，它们为易切削钢，硫含量很少，切削性好。为了获得表面粗糙度 Ra 值低于 5μm 的高光洁表面，在热处理和机加工后还要对表面进行压力硬化和轧光。壳体承受很小的弯曲应力，可以采用 C35V 钢，强度为 $R_m = 620 \sim 770N/mm^2$，$R_{eL} \geqslant 420N/mm^2$，$A_5 \geqslant 17\%$。也可以考虑材料 C22V 和 C45V，强度为 $R_m = 700 \sim 850N/mm^2$，$R_{eL} \geqslant 480N/mm^2$，$A_5 \geqslant 14\%$。

球销和壳体的质量与生命攸关，必须保证其有足够的伸长率 $A_5 \geqslant 12\%$，在事故中承受超负荷发生变形但是不断裂。

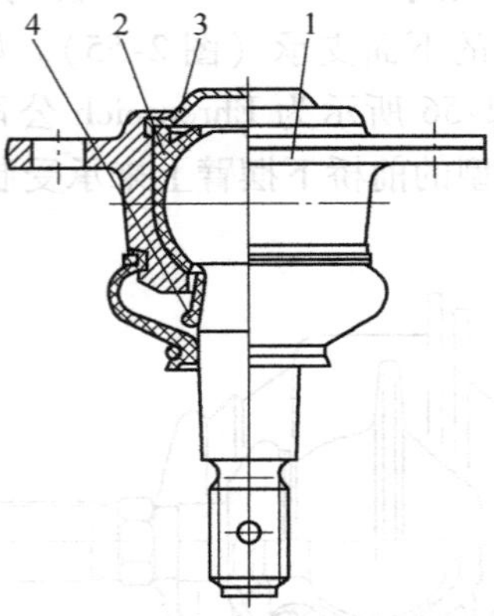

图2-57　图示为 Lemfoeder Metallwaren 公司的竖立式导向球铰，壳体上部带有椭圆形法兰 1；Alfa-Romeo 公司用于 Alfetta 和 Julietta 车型。直径为 27mm 的球头位于一体式的上部有弹性的罩壳 2 中，由盖头 3 翻边压紧。聚氨酯弹性体支承环 4 阻止防尘罩向上滑动。

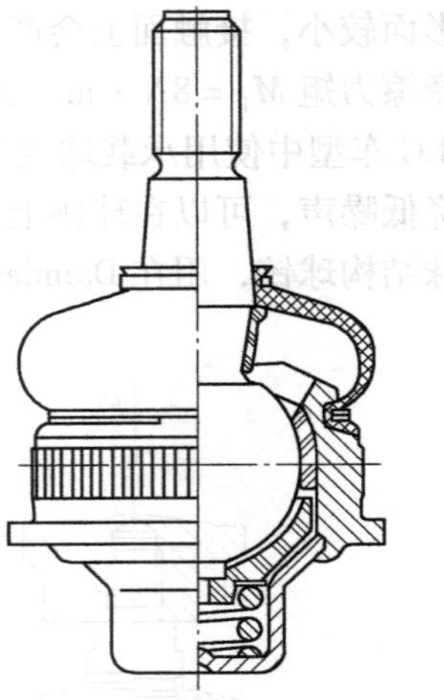

图2-58　图示为 TRW-Ehrenreich 公司生产的倒立式导向球铰，球销为锥体，壳体带有细齿花纹使连接更加牢靠。罩壳下面的压簧用来消除间隙。

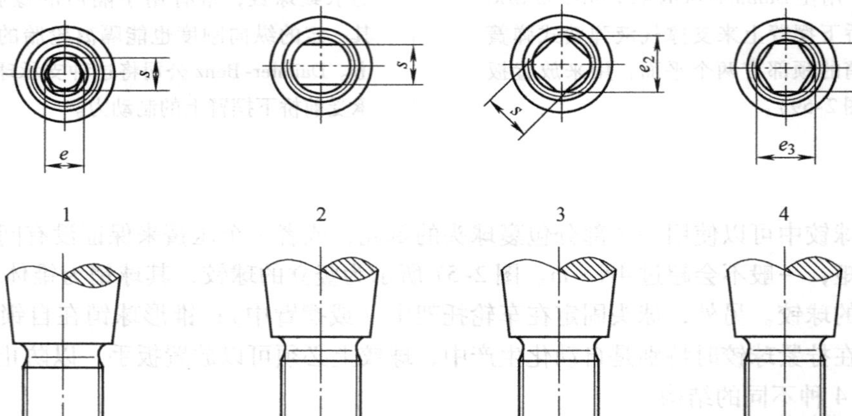

图2-59　在大批量生产中，自锁螺母装配简单且容易进行自动化装配，其前提条件是在装配时球销端部必须固定防止跟转。图示为 Lemfoeder Metallwaren 公司常用的结构形式：1 为内六角形，2 为外部两个平面形，3 为外部四边形，4 为外六角形。

2.3.3　侧向和纵向高刚度的摆臂支承和铰杆支承

摆臂以及铰杆的支承应该转动灵活、挠性小、无需保养和隔声好，这四个方面的要求有时是相互矛盾的。只有采用橡胶或塑料壳作为中间连接件，才有可能满足这些要求。常用的材料为聚氨酯、聚酰胺（尼龙、Ultramid、贝纶等）以及 PTFE（聚四氟乙烯塑料），塑料可以满足无需保养的要求。缺点是它们都有一定的摩擦，特别是在车轮小幅度跳动时会有不舒适的感觉。在支承的内外管之间使用软的橡胶虽然有转动弹性可以进一步隔离噪声，但是在力的作用下其挠度过大。支承硬一些可以保证良好的车轮导向性，但是隔噪性不好，弹性系统刚度也会变大，降低舒适性。这就是 Daimler-Benz 公司直到 1972 年在前桥摆臂内侧还采用可润滑的螺纹支承，Citroen 和 Peugeot 公司甚至采用滚动轴承的原因（图 2-60 和图 2-61）。

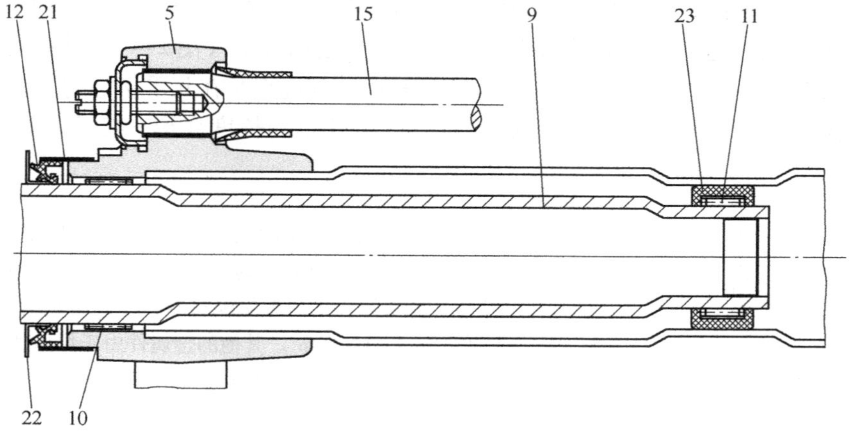

图 2-60　在图 7-17 中所描述的 Peugeot 205/309 车型后桥的纵摆臂支承中，导管 9（连接着摆臂）在外侧由滚针轴承 10 支撑，密封圈 12 阻止污水侵入，密封圈卡在管 21 内。另外的一个密封唇靠在挡圈 22 上，挡圈可以把污物和水滴甩掉。内轴承位于塑料圈 23 内，塑料圈可以消除相关零件的位置和公差带的偏差。扭杆 15 通过光杆螺钉联接到副车架 5 上（INA 公司图片）。

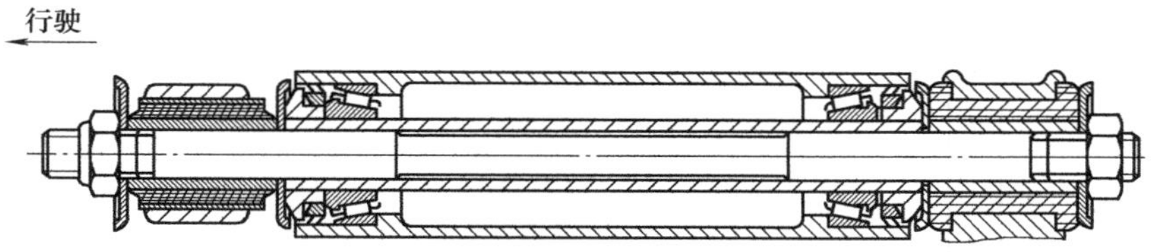

图 2-61　图示为 Citroen BX 车型前桥弹簧支柱（图 6-51）的下摆臂支承，转动灵活的圆锥滚子轴承固定在两侧，双密封唇密封。两个“橡胶块”用于隔声，右侧橡胶体两边有凸缘支撑在拱形板上，以便承受纵向力。

使用何种支承取决于该支承是否只要求转动角度 α（例如三角摇臂的内支承），或者还要求支承内外部分可以产生曲折角 β。另外很重要的一点是，该支承是否只承受径向力（即垂直转动轴线），还是同时承受轴向力。以前经常使用的支承为 Boge 公司所谓的“吸声块”（图 2-62 和图 2-159）。吸声块为一个圆柱形可产生大变形（约 500%）的橡胶体压在内外套管间形成。普通结构可以产生转角 $\alpha = 30°$（$\alpha/2 = \pm 15°$），曲折角 $\beta = 8°$；橡胶硫化到套管上才能得到比较理想的参数（图 2-20）。图 2-63 所示为 BMW5 系列和 7 系列车型上用于连接稳定杆的耦合杆。

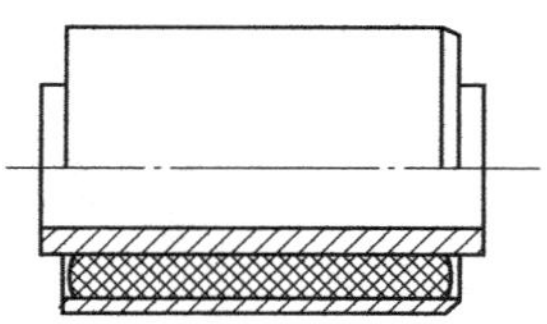

图 2-62　图示为 Boge 公司生产的“吸声块”普通结构。被压入的大变形的橡胶体可以达到转动角 $\alpha = \pm 30°$，曲折角 $\beta = \pm 7°$。

确定支承的尺寸，必须知道疲劳载荷（持久载荷）以及偶然出现的载荷（即时载荷）的大小。

内套管通过螺栓和车身或车架连接。外套管位于孔中，孔和外径必须有一定的公差。较经济的办法是，将橡胶体直接浇到摆臂的孔中。图2-64所示为相应派生出的结构，两边的凸缘防止从外管中窜出，且变形不是很大（约为150%）。这种结构由于要保证侧边夹紧牢靠，其曲折角β只能达到4°，用在潘哈杆、弹簧的固定吊耳中（图2-4）、减振器等。在这种情况下也可以把橡胶硫化到内套管上。橡胶变形较小，其优点是在几乎相等的侧向刚度时扭转刚度较低（图2-65）。由此，在起动和制动时只产生较小的长度变形，几乎不影响其运动学特性。

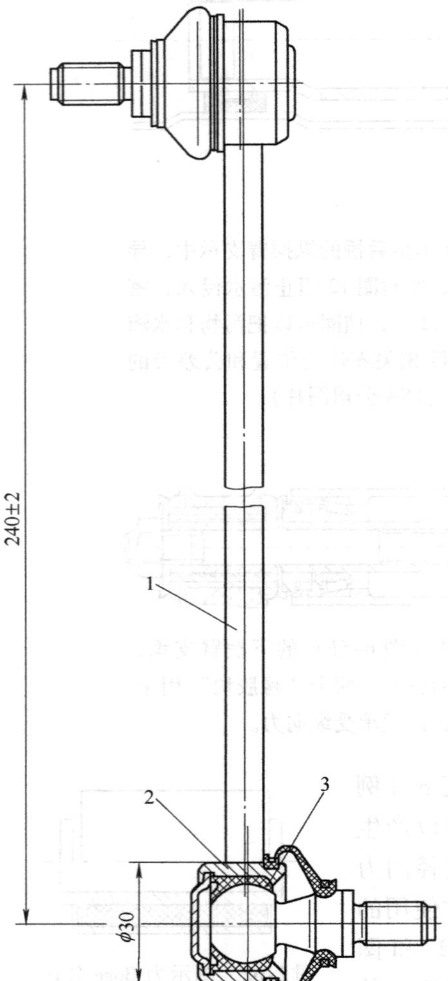

图2-63　图示为BMW5系列和7系列车型上用于连接稳定杆的耦合杆。其中间杆件为圆钢ϕ9 DIN 668，两端焊接在壳体2上，球头罩壳3为聚氨酯材料，球销材料为41Cr4V，强度为1.0~1.2kN/mm^2。其他的金属件由于焊接性采用St 37-2K或C 15 K（Lemfoeder Metallwaren公司图片）。

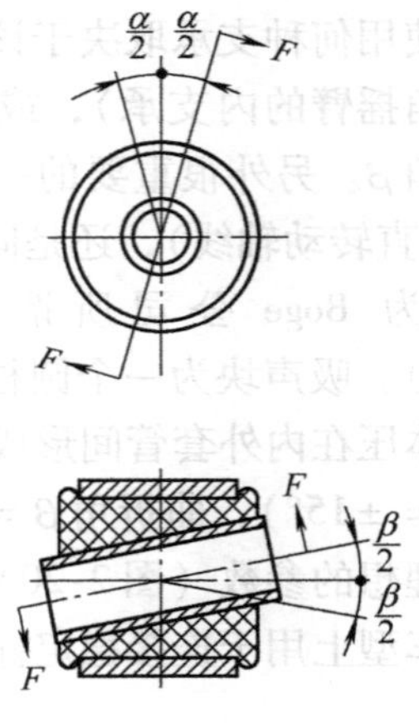

图2-64　图示为潘哈杆和减振器上使用的环形铰的常用结构，外径为35mm，孔径为12mm，宽为32mm。允许的最大曲折角为$\beta/2=\pm4°$，转动角度为$\alpha/2=\pm15°$。

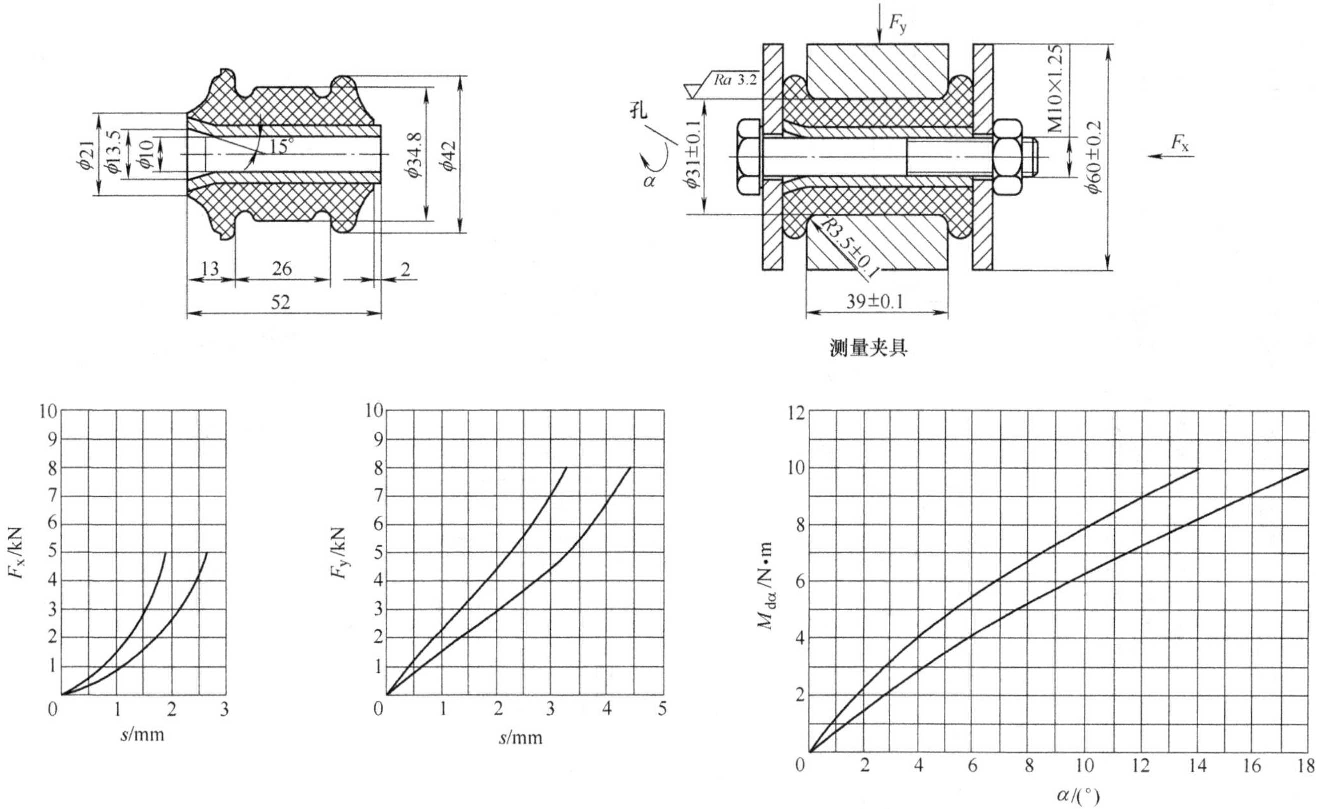

图 2-65 图示为 Freudenberg 公司生产用于 Opel Corsa 车型的前桥下摆臂支承，橡胶硫化到内套管上，内套管尺寸为 16.5mm × 3.25mm，左端扩孔。橡胶体两端的凸缘承受纵向力，并且支撑在右图所示的板上。下图曲线为车辆在纵向力（F_x）、侧向力（F_y）作用下，支承内外套管相对转动不同角度（$M_{d\alpha}$）的弹性特性；该结构几乎不产生曲折角。

横摆臂的支承必须承受纵向力（同样纵摆臂必须承受侧向力），但较窄的凸缘无法完全承受。此时可以采用法兰块（图2-66）。较宽的橡胶体支撑在断开的法兰上，法兰压在摆臂的孔中，同时也支撑在车身连接处。这种结构可以承受很大的轴向力而又不产生很大的变形。其缺点是扭转刚度相对较高，这样在一定程度上使车辆的弹性变硬。有效的解决办法是，对橡胶体少施加一些预紧力，并且橡胶硫化到内套管和外套管上。通过中间衬管和/或衬板可以减小径向、轴向挠度，同时又不增大扭转刚度（图2-67和图2-68）。

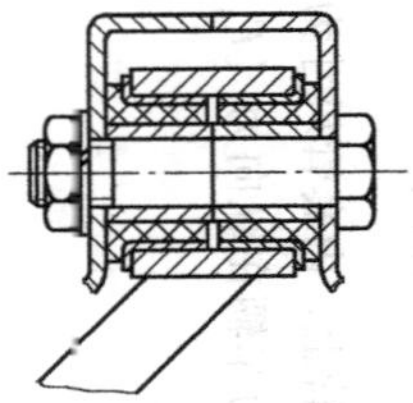

图2-66　摆臂支承中带有两个预紧的法兰块，这样可以承受纵向力 F_x，或者避免由于纵向挠度损害下摆臂的导向特性。其缺点是扭转刚度较大。两个法兰块也可以分开来布置（图6-71和图6-72中的间距 a）。

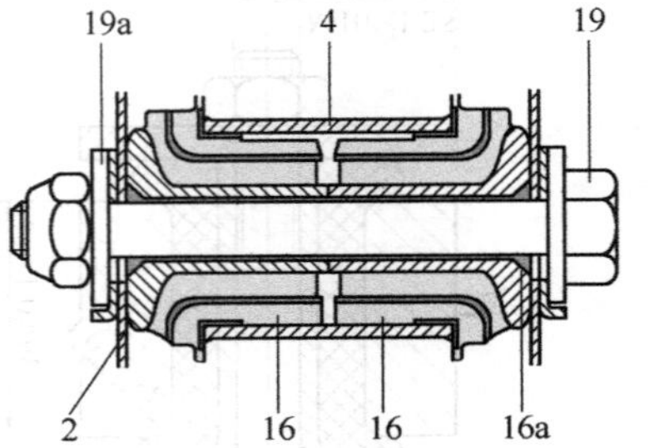

图2-67　图示为Mercedes 190/190 E车型的前下摆臂支承，两个法兰块16压到下摆臂孔4中，在外侧支承到车架，横梁的托叉2上；支承的两边通过夹紧轴套16a形成一个装配单元。六角螺栓19右端带有偏心，左端支承在偏心板19a上。偏心板在下面靠在与零件2连在一起的棱边上；通过转动螺栓19可以调节外倾角（车桥参见图6-54）。

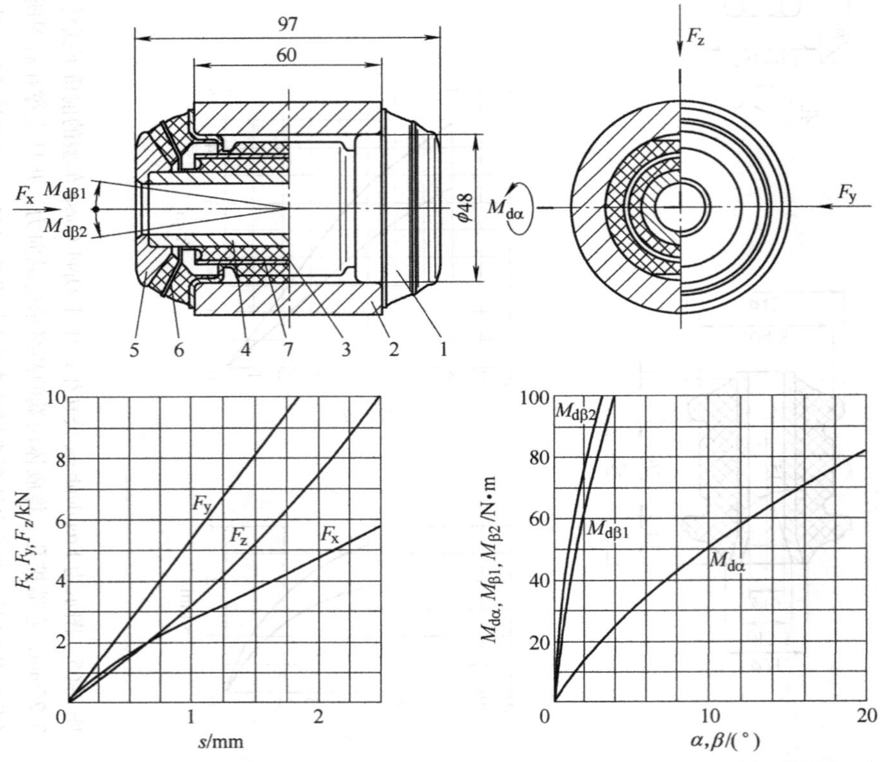

图2-68　图示为Boge公司生产的用于Daimler-Benz 260 S/560 SEC车型上的彼此相对预紧的支承。该支承由两个硫化的法兰块1（两侧靠在摆臂2上）和“吸声块”3组成，吸声块硫化到内套管4上并压到摆臂中。通过压入法兰块，铝管4和端头5紧密相连。板件6和管7可提高纵向力和侧向力作用的刚度，但不提高扭转力矩 $M_{d\alpha}$。向后作用的制动力会使支承产生曲折角，因此也需测量曲折角 $\beta=f(M_{d\beta})$。

如果考虑弹性舒适性，要求铰链扭转刚度很小，则必须采用滑动支承，以前称之为“流动块”。中间管在内套管上滑动，盘片在法兰上滑动（图 2-69），或者被橡胶包覆的内套管在外套管的塑料层上滑动，这些滑动与橡胶的厚度无关。如图 2-70 所示，在侧向力 $F_y=5kN$ 作用下挠度仅为0.5mm。支承可以永久保持润滑；橡胶以及塑料件在侧面充当密封唇，阻止污水侵入。

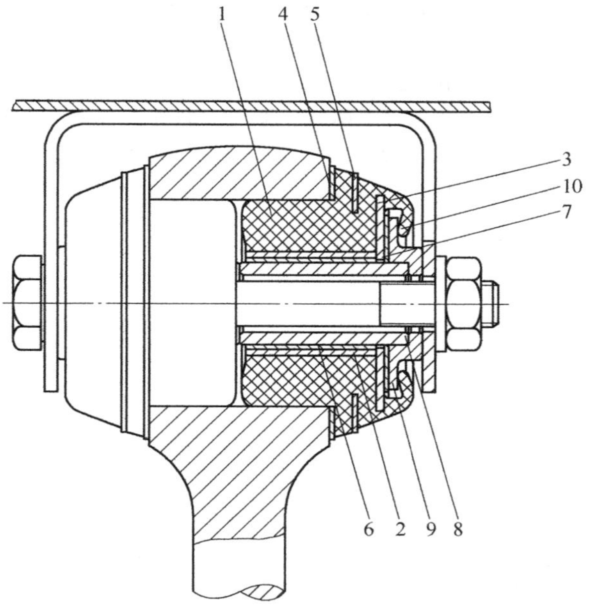

图 2-69　图示为 Freudenberg 公司生产用在 Daimler-Benz 260 S/560 SEC 车型上的上摆臂支承，该支承为在使用寿命内可以一直保持润滑的滑动轴承。橡胶体 1 降低噪声，承受侧向力和纵向力；橡胶体硫化到内套管 2 以及板 3、4、5。中间衬垫的套管 6 和垫片 7 保证持久润滑，它们的外部在金属件 2 以及橡胶的金属件板 3 上滑动，内部在套管 8 以及端件 9 上滑动；橡胶体 1 的密封唇 10 起密封作用。大体积低硬度的橡胶体 1 可以保证一定的曲折角，该曲折角是由于稳定杆连接在摆臂上引起的（图 5-9 中的位置 10）。摆臂本身可以参见图 2-25。

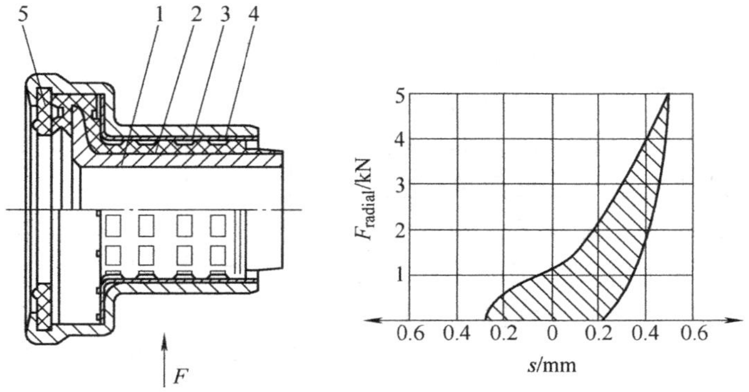

图 2-70　图示为 Lemfoeder Metallwaren 公司生产的用在 VW 运输车的前桥上摆臂两侧的滑动支承，它可以承受很高的纵向力和侧向力。侧面延伸到法兰中较硬的橡胶层 2 硫化在内套管 1 上，凹槽用来储存润滑脂。套管 3 的内部以及侧面有塑料层 4，塑料层 4 在橡胶 2 上滑动。套管 3 在外部翻边，用来夹持塑料板 5，密封唇在该塑料板上滑动。在塑料板 5 的孔中有一个钢板，通过这个钢板内套管 1 连接到车架的横梁上。中间层的挠度很小。

如果曲折角达到$\beta=5°$，更适合采用半球铰，以前称为“球面块”。这种支承在任何方向的挠度都较小，其摩擦力矩$M_T\leqslant 8N\cdot m$也相对较小。图2-71所示为这种支承。

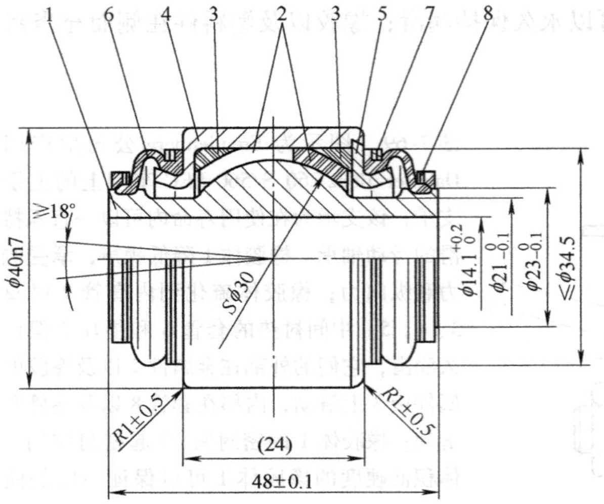

图2-71 图示为TRW-Ehrenreich公司生产的用在Mercedes 190/190E车型后桥拉杆上的半球铰。内部零件1由很硬的塑料罩壳2贴合，罩壳在外侧通过软的聚氨酯环3支撑在壳体4上。端盖5通过翻边固定，密封罩6在右侧卡在端盖上，左侧卡在壳体上，钢丝圈7、8锁住密封罩两端。零件1和4的材料为CK15（或16MnCr5），冷压成形。内管的强度不低于$R_m=590N/mm^2$，壳体的$R_m\geqslant 390N/mm^2$。

2.3.4 束带式轮胎滚动冲击的吸收

今天在大批量生产的车辆中，全部采用钢丝束带子午线轮胎。与以前使用的斜交轮胎相比，其缺点是滚动噪声和振动大。很硬的束带层会引起纵向振动，振动通过车轮托架和摆臂传递到车身上，引起隆隆声，特别是在卵石路面和粗糙水泥路面，速度低于80km/h时。如果车轮托架在纵向方向是可以移动的，那么这种振动会被吸收。在设计上这不是很简单就能解决的问题：在位移$S\leqslant 3mm$影响下，既不允许前束变化又不允许在车轮接地点产生侧向力，它们会使车辆的直线行驶能力变差以及滚动阻力变大。

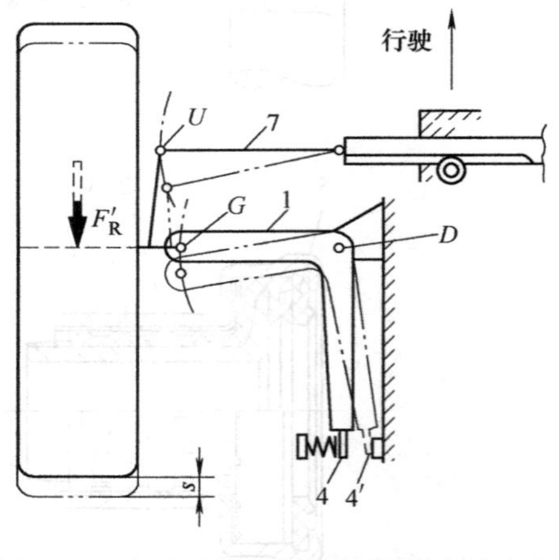

图2-72 为了吸收子午线轮胎的滚动冲击，BMW 3系列车型的前桥采用如图2-30所示的镰形摆臂1。在纵向力作用下球铰D产生很小的变形，摆臂的悬臂4通过大体积橡胶支承支承在车身上。如图2-78所示，在侧向方向橡胶支承开始较软，然后急剧变硬。转向横拉杆7位于和摆臂一样的高度，基本与支承点的连线GD平行，因此点U和G的运动半径基本相同，这样车轮纵向运动时前束几乎不变化。

在前桥，可以借助摆臂解决这个问题。图2-72的摆臂带有一个向后（或者向前）延伸的悬臂，悬臂侧面支承在变形量精确定义、弹性急剧变化的橡胶支撑上。重要的是，转动点D和G处的橡胶必须硬，在侧向力和制动力作用下变形小。支撑在点D的摆臂起到车轮导向的作用，因此在这个摆臂中大多有一个孔（图2-73位置4以及图2-76和图6-4），在孔中安装具有纵向弹性的橡胶支承，支承的内套管和稳定杆臂连接或者与向前（或向后）延伸的拉力杆（或压力杆）连接（图2-21和图6-48）。

后驱动独立悬架纵臂以及斜臂的导向功能应该尽可能完美，以避免外倾角和前束的弹性变化（图1-28和图1-29）。副车架和差速器与车身连接的三个或四个橡胶支承也一道来吸收子午线轮胎的滚动冲击（图2-74和图8-26）。在刚性车桥上，纵杆的支承实现以上功能；在复合式悬架中，转动点 O 处的元件实现以上功能（图2-79和图2-82）。

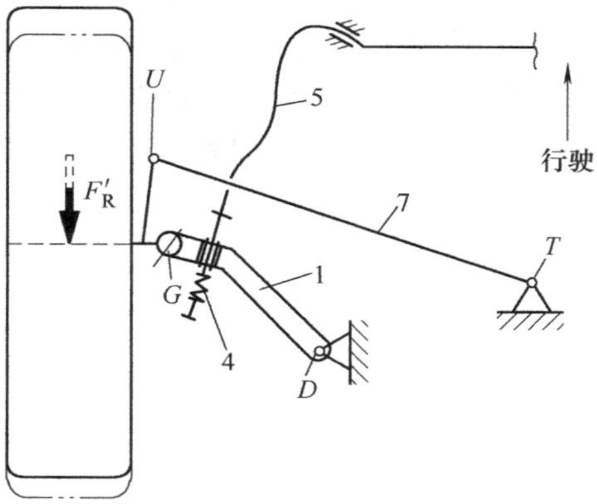

图2-73　三角摇臂可以由两个单独的摆臂代替：一个横向布置（位置1），承受侧向力；另外一个纵向布置（位置5），承受纵向力。位置4的连接支承为纵向弹性支承，该支承（位于零件1的孔中）吸收轮胎的滚动冲击。

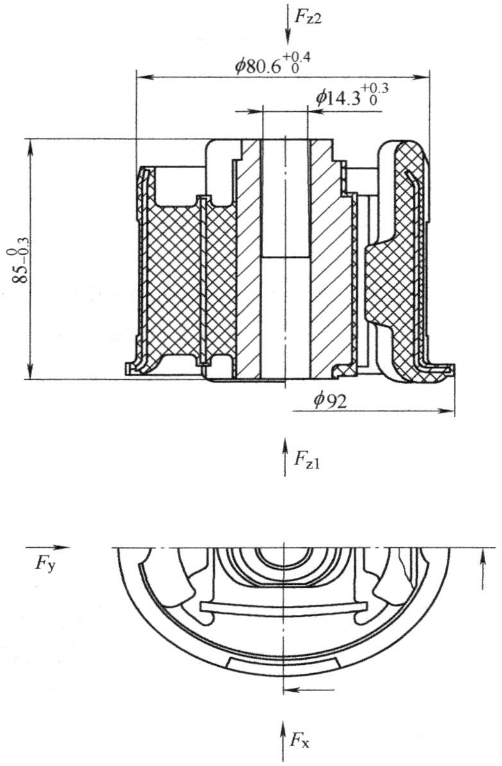

图2-74　图示为Lemfoeder Metallwaren公司生产的在两侧压入BMW7系列车型后桥副车架中的橡胶支承。如图8-25所示，支承11偏转角度 α 压入；如图8-27所示，其在径向 F_x 作用的刚度比 F_y 作用的刚度硬，在垂直 z 方向的作用力较小（最大为3kN）；此外在这两个方向上都有凸缘用于止位，该凸缘在外套管3的端部上。

零件3压到副车架中，内套管材料为铝合金，通过螺栓联接到车身。仅在 x 方向存在的中间板2使得径向方向的刚度不同，以便吸收轮胎滚动冲击。

2.3.5 侧向弹性摆臂支承和纵向弹性摆臂支承

为了避免车轮定位值变化，吸收轮胎滚动冲击的支承只允许有较小的弹性位移变形，然后急剧变得很硬。当车轮滚动阻力 $F_R = k_R F_n < 1\text{kN}$ 时，其值远小于驱动力和制动力；这些力可大于 $F_b = 1.25F_n$，需要牢靠坚固的支承，因此支承在不同的方向必须有不同的弹性。在 Honda Prelude 车型（图 5-22）和 Ford Fiesta 车型的前桥上，可以找到很简单的解决方案。材料为蜂窝状的聚氨酯的两个圈 6（图 2-75）吸收滚动冲击，因为前轮驱动在两个方向上的弹性相同。在踩下加速踏板时，后圈（图中为右边）受到挤压，前圈（图中为左边）放松；预紧力下降，在曲线图中可以看到，在 $S = 7\text{mm}$ 以内的曲线部分为线性，可以吸收滚动冲击。在松开加速踏板制动时，情况则相反，即后圈放松。这种支承与销轴式铰链很相似。

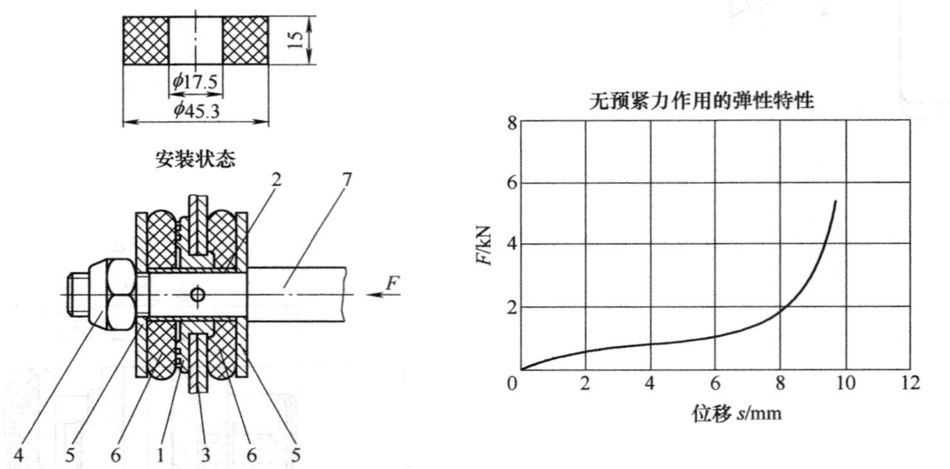

图 2-75 图示为 Ford Fiesta 车型的前桥下拉杆的支承。塑料块 1 内部套在间隔管 2 上，外部与摆臂 3 连接。在拧紧自锁螺母 4 时，塑料块 1 由垫片 5 通过聚氨酯材料左弹性圈 6 压在摆臂上，起拉杆端部的垂直方向的导向作用。相同的零件 5 和 6 位于另外一侧；间隔管 2 用于产生一定的预紧力。图示曲线为未装车时零件的高弹性特性。

在 Audi 100 和 200 车型上，两个橡胶件承受纵向力，此外还承受由稳定杆产生的垂直力（图 2-76）；在 Opel Corsa 车型上则采用一体式套管（图 2-77）。BMW 3 系列车型的弹簧支柱前桥采用镰形摆臂（图 2-30），镰形摆臂侧面由侧向弹性的橡胶支承支撑（图 2-78）。BMW 5 系列和 7 系列车型采用双铰链弹簧支柱前桥，其中斜置压杆中的支承也实现类似的功能（图 2-24 和图 6-42）。

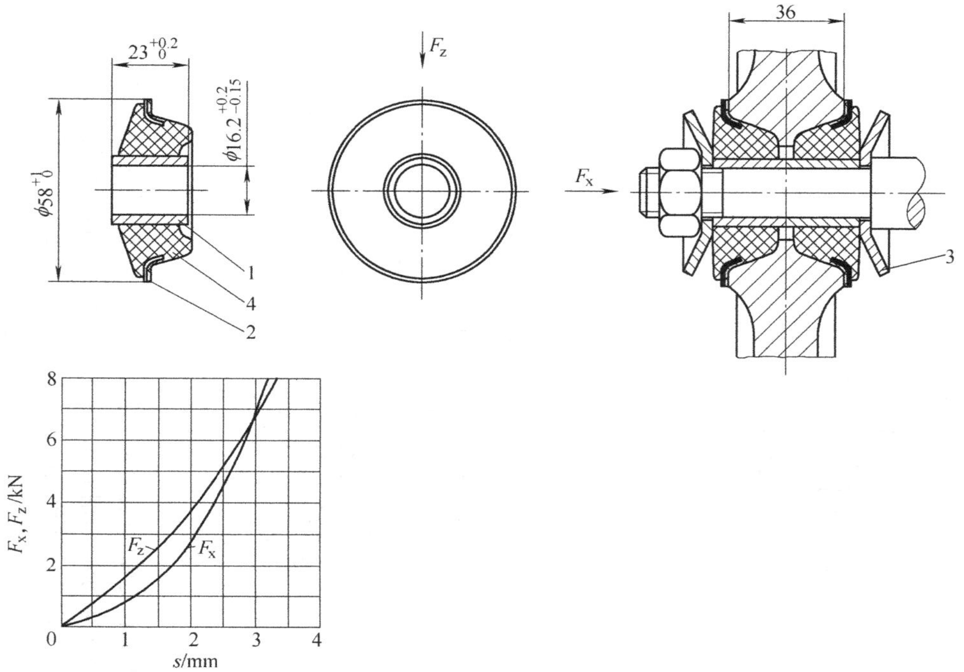

图 2-76 图示为 Audi 100 和 200 车型的稳定杆前置在摆臂上的支承。支承由两半组成，位于摆臂中，制造商为 Boge 公司，橡胶硫化到内套管 1 和环 2 上。在纵向力 F_x 作用下，支承一半靠在拱形块 3 上，另外一半则放松。橡胶体 4 比内套管 1 凸出，由此在安装状态中可以产生所要求的预紧力。环 2 保证零件在摆臂中固定位置，重要的是由此支承可以承受稳定杆垂直力 F_z，又不产生过大变形。在安装状态中两半支承在纵向表现为非线性弹性，垂直方向为线性特性。

如果刚性车桥的纵臂实现导向功能，那么其支承就必须具有弹性（图 2-79，Ford Fiesta 车型）。复合式悬架每边只有一个（图 4-3）或两个相对预紧的支承（图 2-81）。橡胶支承必须能吸收滚动冲击，因此纵向的弹性特性为非线性。缺点是车桥在侧向力作用下会出现轴转向，产生过多转向，不利于安全性（图 2-80 和图 3-27）。为避免这种随转向，VW 公司开发了具有轮迹校正作用的支承单元。在 Passat 车型上，该支承由两个镜像对称、位于摆臂孔中的零件组成（图 2-81）。在直线行驶中，支承中的空隙提供所需要的纵向弹性。在侧向力作用下内管相对外管移动，锥形台肩相互挤压（图 2-82）。根据图 2-81 中曲线图可以看出较大的纵向刚度可以阻止侧向力过多转向。和 Passat 车型相反，Golf 车型每边只有一个支承，故车桥必须作为一个整体来进行考虑。

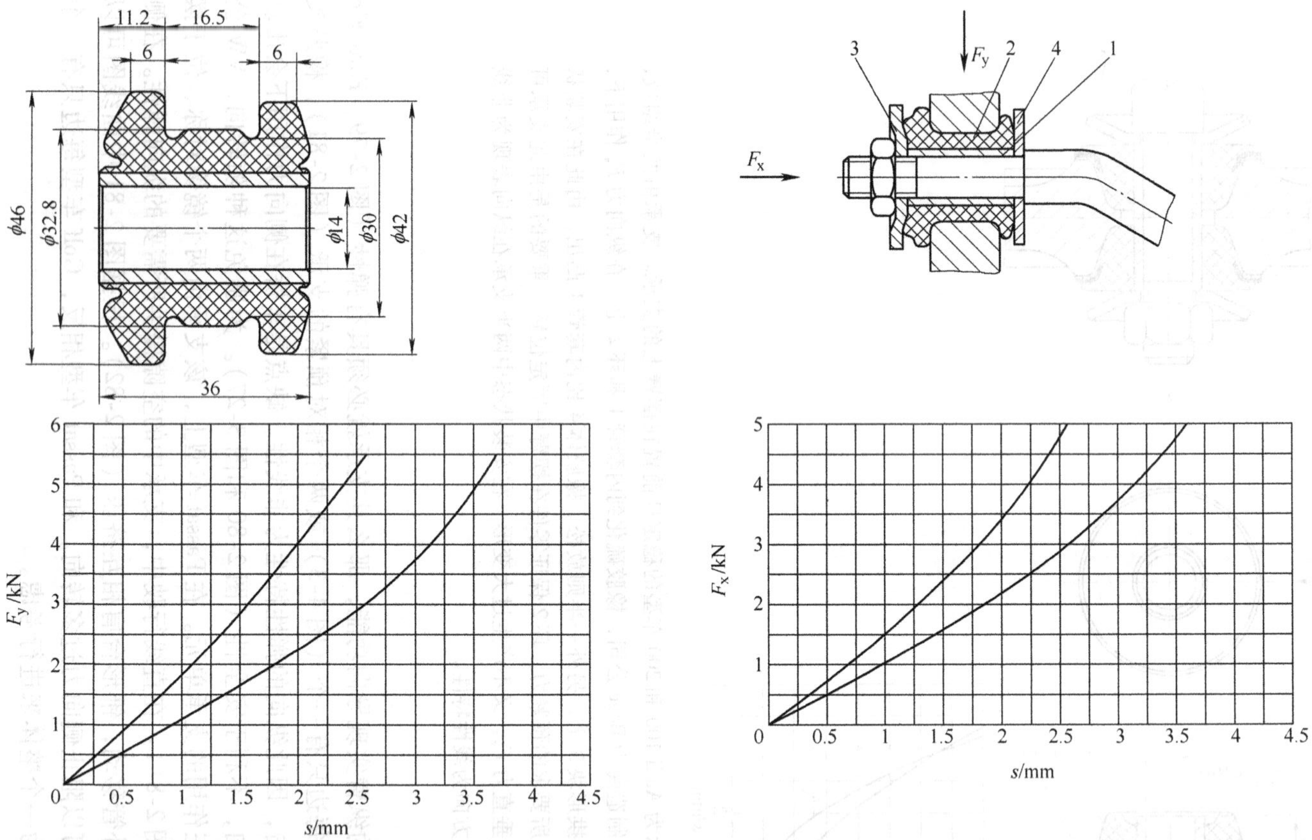

图2-77 图示为Freudenberg公司生产的用于Opel Corsa车型的前拉力杆支承。该支承为一体式结构，橡胶体2硫化在内套管1上，前端支承在拱形托盘3上，后面支承在平板4上。向后承受滚动阻力方向的刚度比向前由杆承受的驱动力方向的刚度在开始阶段要软一些。在侧向和垂直方向（即力 F_y 和 F_z）必须具有弹性，以便车轮跳动时可以产生一定的曲折角。图示曲线为允许的控制范围。

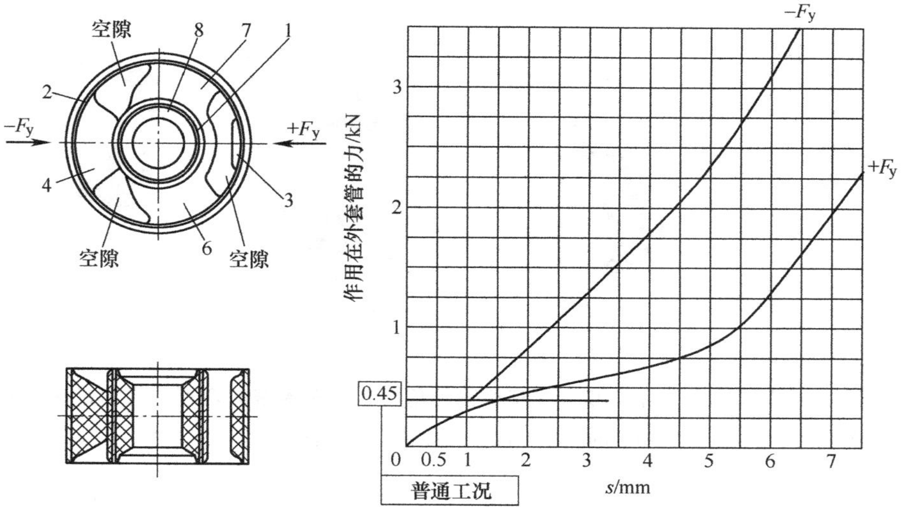

图2-78　图示为Boge公司生产的用于BMW 3系列车型前桥横摆臂的竖立式橡胶支承。中间管1在位置6和7侧面通过硫化与外套管2连接；左侧为止位块（位置4），中间管1靠在止位块上产生预紧力。在从前向后的滚动阻力 F_R 的作用下，在外套管2上产生侧向力 $+F_y$，止位块的预紧力消失。橡胶层6和7由此产生剪切力；弹性特性为刚度开始增加缓慢，当右止位块3作用时，刚度增加急剧。匀速行驶在平路上产生的力 $F_y \approx 0.45$kN；在这种工况支承工作在较软的范围（镰形摆臂的传递比在这里起着重要作用）。其他方向的力会使橡胶止位块4受到挤压；$-F_y$ 方向的曲线刚度较硬，开始阶段为线性然后为非线性。橡胶层8内部硫化在中间管1上，图2-30所示的镰形摆臂的20mm厚的悬臂5支撑在橡胶层8中。整个桥体可以参见图6-37。

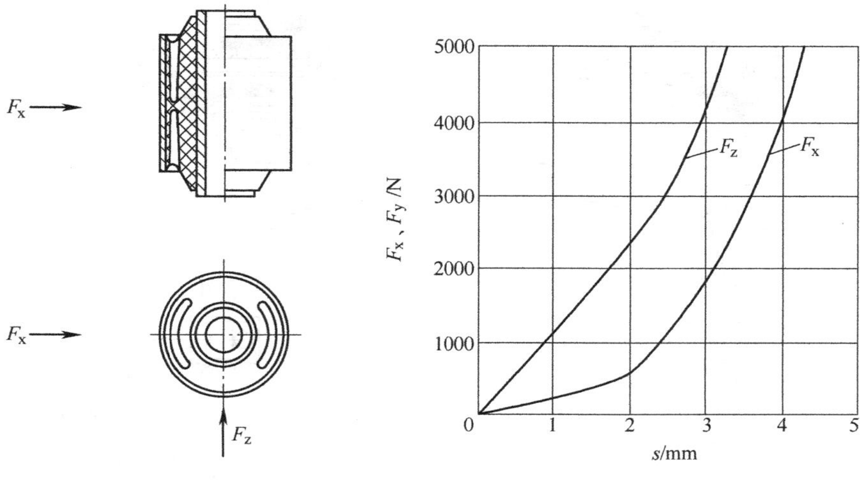

图2-79　图示为Boge公司生产的用于Ford Fiesta车型后纵臂上的纵向弹性支承。橡胶体中的空隙使得弹性特性为非线性。为了在刚性车桥上导向精确，支承在垂直方向（F_z）硬得多，并且几乎为线性弹性。桥体本身可参见图3-22。

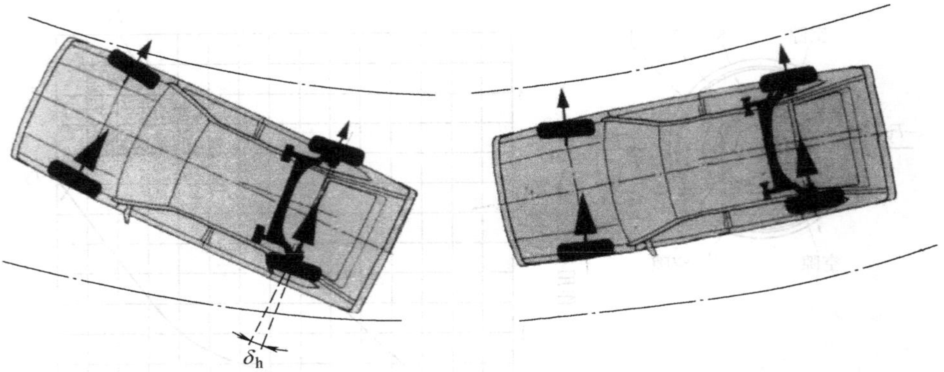

图2-80　在侧向力作用下，复合式车桥偏转角度 δ_h，车辆偏向弯道内缘即过多转向（左图），具有轮迹校正功能的支承可以克服此缺点（右图）。

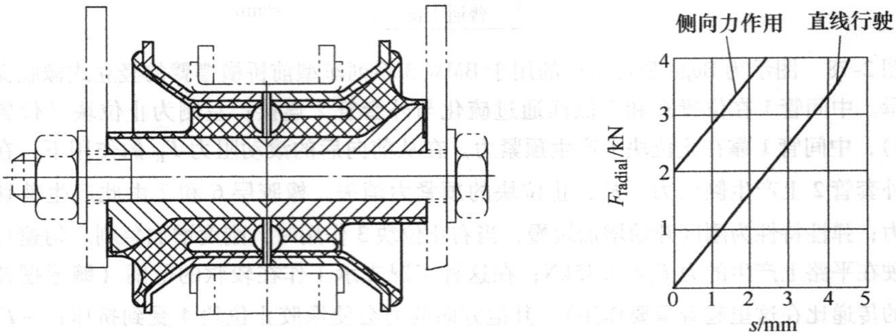

图2-81　图示为轮迹校正支承用于 VW Passat 车型的复合式后桥。橡胶硫化在内套管和外壳上；在直线行驶和侧向力作用下的纵向刚度可见曲线图（Lemfoeder Metallwaren 公司图片）。

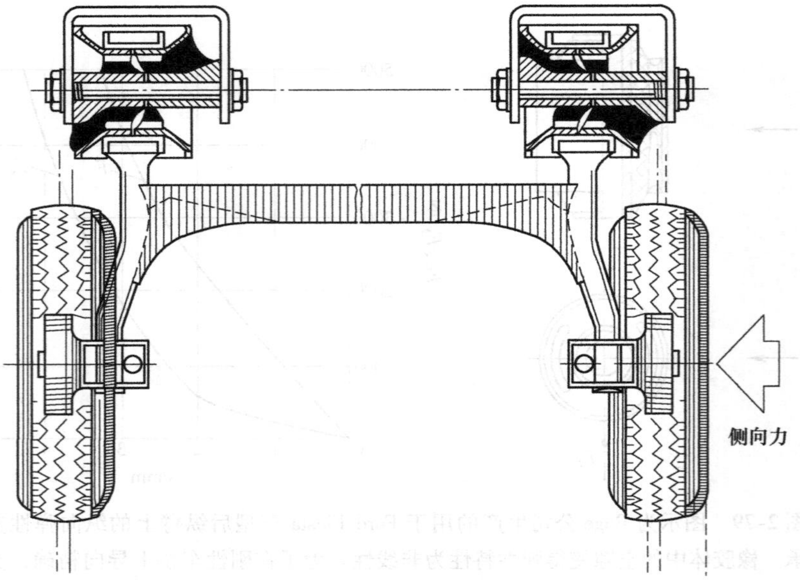

图2-82　图示为在侧向力作用下内部相对外部移动。橡胶在锥形凸缘部分受挤压（图中每个支承左侧），这样纵向刚度显著提高，抑制车桥表现为过多转向的轴转向。

2.4 传动轴和万向节

2.4.1 轿车和货车的传动轴

在标准驱动形式和四轮驱动形式的车辆中，传动轴用来传递变速器和差速器之间的扭矩。图 2-83 和图 2-95 所示为常用货车的传动轴结构，套管可以伸缩用来补偿长度变化，并且带有两个十字万向节。在货车上每个铰链的曲折角 β 在行驶工况中为 0 ~ 12°。曲折角可以设计达到 35°，GWB 公司的双联式胡克万向节当扭矩 $M_A = 12\ 000\mathrm{N \cdot m}$ 时，曲折角可达 $\beta_{max} = 42°$（图 2-120）。在轿车中一般情况下曲折角只有 0 ~ 4°，因此有时也可以看到变速器的输出轴为可伸缩式。

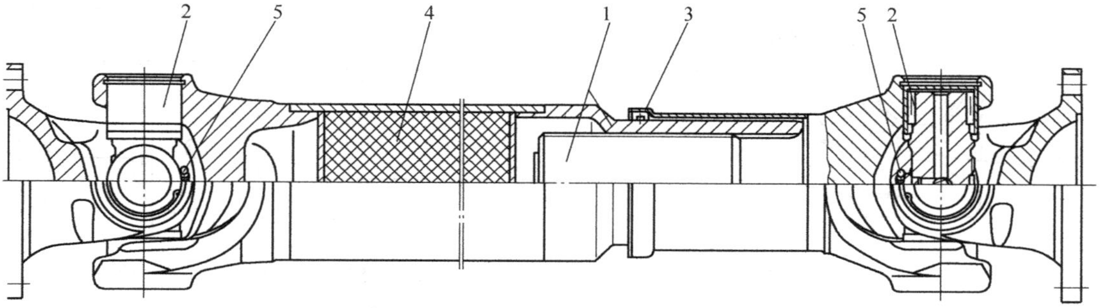

图 2-83　图示为 GWB 公司生产的用于货车连接变速器和差速器。传递扭矩为 1.4 ~ 35kN · m。钢焊接结构，纵向移动件 1 无需保养。带滚子轴承 2 的铰链可以根据需要（长途运输或越野行驶）在螺纹口 5 补充润滑脂。轴管 1 以及密封 3 在图 2-95 中放大显示；为了降低噪声，在管的位置 4 填充发泡材料。

在直接档档位时，传动轴的转速一般和发动机转速相同，6000r/min 对于高转速发动机来说是很容易达到的。因此图 2-86 和图 2-88 所示的角度 β_z 和 β_y 在一般位置（即车辆坐 3 个 68kg 的人）应该尽可能小，以避免转动噪声。另外，可以采用小的十字万向节，可以降低重量和成本。万向节的疲劳寿命会随着曲折角的增大而缩短。

至少 100 000km 的耐久性要求使得曲折角 β 较大的传动轴的两个十字万向节必须加强。另外，曲折角 β 越大，传动轴中间部分的质量惯性力就越大。在布置轿车结构尺寸时，如果万向节中心间的距离不超过 1600mm，则存在近似关系，即

$$n\beta \leqslant 32\ 000/\mathrm{min} \tag{2-1}$$

也就是，如果这种尺寸的传动轴的转速达到 $n = 6000\mathrm{r/min}$，则曲折角 β 最大允许 5.3°，这样的曲折角也能满足下面两种极端工况：

1）车辆乘坐 1 人，油箱几乎为空（空载状态）。

2）车辆满载。

在标准驱动形式的轿车上，从空载到允许载荷车轮的跳动量约为 80mm，如果差速器和刚性车桥一起跳动，则这个跳动量对于 $l_0 = 1600\mathrm{mm}$ 的传动轴会产生 $\beta = 2.9°$ 的曲折角。另外还必须保证传动轴可能的最大转速 n_{max} 必须比临界转速 n_k 低 20%。n_{max} 为发动机额定转速的 1.1 ~ 1.2 倍乘以 5 档（或 4 档）传动比。两个准则兼顾下应满足

$$n_{max} \leqslant 0.7n_k \tag{2-2}$$

实心传动轴的临界转速㊀ $$n_k = 1.22 \times 10^8 D/l_0^2 \tag{2-3}$$

空心传动轴的临界转速㊀ $$n_k = \frac{1.22 \times 10^8}{l_0^2}\sqrt{D^2 + d^2} \tag{2-4}$$

式中　D 为外径；d 为内径（空心）。

l_0 以平方项出现在分子中，对临界转速影响较大。这也是现在速度比较快的轿车上采用带中间支承的分段式传动轴的主要原因（图 2-84 和图 2-93）。这种中间支承为两侧密封可以持久润滑的深沟球轴承，借助一个金属橡胶连接弹性地悬挂在车身底板上。

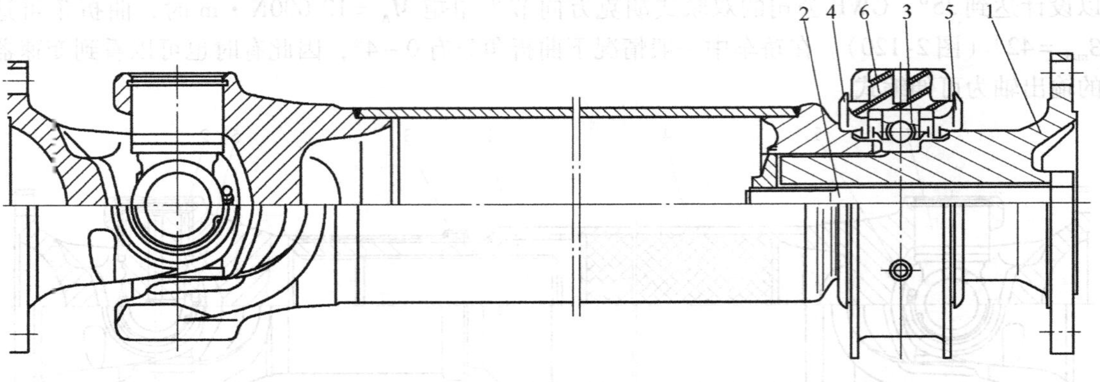

图 2-84　无长度补偿的中间轴，其深沟球轴承的两侧密封，可以保持持久润滑。深沟球轴承位于中间轴的法兰 1 上，通过拧紧螺栓 2 固定内圈。这种结构可以提高传动系统的运转平稳性。轴承的外圈上支撑着橡胶体 6，离心环 4 和 5 阻止污水浸入。

图 2-85 所示为 Freudenberg 公司生产的用在 BMW 车型上的一种悬挂。位于内圈 1 中的橡胶层 2 支撑球轴承；向外拱伸的中间件 3 连接内圈和外圈，该中间件因其形状特别而具有弹性。外圈 4 和一个压板固定连接，上面的两个孔用于与车身底板连接。

不管有没有中间支承，传动轴的布置非常重要，传动轴扭矩输入轴应该和传动轴扭矩输出轴平行，呈 Z 字形布置（图 2-86）。否则会出现不同的驱动速度，即转速不均匀。

如果有角度差 $\Delta\beta = \beta_{z1} - \beta_{z2}$ 或者 $\beta_{z2} - \beta_{z1}$，那么发动机输出的转速 n_1 每一转产生两次：

最小转速 $$n_{2min} = n_1 \cos\Delta\beta \tag{2-5}$$

最大转速 $$n_{2max} = n_1 / \cos\Delta\beta \tag{2-6}$$

不均匀度 $$u = \tan\Delta\beta \sin\Delta\beta \tag{2-7}$$

转速偏差

$$\Delta n_2 = n_1(1 - n_{2min}/n_{2max}) = n_1(1 - \cos^2\Delta\beta) = n_1 \sin^2\Delta\beta \tag{2-8}$$

从式（2-8）中可以看出 Δn_2 的上升依赖于 β（或 β_{rst}）。

如果差速器和变速器在侧向也有偏移（图 2-87），则合成空间角度 β_{rst}，该角度应尽可能小。

$$\tan\beta_{rst} = \sqrt{\tan^2\beta_y + \tan^2\beta_z} \tag{2-9}$$

㊀ 原文中式（2-3）和式（2-4）中为“$\times 10^7$”。——译者注

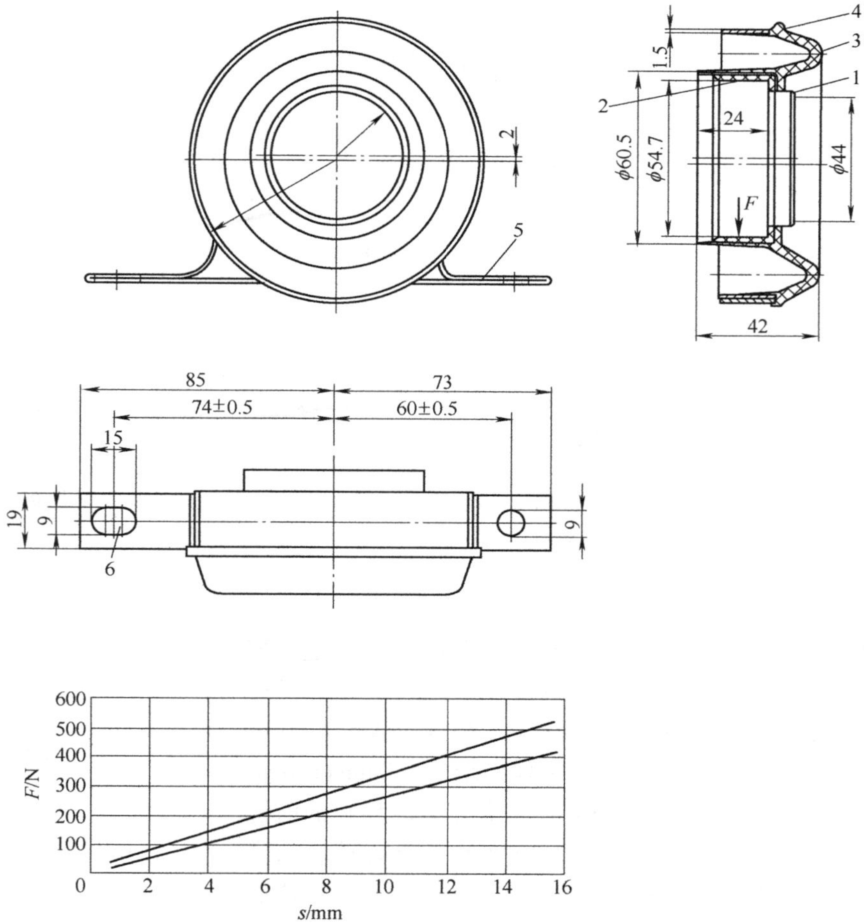

图 2-85 传动轴中间支承由 Freudenberg 公司制造，用于 BMW 7 系列车型。被橡胶硫化的内件 1 支承球轴承。曲线为拱形橡胶体 3 在垂直方向和侧向的弹性特性。不承载时孔的中心（位置 2）位于外圈 4 的中心上面 2mm。

另外一种 W 形布置（图 2-88）的结构也可减小轴 1 和轴 2 的转速差。采用该结构时应满足以下条件：

1）在差速器和变速器的角度 β_z 必须相等。

2）十字万向节的两个叉必须在一个平面；如果叉和轴管焊接，不能产生变形。通常是一个叉位于可以进行长度补偿的轴的末端，另一个叉固定在管上。如果如图 2-83 所示，左边的铰链从轴端拔出仅偏转一个花键齿（例如用来消除间隙），则条件不再满足，则会出现转速不均匀。

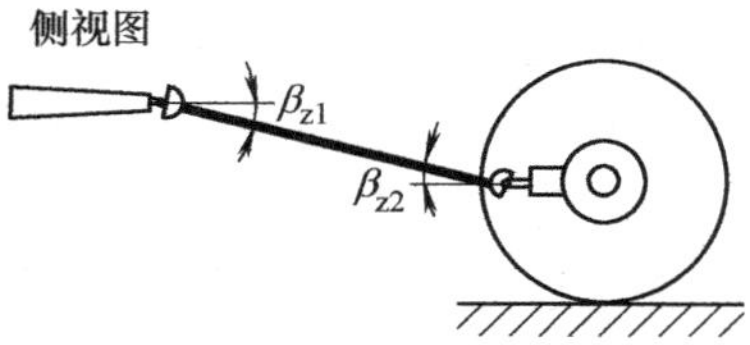

图 2-86 Z 形布置的传动轴，为了避免输出轴和输入轴的转速不同，两端的角度 β_z 应该相等，并且万向节的叉在同一平面内。

3）如图 2-88 所示，在俯视图中轴端和万向节轴必须为一个方向，其角度偏差 β_y 不允许超过 1°。

如果侧向偏差不能通过两个叉的偏角来均衡，则会导致转速不相等。两个叉的偏角 φ

的计算公式为

$$\tan\frac{\varphi}{2}=\frac{\tan\beta_y}{\tan\beta_z} \tag{2-10}$$

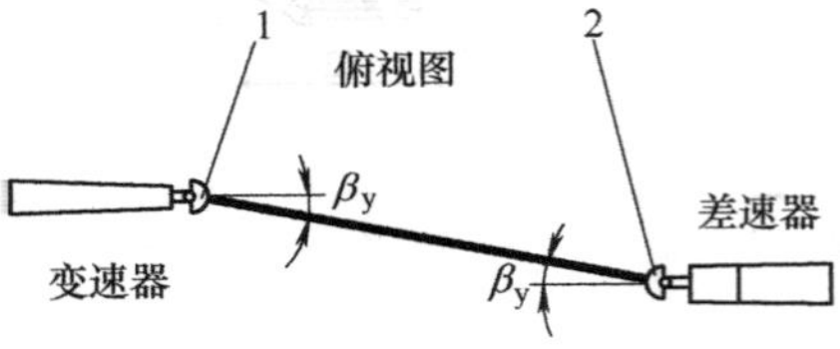

图2-87　变速器相对差速器在侧向有偏移，Z形布置，β_{rst}的计算根据式（2-9），W形布置时，偏角φ按照式（2-10）计算。

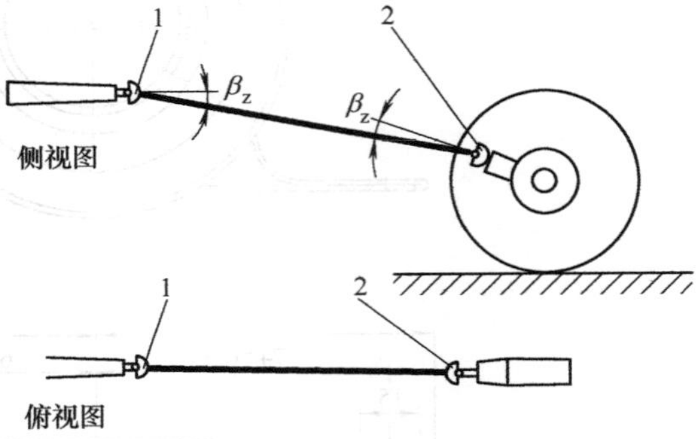

图2-88　传动轴呈W形布置。

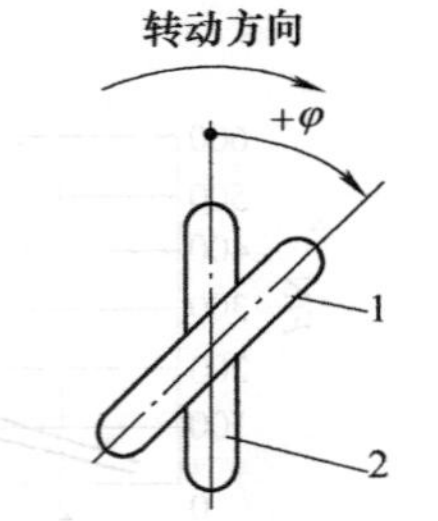

图2-89　如图2-87和图2-88所示，万向节叉在空间上错开，叉1相对叉2在转动方向偏置角度$+\varphi$。如果叉2在行驶方向的右侧，则角度φ为负值。

如图2-87所示，如果铰链2位于变速器输出轴的右边，那么铰链1必须在旋转方向上偏置角度$+\varphi$（图2-89）。如果差速器在左边，则要求在另外一个方向转动$-\varphi$角度。从图2-90可以很明显地看出叉端偏置会产生什么样的结果。Daimler-Benz公司四轮驱动多功能车240 GD/280GE车型（图3-55）的前桥为刚性悬架，由两根纵臂导向。桥体在车轮上下跳动时围绕纵臂连接点O_v转动（角度$\pm\tau$）。这会导致差速器和变速器输出端的曲折角不相同，依赖于车轮跳动量$\Delta\beta$将变大。在$\varphi=0°$时，Daimler-Benz测量的不均匀度均值为$u=0.059$。通过叉偏角$\varphi\approx80°$，u下降到0.004。除了传动系统中的力减小了以外，传递到座椅的噪声也明显降低了。

摆臂连接点O_v的连线为纵倾轴，它和制动下沉的大小有关。为此刚性悬架的导向由每侧两个斜臂来完成，摆臂的延长线交点为纵倾中心O_h（图2-91）。在图中还可以看到摆臂的长度也不相同，这样可以使车辆在弯道侧倾的影响下产生不足转向的随转向（图1-24）。

不管是单摆臂还是双摆臂，颈轴H的位置都会发生变化（图2-92）。车轮上下跳动角度$\pm\tau$随之变化，导致角度差$\Delta\beta=\beta_{z1}-\beta_{z2}$（图2-86），不均匀度$u$变大，传动系统的负荷也增加。Opel公司在Rekord车型上测量得到：如果采用高速可移动万向节，中间支承上的力在车轮完全上跳时下降了10%（图2-93、图2-94和图2-103），6个球起到等速作用并且在纵向（x方向）可少量移动，因此，这种万向节不仅应用于非独立悬架轿车，而且也用于后桥独立悬架上。为了隔噪，发动机处采用相对较软的橡胶支承，和车身固定的差速器允许纵向运动，由此传动轴在传递转矩时也有轻微柔性。

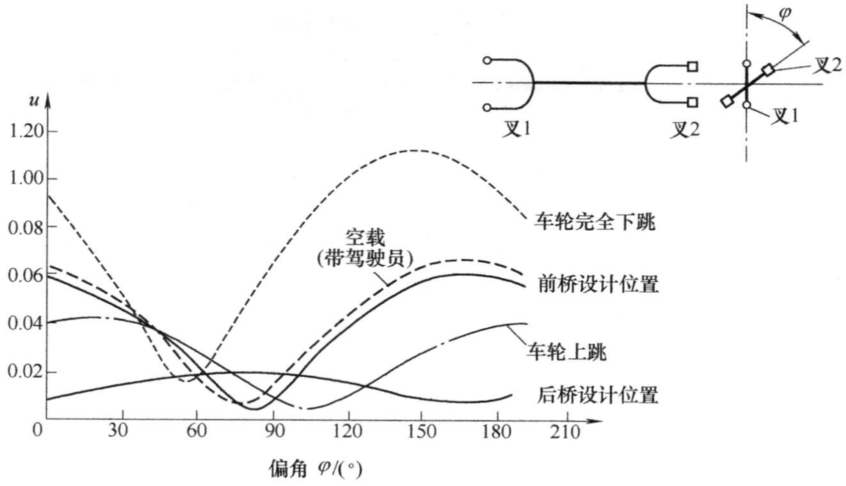

图 2-90　图示为十字万向节的偏角 φ 对不均匀度 u 的影响。数据为 Daimler-Benz 公司四轮驱动多功能车 240GD/280GE 车型的测量结果。所考察的前传动轴相对较短，导致图 3-55 所示的刚性车桥车轮跳动时的曲折角 β 较大。

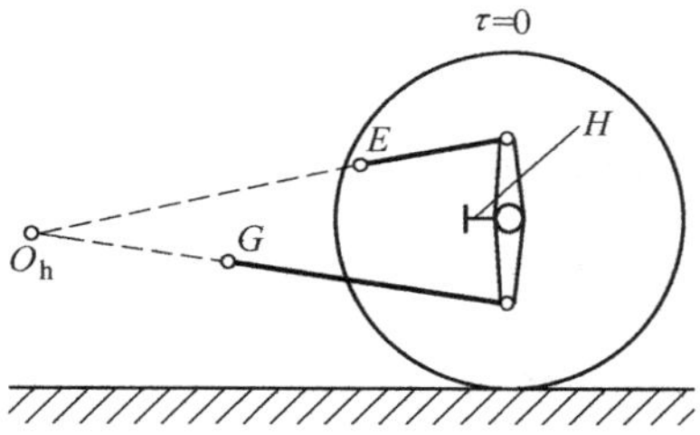

图 2-91　在设计位置（即 3 人乘坐，每人体重为 68kg）差速器输入轴 H 应该和变速器输出轴平行，即 $\Delta\beta=\tau_h=0$，图示为刚性车桥，由两个摆臂导向。左边的点 O_h 为纵倾中心。

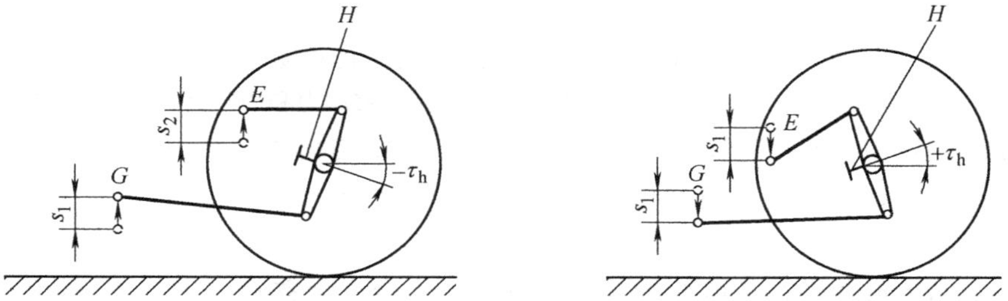

图 2-92　车辆乘坐一人，油箱装少量油，即空载状态：车身抬起，桥体通过两个长度不同的摆臂围绕纵倾中心转动，颈轴 H 转动角度 $-\tau_h$（左图），从而导致图 2-86 所示的曲折角 β_{z1} 和 β_{z2} 不同。满载时也会出现相同的情况，只是角度 τ 为正值（右图）。通过纵倾中心的纵倾轴空载时位于车轮前面较远，加载时靠近车轮。

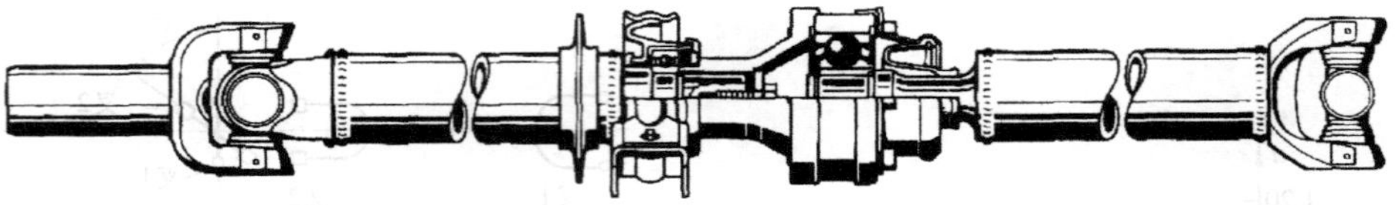

图 2-93　图示为使用在 Opel Rekord E 车型上的分段式传动轴，第一节传动轴支承的前面带有防溅护板，中间为 Loebro 公司生产的高速可移动万向节，传动轴末端为十字轴万向节。在图 2-103 中放大的可移动万向节用于高速大扭矩传动轴，在车轮跳动时仍然可以保证噪声较小。另外，在有载荷作用下的移动也较灵活。左边的轴销与变速器的内型面相连，且可以移动。

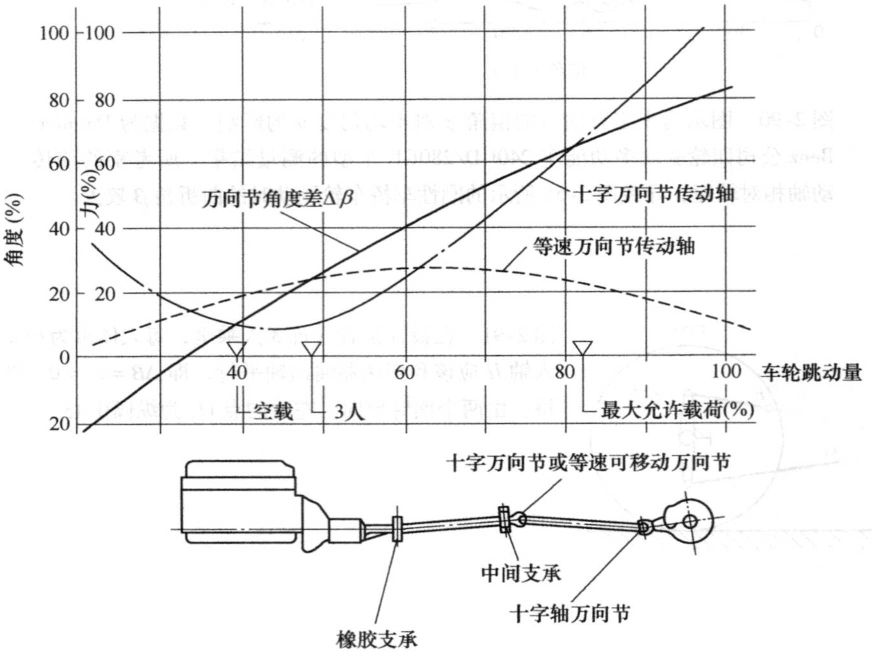

图 2-94　图示为 Opel Rekord 车型的中间支承传动轴上的移动力，横坐标为车轮跳动量。总跳动量为 $S_g=217\text{mm}$，以百分数计。跳动量、移动力和中间万向节上的曲折角以百分数给出。根据图示测量结果，采用高速可移动万向节，则力和噪声会减小，另外的优点是力 F_{erf} 明显减小，传动轴移动时需要克服这个力。

另外，采用齿形轴进行长度补偿（图 2-95），这会产生移动力 F_e。F_e 的大小取决于驱动力矩 M_A、截面的节圆直径 d_t 以及在万向节中的实际角度 β_{rst}，F_e 的计算公式为

$$F_e=2\mu M_A\left(\frac{1}{d_t\cos\tau_m\cos\beta_{rst}}\right)$$

式中，μ 为摩擦因数，对于渗氮硬化和/或磷酸处理的零件，可以取 $\mu=0.1$，对于尼龙表面涂层，可取 $\mu=0.06$；τ_m 为分度圆压力角。

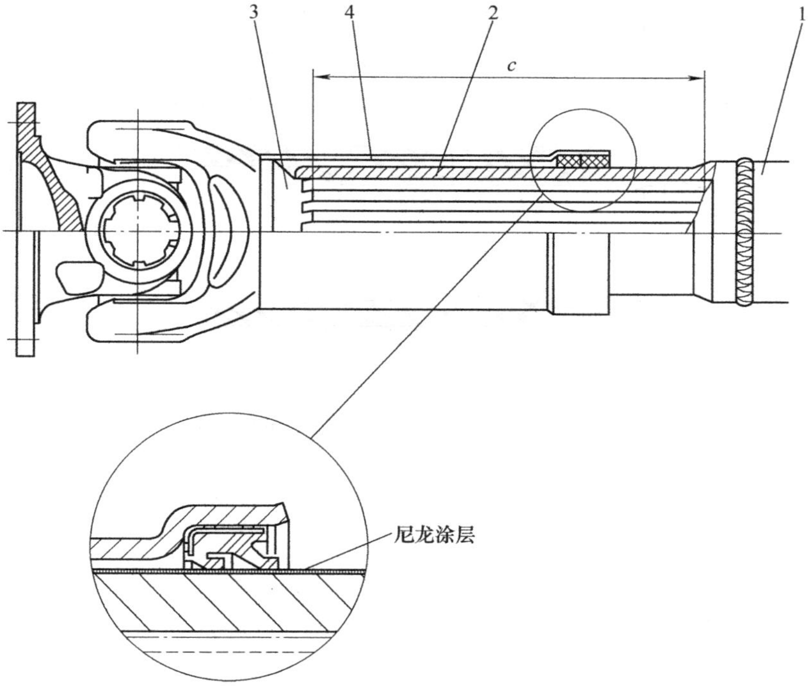

图 2-95 传动轴通常的长度补偿结构：完全缩并状态的啮合长度为 c。套筒 2 焊接在管 1 上。套筒在内部通过花键和十字万向节连接。管 4 起保护作用，固定在部件 3 上。末端放大部分为双唇密封，密封支撑在套筒 2 的表面尼龙涂层上，便于滑动（GWB 公司图片）。

2.4.2 传动轴特殊结构

没有弹性部分的驱动系统（图 2-93）在承受振动时会产生轰鸣噪声；对于可分离式的全轮驱动结构，可能会在整个传动系统中产生过大的冲击力。这种噪声和冲击力在前后两个差速器的高扭转刚度的连接中以及在急转弯中会出现，导致所有部件上的力和力矩增大。图 2-96 所示为具有扭转弹性的传动轴，它可以削弱这些缺点的影响。

和常用的传动轴一端为十字万向节不同的是，在 VW Passat Variant Syncro 四轮驱动车上，在传动轴两端采用了 Loebro 公司生产的可移动等速万向节（图 2-97 和图 2-98）；为稳固起见，在中间支承处还有一个十字万向节。

使用轻金属可以减小质量和惯性矩。图 2-99 所示为 GWB 公司的传动轴，中间部分为可焊接的铝合金。

2.4.3 万向节

1. 十字轴万向节

十字轴万向节是一种成本最低廉的结构，可以承受标准驱动形式以及四轮驱动形式车辆上的曲折角，同时传递扭矩。实际上所有货车纵向布置的传动轴的两端都采用十字轴万向节；相反在轿车上（极少数情况例外，图 2-150），使用盘式万向节和（或者）高速可移动式万向节，以便减小噪声。重要的是要保证满足图 2-88 ~ 图 2-90 所阐述的条件。万向节本体是由可润滑的十字轴 1 和叉 2、3 组成（图 2-100）；支承套管 5 由卡圈 4 托住，内密封圈固定在十字轴上；

十字轴外端支承在玻璃纤维增强塑料的螺旋槽垫片上。如果载荷较高，润滑脂嘴 7 用来向润滑脂储藏室 8 中加注润滑脂。十字轴叉 2 和 3 的材料为 34Cr4V，调质后 $R_m = 80 \sim 95\text{N/mm}^2$，十字轴材料为 25MoCr4，硬度层为 1.2mm 时，表面硬度为(62 ±2)HRC。

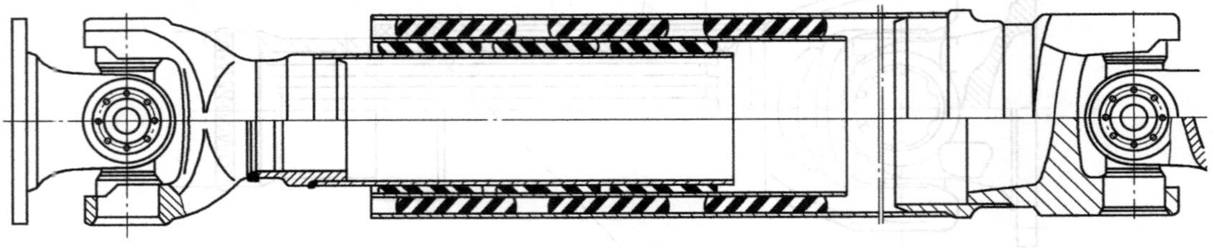

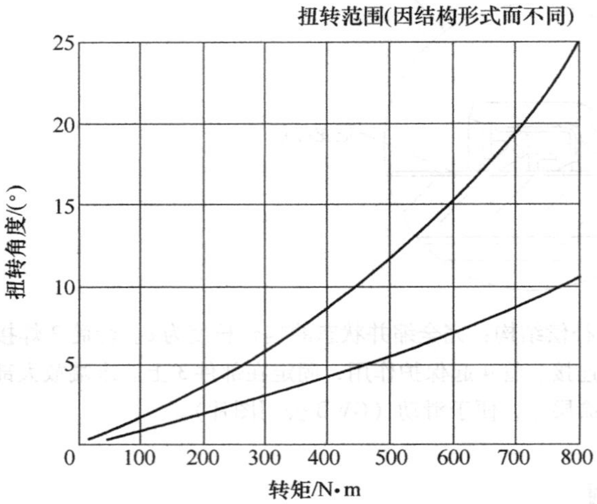

图 2-96　图示为 GWB 公司生产的用在四轮驱动车上的具有扭转弹性的传动轴。为了减小扭转振动和避免中间差速锁闭锁时产生的冲击力（见图 2-98 的文字说明），在外管和中间管以及和内管间各压入三个橡胶圈。传动轴转速可以达到 6000r/min，转矩可达到 $M_d = 800\text{N} \cdot \text{m}$；扭转刚度特性为非线性，转速影响橡胶圈的剪切力。

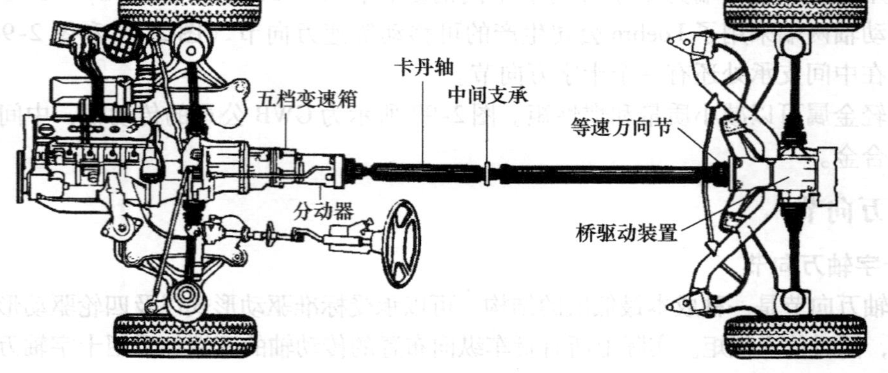

图 2-97　VW 公司 1984 年生产的四轮驱动车 Passat Variant syncro 的变速器位于前差速器和分动器之间，传动轴（卡丹轴）把扭矩传到后面的第二个差速器中。图中清晰可见的是：车轮导向的弹簧支柱需要较长的转向横拉杆，后面为斜臂式悬架；五缸发动机在前面为纵向布置。

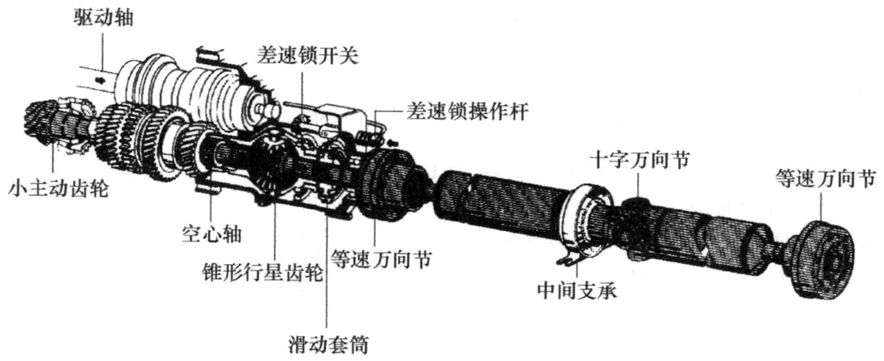

图 2-98　VW Passat Variant syncro 车型的传动轴。由于发动机转速高，传动系统需为分段式，在中间支承处仅有一个十字万向节。为减小噪声，在末端采用 Loebro 公司生产的高速万向节，这种结构可以补偿安装公差以及变速器和后面第二个差速器间的纵向和弯曲运动。图中可以看到分动器中差速器锥形行星齿轮和差速锁的滑动套筒。

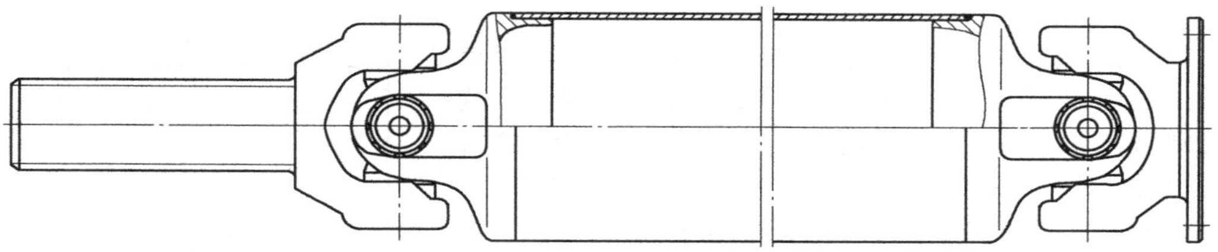

图 2-99　GWB 公司生产的轻量化传动轴。右边的法兰和可伸到变速器中的左侧指轴的材料为钢，中间部分和焊接叉为传递较小噪声的铝合金。可使用的材料为 AlMgSi1 F 31，强度为 $R_m \geqslant 310\text{N/mm}^2$，$R_{p0.2} \leqslant 260\text{N/mm}^2$，$A_5 \geqslant 6\%$。这种传动轴代替图 2-93 中的两段式传动轴；管径较大的优点是：弯曲临界转速可以提高到比较高的范围，见式（2-4）。

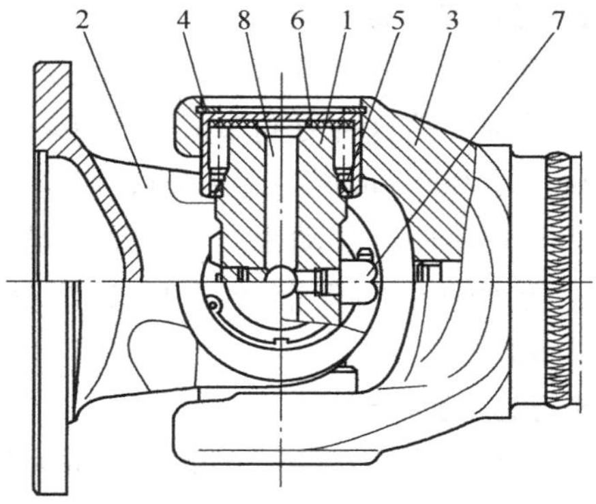

图 2-100　图示为 GWB 公司生产的可以润滑的十字万向节，用于货车。

在支承套管 5 和十字轴的销轴 1 之间存在相对运动，这种运动的大小取决于万向节的曲折角 β；密封形式可以和车轮轴承的密封形式不一样（见第 2.5.4 节）。另外在较高车速时，传动轴的转速升高，传动轴会产生离心作用。这也是轿车以及只在公路路面行驶的货车可以使用无需保养的支承的原因。图 2-101 和图 2-102 所示为两种不同的结构形式。

图2-101　图示为GWB公司生产的用于货车传动轴的十字轴支承。双密封唇1硫化在支承环2上，支承环滚压在壳体的槽3中。密封4固定在十字轴上（未画出）；夹头5从外面扣在支承环上；在十字轴和密封圈相对运动时，夹头在2上滑动，密封唇6在外面在支承套筒上滑动。这种结构使得十字轴被压紧。

支承环2紧靠中间垫片7，垫片7和塑料片8支承滚子9。十字轴支撑在塑料片8的内部；支承可以补偿润滑脂，孔隙10用于加润滑脂（参见图2-100）。

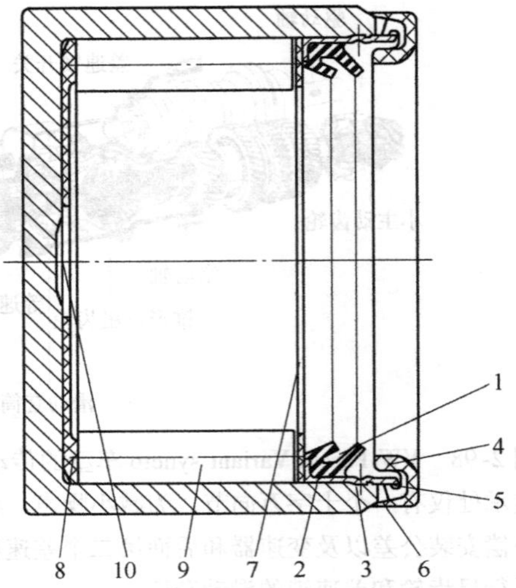

图2-102　图示为SKF公司生产适用于轿车的十字轴支承，其套筒为无切削成形。十字轴端面靠在底板上，底板为网纹结构，这样可以吸收冲击，同时也可储藏润滑脂。滚针从外面密封压在底板上。支承在万向节叉中很牢固，至少需要1kN的力才能拆下。另外套管在四到八个地方通过万向节叉压紧而被固定。

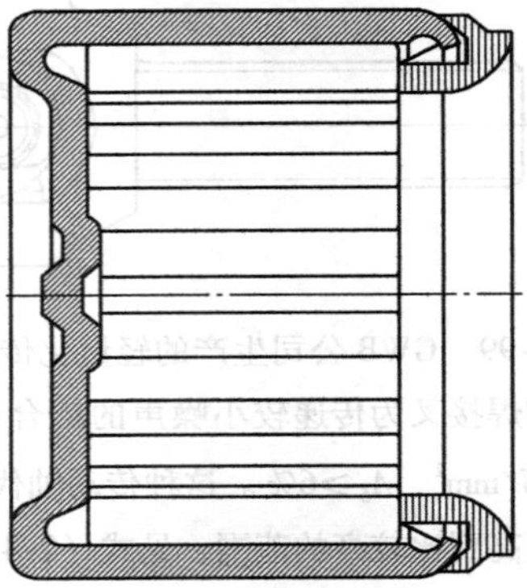

2. 高速可移动式万向节

与第2.4.4节论述的等速可移动式万向节不同的是，用在传动轴上的这种万向节只需传递较小的力矩，但是它可以保证完全等速。转速很高，可以达到$n=6000$r/min（或更高），防尘罩1（图2-103）延伸到罐状钢板2中，防尘罩通过惯性力靠在罐中。移动距离可以从位置3移到位置4，并且通过尺寸配合ϕH7/h6保证圆周对中；传动轴中的安装方式可以参看图2-93，对于四轮驱动形式，可以参看图2-97和图2-98。

3. 盘式万向节

在标准驱动形式的轿车上，后桥为独立悬架或者De-Dion悬架，二者都要求差速器固定在副车架或者车身上（图5-47和图8-14），变速器输出轴和差速器输入轴在一个方向上，或存在很小的角度偏差；即便如此，差速器和动力总成的弹性悬置要求传动轴至少一端的连接具有挠性。由SGF公司生产的盘式万向节（图2-104）可用于这种连接。扭矩通过尼龙或人造丝传递，尼龙或人造丝承受拉力，通过固定套管连接。橡胶层起支撑作用，可以根据环境和功能需要进行调整。其优点为弹性范围宽，便于振动匹配，承载能力高，占用空间小，另外不平衡度小。普通结构只能产生较小的曲折角和轴向位移，否则需要采用特殊结构。进

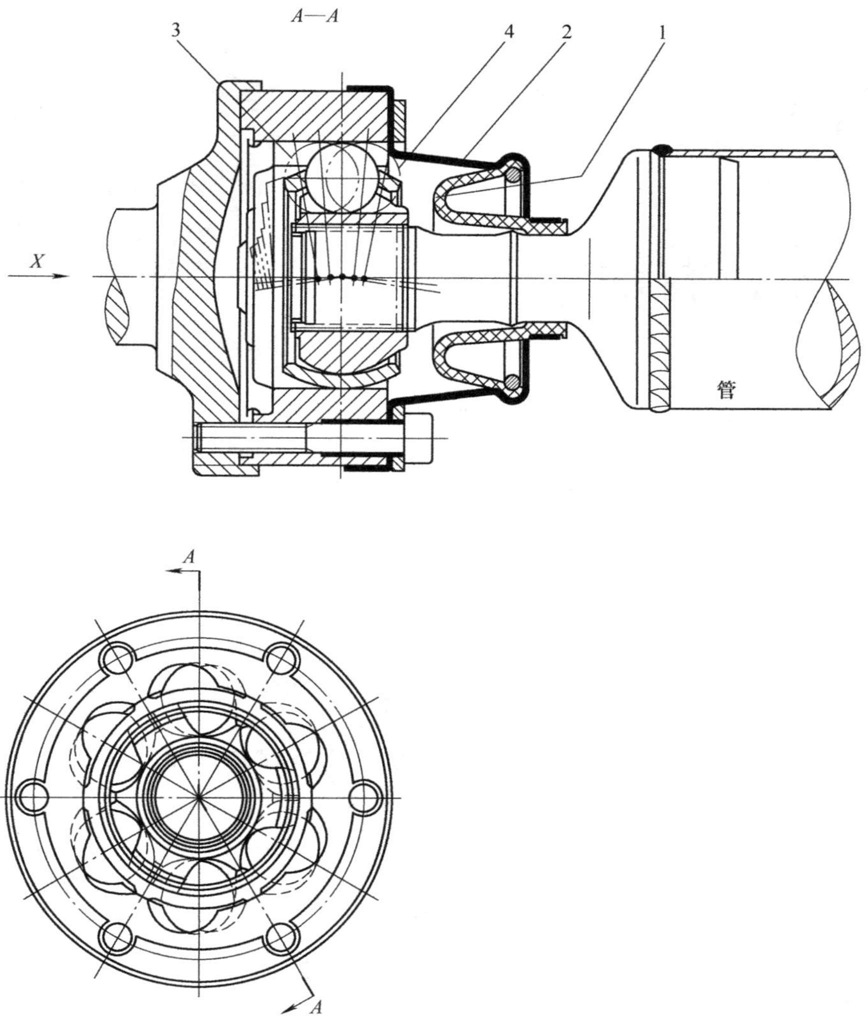

图 2-103　图示为 Loebro 公司生产的安装在传动轴中的可移动式高速万向节。性能参数：可移动距离达到 12mm，曲折角为 10°时转速为 9000r/min；在试验台架测试时可以达到 $n=12\ 000$r/min。在安装到车辆上时，持久工况必须满足 $n\beta\leqslant 20\ 000$；短时工况允许 $n\beta=30\ 000$。由于转速很高，为了避免损坏，防尘罩应置于罐中。Opel 和 BMW 公司采用这种万向节。

一步开发的盘式万向节具有很强的非线性，并且在驱动工况（即踩下加速踏板）和拖动工况（即松开加速踏板）时扭转弹性不同（图 2-105）。小内套管和大外套管之间为偏心橡胶填料，螺栓联接在小套管上，尼龙或人造丝缠绕在外套管上。橡胶填料只在拖动工况时承受压力；在驱动工况下，内套管在很小的转角就已经靠在外套管上了。因此，拖动工况的扭转弹性比普通工况软得多。橡胶填料也可实现起止位的功能，这样在两个方向的弹性就要设计得相同。在直接档工作范围内产生很柔和的响应；低档时止位产生作用，避免产生过大的扭转角（图 2-106）。

图 2-104　图示为 SGF 公司生产的一体式盘式万向节。从左图中可以看出，连接套管通过缠绕物连接在一起，并埋在橡胶体中。很小的尺寸可以传递很大的转矩。

图 2-105　图示为 SGF 公司生产的盘式万向节，其在驱动和拖动工况的方向具有非线性扭转弹性特性。图示为安装在 Mercedes 190/190 E 车型上的盘式万向节。

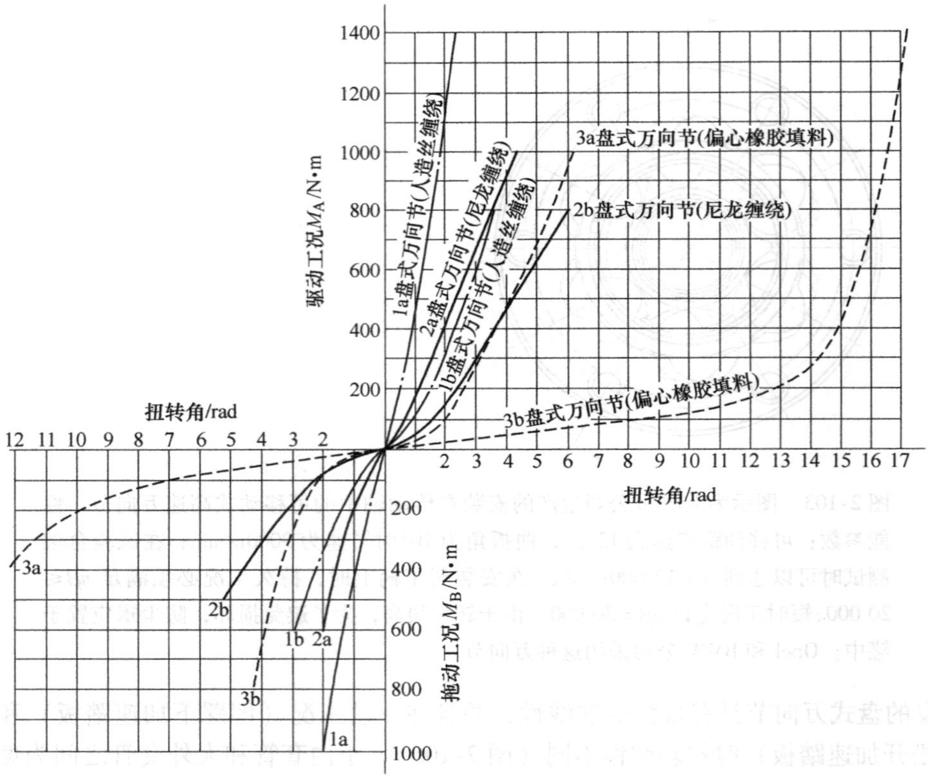

图 2-106　图示为 SGF 公司生产的不同盘式万向节的特性。纵坐标为驱动力矩 M_A 和在拖动工况中存在的发动机制动力矩 M_B。图中所示为当今技术可以实现的曲线。人造丝作为承载材料也用于轮胎中。

发动机高转速（传动轴转速相应也高）要求结构具有对中性。图 2-107 所示为用于

Daimler-Benz 190/190E 车型的方案，图 2-108 所示为 Freudenberg 公司生产的对中套管 10。

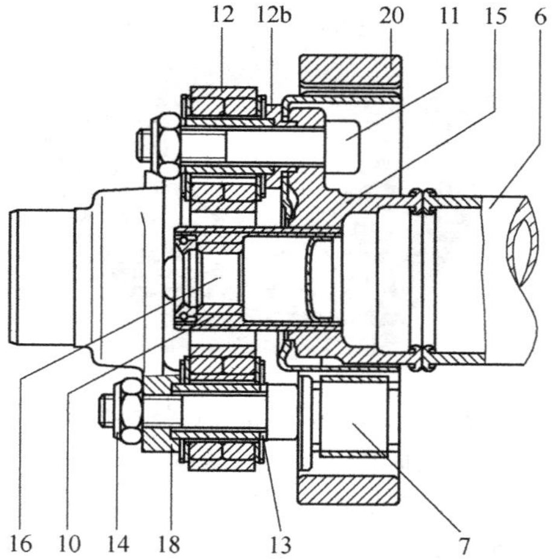

图 2-107 图示为 SGF 公司生产的盘式万向节，装在 Mercedes 190/190 E 车型上连接变速器法兰 18 和传动轴端部 15。压在传动轴中的套管 10 起对中作用，轴颈 16 夹紧在套管 10 中。盘式万向节 12 通过内六角圆柱头螺栓 11 和自锁螺母 14 固定；套管 12b 起对中作用，同时也支撑吸振块 20，吸振块抑制扭转和弯曲振动。穿过孔 7 拧紧螺栓 11。传动轴管 6 和法兰 15 对焊连接。

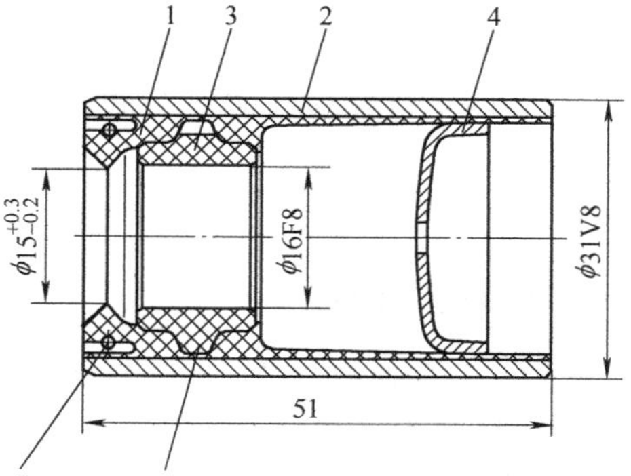

图 2-108 图示为 Mercedes 190/190E 车型上的传动轴对中套管。外管 2 和法兰通过过盈配合固定；外管内为橡胶层 1，材料为 POM 的套管 3 内部带有特定公差，支撑在橡胶层中。周围一圈弓形截面的凸缘 6 用于保证零件 2 和 3 之间没有径向移动，从而保证传动轴对中。端盖 4 以及唇边阻止污水侵入（Freudenberg 公司图片）。

4. 橡胶万向节

图 2-109 所示为 Goetze 公司生产的可对中的橡胶万向节，万向节本身由承受预紧压力的扇形橡胶体组成。橡胶体硫化到径向布置的板上且固定（图 2-110）。这种万向节在抑制扭转振动和隔声方面表现特别突出。除此之外，还具有以下优点：

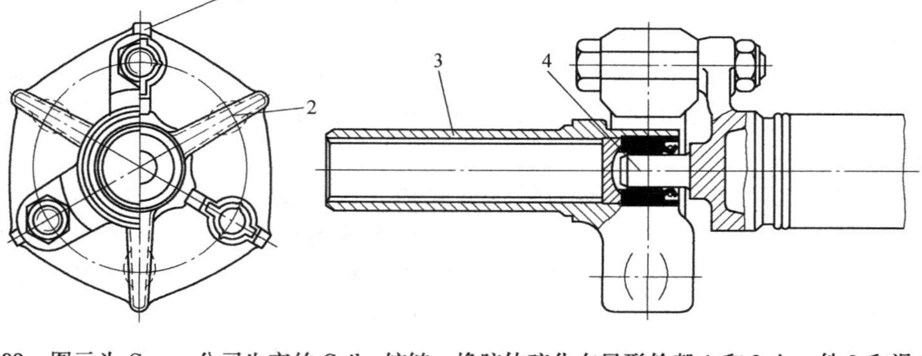

图 2-109 图示为 Goetze 公司生产的 Guibo 铰链。橡胶体硫化在星形轮毂 1 和 2 上。件 2 和滑动套筒 3 构成一体；轴颈 4 用于对中，被弹性夹紧且侧面密封。这种铰链连接形式的旋转力矩较小。

1）扭转弹性，即可以弹性吸收起动和挂档产生的冲击；另外，采用不同橡胶硬度和阻尼可以改变临界转速。

2）纵向可移动，即具有补偿长度变化的能力，这样可减轻传动轴中齿形轴部分的负荷。

3）角度可变，即在工作过程中不仅可以补偿角度上的偏差，还可以补偿制造误差产生的偏距，即可以平行偏移（假设在低转速时不要求对中性）。

4）完全不需要保养。

图 2-110　图示为 Goetze 公司生产的 Guibo 万向节。使用在传动轴和驱动轴中允许的最大值：持续扭矩为 800N · m，曲折角为 ±8°，移动距离为 ±12mm。在高转速情况要求能够对中。离合器必须在预紧状态下安装，因此在装配后必须去掉钢带。

2.4.4　后轮驱动轴

发动机后置摆动式悬架的车辆（如 VW 甲壳虫车型），为了传递驱动力矩，每根驱动轴和差速器连接处只需一个角度和长度可移动的万向节。在这种情况下，驱动轴采用一个锻造、表面经过硬化处理过的匙式万向节就足够了，匙式万向节在一个可转动的球形罩中滑动（图 2-111）。其缺点是由于宽度较小，导致表面压力很高，另外不可避免地会有滑动摩擦。因此，现在等速可移动万向节已完全取代了匙式万向节。在等速可移动万向节中，6 个球体或在一个星形保持架内的 3 个滚轴传递转矩，其优点是绝对等速，均衡性好。它不仅可以用于不同的曲折角 β，还可以用于连接不在一个平面内的轴。它承受负载时仍可灵活移动。目前的产品可以达到每个万向节允许位移 55mm，短时间内曲折角允许达到 22°。标准驱动形式或发动机后置驱动形式的车辆，如果后桥为独立悬架或者 De-Dion 悬架，则在差速器以及车轮边都需要等速可移动式万向节（图 5-48，图 6-74 和图8-20）。

图 2-112 和图 2-113 所示为广泛使用的由 Loebro 公司生产的 VL 万向节。由球笼保持的球体，在星形套上以及外壳内的斜的高硬度滚道中滚动，传递扭矩。另外一种结构为 Glaenzer-Spicer 生产的三枢轴式万向节，分为开口式和闭合式两种结构（图 2-114 和图 2-115）。

由同一公司新开发的 Triplan 移动式万向节非常灵活，能够有效隔断发动机的振动传递。这种万向节可以长时间承受的曲折角达到 12°，可传递的最大转矩可达到4.7kN · m。

有种万向节可以布置在差速器的锥形齿轮内，节省安装空间。该万向节由 Loebro 公司于20 世纪 60 年代末开发，NSU 公司在 1100 TTS 运动版上采用，如图 2-116 所示。

如果后桥驱动轴必须承受很大的扭矩（图 2-150，Renault 一级方程式赛车）或者像 Jaguar E型的驱动轴那样还要承受侧向力，则情况有所不同。在这种情况下，每侧都采用双十字轴万向节，这是既经济又技术可行的便利解决方案。只是必须满足图 2-86 ~ 图 2-88 所阐述的条件。

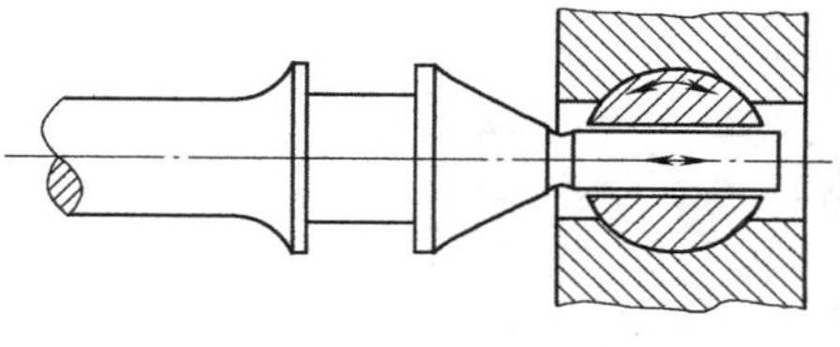

图 2-111 图示为匙式万向节，可以有少量的长度移动和转动。安装在 VW 双铰链摆动式悬架 1200L 车型的差速器中。

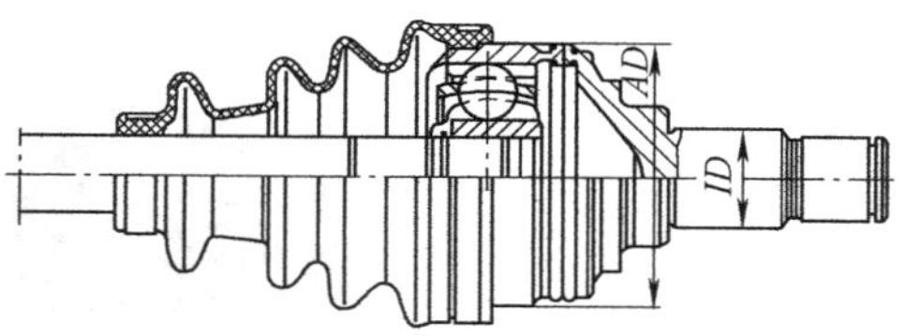

图 2-112 图示为 Loebro 公司生产的等速可移动式 VL 万向节，曲折角 β 可达 22°，一侧位移可达 45mm，当曲折角 $\beta \leq 10°$ 时，最大允许扭矩为 5.9kN · m。轴端部 *ID* 与万向节外壳对焊连接，另一端与轮毂或双列深沟球轴承连接（图 2-144）。

图 2-113 如果传动轴有两个等速可移动万向节（如在后桥独立悬架上），在内芯和外壳上的斜的滚道保证 6 个球体中心对中；球笼起保持球体作用（Loebro 公司图片）

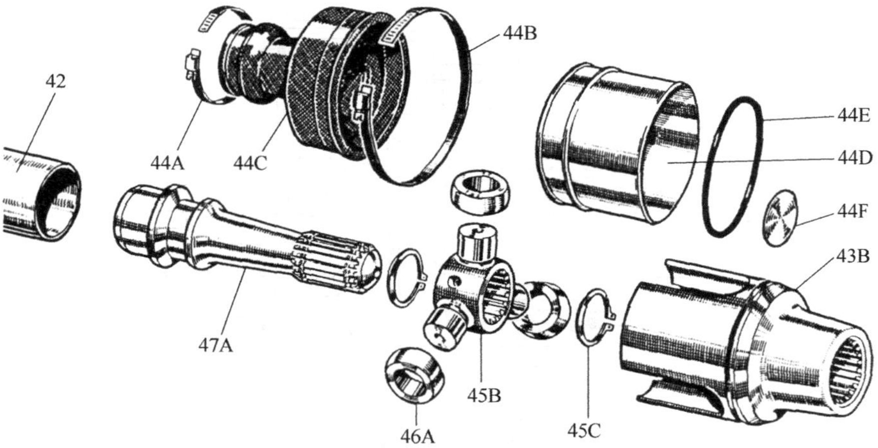

图 2-114 图示为 Glaenzer - Spicer 公司的三枢轴式万向节散件。套管 42 起驱动轴作用，和轴颈 47A 焊接。轴颈通过花键和销轴 45B 联接；三个滚子 46A 和轴体 43B 的滑槽连接，并通过这种开口结构传递扭矩。密封圈 44E、罩管 44D 和波纹管 44C 起外部防尘作用，在内部由盖子 44F 封住孔。夹箍 44A、44B 箍紧波纹管以及锁紧环 45C 锁紧销轴。这种万向节的曲折角 β 可达 22°，移动距离为 55mm，转矩可达 4.2kN · m。为了降低噪声，在常用工况中曲折角不应超过 4°。

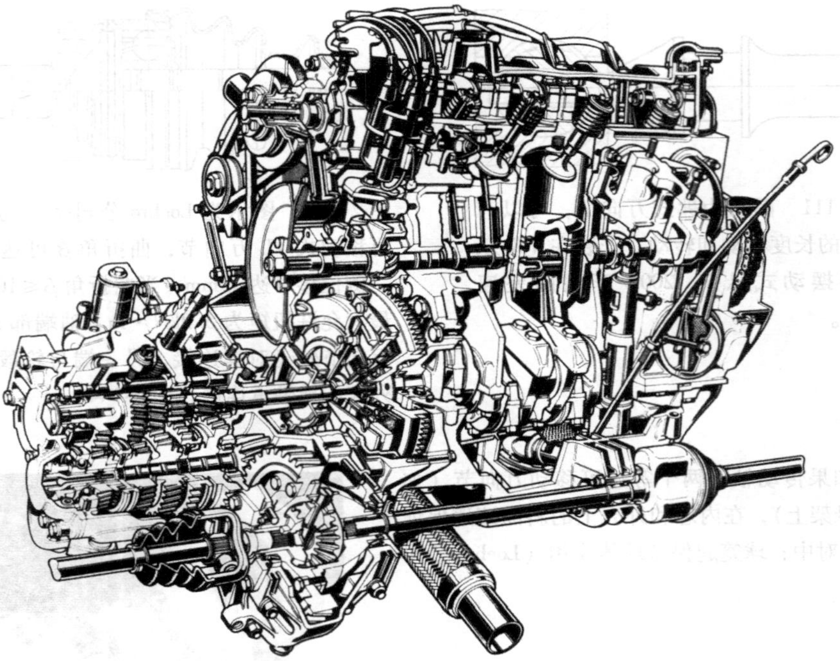

图2-115　图示为Citroen CX车型四档变速器驱动单元。为避免驱动和制动（发动机拖制动）引起的转向，两个车轮的驱动轴等长。中间轴左边和差速器连接，右边和闭合式三枢轴式万向节相连。出于重量和成本原因，万向节壳体为等厚薄壁结构，在剖视图中可清楚看到。

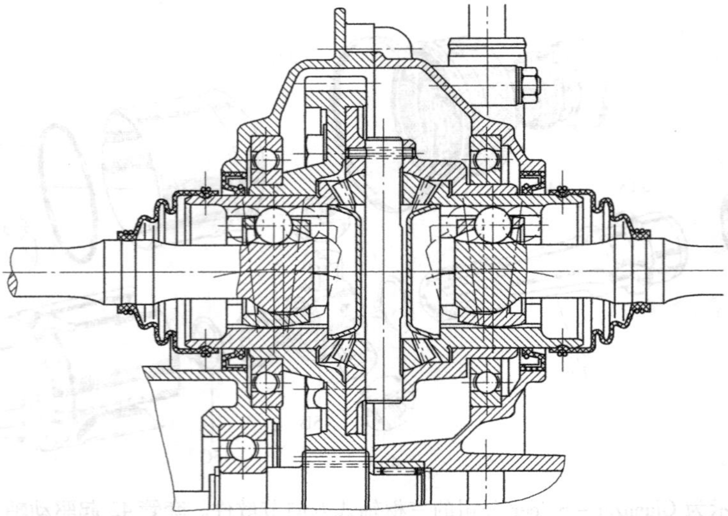

图2-116　图示为Loebro公司生产的等速可移动万向节，装在NSU公司1100 TTS车型的差速器锥形齿轮中。五个球体传递扭矩；通过万向节向内缩进，用于延长驱动轴长度，并同时减小曲折角。这种紧凑结构成功应用在NSU后置横置发动机上。

2.4.5 前轮驱动轴

前轮必须可以转向，即驱动轴外端万向节可以回转，但是又不改变角速度。双十字万向节是W形布置可以满足这个条件，双十字万向节可以集成为双联式十字轴万向节（图2-117）。如果用于刚性前桥，则不需要对中，如图2-118所示。驱动轴由滚动轴承1和2支撑。这种结构还具有其他优点：外轴3仅承受转矩；由垂直力和侧向力以及纵向力引起的弯矩由轮毂4承受，轮毂通过两个锥形轴承支撑在万向节壳体的颈部5上。防松螺母6和7在拆除法兰8后可以调节轴向间隙。图中用“叉”代替的轴密封圈9的直径应该足够大，避免在拆除轮毂时损坏内侧锥形轴承的滚子。

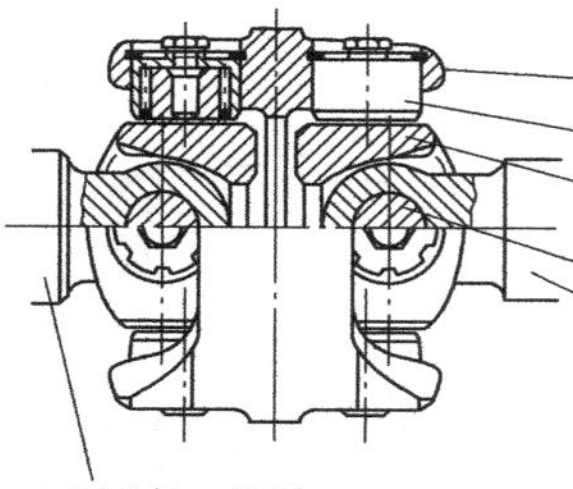

图2-117 图示为GWB公司生产的双联式胡克万向节，无对中，适用于刚性前桥；曲折角可达48°～50°，可承受转矩至20kN · m。

在刚性车桥中，十字万向节中心点到驱动轴内侧支承点D的距离a产生挠度S_1以及角度α_D，其大小直接取决于轴的直径大小（$J \approx 0.049d^4$，图2-119）。因此必须合理选择轴的直径，使对滚针轴承的损害控制在一定范围内。在独立悬架上则不同，因为所有独立悬架的驱动轴都有对中性（图2-120），因此反作用力F_D支撑在中心支承中，即万向节中心。

双联式十字轴万向节以前还应用在某些轿车上，现在所有生产者无一例外使用等速固定式万向节，又称为球笼式万向节，一般结构允许曲折角β达到47°，大多数结构在曲折角$\beta \leqslant 10°$时可以达到最大承载$M_A = 20\text{kN} \cdot \text{m}$。这种结构的万向节比双联式十字轴万向节短而宽，由于其灵活轻便，即使在弯道急加速也不会有驱动效应传递到转向中。扭矩由六个球体12传递（图2-121），球体在内芯和外壳间的滚道中滚动，不论转向角多大，球体始终在夹角的对分平面上运动，这点是通过特定的滚道结构以及内芯和壳体间的球笼13来保证的。这种万向节可以持久保持润滑无需保养，材料为氯丁二烯橡胶或聚氨酯的波纹管作为密封件（位置8），波纹管由夹箍7和11固定。如果密封失效或被石块损坏，污水会侵入导致万向节失效。

图2-124、图2-138、图2-143、图2-148和图2-159所描述的均为Loebro公司生产的等速固定式万向节。

在越野车和类似车辆上可以在内侧驱动轴上固定一个钢罩（图2-122）。这种结构的缺点是会导致运动轮廓线的直径ϕO增大15mm（也就是需要更大的安装空间），此外曲折角只能达到40°。密封也需要一定的预紧力固定在万向节外壳上以避免滑动。

如果轴的长度和位置与转向和悬架进行匹配，在理论上车轮上下跳动不会导致驱动轴长度发生变化。轴的延长线必须通过瞬心P，并且固定式万向节的中心位于转向主销EG（图2-143）。可以借助模板来确定可移动式万向节的中心。如果满足这两个条件，在车轮跳动和转向时都不会产生可移动式万向节内的移动。在前轮驱动双横臂悬架中，也许这两个条件是可以实现的；但是完全避免在行驶中摆臂支承中的弹性变形几乎是不可能的。另外，在前轮驱动形式中，越来越多的设计采用可以车轮导向的弹簧支柱（图1-14），需要延伸到车辆中心足够长的驱动轴，从而避免侧向移动。因此，在差速器一侧使用一个可移动式万向节是必需的，由于外侧采用的是等速固定式万向节，因此只能采用图 2-112 ~ 图 2-115 所示结构中的一种。

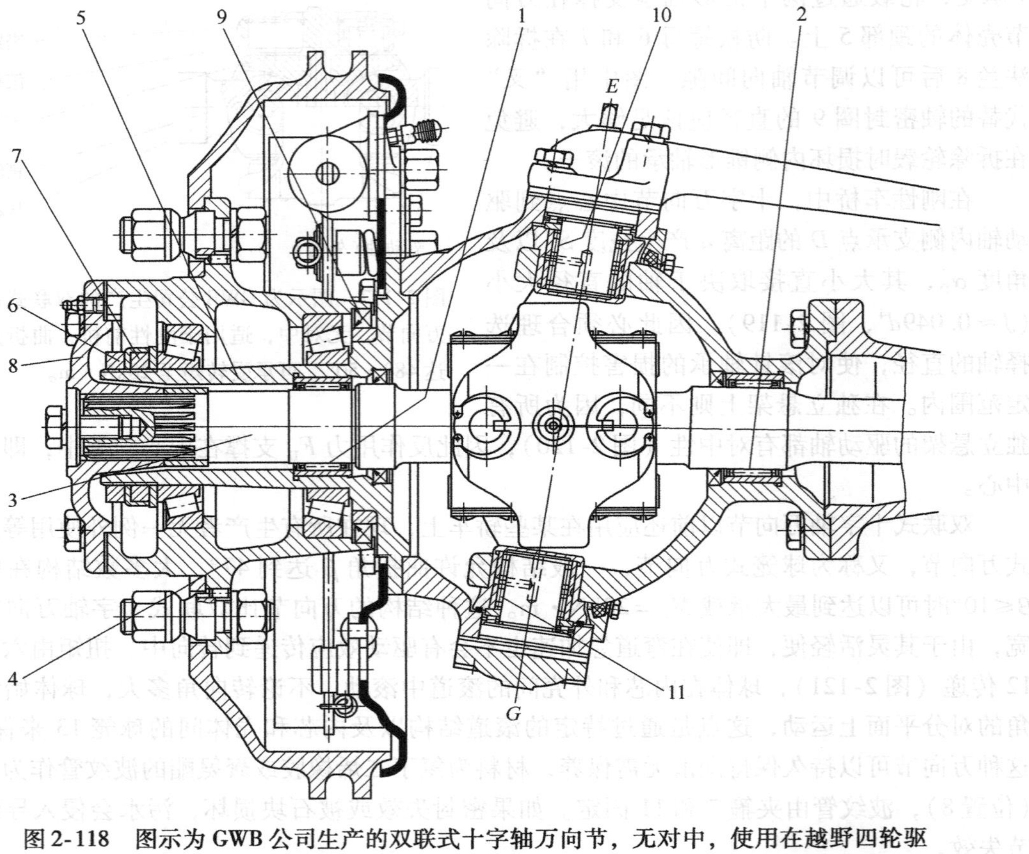

图 2-118　图示为 GWB 公司生产的双联式十字轴万向节，无对中，使用在越野四轮驱动车的刚性前桥中。内外侧驱动轴支撑在滚子轴承 1 和 2 上，万向节中心应位于转向主销 *EG* 上。轮毂 4 通过圆锥滚子轴承支撑在万向节外壳上；驱动轴外侧仅承受扭矩，扭矩通过法兰 8 传递到轮毂 4 上。两个短的转向节主销支承在 INA 公司滚针轴承 10 和 11 上转动，该轴承可以承受轴向和径向力。

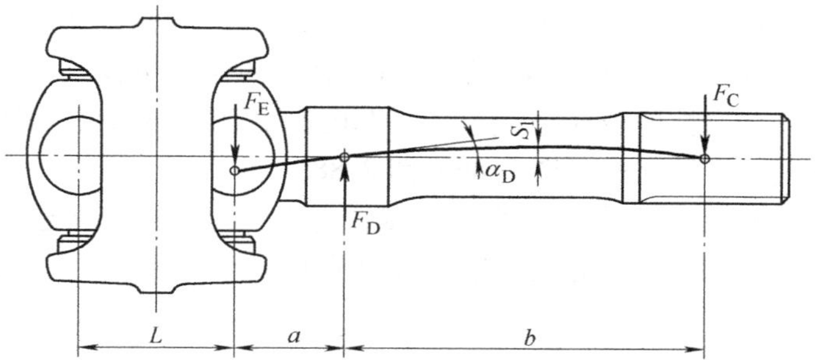

弹性挠度

$$S_1 = \frac{F_E\, a\, b^2}{9\sqrt{3}\, EJ}$$

$$\tan\alpha_D = \frac{F_E\, a\, b}{3EJ}$$

支承力

$$F_E = \frac{2M_A \sin\frac{\beta}{2}}{L}$$

$$F_D = \frac{F_E\,(a+b)}{b}$$

$$F_C = \frac{F_E\, a}{b}$$

图 2-119　驱动力矩 M_A 和曲折角 β 越大，在十字轴中心产生的力也越大。所产生的挠度 S_1 和角度 α_D 的大小取决于内侧十字轴与轴承中心的距离 a、内侧驱动轴的惯性矩 J（抗弯）以及材料的弹性模量 E。公式和图片摘录自 GWB 公司的产品目录，F_E、F_D 和 F_C 为三个位置处的力。

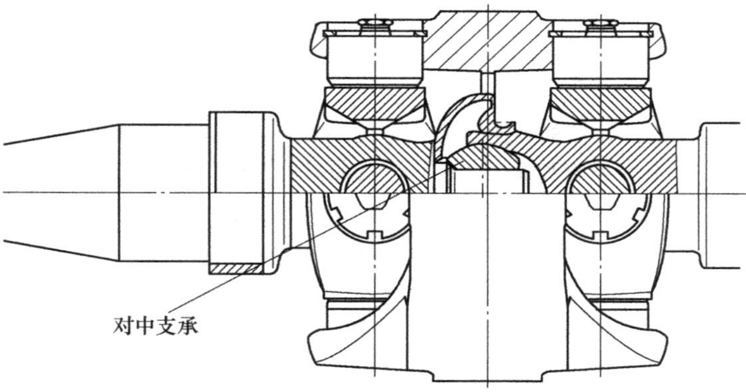

图 2-120　图示为 GWB 公司生产的双联式十字轴万向节，用在多功能货车独立悬架前桥驱动轴上。万向节的中心为永久密封的对中球支承。曲折角可达 40°。

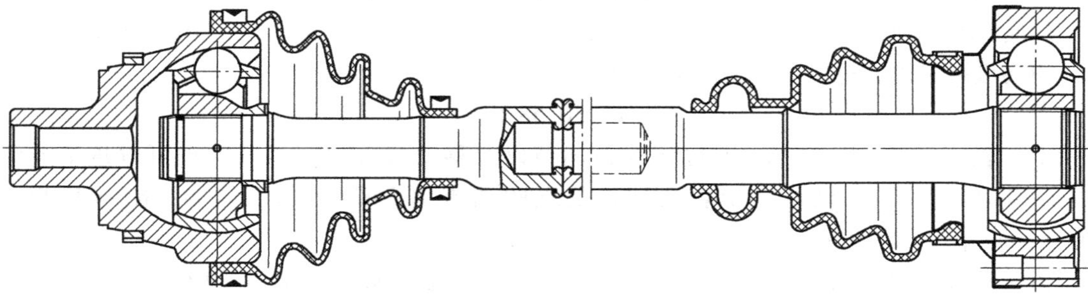

图 2-121　图示为 Loebro 公司生产的使用在 Audi 80/90 车型上的前轮驱动轴。内侧为等速可移动式万向节，外侧为 UF 固定式万向节；最大转向角度可达 22°和 50°，移动距离可达 48mm。和轮毂连接的轴颈带有较短的花键，内部带螺纹。缩杆螺栓以一定的扭矩拧紧在螺纹中，通过形状配合与轮毂固定（图 2-143）。为了减轻振动和重量，轴的材料为调质钢 Ck 45，轴上钻孔，并通过摩擦焊连接。

在差速器一侧也可以使用带齿形轴进行长度补偿的十字轴万向节。在这种情形中，如果内侧驱动轴在俯视图中有向前或向后的偏差以及在后视图中有小的曲折角 β_i（图 2-123），则外侧球笼式万向节的优点——均衡性即表现为缺点。在平坦路面直线行驶时，角速度的改变会产生周期性的振动传递到前桥和转向中（图 2-86 ~ 图 2-88）。

由于 Loebro 公司生产的等速固定式万向节有很多优点，它不仅使用在独立悬架中，而且使用在前驱动刚性悬架中，图 2-124 所示为使用这种万向节的桥体剖面图，图 3-55 所示为整个桥体。

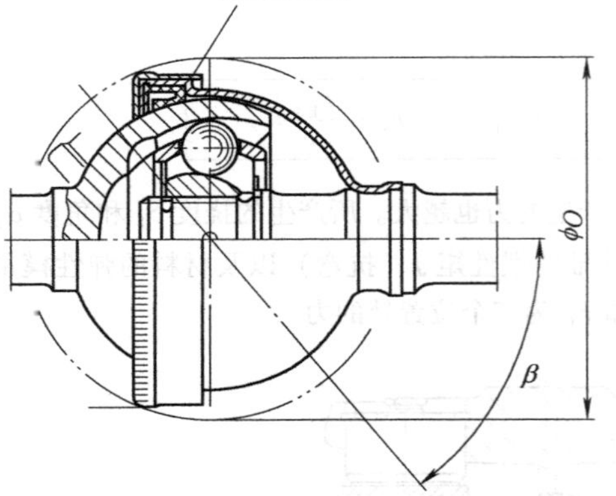

图 2-122　图示为 Loebro 公司生产的等速固定式万向节，带钢罩。为了保证密封和安全，夹持密封圈的螺纹环必须一直收紧。

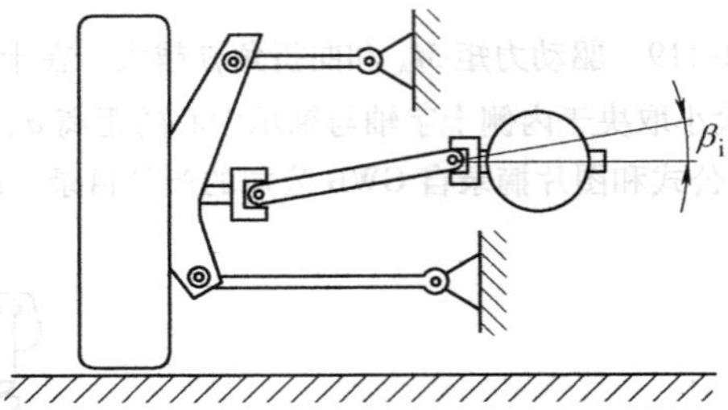

图 2-123　前轮驱动的驱动轴内侧可移动式万向节的曲折角为 β_i，外侧的固定式万向节的角度在车轮跳动时产生和 β_i 不一样的值，有时体现为车轮外倾角的变化。

2.4.6　材料

万向节要求表面硬化，因此必须采用表面硬化钢或适用于表面硬化处理的调质钢。通常使用的材料有：20MnCr5、20MnCr4 和 20NiCrMo2 或者调质钢 Cf53V、Ck45V。Ck45V 也可以用于驱动轴，其强度为：$R_m = 700 \sim 850\text{N/mm}^2$，$R_{eL} \geqslant 480\text{N/mm}^2$，$A_5 \geqslant 14\%$，$\varepsilon_R = 0.69$。

优质钢的强度较高，另外屈强比（$\varepsilon_R = R_{eL}/R_m$）也较高，如 41Cr4V 的屈强比 $\varepsilon_R \approx 0.8$。

扭转极限可以通过以下公式确定，即

$$\tau_{tp} \approx 0.58 R_{eL}$$

上式表示，ε_R、R_{eL} 越高，与固定式万向节以及移动式万向节相连的轴可以越细越轻（图 2-121 位置 15）。最适合于表面硬化处理的调质钢 50Cr4V 的性能为：$R_m = 1100 \sim 1300\text{N/mm}^2$，$R_{eL} \geqslant 950\text{N/mm}^2$，$A_5 \geqslant 9\%$，$\varepsilon_R = 0.82$。

扭转极限强度可以通过感应淬火提高 50%，如果表面硬度达到 48HRC（尽可能达到 50HRC），则轴的直径最大可以减小 13%。为了表层能达到足够硬度以及所需的强度，钢材中碳的质量分数至少为 0.4%，此外硬化深度为 2.0 ~ 3.5mm。前面列举的钢材均满足以上条件；在图样上还应给出洛氏硬度的公差范围，例如（50 ±4）HRC。

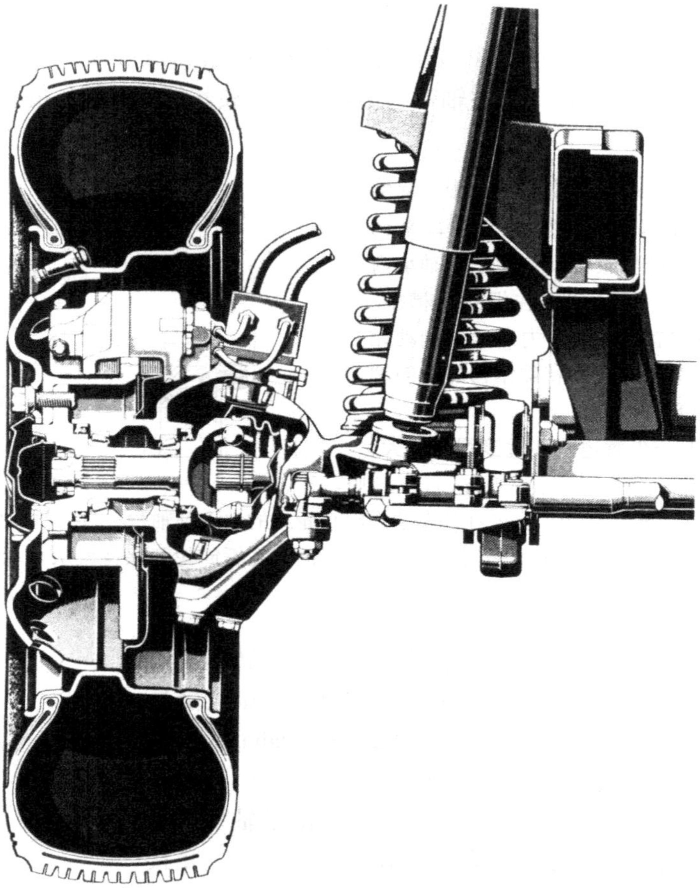

图 2-124 图示为 Daimler - Benz 公司多用途车 240 GD/280 GE 车型的前车轮轴承、等速固定式万向节，驱动轴外侧仅承受扭矩。位于万向节壳体颈部上的相互并紧的外侧环形螺母用来调整两个锥形滚子轴承的间隙，传递到车轮的弯矩由轮毂传递到万向节外壳上。

2.5 车轮轴承

2.5.1 非驱动车轮

车轮轴承把轮胎接地点的三个方向上的力从车轮传递到车轮托架（图 1-1，垂直力、侧向力、纵向力）。独立悬架和刚性悬架的非驱动桥大多采用圆锥滚子轴承支撑在轴颈上（图 2-125、图 2-126、图 1-8、图 7-1 及图 7-16）。压力中心距 s 主要用于承受力矩：侧向力 F_s 乘以轮胎半径 r_{dyn}，比轴承中心距 l 大；此外，在相同的承载量下，圆锥滚子轴承比角接触球轴承尺寸小，从而满足轻量化要求。轴向间隙可以通过精制螺母调整，螺母随后必须通过开口销、止动垫圈或防松螺母锁紧。

如图 2-125 所示，在右侧螺母和滚子轴承的内圈间有一个垫片，垫片的凸肩卡在螺纹中铣出的槽中。如果不用开口销锁紧，可以使用薄壁管状挂钩（位于六角螺母外侧）压入槽中进行锁紧（图2-166）。Daimler-Benz公司多年来使用紧固螺母来调整间隙（图2-127位置9d），横向布置的内六角螺母顶在轴颈的螺纹上从而锁紧螺母；螺母的弹性作用使螺栓不松动。

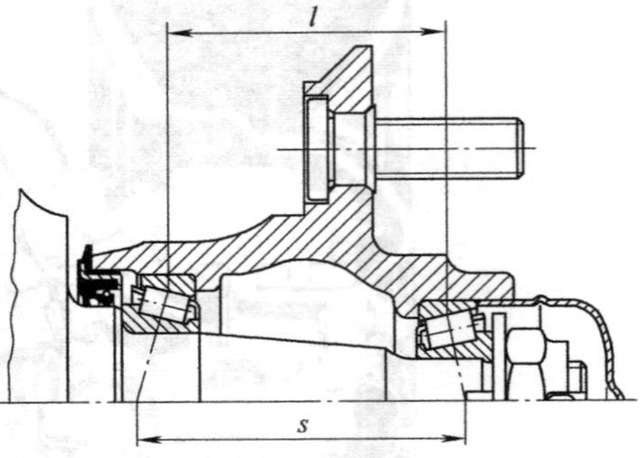

图2-125　在非驱动桥车轮轴承常用结构中，圆锥滚子轴承的轴向间隙借助于右端的冠状螺母来调节；垫片防止在运行中产生跟转（通过滚子轴承内圈可能产生蠕动），垫片的凸肩卡在螺纹的槽中。向外的密封由压入的罩盖完成，向内（通向制动元件）的密封由Goetze公司生产的特殊结构的径向轴密封圈承担，优点如下：

1）向支承侧弯曲的防尘唇边允许过渡圆角较大，从而减少应力集中。

2）竖立的橡胶轮缘有离心作用，另外在停车状态阻止轮毂的水滴到轴颈上，长时间后产生锈蚀。

3）密封圈金属加强环的内径小于滚子保持架的外径，因此在拆卸轮毂保持架从支承孔中抽出密封圈时，不会产生损坏。

如果轴承的预紧力过大，则会产生转动困难，在转速高时会发热，甚至会卡死；如果预紧力过小、间隙过大，则会降低安全性以及直线行驶能力。为了避免这种缺陷，Daimler-Benz公司采用调整板9g来控制轴承间隙（图2-127）。

非驱动轮的车轮轴承可以采用一个双列圆锥滚子轴承或双列角接触球轴承来代替两个分开的滚子轴承（图2-128）。角接触球轴承在球体和滚道间存在一个压力角（或接触角），该角度偏离垂直线30°~35°。该角度使得压力中心距s变宽，可以承受较大的倾覆力矩。第一代车轮轴承的优点为：

1）较短，抗弯刚度大，安装在直径均匀的轴颈上，即轴颈只有一个研磨面。

2）轴颈处的应力集中可以忽略。

3）部件宽度较窄。

4）外圈可以通过一个Din472锁紧环或一个简单螺栓紧固（即安装方便）。

5）不需要调节。

6）可以持久保持润滑。

轴颈承载较小，外端可以缩小直径，这样可以减轻轴颈的重量以及锁紧螺母的重量，以降低成本。

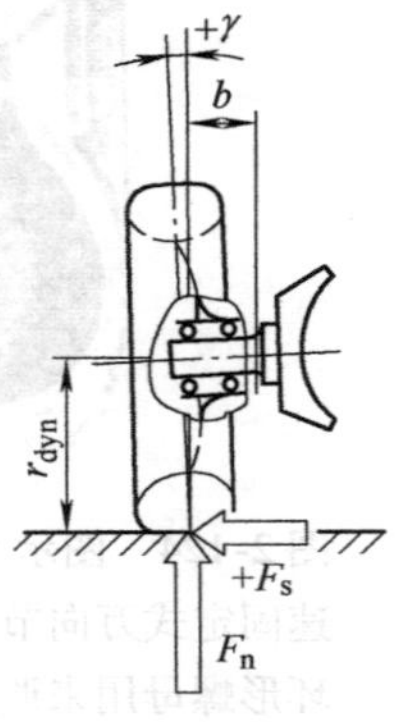

图2-126　图示为轴颈的危险截面，承受两个同时出现的力矩：$M_1=F_s r_{dyn}$和$M_2=F_n b$。如果车辆在装载状态外倾角为$-\gamma$，则两个轴承由于垂直力F_n要承受更大的载荷。

图2-129、图2-130和图6-37所示为双列角接触球轴承，轴承外圈构造为连接法兰，这种结构称为第二代车轮轴承；第三代车轮轴承的内圈带有法兰，法兰上有4~5个孔用来连接车轮和制动盘（以及制动鼓）（图2-131）。外圈为四角形，与车轮托架或桥体连接。如第2.5.4节中详细阐述的，双唇密封圈和弹性密封垫片一同阻止污水侵入。其他结构形式可

参见图2-146～图2-148。

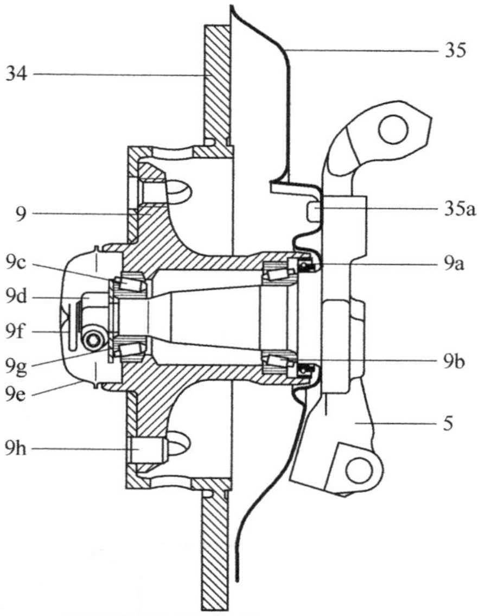

图2-127 Mercedes 190/190E 车型的前车轮轮毂通过圆锥滚子轴承9b和9c支承在车轮托架5上。锁紧螺母9d和垫片9g用来精确调整轴向间隙；向外的密封由罩盖9e完成，为了消除电磁干扰，需要一个接触弹簧9f靠在罩盖上。密封圈9a防止污物进入右端轴承，挡泥板35围住轴颈的颈部。挡泥板和延伸到车轮托架5上的密封圈9a也能防止停车状态时污水滴到密封件的滑动面。制动盘34从外部靠在轮毂9上，另外通过夹紧套管9h进行对中；内侧的密封也由挡泥板35承担，通过内六角圆柱头螺栓35a固定。车轮托架用螺栓和减振器支柱联接。

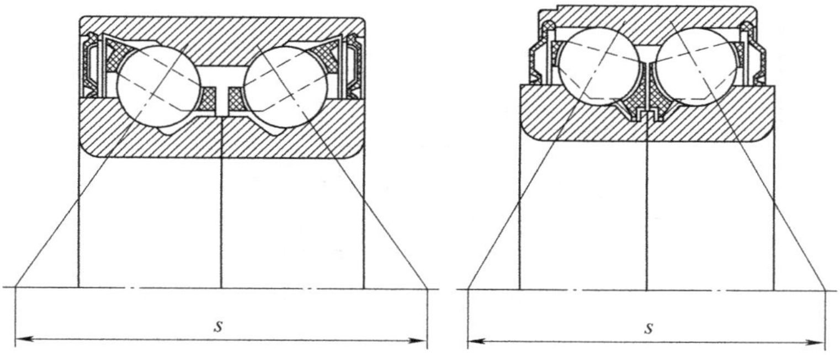

图2-128 图示为FAG公司生产的第一代双列角接触球轴承，可以保持持久润滑。滚动体保持架的材料为玻璃纤维增强尼龙，密封唇在内圈上滑动。如果支承孔的公差为P7，轴颈（或轴）的公差为k6，则可以保证在装配后轴承调整到正确状态；图中标出的s为压力中心距。

第三代车轮轴承具有以下优点：

1）轴承直径较大，因而压力中心距s也较宽。

2）轴承单元有五种功能：轴承、轮毂、轴、与车桥连接的法兰、与车轮连接的法兰。

3）车轮和制动盘（以及制动鼓）的转动精确性高。

4）流水线上的安装以及维修中的拆卸较简单，不需要任何调整。

5）不再需要压入或压出，因此由轴承制造商确定的轴承游隙不会因装配而改变。

6）轴承紧固方式简单。

7）成本低，重量轻，安装空间小。

进一步发展的方向是轻量化，但是只有在大批量生产的轿车上才能体现其经济性。在开发中就必须对轴承单元和车轮托架以及桥体的结构进行匹配。

正如角接触球轴承那样，两个圆锥滚子轴承也可以集成为一个封闭的结构单元（图2-132、图2-139、图7-13和图7-17）。和球轴承相比，其优点是在相同内径时承载更高；其缺点是压力中心距 *s*（图 2-133）较小，即承受侧向力和垂直力力矩的能力较差。

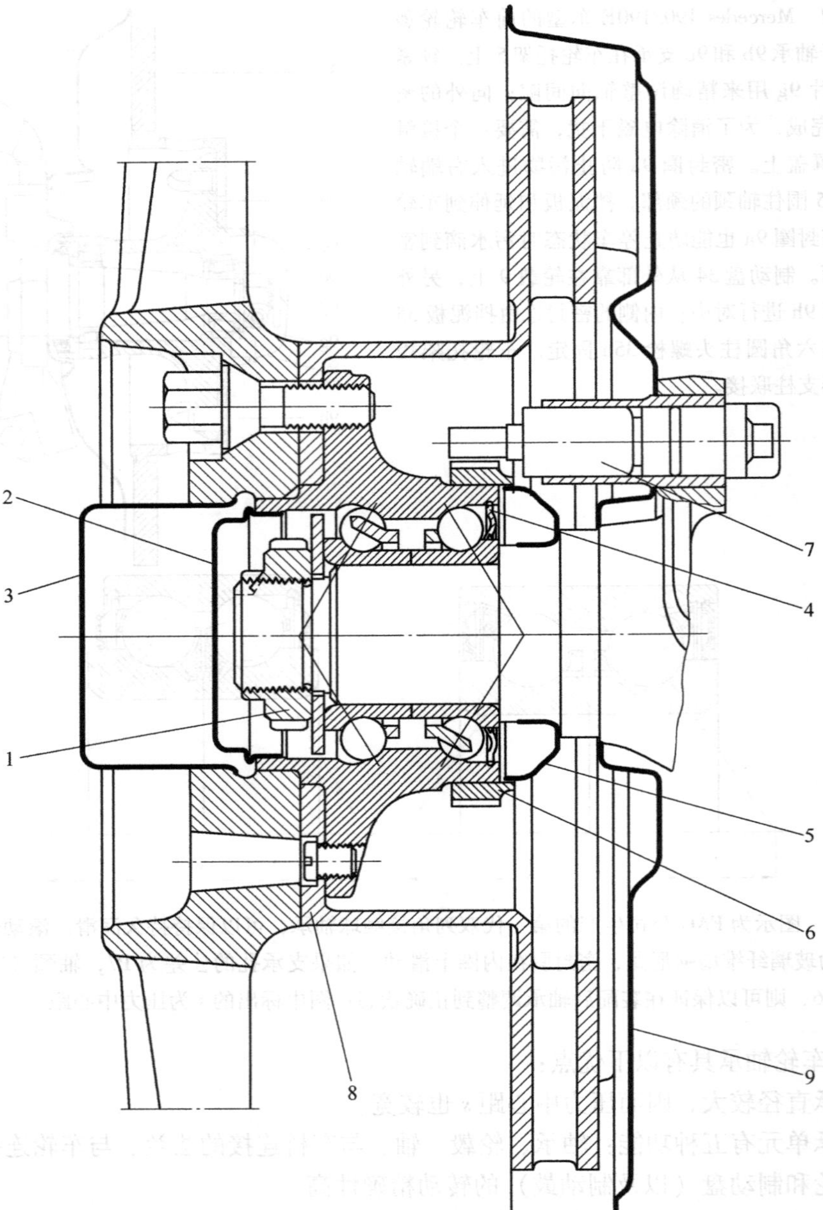

图 2-129　双列角接触球轴承第二代车轮轴承应用在 BMW5 系列车型的前桥。其外圈相当于轮毂，连接制动盘和车轮；内圈通过拧紧螺母 1 并紧。向外的密封由罩盖 2 和 3 承担，向车轮托架的密封由双唇密封圈 4 承担。卡在轴颈上的 U 形环（位置 5）盖住密封圈；齿圈 6 套在轴承外圈上，阻止车辆上的水滴进入轴承。如果车辆配备 ABS，则齿圈 6 上必须有 96 个齿，且转速传感器 7 固定在车轮托架中。通风制动盘 8 从外侧固定在轮毂上，挡泥板 9 固定在车轮托架上（SKF 公司图片）。

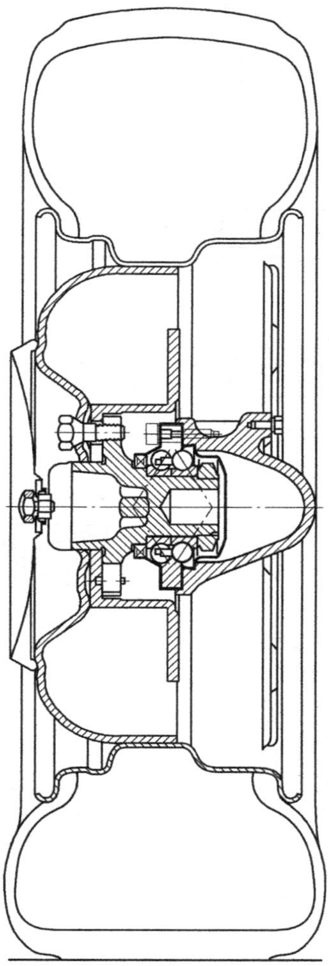

图 2-130 Citroen CX 车型后桥第二代车轮轴承的两个位于短轴颈上的内圈通过螺母预紧，外圈通过四个螺栓固定在纵臂铸件上（SKF 公司图片）。

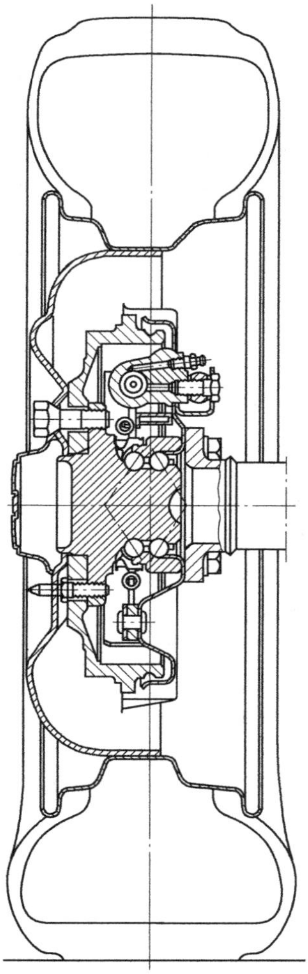

图 2-131 Fiat Panda 车型后桥第三代车轮轴承的实心内圈起轮毂作用，四边形外圈通过 4 个螺栓和桥体固定（SKF 公司图片）。

如果安装空间外径较小、较宽（$B>2.5$H），则应使用双列圆锥滚子轴承；如果安装空间外径较大、较窄（$B<2.5H$），则使用双列角接触球轴承更经济合适。

第三代和第四代车轮轴承的内圈通常是一体的，球体由保持架保持，这样可以减少摩擦和简化装配（图 2-134）。增加球体的数量可以提高承载能力，只是由于装配原因需要把内圈分开。图 2-135 所示为内圈分开的第二代车轮轴承，图 2-147 所示为内圈分开的第三代车轮轴承。

图2-132　SKF公司生产的双列圆锥滚子轴承用于轿车非驱动轴后桥，轮毂和制动鼓合成一体。轴颈压在纵臂2中；钢丝张紧圈4卡在槽3中，拧紧螺母时产生预紧。为了便于装配，U形弹性圈5使两个轴承内圈始终同时转动，卡圈6锁紧轴承外圈。通向车轮的密封由罩盖7完成，通往摆臂的密封由密封圈8完成。密封唇顶在板9的表面，板9压在制动鼓上；板的凸缘起离心作用，制动器底板10同样也起离心作用；另外在停车状态时可以避免水滴滴到密封处。

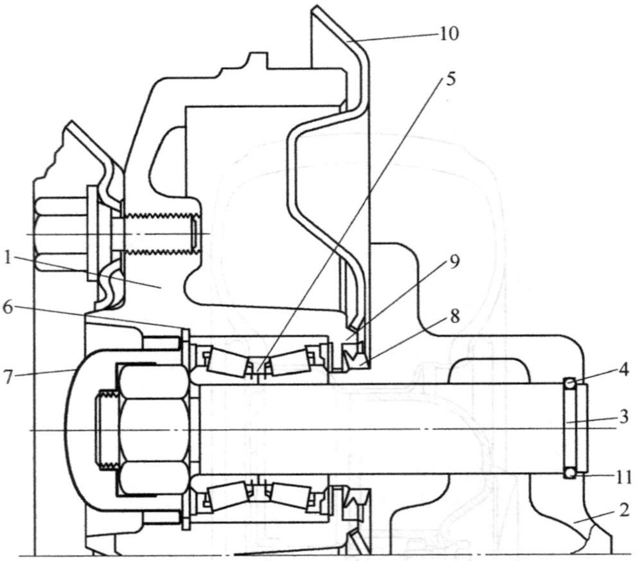

图2-133　双列角接触球轴承在保证相当的径向和轴向承载能力下，比圆锥滚子轴承更窄一些。图中标出了压力中心距（FAG公司图片）。

类型	双列圆锥滚子轴承	双列角接触球轴承
承载能力F	大	中
压力中心距s	小($s<B$)	大($s<B$)
力矩承载能力M_c	中	大
外径D	小	中
总宽B	大	小
B/H比值	>2.5	<2.5

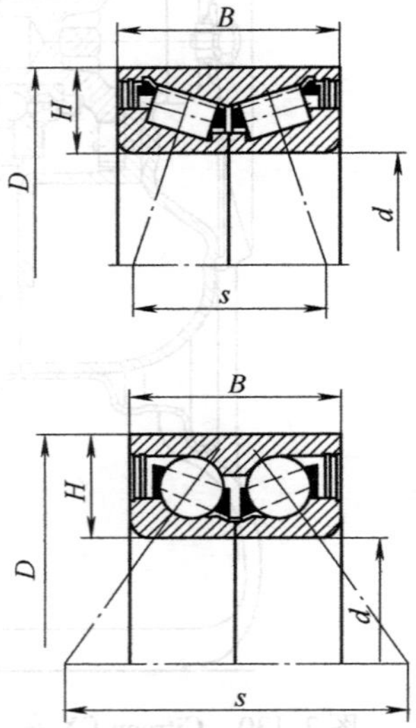

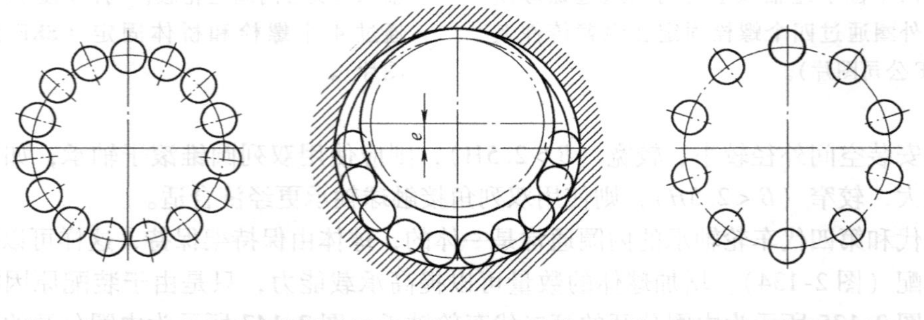

图2-134　第一代和第二代双列角接触球轴承的内圈通常是分开式的，因此可以填充尽可能多的球体，承载能力被提高（左图）。第三代和第四代轴承的内圈必须是一体式，只能采用深沟球轴承（中心距为e），球体数量较少。

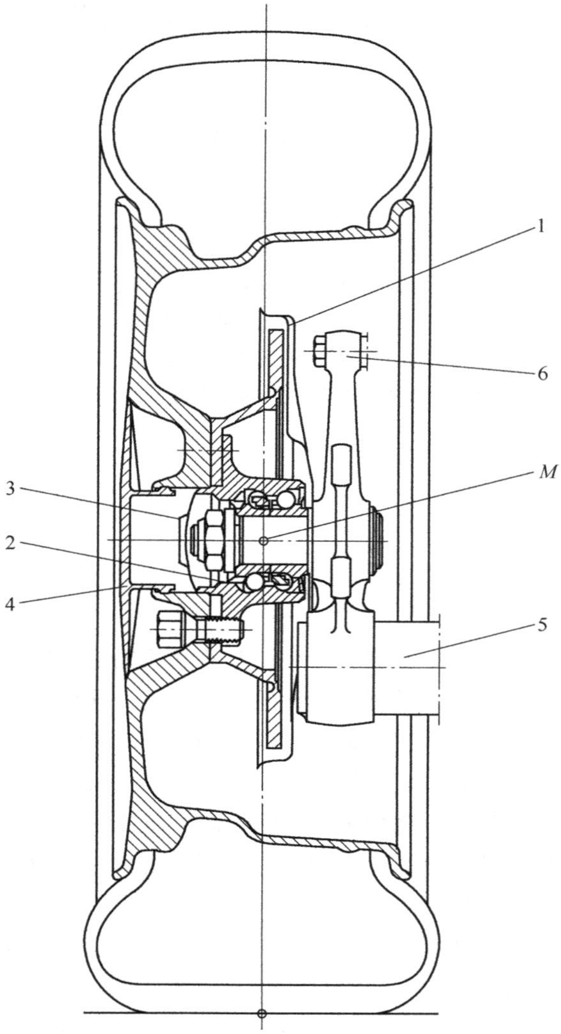

图2-135 SKF公司生产的第二代双列角接触球轴承用在Saab 9000车型的后非独立悬架中，内圈在中间处分开。轴承通往内侧的密封由两个支撑在轴承圈的密封圈以及制动盘和挡泥板1承担。车轮中心左边的弹性密封圈在外圈的凸肩2上滑动。卡在轴承上的端盖3和靠在车轮上的部件4进一步阻止污物从外侧进入轴承。桥体5位于车轮中心 *M* 下方，它与向前的纵臂在点6处连接。

2.5.2 独立悬架的驱动车轮

独立悬架（以及De-Dion悬架）驱动桥的车轮轴承可以采用两个深沟球轴承，其中一个轴承（外圈和内圈侧面固定，图2-136）为固定轴承，另一个轴承（只内圈固定，外圈可移动）为浮动轴承。可以用一个滚子轴承来替代浮动轴承，图2-137所示为VW Transporter车型和Porsche 924车型的后桥车轮轴承。外部的驱动轴在这里承受扭矩、弯矩和拉力，轴密封圈2和4为双密封唇结构。

这种轴承具有足够的承载能力，并且无需进行任何调整工作，但是需要的安装空间相对较大，在尺寸相同的情况下承受的力和力矩均小于圆锥滚子轴承。如图2-125和图2-127所示，必须调整到无间隙，这会使结构成本增加。图2-124和图2-138所示为Daimler-Benz公司采取的两种解决办法。以一定的拧紧力矩拧紧六角螺母70，间隔管74的中间凸起发生变形，产生压力，使轴承内部产生较小的力，内圈压紧在外圈上，消除轴承间隙，保证疲劳寿命。这种结构的轮毂颈部承受扭矩和弯矩，外部的驱动轴承受较小的力。

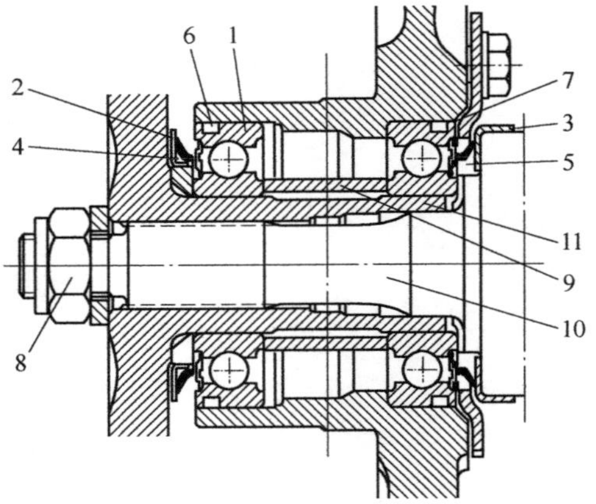

图2-136　某轿车前桥轴承采用两个深沟球轴承，右边为固定轴承，左边为不支撑在外圈上的浮动轴承1。由SNR公司开发的密封圈支撑在外圈上，在内圈以及挡圈2和3上滑动，挡圈压在凸肩上；空间4和5在侧面密封唇下填充油脂。外圈凹槽中的O形密封圈6和7防止轮毂孔中的污水浸入。拧紧螺母8时内圈通过间隔管9预紧。因此，外部的驱动轴10承受拉力和扭矩，大部分弯矩由轮毂凸肩11承受。

前面图片中看到的两个相互并紧的轴承产生相对较大的压力中心距s，这有利于承受较大的弯矩；缺点是轴承单元的宽度较大。这种车轮轴承安装到前桥上会产生较大的正主销偏移距，或导致等速固定式万向节偏离转向主销（即偏向车辆中心）。内侧车轮转角δ_i的大小取决于固定式万向节的曲折角β以及在后视图中的位置（参见第2.4.5节）。万向节布置得越靠近车轮，δ_i就会越大；这种向外布置的万向节不允许轴承宽度较宽。另外，由于负的主销偏移距的优点，越来越多的车型采用负的主销偏移距；负的主销偏移距也只有在较短的车轮轴承上可以实现。

基于上述原因，现在的轿车以及轻型货车几乎只采用双列轴承。在前轮驱动车型C32/35中Citroen公司采用圆锥滚子轴承（图2-139位置6），其分开的内圈通过螺母11预紧在轮毂5上。卡圈10锁紧外圈，密封圈9阻止污物从外面进入，在等速固定式万向节上滑动的挡圈12阻止污物从内侧进入。位于万向节上的短的外部驱动轴通过六角螺栓在轮毂颈部被拉紧。依靠盘形弹簧锁紧螺栓，这是一种技术上完全可以保证而且很经济的解决办法。轮毂5除了承受驱动力矩外还承受车轮产生的弯矩。

由于前桥质量较大，Renault公司在柴油发动机车型9和11上采用双列圆锥滚子轴承（图2-140，在汽油发动机上则采用角接触球轴承）。Ford公司在Fiesta和Escort车型上基本采用两个单独的轴承，轴承的外圈靠在凸肩2上，凸肩宽度的公差很小（图2-141和图2-142）。通过概率计算可知，如果将公差控制在一定范围，可以把滚子轴承预紧力以及游隙控制在所需的范围。

如果车桥载荷不是很高，即车轮接地点的垂直力、侧向力和纵向力不是很高，则可以采用比较便宜的双列角接触球轴承。在图2-128中轴承被放大显示，图2-143、图2-159和图6-47所示为前驱动桥上的不同应用实例，图2-144所示为在Mercedes 190/190E车型后桥上的应用。所有的调节和匹配工作在第一代车轮轴承上都不再需要；螺母8仅需按照规定的力矩拧紧，在Mercedes的车型上借助罩板锁紧。第二代车轮轴承应用在驱动桥上，比在非驱动桥上更能体现其结构紧凑的优点。外圈可以承载，侧面固定在只需少量机加工的车轮托架中，图2-145所示为这种结构的轴承安装在Citroen CX车型的前桥。内侧的密封由轴密封圈完成（在等速固定式万向节的凸缘上滑动），外侧的污物则由密封板阻挡。通风制动盘同时可起到离心甩水作用。

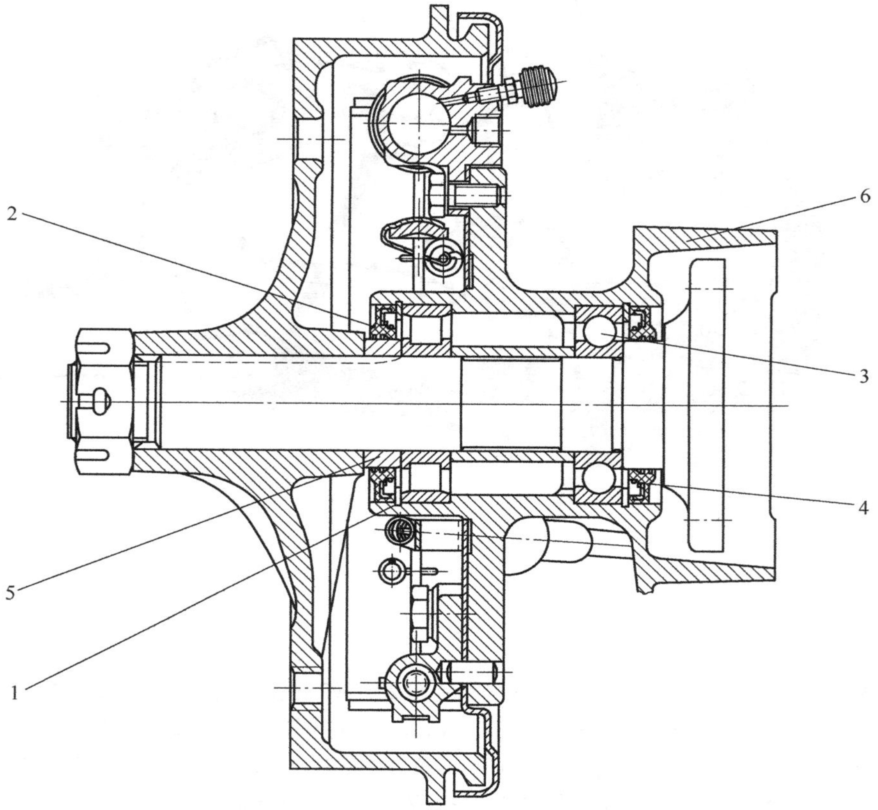

图2-137　VW Transporter车型后驱动轴的轴承在外圈侧边未固定的滚子轴承为浮动轴承，深沟球轴承3为固定轴承，卡圈限制侧向移动。轴密封圈2和4为带双密封唇的密封元件，密封圈2在表面研磨的间隔环5上滑动。等速可移动式万向节（未标出）安装在罐形空腔中（FAG公司图片）。

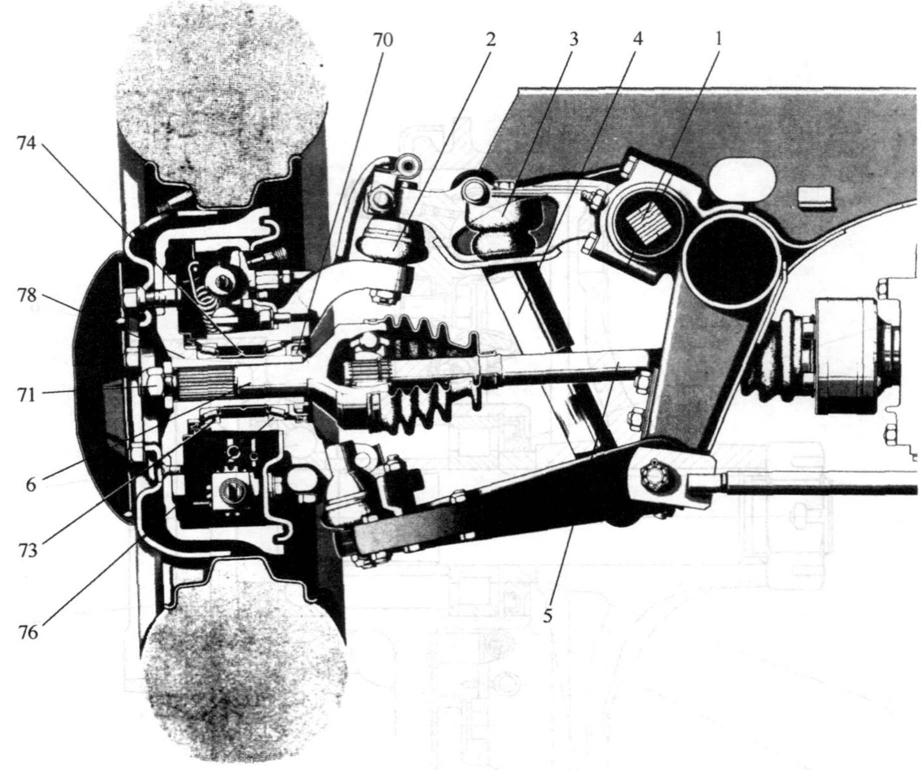

图2-138　Daimler-Benz公司生产的轻型货车206/307的上摆臂为载力单元。Loebro公司生产的驱动轴5外侧为等速固定式万向节，内侧为等速可移动式万向节。轴6承受扭矩以及由于拧紧六角螺母71而产生的拉力。车轮处的力和力矩由轮毂78承受，并通过圆锥滚子轴承73和76传递到车轮托架。内圈通过拧紧环形螺母70压紧薄壁间隔管74，使之产生弹性变形，从而产生保证轴承寿命所需的预紧力。通过摩擦力矩（转动轮毂）可以检查轴承是否调整到正确状态，轴承的间距以及轴承斜置使得压力中心距较大。弹性系统为纵置的捆扎在一起的扭杆，其支撑在上摆臂附近；图中所示的压缩止位块3在车轮上跳时和摆臂接触。减振器4也固定在压缩止位块上，减振器在这里反向工作，车轮下跳时产生压力，车轮上跳时产生拉力。承载球铰2在这种结构中承受所有的垂直力，下面的导向球铰仅承受侧向力和纵向力。

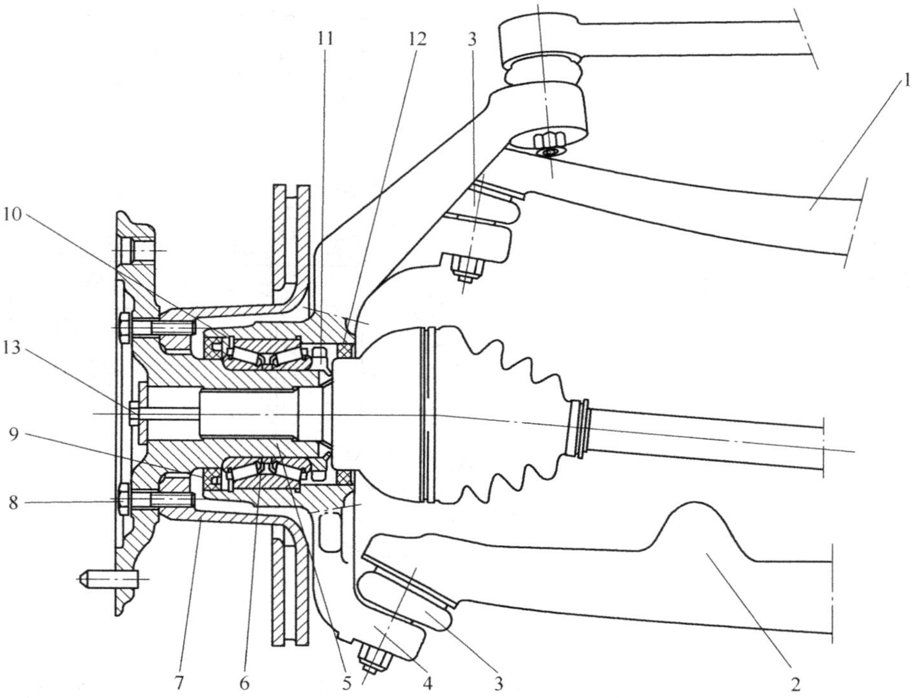

图 2-139　图示为 Citroen 公司生产的轻型货车 C 32/35，其中 1 和 2 为横摆臂，3 为车轮球铰，连接摆臂和车轮托架 4。双列圆锥滚子轴承位于轮毂 5 上，不承受弯矩的外侧驱动轴通过六角螺栓 13 拧紧在轮毂中，通风制动盘 7 通过螺栓 8 从内侧固定在轮毂 5 上。为了保证钢制车轮上的应力较小，轮毂的外径应做得较大。

图2-140 Renault公司生产的9和11车型由于配备较重的柴油发动机采用可以保持持久润滑的双列圆锥滚子轴承。轴承外圈由钢丝卡环1锁紧，压力中心距为s。两侧的密封圈在内圈上滑动（位置2），3为在外圈边缘转动的甩水片，另外还有压在固定式万向节和轮毂上的甩水板4和5与车轮托架的孔形成很小的空隙，起预密封的作用。预装了圆锥滚子轴承的轮毂通过锁紧螺母7以一定的力矩预紧在驱动轴上，钢制车轮9装配时锅形板8起到初步对中的作用。左下面倒立的导向球铰的球销10插在圆柱形孔中，并通过横置螺栓11固定；挡泥板13遮住了内部（FAG公司图片）。

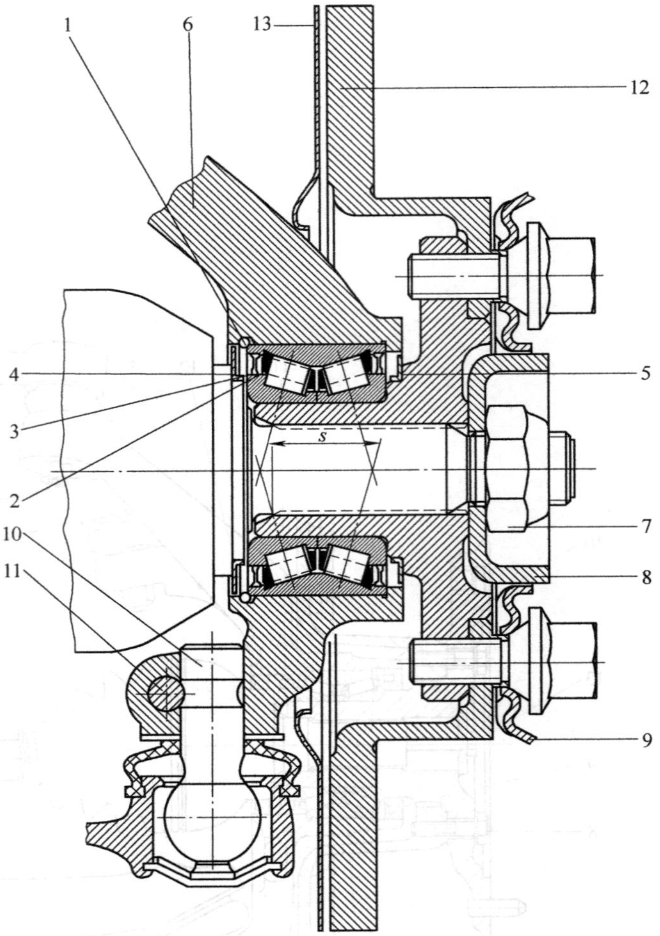

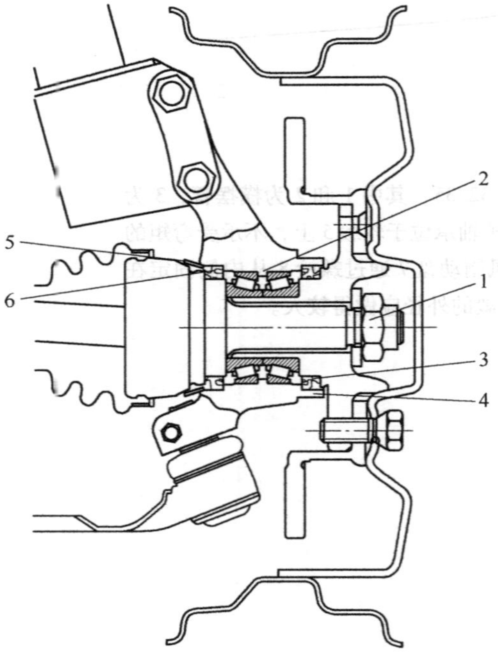

图2-141 Ford公司Fiesta车型的前桥车轮轴承为两个相互并紧的圆锥滚子轴承，通过拧紧螺母1调整间隙。通向车轮的密封由密封圈3和车轮托架的颈部4共同承担，凸出的罩板5和密封圈6阻止污物进入固定式万向节。密封圈6和3都为双唇结构，在周向和侧向进行密封（Timken公司图片）。

图2-142 Georg Fischer公司生产的车轮托架铸造件的材料为GGG 40，用在Ford Escort车型上；两个夹头1支撑制动钳，锥形孔3连接转向横拉杆。凸台2清晰可见，两个圆锥滚子轴承靠在凸台上，孔4和5分别连接弹簧支柱和下面的导向球铰。横向孔6和7中插入螺栓锁紧相关部件。由于该零件为极其重要（生命攸关）的底盘零件，所采用的球墨铸铁的伸长率为 $A_5 \geqslant 15\%$。其他性能为：$R_m \geqslant 400N/mm^2$，$R_{p0.2} \geqslant 270N/mm^2$。

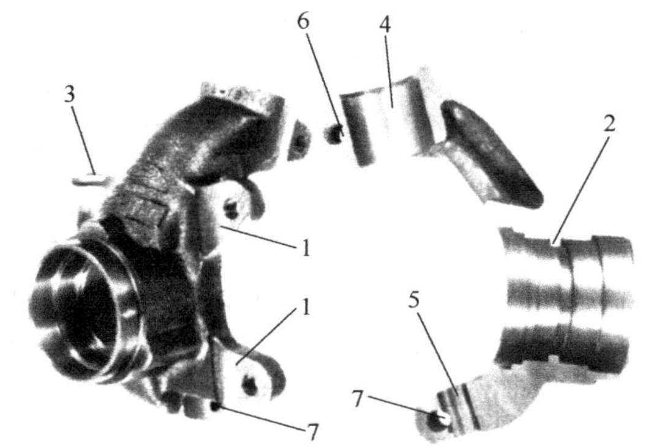

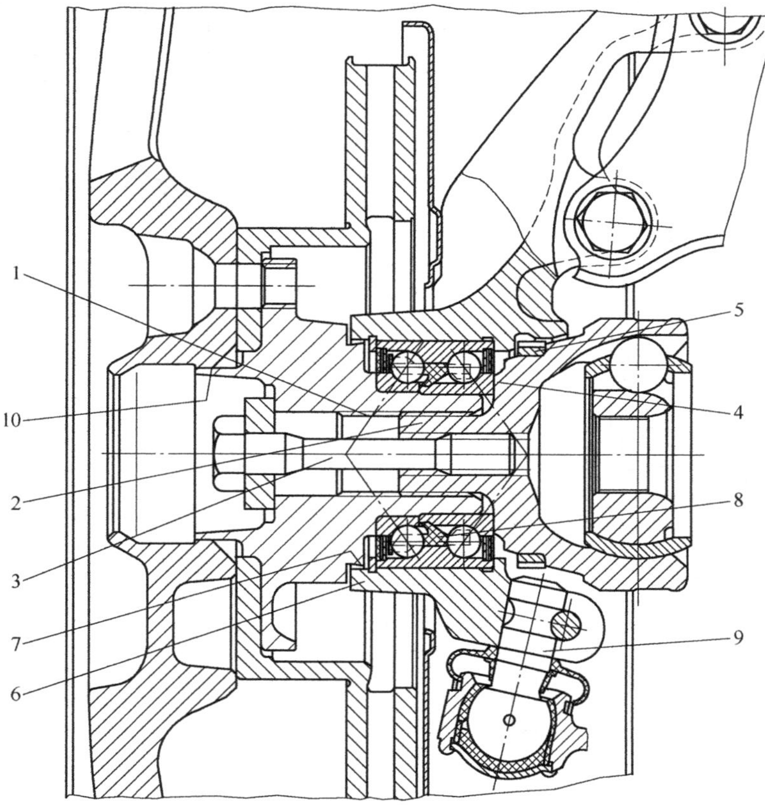

图2-143 Audi 80/90车型的前桥采用由Audi、FAG和Loebro公司共同开发的短轴固定方式。轮毂内部带有花键1，它与等速固定式万向节的短轴啮合，短轴和缩杆螺栓3连接。缩杆螺栓的光杆部分相对较长；缩杆螺栓上一部分拧紧力矩产生拉力，补偿运行中产生的蠕变量，同时在非对称的三圈式轴承中产生预紧力，保证轴承的疲劳寿命。轴承为进一步开发的双列角接触球轴承第一代车轮轴承。其内圈为分开式；靠在固定式万向节的内圈较宽、内径较小，与轮毂大过盈量配合。滚道的壁厚较大，压力中心距较大，有利于承受轴向力以及力矩，从而减轻缩杆螺栓的载荷。Loebro公司的UF固定万向节（图2-121）允许曲折角达到50°，对于装备ABS的车辆也可以布置齿圈5。轴承的密封由两侧的两个密封板和甩水板承担（图2-164），另外车轮托架6和轮毂凸缘7的间隙很小；两个凸缘为锥形，可以把浸入的污水甩出。滚动体由保持架8保持间距，出于功能和装配原因，用一个唇边卡在较宽的内圈槽中，由此整个轴承保持为一体。车轮托架在上面通过两个螺栓和弹簧支柱固定；一个横置的螺栓锁住承载球铰的颈部9，承载球铰的外壳构成摆臂。铝合金车轮装到轮毂上时可进行对中（位置10）。车桥在设计状态下的定位参数为：车轮外倾角 $\gamma = -1°$，主销内倾角 $\sigma = 13°30'$，主销偏移距 $r_s = -13mm$。

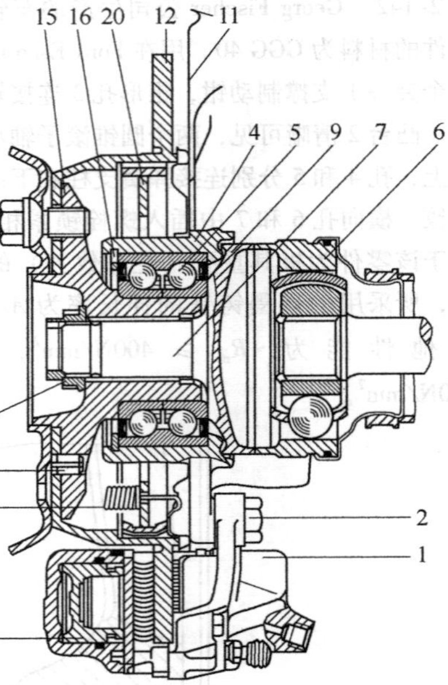

图2-144　Mercedes 190/190E车型的后车轮托架带车轮轴承和制动。驱动轴7和等速可移动式万向节6对焊，通过花键把驱动力矩传到轮毂15上。轮毂15支撑在双列角接触球轴承5中，双列角接触球轴承无需保养；外圈通过卡圈16固定在车轮托架4中。密封圈在两侧位于可以保证持久润滑的轴承单元中；另外，外部挡泥板11（包围住制动盘12）还起附加保护作用，等速万向节的凸缘9保护内侧。万向节的凸缘伸到车轮托架4的间隙中形成迷宫式密封。万向节外壳的离心作用进一步阻止污水进入。制动盘12从外侧和法兰15通过定位销14用螺栓拧在一起，制动盘内部的蹄片20用作手制动时的鼓式制动。图的下方可以看到盘式制动的制动钳用两个六角螺栓固定在车轮托架4上。在剖视图中可以看到活塞3和外面的制动块。

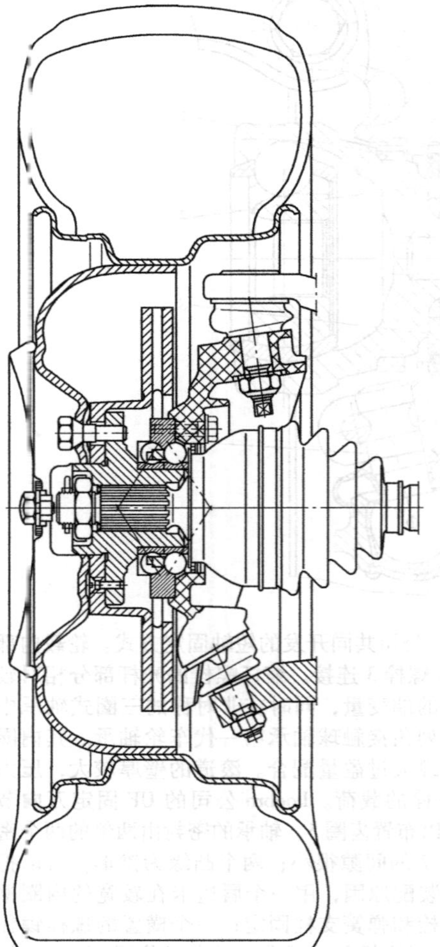

图2-145　Citroen CX车型前桥第二代车轮轴承的外圈和车轮托架用螺栓连接。可以清楚地看到从外侧和轮毂法兰连接的通风制动盘，以及为了把外驱动轴固定在轮毂中而采用的六角螺母锁紧装置（SKF公司图片）。

第三代车轮轴承更轻更紧凑。内圈构造成轮毂，与车轮以及制动盘（或制动鼓）连接；图2-146和图6-48所示为Fiat Panda车型上的这种结构。车轮托架为板件，通过两个六角头螺栓和弹簧支柱联接（图2-147）。

除了图2-131中描述的非驱动桥优点外，第三代车轮轴承在驱动桥上还具有以下优点：

1）装配非常简单。

2）等速万向节的中心可以离转向主销轴线2很近（图2-148）。

3）外面的六角螺母3不再起安全作用，车轮可以自由转动，并且即使没有这个螺母，转矩也能通过外驱动轴传递。

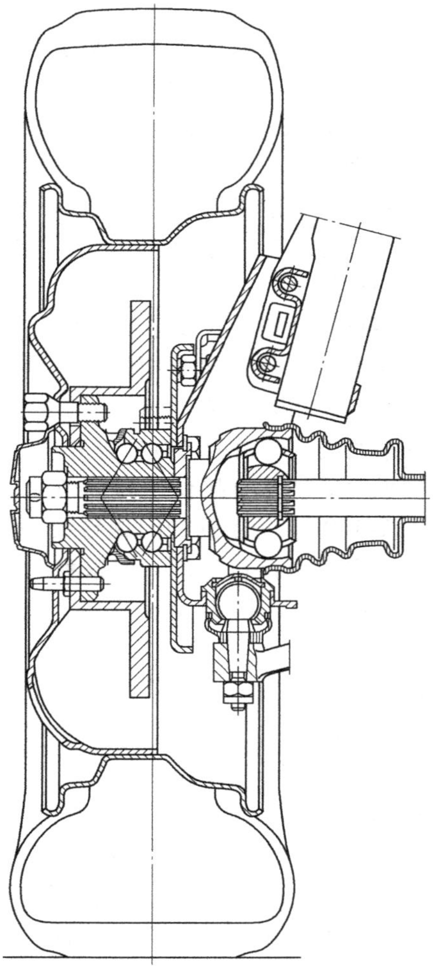

图2-146 SKF公司生产的第三代车轮轴承角接触球轴承，装在Fiat Panda车型上。等速固定式万向节非常靠近转向主销；外壳凸肩形成甩水环，保护车轮托架，防止污水进入。轴承外圈和板件车轮托架用螺栓联接。

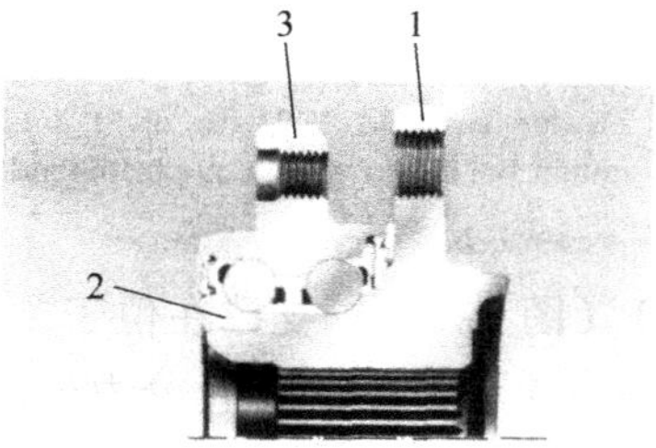

图2-147 第三代车轮轴承双列角接触球轴承用于驱动前桥。为了能够“填满”滚动体，以获得较高的承载能力，轴承内圈在左侧分开（位置1和2）；外圈3和车轮托架用螺栓联接。轴承可以保证持久润滑，在图中可以看到在轴承内外圈上滑动的密封唇（FAG公司图片）。

4）外驱动轴较短，与一个六角头螺栓简单连接（图2-139），只承受转矩；轴和轮毂的功能由内圈承担。

5）车轮托架的形状很简单。零件的疲劳寿命很高，不再只追求刚度；轴承外圈可以承载。

在第三代车轮轴承上可能存在密封过热的危险。然而Saab公司在9000车型上的试验表明这种担心是多余的。

轴承单元的材料为滚动轴承钢100Cr6或Cf53V；滚道的表面硬度至少为60HRC。较高的碳的质量分数（1%或0.53%）允许进行散件热处理，从而获得较高的表面硬度。同样也可以使用渗碳钢，例如等速固定式万向节的外壳采用20MnCr5、20MnCr4、20NiCrMo2等。

这些材料和第2.4.6节中的叙述是一致的，即轴承采用与万向节相同的材料，因此可以把所有散件构造成一个单一的部件单元。所谓的第四代车轮轴承已有样件并用于试验，这种轴承中滚动体直接位于万向节壳体表面上（图2-149）。一系列的问题导致这种结构形式无法用于大批量生产。但这种结构形式在跑车的驱动后桥上得到了成功的应用（图2-150）。其优点为：

1）重量轻。

2）零件少。

3）装配简单，换装迅速。

4）万向节深入在车轮中，驱动轴变长，使得两个万向节的曲折角减小；

5）制动盘1和车轮2支撑在万向节外壳上；万向节外壳4延伸成管状销轴，并带有螺纹，与车轮快速连接。

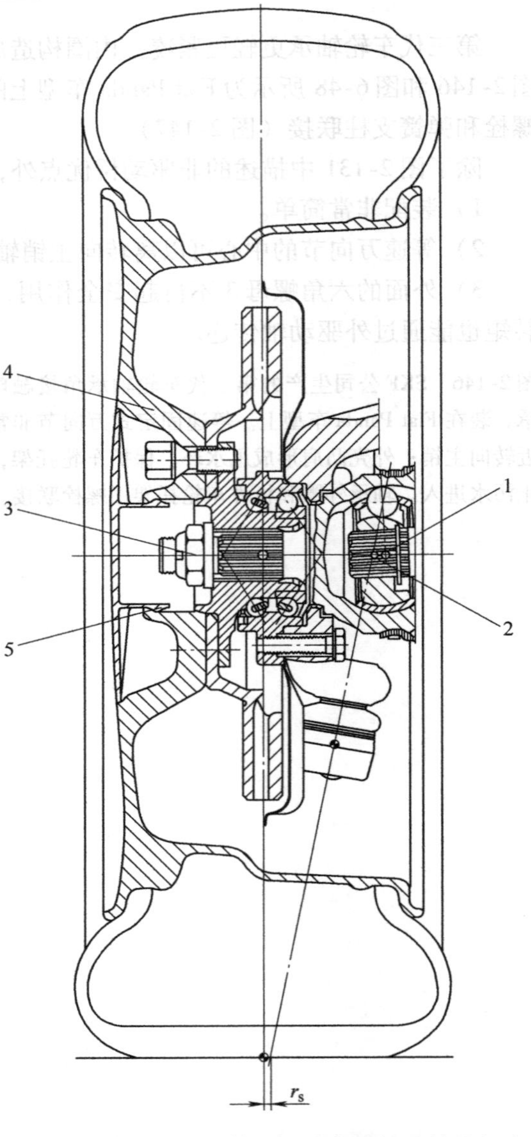

图2-148　第三代车轮轴承双列角接触球轴承用在Saab 9000车型上，内圈为分开式，和钢制车轮4连接，塑料饰盖的颈部5卡在钢制车轮的槽中。通过移动轴承到车轮中心平面，使万向节转动点1几乎位于转向主销轴线2上，转向主销的偏移距离r_s很小（SKF公司图片）。

2.5.3　刚性驱动桥

在轿车和轻型货车的刚性车桥中，驱动轴的内侧端部1（图2-151）支撑在位于差速器壳体中的差速器锥形行星齿轮及其支承上。驱动轴越长，在点1处产生的垂直分力就越小。驱动轴通过齿形轴与差速器锥形行星齿轮连接，允许侧向移动，这种连接即所谓的“浮动支承”。

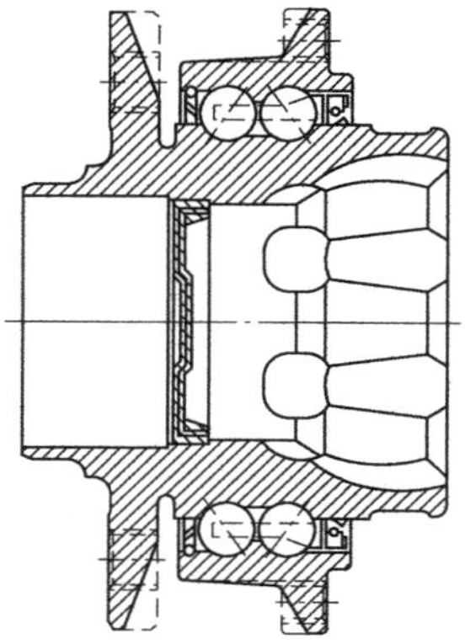

图 2-149　在所谓的第四代车轮轴承上，等速万向节与轴承单元构成一体。万向节的外壳和双列角接触球轴承的内圈为一个部件；外圈的法兰带有螺纹孔，和车轮托架连接。图示结构为前轮驱动（FAG 公司图片）。

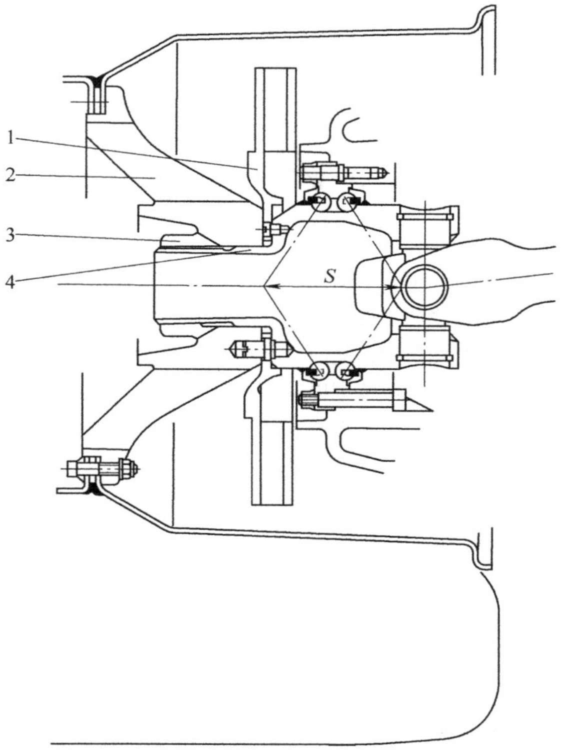

图 2-150　Renault 公司一级方程式赛车使用的第四代车轮轴承，双列角接触球轴承由 SNR 公司生产。轴承外圈和后面的车轮托架采用螺栓联接，两侧带有密封圈，密封圈的双唇和滚动体一样在特殊形状的轴承内圈上运动。这种万向节一侧和十字轴连接，另一侧和制动盘以及车轮连接，车轮和制动盘相互定位，万向节壳体端部带有螺纹，能够在短时间内调换车轮。图中左外侧可以看到快速连接所需要的螺母。

在外侧的桥体上，可以使用深沟球轴承作为“固定支承”，因为这种轴承在径向和轴向都可以承载（即在三个方向都可以受力，图 1-1），另外轴承径向间隙较大，驱动轴的挠曲不会损坏轴承。图 2-152 所示为测得的角度 $\Delta\gamma_e$ 的分散范围，为了轴承端部在弯道侧向力的影响下能够发生弹性变形，现在大多采用图 2-153 和图 2-154 所示的外支承。轴承两侧带有密封圈，内圈支撑在挡圈 1 上；制动底板 2 和法兰 3 预紧在一起支撑轴承外圈。安装在轴承前面的甩水板 4 阻止制动磨屑侵入，另外挡板 5 防止润滑脂到达制动摩擦片上。润滑脂穿过密封圈通过一个孔流到下面。轴承外圈通过位于槽中的 O 形密封圈对外壳进行密封。

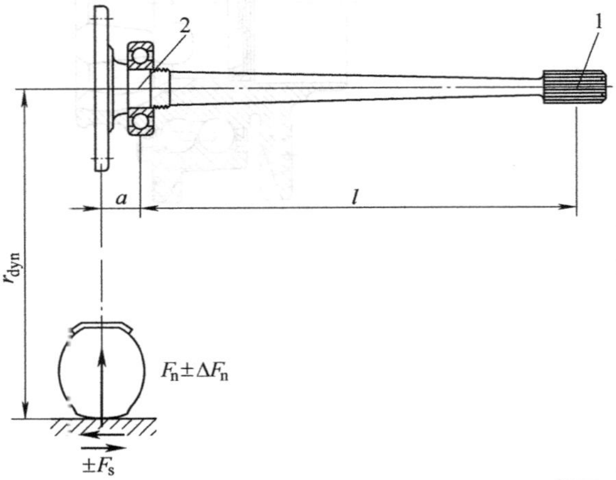

图 2-151 在驱动刚性桥上位于桥体外端的深沟球轴承必须承受垂直力、纵向力和侧向力。其产生的反作用力通过内侧的轴端 1 由差速器外壳的支承来支撑。间距 a 越小，长度 l 越长，点 1 以及轴承 2 处的力就越小。

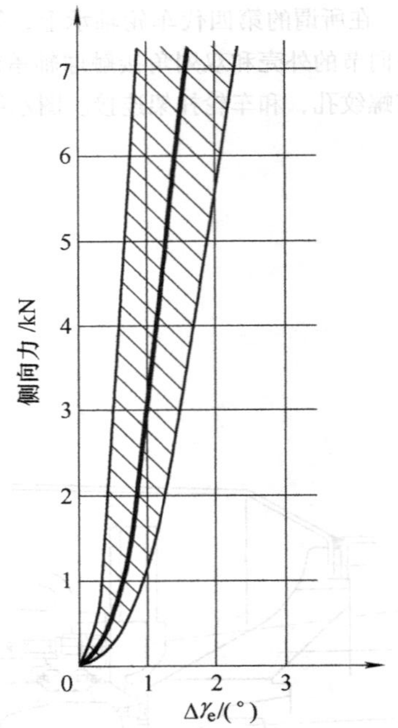

图 2-152 科隆专科学校汽车底盘实验室在不同中级轿车的驱动轴外端测量得到的弹性弯角 $\Delta\gamma_e$。如图所示；侧向力在弯道外侧静态加入，图中给出了离散范围以及中间值。弯道外侧车轮外倾角变化为正，内侧车轮外倾角变化为负，这不利于行驶。

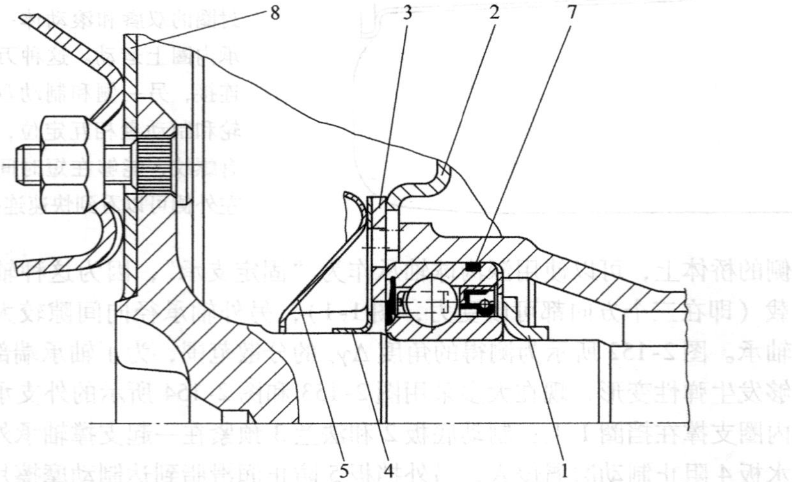

图 2-153 可以持久润滑的深沟球轴承的外侧采用了常用的密封圈，防止污物进入轴承内部。左侧内侧为压入的径向轴密封圈，它防止润滑油溢出。这种润滑油是和滚动轴承的润滑脂调和而成的（Goetze 公司图片）。

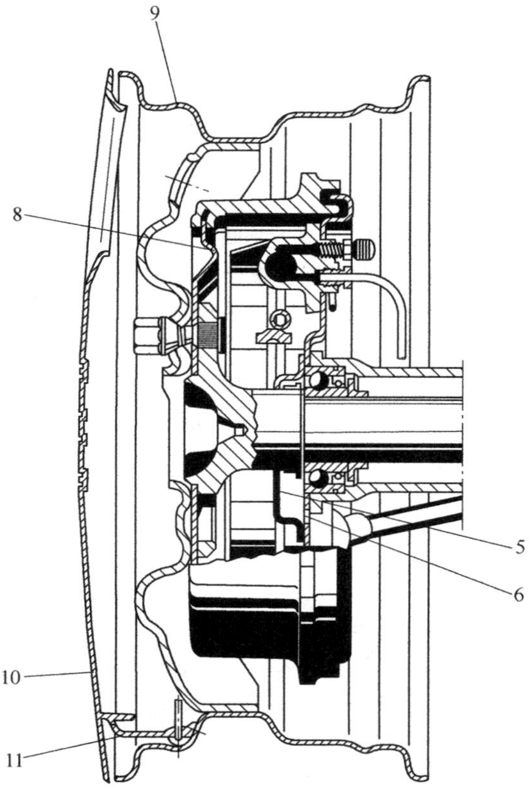

图2-154 图示为Opel Rekord E车型驱动轴的外支承，用于差速器润滑的润滑脂穿过密封圈流到挡板5，通过孔6流到外面。图中可以看到双凸峰深槽式轮辋9和车轮饰盖10，饰盖的弹性夹头11在车轮内部卡在凸峰的外侧。

深沟球轴承的优点是可以承受所有方向的力，而一般的圆锥滚子轴承则不可以。Timken公司在最常使用的TS轴承结构上进一步改进，使滚子两侧都可以承载（图2-155）。为此在轴承外圈增加一个平挡圈，为了易于装配，平挡圈粘在外圈上。滚子长度的公差精确到±12.5μm，其端面研磨。轴向间隙在装配前为0.18～0.46mm，装配后为0.03～0.38mm。另外，UNIT轴承的内圈左侧取消了导向板，在较小的滚道直径上增加了类似的导向板（右侧）。图2-156所示为装配后的轴承。

前面介绍的半浮式轴承不可以使用在双轮胎高载荷后桥的货车上。如图2-118和图2-124所示，在这种车型中几乎只能使用两个分开的圆锥滚子轴承，轴承位于桥体的颈部。图2-157所示为这种结构，拆除驱动轴后可通过两个防松螺母调整轴承间隙。

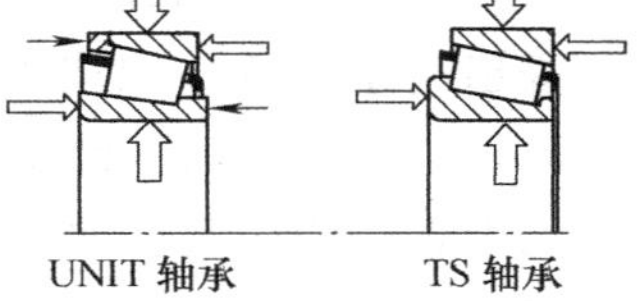

图2-155 图示为Timken公司生产的圆锥滚子轴承。右侧为通常使用的TS轴承结构，只有一个方向承受侧向力；左侧为UNIT轴承，两个方向可以承受侧向力。

图2-156　图示为VW LT轻型货车的后桥车轮轴承，其间隔衬套2以及圆锥滚子轴承的内圈支撑在驱动轴1上，圆锥滚子轴承承受所有方向的力。零件2和3由压在驱动轴1上的环4侧向固定，O形密封圈5阻止水和湿气进入内部。空心螺栓7和桥体端面的内螺纹联接（通过挡圈8压紧圆锥滚子轴承的外圈），空心螺栓端部在位置9处形成一个很小的缝隙。在螺栓7内和在衬套2上为Goetze公司生产的万能夹头卡盘（位置10），起密封作用，其优点见图2-125中的叙述。O形密封圈11阻止污水进入。

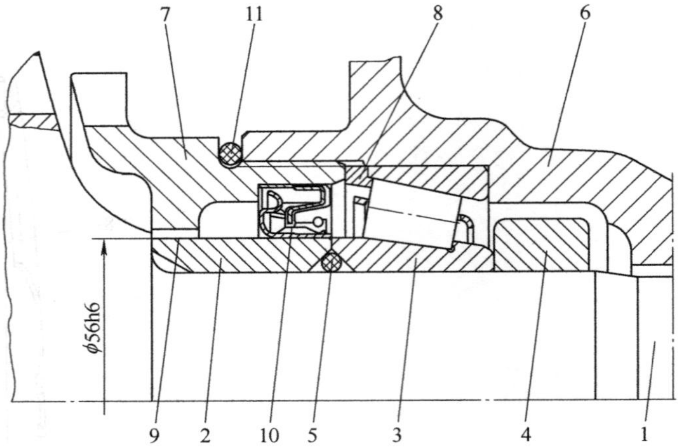

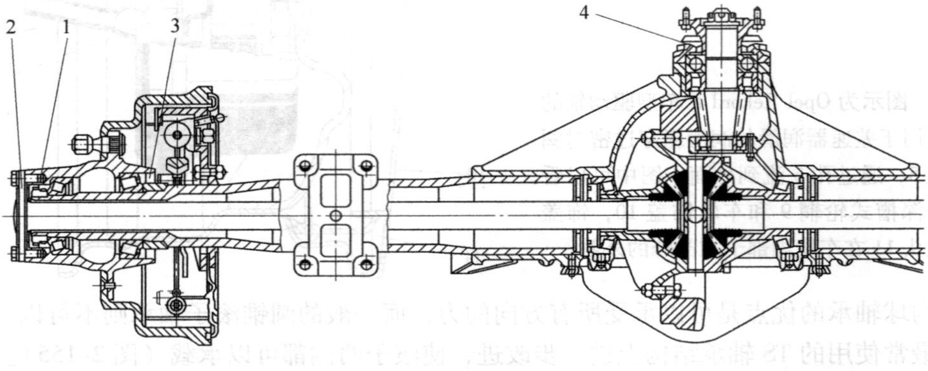

图2-157　货车后桥通过两个圆锥滚子轴承支撑在刚性桥体的颈轴上，颈轴逐渐变细；位于外侧的两个环形螺母1用来调整轴承间隙。驱动轴通过法兰2与轮毂连接，驱动轴只承受扭矩。轴和差速器通过一个深沟球轴承和一个滚子轴承连接支撑，轴密封圈4起密封作用。车轮轴承处的密封圈3同样起密封作用。

2.5.4　车轮轴承密封

1. 密封圈

最为人熟悉的结构形式为DIN3761径向轴密封圈，这种结构的密封唇的材料为聚氨酯（人工合成橡胶，图2-158和图2-139）。密封唇由一个张力弹簧压在轴颈或轴上，从而阻止润滑脂溢出（结构A）。如果污水从外部进入，则推荐采用带有附带防护唇的结构AS。这种结构可以阻止污物接触密封处，只需稍微斜置。如果密封唇压在轴颈上过紧，会导致一定程度的转动困难，会让人感觉到滚动阻力增大了。如果污物很严重，一般的结构不能确保密封，则可以采用带离心作用的轴密封圈（图2-125）、迷宫式密封（图2-159），或者带双密封唇的特殊密封圈（图2-137和图2-141）。密封唇卡在装有润滑脂的罩壳体中，罩壳的端部形成很小的缝隙，阻止污物进入（图2-160）。

图 2-158 图示为 DIN3761 径向轴密封圈。左侧为常用的结构 A，右侧另外附带防护唇（结构 AS）。

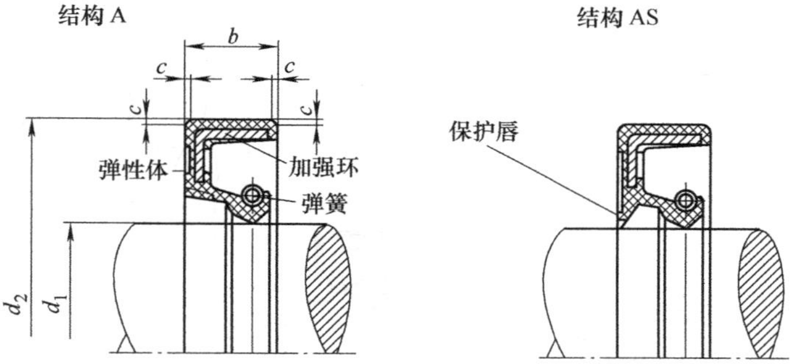

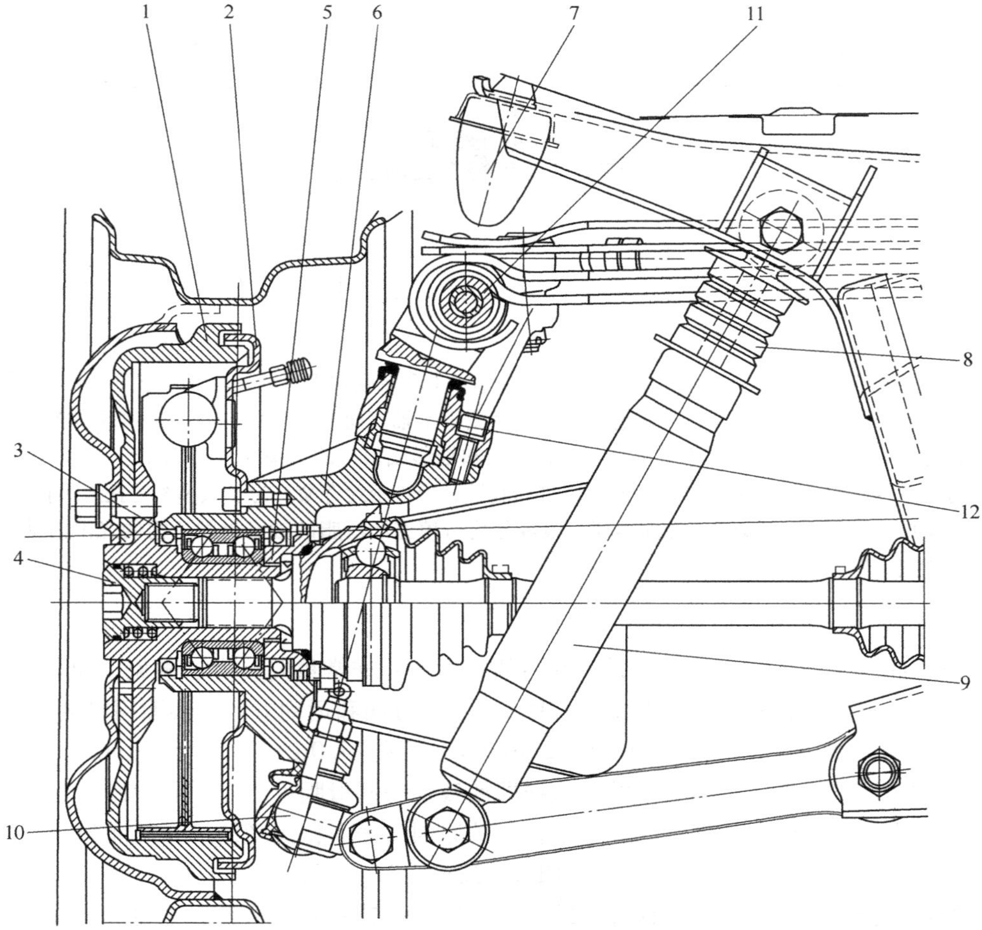

图 2-159 图示为 VW 公司鼓式制动四轮驱动多功能轿车“Iltis”的前后桥的设计：前桥和后桥的一些部件相同并且能够快速调换。双列角接触球轴承两端由卡环锁紧；径向轴密封圈 3 和在中央锁紧螺母 4 上的 O 形密封圈起密封作用，另外制动底板 2 和制动鼓边缘 1 构成很窄的缝隙阻止污物和污水进入。中央锁紧螺母支撑在一个螺旋弹簧上，这样可以保证持久的压紧力。在内侧，污物侵入比外侧危险得多。因此，在轴承和 Loebro 公司生产的等速固定式万向节之间布置了环 5，环 5 和车轮托架 6 中的孔形成迷宫式密封，另外径向轴密封圈还在环上滑动；O 形密封圈阻止污水进入万向节。为了得到非线性弹性刚度，采用横置板簧（图 2-7）以及副簧 8 和压缩止位块 7；零件 8 支承在减振器 9 上，减振器中还有拉伸止位块。由于减振器减振力的作用，下面的球铰为承载球铰，承载球铰通过锥形型面固定在车轮托架 6 中；车轮上下跳动时，在上面的球铰中产生弯矩，该弯矩产生的原因是，压在弹簧吊耳中的吸声块 11 产生了扭矩。圆柱轴 12 支撑球铰。

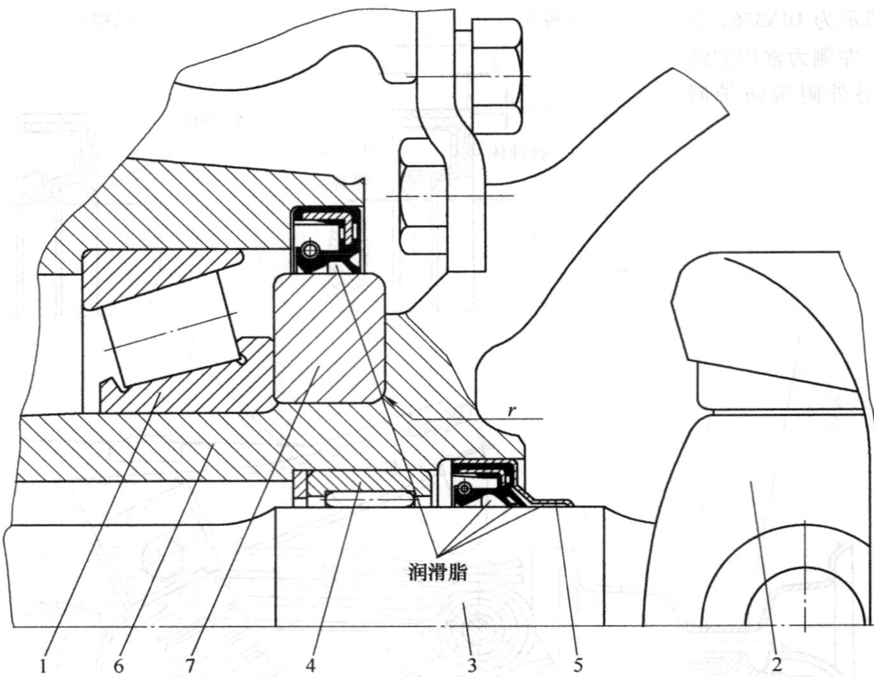

图2-160　在越野货车刚性前桥的密封结构中，车轮轴承1和双联式十字轴万向节2与图2-118类似。外驱动轴3由滚针轴承4支撑，由于环境恶劣，在双联式十字轴万向节处采用Goetze公司的多密封唇特殊密封圈，另外附加一个金属罩壳进行密封。金属罩壳和轴形成很窄的缝隙5，该缝隙进一步限制污物进入密封处。填注在整个密封圈中的润滑脂可以减少腐蚀，延长密封寿命。为了减小车轮托架颈轴6半径r处的应力集中，可采用间隔环7。在间隔环上很容易构造填充润滑脂的轴密封圈所需的光滑滑动面，从而阻止污物进入圆锥滚子轴承。

2. 密封面

轴滑动面对于持久密封（也就是密封唇的磨损小）非常重要。为了避免“泵作用”，轴滑动面必须没有涡旋，根据ISO/R 468，垂直于加工方向和运动方向的表面粗糙度值为：

$$Ra=0.2\sim0.8\mu m, CLA=8\sim25\mu m, Rz=1.0\sim4.0\mu m, R_{max}\leqslant 6.3\mu m。$$

这样的表面粗糙度要求是必须的，这样即使残余的润滑脂也能起到润滑作用。但是在旋转轴上总会有一定的轴向运动，因此由于密封的原因，表面粗糙度值最高只能为：

$$Ra=0.2\mu m，CLA=8\mu m，Rz=0.8\mu m。$$

轴的直径公差可以为h11；轴和密封圈的孔的中心错移量不允许超过0.15mm，在转速为1500r/min时的径向摆动量不得超过0.18mm或0.3mm（取决于所使用的弹性体材料）。具体参数可查阅Goetze公司的径向轴密封圈产品目录。

滑动面的表面硬度同样也很重要。圆周速度达到4m/s时，硬度至少为45HRC。这相当于抗拉强度$R_m\geqslant 1.45kN/mm^2$。对于调质钢，不需要另外的表面处理就可以达到。但考虑污物进入的危险因素以及较高的圆周速度要求，硬度至少为55HRC，并且硬化深度在最终状态达到0.3mm。要满足这两个条件，只有通过表面硬化并且使用渗碳钢DIN17210或者碳的质量分数至少为0.4%的调质钢才可以满足，一般来说，采用后者材料成本更经济一些。滚动轴承钢的表面硬度超过60HRC，并且如果密封唇直接在内圈或万向节外壳上滑动，那么可以满足要求（图 2-153）。

3. 独立悬架上的密封

如图 2-128 所示，两个平的特殊密封圈固定在外圈两侧，在内圈的缘边上滑动。对于驱动独立悬架车轮，水和污物可以从两侧进入轴承；在外侧，旋转的制动盘的甩水离心作用可以阻止污水。在内侧，安在万向节外壳的挡圈 4（图 2-140）产生类似的作用。图 2-143 所示为另外一种方案，图中零件的凸缘有离心作用；图 2-144 中的万向节外壳 9 和车轮托架 4 间的缝隙很小。

车轮轴承的使用寿命在很大程度上取决于密封。如果前面介绍的防水防污密封还不够，可以采用双密封唇密封（图 2-161 和图 2-162）。这也许会增大轴承单元宽度，但是密封效果会好一些。效果更好的密封为图 2-163 所示的三唇密封，或者在密封圈前预接甩水板（图 2-164）。在驱动桥中轴承外圈 1 固定在车轮托架中，在两侧为单唇密封圈 2，密封圈在内圈 3 上滑动。板 5 的密封唇 4 则靠在外圈 1 的斜边上，或者在结构 c 中靠在径向密封圈的侧壁上，并且固定在内圈中。它们不仅可以在车辆处于静止状态时密封，而且在行驶时还有甩水作用。这样每个轴承有四个密封圈，通常会提高摩擦，使滚动阻力稍变大。然而必须对车轮轴承进行重点保护，因此只能让所有唇边的压力调低一点，从而降低摩擦损耗。

在非驱动桥上，轴承只需要一个向内的密封圈，在外侧轴承通过挡泥板保护，在图 2-127、图2-129 和图 2-135 中可以看到细节。

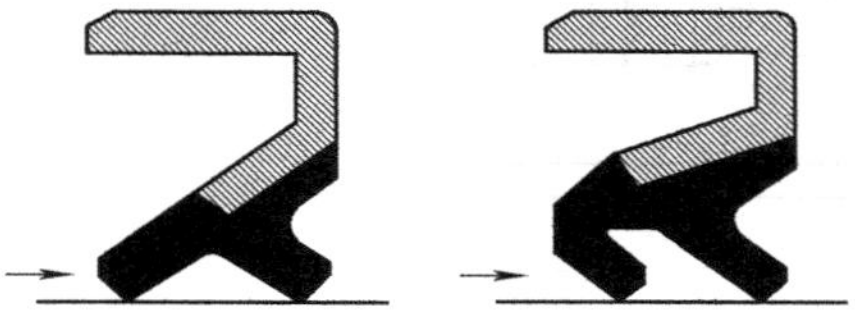

图 2-161　滚动轴承发热（例如连续制动）时会产生过压。如果密封唇靠在内圈上的方向和压力方向相反，则这种压力不会被释放（如结构 a）。结构 b 是一种改进过的双密封唇结构，两个密封唇朝向外部。在轴承内产生的内压可以被释放（FAG 公司图片）。

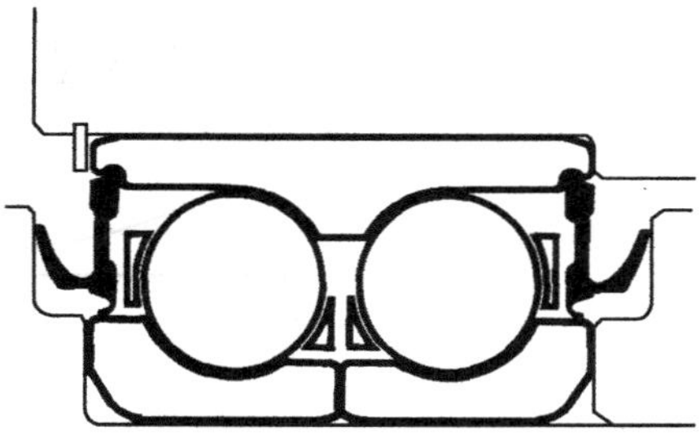

图 2-162　图示为固定在外圈的由 SNR 公司生产的双密封唇结构。密封唇在内圈上滑动，防尘唇在侧面上滑动；润滑脂填充密封唇下面的空间。在剖视图中可以看到支撑滚动体的保持架。

图 2-163　图示为 SNR 公司生产的三密封唇结构。轴密封圈固定在外圈上，它的三个密封唇在挡圈上滑动，挡圈压在内圈上。

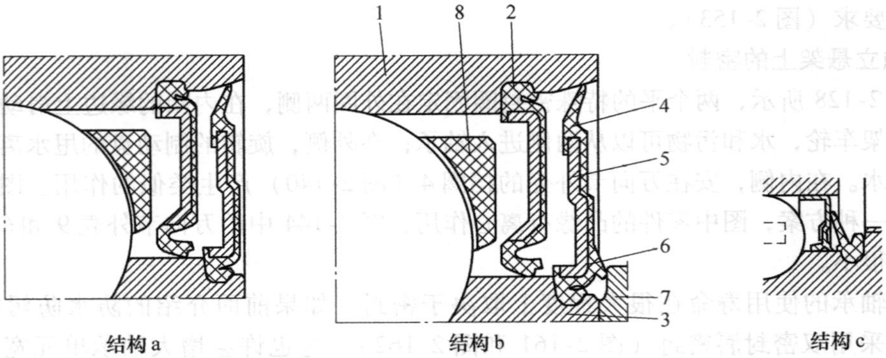

图2-164　图示为FAG公司生产的三种用在驱动轮上的不同密封结构。除了在内圈上滑动的密封板2外，还有甩水板5，甩水板固定在内圈上，硫化在上面的密封唇4以很小的压力靠在外圈上。在结构b中还另外有密封唇6靠在连接件7上，阻止水进入。结构c中径向轴密封圈压在外圈上，甩水板（此处为弹性的）的唇边在轴密封圈的侧壁上滑动；甩水板固定在内圈上。滚动体由保持架8支撑。

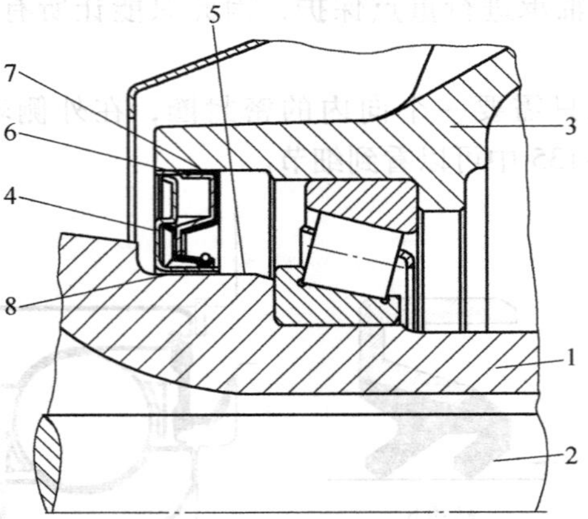

图2-165　图示为越野货车的后桥车轮轴承截面，圆锥滚子轴承装在桥体的末端1上，并压在轮毂3内，轮毂在外侧通过螺栓与驱动轴2联接。Goetze公司生产的万能夹头卡盘用作密封，在这种卡盘中三个密封唇在硬化过的环4上滑动，环的表面符合第2.5.4节所描述的密封要求；密封唇间的空腔由润滑脂填注。其优点为支撑面5在这里（在其他地方一般为密封唇的滑动面）没有特别的表面质量和表面硬度要求，环4和壳体6之间只有很小的缝隙。在停车静止状态时，进入的水会从上面的密封唇流下来，并在那里流出去。在行驶状态时，轮毂3转动，产生一定的离心甩水作用。卡盘通向孔和轴的密封由橡胶层7和8承担。

4. 刚性驱动桥的密封

位于外部的密封在这里既必须阻止润滑脂溢出（这会降低制动作用），又要防止污物、制动磨屑或水进入轴承和桥体。图2-153和图2-156所示为在轿车和轻型货车上常用的结构形式。越野车驱动桥的密封相对复杂一些，环境更加恶劣，进入的污水会腐蚀密封位置3和4处的密封唇（图2-157）。图2-165所示为带Goetze公司生产的万能夹头卡盘的密封，

图 2-166 所示为差速器的密封。这个位置同样会受到损害，位置 2 处的甩水板可以起到一定的保护作用。

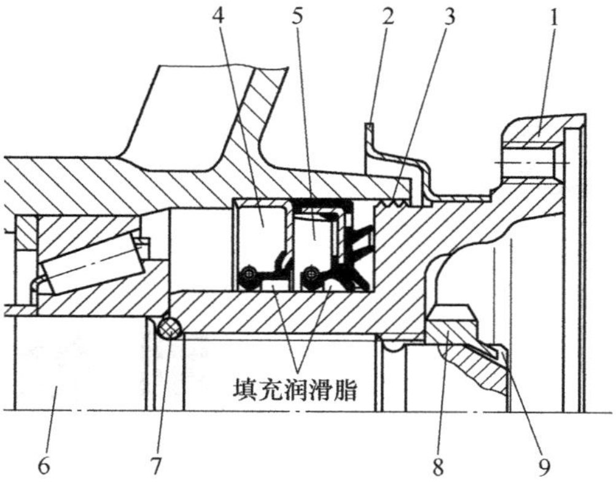

图2-166 图示为越野货车差速器输入轴的密封。甩水板 2 位于法兰 1 的外壳上；由于发动机转速较高（传动轴转速同样也高），甩水板在车辆行驶中起到很好的防护作用。另外，法兰 1 的内部有很多锯齿和孔的内壁形成迷宫式密封（位置 3）。在孔中还有两个径向轴密封圈 4 和 5；外面的密封圈 5 的两个防护唇在法兰 1 的侧壁上滑动，使得在静止状态时进入的水流到下面去。在输入轴 6 上 O 形密封圈 7 阻止水汽进入，输入轴和法兰通过螺母 8 固定在一起。在按照规定力矩拧紧后把管状凸缘压入槽 9 中来锁紧螺母（Goetze 公司图片）。

3 刚 性 悬 架

3.1 纵置板簧悬架

把一个刚性后桥固定在车身或车架上的方法有很多。经常使用的是既可以承载又有弹性的单片纵置板簧，因为它可以承受所有三个方向的力以及驱动力矩和制动力矩（图 3-1）。这种很经济的悬架形式的优点如下：货车的装载区域或轿车车身的后部可以在两个地方进行支承，即在后排座椅高度附近和行李箱下（图 1-4）。这样可以降低当行李箱装载较多物品时轿车车身后部的应力，以及降低货车满载时车架的应力（图 3-2 和图 1-6）。

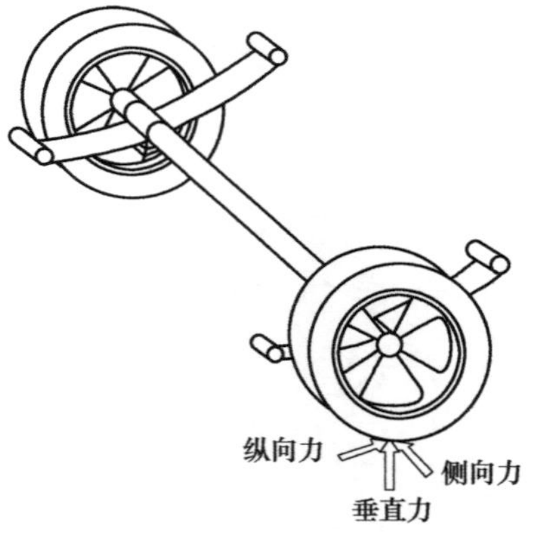

图 3-1 纵置板簧既能承受各个方向的力又能承受制动力矩和驱动力矩。

轻型轿车和货车的板簧还具有足够的导向能力，在较重的货车上则存在明显的问题。为了提高行驶舒适性，板簧做得较长，从而侧向有一定的柔性，这会导致弯道行驶中对地面的附着能力有所下降。板簧较软还存在另外一个缺点，即所谓的“S 形冲击”（图 3-3）。在制动或加速过程中，在车轮着地点处产生的纵向力使后桥扭转，导致板簧中心的弯曲应力增大。基于以上原因，没有其他辅助支承的单片板簧仅应用于轻型车辆。

多叶片式板簧通过弹簧夹连接在一起（此结构很重要，否则不受载荷侧的叶片不能保持在一起，图 3-4），其阻力力矩很大。在驱动刚性桥上路面不平度会导致车轮着地点的驱动力变化，从而引起扭转振动，即所谓的“跺脚”现象（图 3-5）。围绕车桥中心的振动很难让稍微偏离中心布置的减振器稳定下来。对于前桥驱动的非驱动后桥，只需要承受制动力，这几乎不会引起“跺脚”现象；车轮通过摩擦均匀减速，不受振动构件的影响。在标准驱动形式的车辆中，振动的构件为悬置扭转刚度较软的动力总成。动力总成减振器可以消除这种弊端，另外还可以在车桥前面和后面安置减振器（图 3-6）。此外，通过偏离中心几乎垂直布置的减振器还可以减小车轮上下跳动时在板簧中出现的弯矩；一侧布置的减振器会使之增大（图 3-7）。

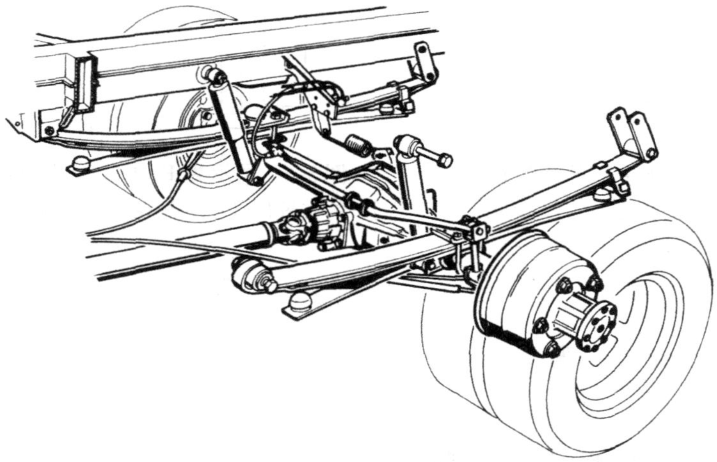

图 3-2　图示为 VW 公司轻型货车 LT 的后桥。较长的抛物线板簧支撑在车架上，跨度较大并且呈渐近线弹性特性；承载板簧的橡胶块在加载时贴靠在主簧片下产生作用（图 2-3），压缩止位块限制弹簧行程。向下开口布置在后面的弹簧夹防止板簧叶片间的相对移动。稳定杆在外侧和桥体固定，其优点如图 1-21 所示；减振器布置得很靠内部，不利于整体结构。

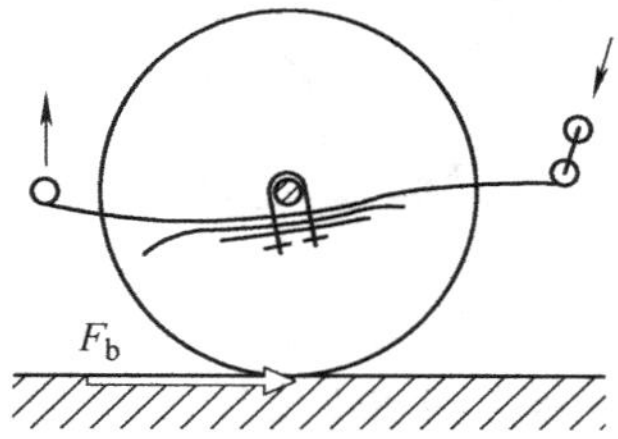

图 3-3　“S 形冲击”的制动力 F_b 在两个纵置板簧的后端产生弯曲应力。

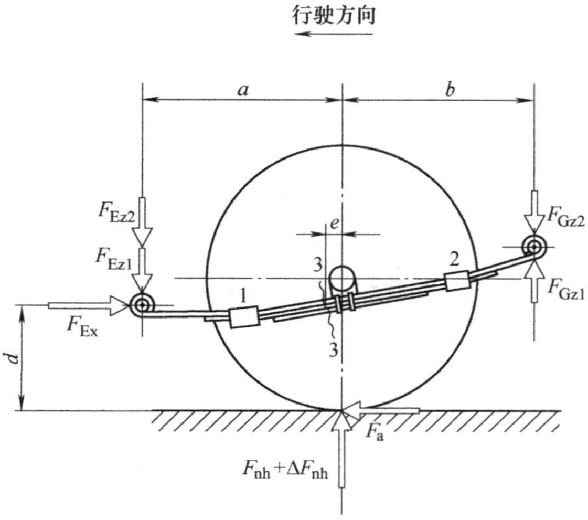

图 3-4　只有纵置板簧用作刚性车桥的导向，因此在加速和制动时在固定件附近产生非常大的弯矩。为了给主簧片卸载以及把车桥的扭转限制在一定范围内，通过弹簧夹 1 和 2 把其他簧片连接在一起共同承受该力矩。图中所示为加速过程中前侧在截面 3-3 中承受的力矩 $M_b = (F_{Ez1} + F_{Ez2})(a-e)$，其中

$$F_{Ez1} = F_a \frac{d}{a+b}$$

$$F_{Ez2} = (F_{nh} + \Delta F_{nh}) \frac{b}{a+b}$$

板簧在后面悬挂在纵向可移动的连接板上。

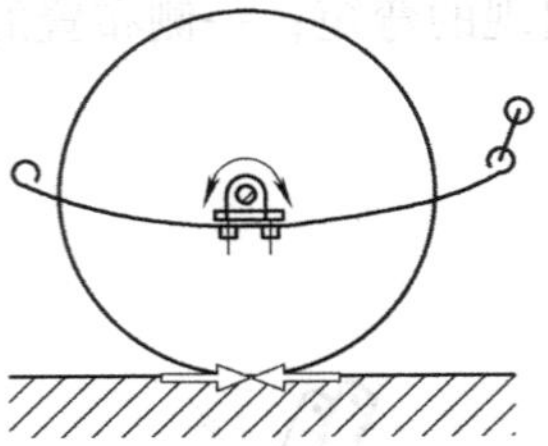

图3-5 围绕车桥中心的扭转振动引起驱动纵向力变化，产生所谓的“跺脚”现象。

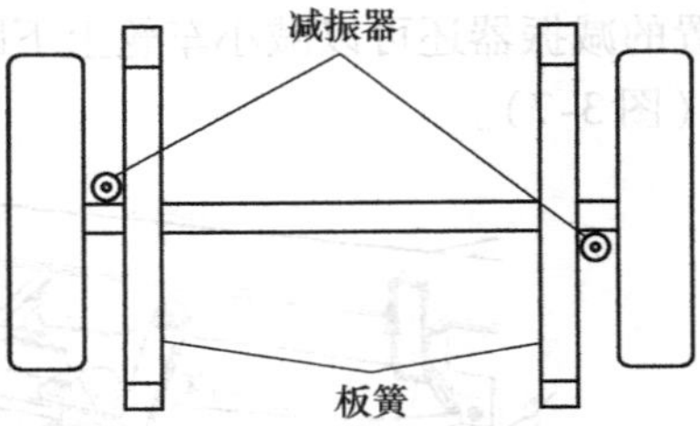

图3-6 图示为 Ford Capri 车型减振器合理的布置形式：一侧在前，一侧在后。

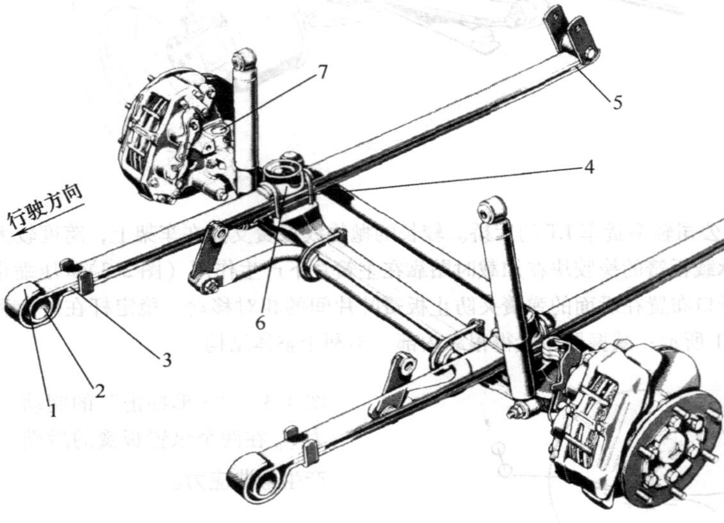

图3-7 Daimler-Benz公司运输车系列的前桥为双叶片板簧。为了保证断裂时的安全，下面叶片的端部1卷在主簧片的吊耳2上；为了避免维护以及摩擦腐蚀，间隔板3、4和5使两个叶片相互分开。

转向时板簧必须向中间移动；托盘6位于在板簧上，和固定在车架上的副簧接触（图2-4）。稳定杆固定在桥体上。传递比 i_φ 比较大，不利于减小车身侧倾（图1-21）。

两个减振器都布置在桥的前面；减振器布置得靠外，有利于减小车身侧倾。制动盘从内侧拧紧到轮毂上，有利于轮毂上圆周孔的布置。图中可以看到右转向节的上支承7。

为了避免产生其他应力以及抑制“S形冲击”和“跺脚”现象，Ford公司在Capri车型上采用稳定杆臂共同进行车桥导向，在制动过程中承受压力（以及弯折），在加速驱动中承受拉力。纵向力只使簧片承受拉力和压力（图3-8），主簧片以及单片式板簧不能承受其他应力（图3-9）。图3-3所示的弯矩几乎不会出现。

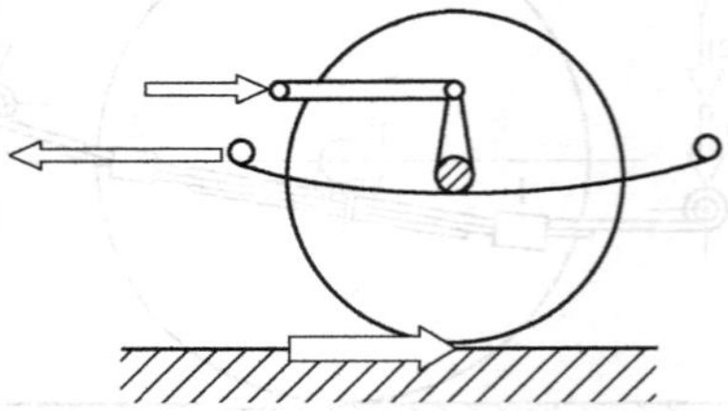

图3-8 支承杆承受纵向反作用力；这样板簧（以及下面的纵杆）在制动时承受拉力，在加速时承受压力，只产生很小的弯矩，如图3-5所示。

图 3-9　Volvo 343/360 车型带变速器(变速器单元被桥体分开)的 De-Dion 后桥,单叶片板簧必须承受垂直力、侧向力和纵向力。制动力矩在右侧由纵杆承受;加速驱动的力矩则由变速器和差速器的悬置来承受。为了得到较小的转动惯量,传动轴的管材为铝合金 AlMgSi 0.5。

3.2 通过纵摆臂和横摆臂进行导向的轿车悬架

前面介绍的悬架形式可以带来较高的行驶安全；另一种技术更先进的方案（但费用较高）是垂直力由无内摩擦的螺旋弹簧来承受，侧向力由潘哈杆来承受（图1-22）。在与车身的连接处会产生一个圆弧（图3-10），车轮上下跳动时车身会产生轻微侧向偏移 Δb，潘哈杆越短、布置得越斜，这个偏移量就越大。另外在弯道中潘哈杆会偏斜（同样取决于其长度），其影响为：在向一侧侧倾时，侧倾中心虽然向上移动（图3-11）但力 $-F_{Tz}$ 会加剧车身侧倾。如果离心力 F_{cwh} 从另外一侧作用（图3-12），则侧倾中心下降，产生支撑车身的一个分力 $+F_{Tz}$。因此，在考察弯道行驶性能时不需要考虑潘哈杆位置的改变。

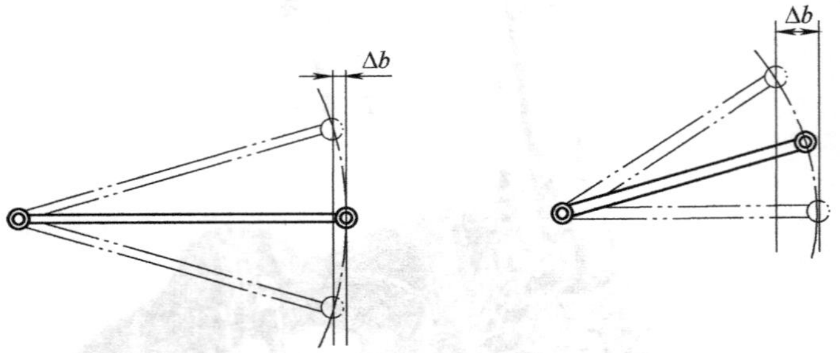

图3-10 潘哈杆越短、布置得越斜，在车身上下跳动时侧向偏移量 Δb 就越大。结果会产生围绕 z 轴的偏转角，影响前轮的转向特性，使车辆偏离行驶方向。

如果潘哈杆位于车桥的后面（图3-13和图3-14，Opel 公司 Rekord 车型），则在弯道行驶中会产生力偶，该力偶由纵摆臂支撑，并且产生力 $\pm F_x$。如果纵摆臂在俯视图中相互平行，则在支承处的橡胶件会发生弹性变形，并且桥体会偏转角度 δ_h。如图3-15和图1-24所示，当进行偏向不足转向特性的侧向力转向时，可以通过下摆臂位置的偏斜来改变。如果桥体（在力的作用下）具有轻微侧向挠度，弯道外侧的纵臂向后压桥体，弯道内侧的纵臂向前拉桥体，桥体会产生轻微偏转。这种弹性运动学的角度变化可以减小过于强烈的侧向力不足转向特性，甚至完全消除。测量表明，Opel 公司借助图3-14所示的后桥纵臂布置方式，使 Rekord 车型几乎保持中性的侧向力转向特性。

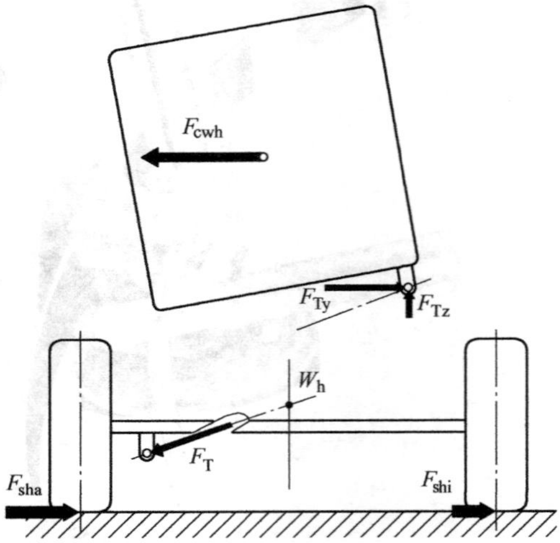

图3-11 在直线行驶中接近水平布置的潘哈杆在车身侧倾时会偏斜；侧倾中心 W_h 在右弯道中向上窜动，侧倾力臂缩短。由此产生的分力 F_{Tz} 加剧车身侧倾。

车桥的不足转向可以消除后轮驱动轿车的过多转向的趋势。与此相对应，可以布置在桥的前面来承受侧向力产生过多转向，即减小前轮驱动的不足转向趋势。这里都可以通过一个潘哈杆或瓦特连杆来实现（图3-16和图3-17）。但是布置在车桥中心的潘哈杆不产生任何转向特性（图 3-18）。原则上这种杆件应尽量长，并且在车辆设计位置状态保持水平。

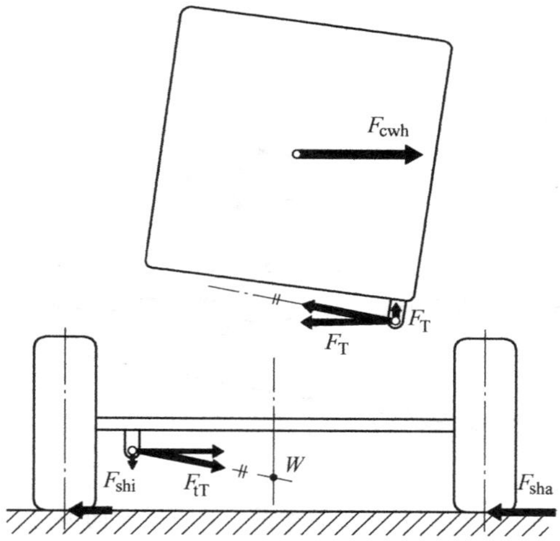

图 3-12　在向左的弯道中，侧倾中心 W_h 向下移动；车身由分力 F_{Tz} 支撑，从而减小侧倾。

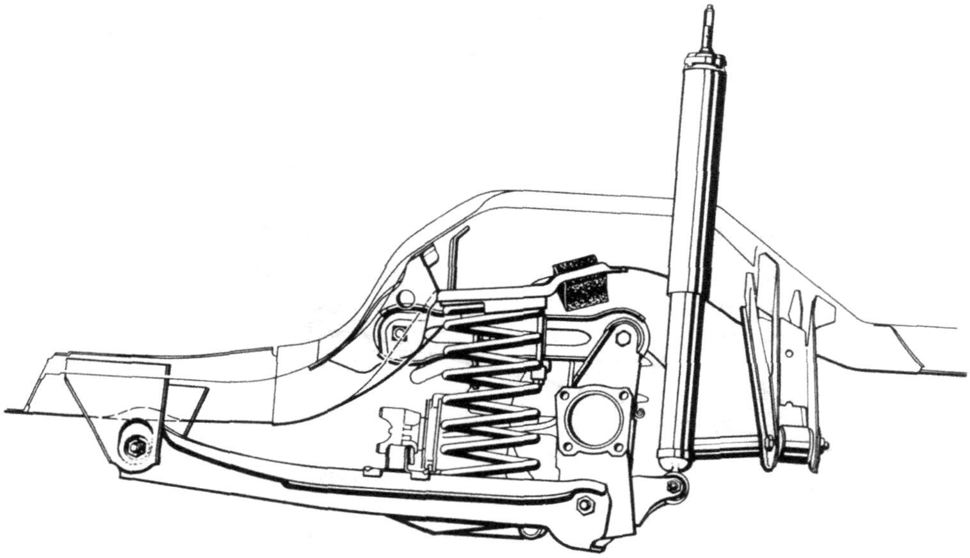

图 3-13　由 Opel Rekord E 车型的五摆臂后桥侧视图中可以看到下摆臂、支撑在下摆臂上的螺旋弹簧、车桥上面的缓冲块，以及和车桥高度相近位置的潘哈杆。布置在后面的减振器跳动的位移比车轮大（$i_D<1$），这有利于减振。

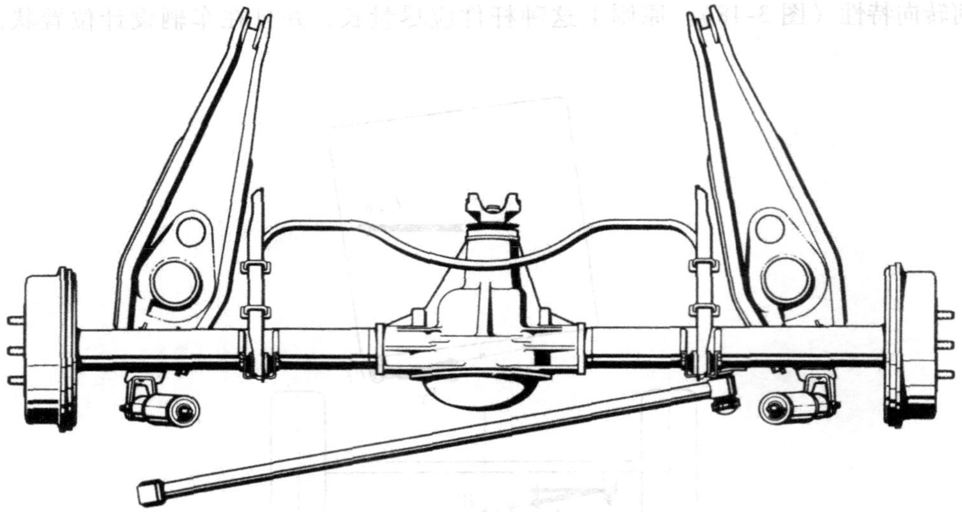

图3-14　图示为 Opel Rekord E 车型的五摆臂驱动桥，其下摆臂向前斜置，潘哈杆斜置、在右侧连接，稳定杆固定在上摆臂上。

图3-15　侧向力 F_{sha}、F_{shi} 和潘哈杆力 F_{Ty} 间以及作用间距 a 形成力偶，在纵臂上产生作用力 $\pm F_x$，橡胶支承的弹性特性产生侧向力不足转向特性。

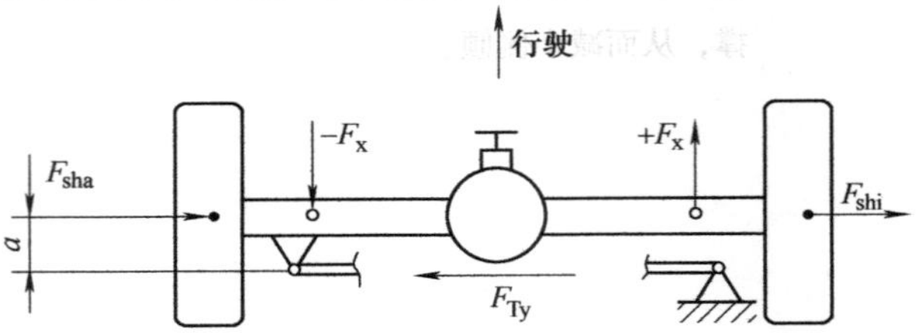

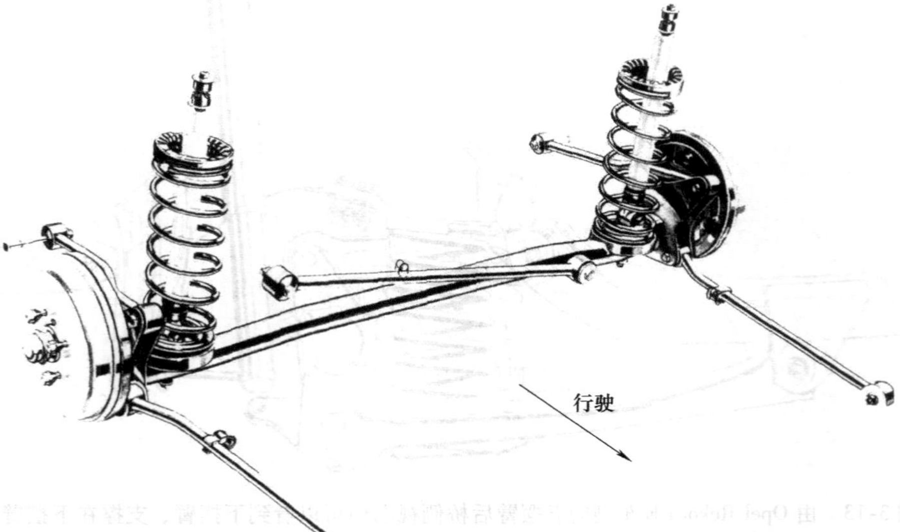

图3-16　图示为 Alfa-Romeo Typs 33/1.5 车型的后桥。前轮驱动，潘哈杆位于桥体中心的前面；位于中心附近的双夹板用来固定制动力调节器。弹簧和减振器支承在管状桥体上；上摆臂和下摆臂布置类似一个“瓦特连杆”，上摆臂和下摆臂与车桥的连接点出于运动学原因几乎布置成上下位置。

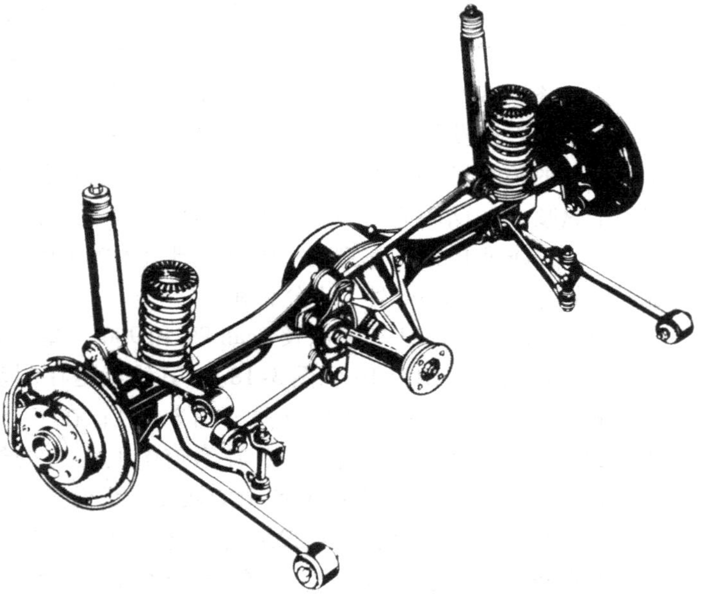

图 3-17 Mazda RX7 车型是一款时速超过 200km 的两门车。布置在桥体前面的“瓦特连杆”承受车身和车桥间的侧向力，并且在车轮上下跳动时是完全垂直移动的（即不偏向任何一侧）。“瓦特连杆”位于桥体前面可以产生“侧向力过多转向”，另外在侧倾转向中却偏向不足转向；两者综合起来使得在弯道行驶中产生中性转向的行驶特性。图中可以清晰地看到影响转向特性的不等长纵臂、支撑在桥体上的螺旋弹簧以及靠后的减振器。

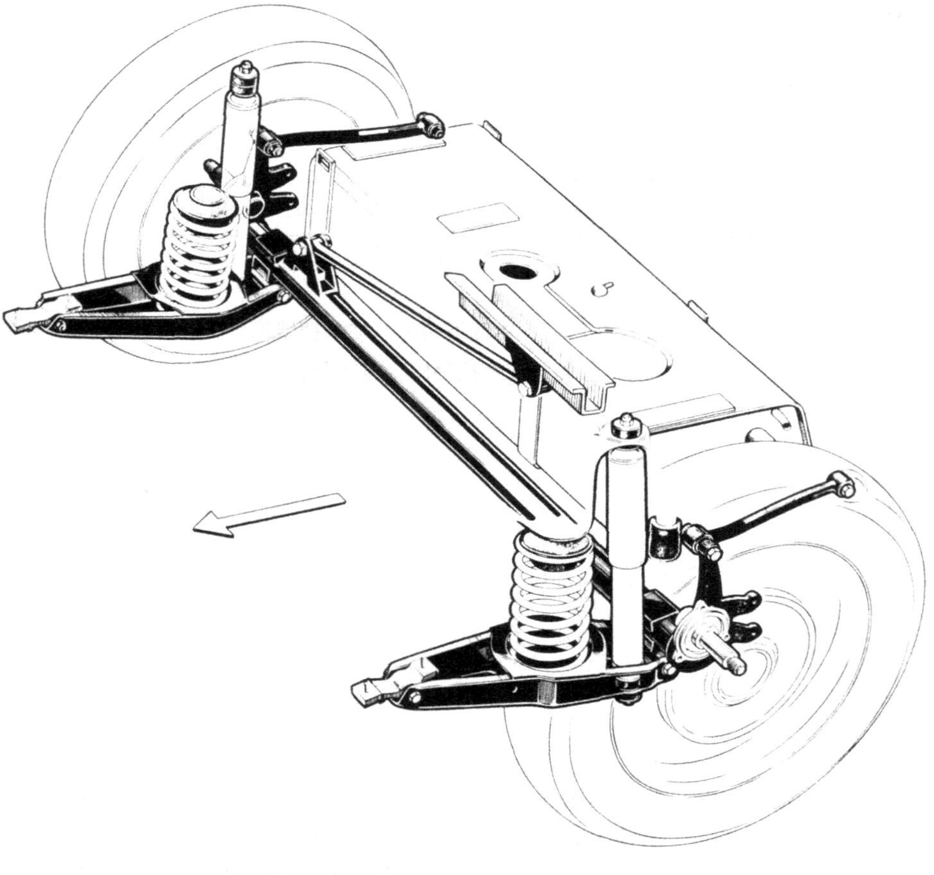

图 3-18 Saab 99 和 900 车型的潘哈杆位于后桥上面。它不产生任何固有转向特性，只形成一个较高的侧倾中心（对前桥驱动有利）。纵向力和制动力矩由两个构造成类似瓦特连杆的摆臂承担；弹簧和减振器支撑在下摆臂上，在涡轮增压车上稳定杆也固定在下摆臂上（图 2-19）。

为把在车轮接地点产生的纵向力传递到车身上，车桥的两侧有摆臂对，下面的摆臂大多还同时支承螺旋弹簧，如图3-14和图3-18所示。制动力矩和驱动加速力矩在摆臂中产生拉力和压力（图3-8）。如同斜置板簧一样，通过摆臂对的相对位置以及不同长度搭配，可以使刚性车桥在弯道获得某种固有转向特性（图3-19和图2-91）。在上跳和下跳侧 C 和 E 以及 D 和 G 之间的长度变化必须由支承来吸收；由此扭转刚度会变硬约5%。另外，摆臂位置可以确定一个纵倾中心 O_h，它可以减小制动时的车身后部抬起量和加速时的下沉量（图2-91和图3-38）。在Opel Rekord车型上，O_h 点位于车桥前面约40m（车辆少量装载时）；如果车辆满载，则 O_h 点移到0.8m处，十分有利。

在Alfa-Romeo Typ33车型以及Saab 99和900车型上，上纵摆臂位于车桥后面，下纵摆臂则位于车桥前面（图3-16和图3-18）。其优点是在制动时摆臂仅承受拉应力，另外车身在弯道侧倾时，车桥为精确平行导向（图3-20）；在车上的测量也验证了这些优点。如果在车辆装载较少时摆臂大致平行布置，在弯道中上跳 s_1 的外侧以及下跳的内侧车桥转动基本相同的转角，而不会出现图3-19所示的橡胶支承件强迫变形。

其缺点是纵倾中心会随着装载量而变化。如图3-21所示，纵倾中心在两名乘客承载时纵倾中心在车桥中心前面 O_{h2} 处，而在满载时则在后面 O_{h6} 处，结果是制动力使车辆后端抬高（而不是下沉）。

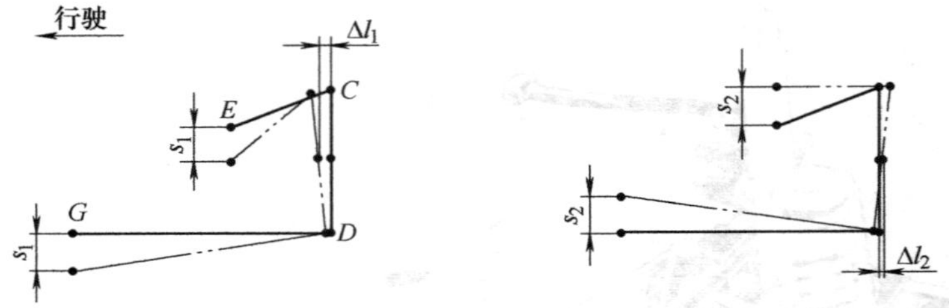

图3-19　在弯道行驶中外侧车轮上跳位移 s_1，内侧下跳 s_2，如果摆臂橡胶支承不能吸收长度变化，则桥本将扭转（理论上）。实际上是桥体外侧向前牵拉桥体，内侧向后推压，形成"侧倾不足转向"。

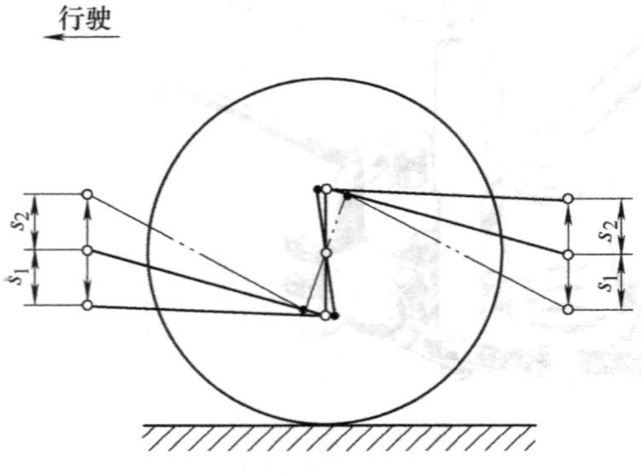

图3-20　一个"瓦特连杆"，承担刚性车桥两侧纵向方向的导向作用，其优点是：两侧车轮上下同向或反向跳动时，桥体在与车辆纵向垂直的方向运动（即不跟转），与车辆是否满载无关。

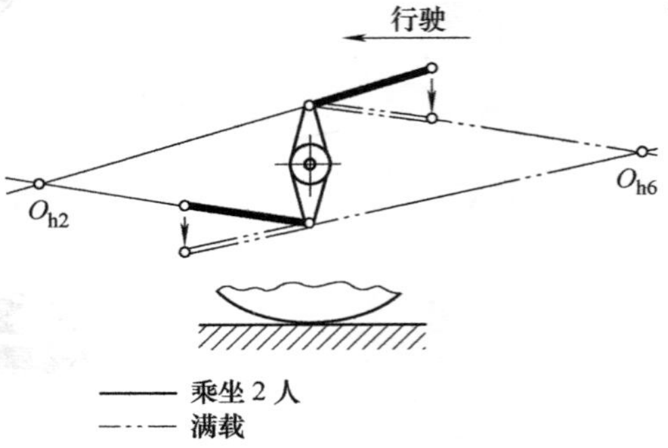

图3-21　在"瓦特连杆"中上纵摆臂布置在后面，这样在装载时纵倾中心 O_{h6} 位于桥体的后面，在制动开始时车身后部会抬起。

Ford 公司 1976 年推向市场的车型 Fiesta（图 3-22）则采用另外的制动力支撑形式。这里仅有两个杆件，只能承受纵向力，其前端的橡胶支承具有一定的弹性刚度，从而隔离轮胎的滚动冲击传到车身（图 2-79）。制动力矩由布置在桥体后面的两个减振器承受，减振器的活塞杆直径由 11mm 提高到 17mm，如图 3-23 所示，减振器上向前伸出悬臂。其管状末端通过一个橡胶套管和桥体的上部连接。减振器斜置，产生纵倾中心。

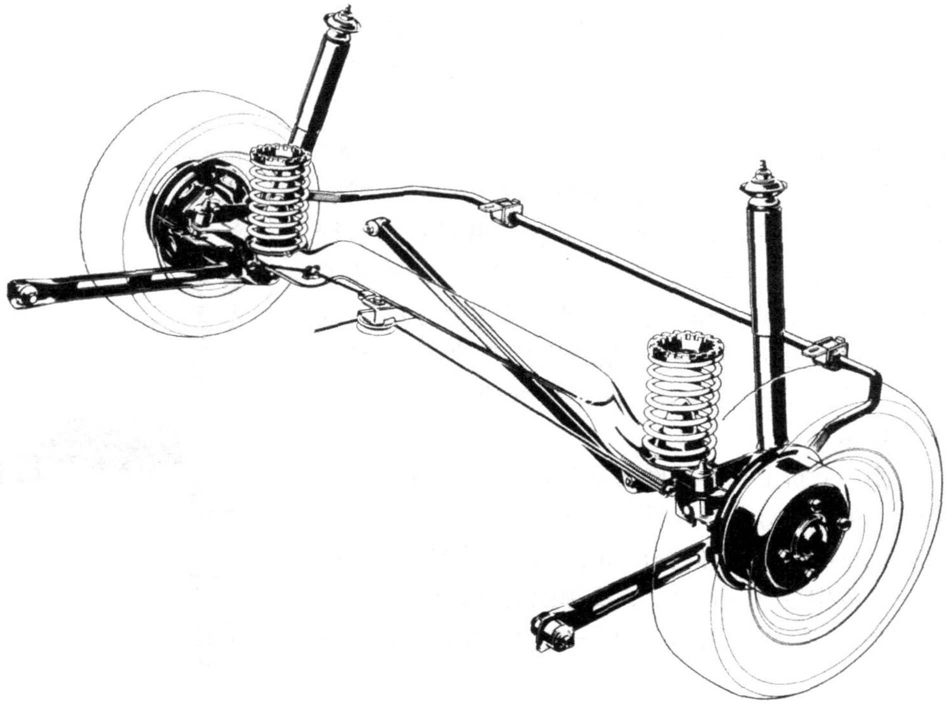

图 3-22　Ford Fiesta 车型后桥的中部向上弯曲，以便排气管能够从下面通过。纵向力和轮胎的滚动冲击由两个摆臂承受，侧向力则由向后斜置的潘哈杆承受；制动力矩支撑在减振器处。图中所示的稳定杆不是普通结构。

两对纵摆臂布置在刚性车桥两侧靠外，承受所有的力矩，其优点是制动（以及驱动）时在桥体中间部分不产生扭矩用在 Renault18 车型上的悬架没有这种优点（图 3-24 和图 1-5）。这里是两个下纵摆臂，上面只有一个三角摇臂。三角摇臂在车桥上可以转动，其支承也可以产生角度转动，三角摇臂承受纵向力和侧向力以及制动力矩；桥体承受较高的载荷。Renault 公司和 Daimler-Benz 公司在几款车型上都选择了这种结构，从而保证了车桥的笔直导向（即不偏向任何一侧）；另外也抬高了侧倾中心，减小了车身在弯道行驶中的侧倾。

由于货车车箱的重心较高，这种方案用在货车上具有优点，但是也用在前桥驱动车上，用来减小因为大的后桥载荷变化而趋向不足转向的趋势（图 1-24）。在乘坐两人的载荷下斜置下纵摆臂 *GD*，在弯道行驶性能上可以产生类似的效果（图 3-25）。桥体

围绕中间点 E 转动，桥体在车轮上跳的外侧会向后推压 Δl_1，在内侧则会向前拉伸 Δl_2。如图 3-26 和图 3-27 所示，后桥偏转角度 δ_h 向弯道外侧转向，即侧倾过多转向。这种优点同时也给车辆性能带来不利的影响，如果车辆快速换道，车桥随同转向，尾部会忽然向外偏移，这会出乎驾驶员的预料。如果车辆加载，则图 3-25 所示 D 点向下移动，两个纵摆臂获得水平位置，从而得到中性转向特性。在满载时，点 D 的位置比点 G 低，摆臂以相反的方式斜置，从而使车桥产生侧倾不足转向。通过选择相应的摆臂长度以及位置可以达到任何一种所希望的特性。

可以采用两个布置在桥体上面的斜置摆臂（图 3-28）代替三角摇臂，这不仅可以完成同样的功能，而且承载能力更高。这种布置的优点是侧倾中心较高，并且在弯道行驶中产生 δ_h 角度的侧向力不足转向（图 1-24）。在车轮着地点的力 F_{sha} 和 F_{shi} 在点 1 和 2 处产生两个反作用力 F_{Ey}，这两个反作用力又引起力偶 $\pm F_{Ex}$（通过上摆臂的斜置产生）（图 3-29）。1 和 2 布置得越开，两个摆臂的夹角 ξ 越小，则形成的力矩越大。

为了在刚性后桥上获得精确的导向，Volvo 公司在所生产的 740/760 车型上对摆臂进行了以下分工（图 3-30）：

1）纵向导向由两根长的在桥体下面转动的弹性固定的摆臂承担，摆臂构造成载力单元，支撑螺旋弹簧和减振器。

2）侧向力由布置在后面高度与车轮中心相同的潘哈杆承担。

3）制动力矩和驱动力矩通过布置在差速器附近的拉力或压力撑杆传递到副车架。

这种悬架和车身底板在前面三个地方连接，力矩通过较大的力臂（即力较小）传递到车身。

图 3-23　Fichtel&Sachs 公司生产的减振器上向前伸的悬臂用来承受后桥的制动力矩。该减振器用在 Ford Fiesta 车型上。

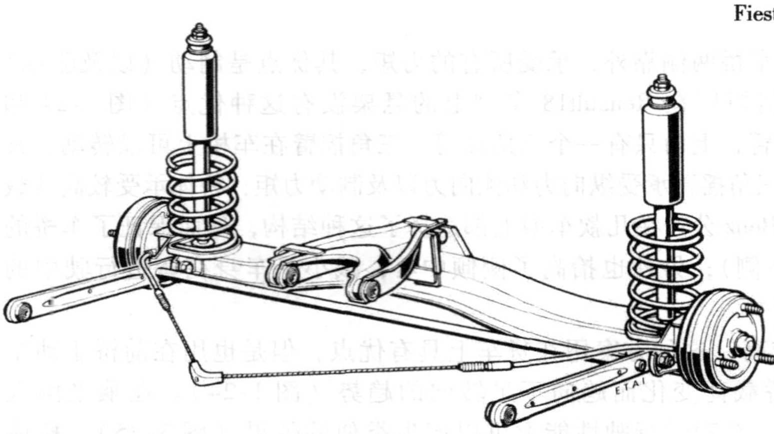

图 3-24　图示为 Renault 18 车型的非驱动后桥，布置在桥体上的三角摇臂把侧向力和纵向力传递到车身，三角摇臂和桥体的连接点同时也是侧倾中心。弹簧和减振器在桥体上的布置位置十分有利，稳定杆在桥体前很近的地方，在两侧与下面的纵臂焊接。纵臂同时承受制动力矩并隔离轮胎滚动冲击。

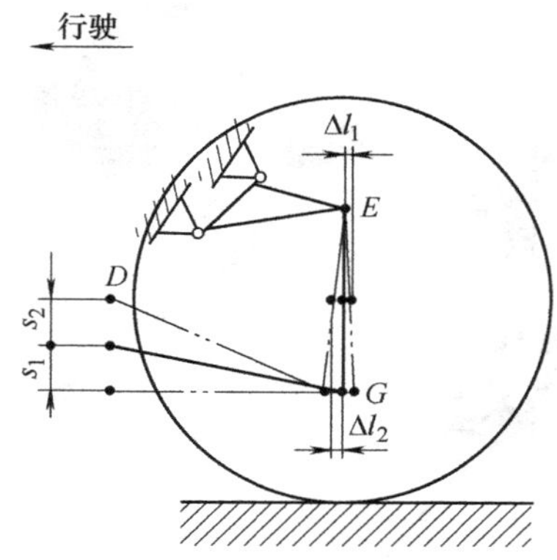

图 3-25　当车辆少量加载时下摆臂会斜置，外侧车轮上跳 s_1，桥体向后移动 Δl_1，内侧车轮下跳 s_2，桥体向前移动 Δl_2。上面位于车辆中心的铰链点 E 的高度位置保持不变。如果点 D 的位置反而低于点 G，则形成侧倾不足转向。

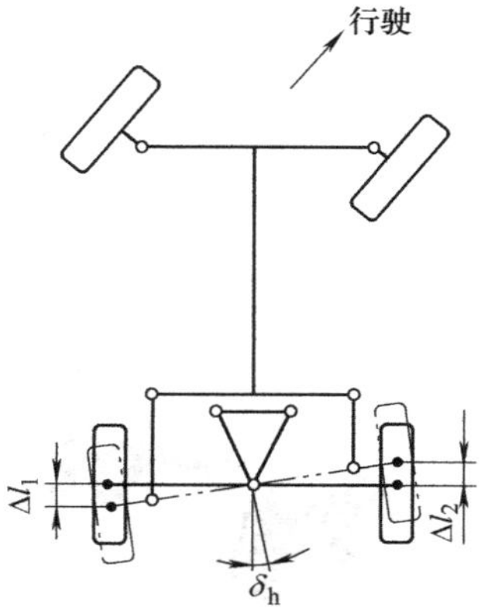

图 3-26　在车身侧倾的影响下，后桥会偏转角度 δ_h，形成过多转向趋势。

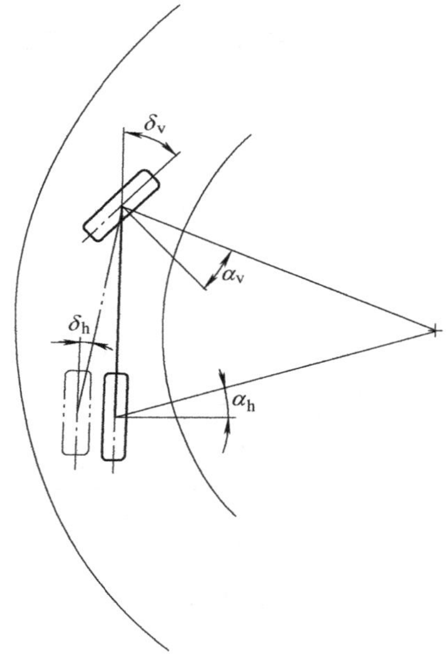

图 3-27　通过后桥偏转，前桥的转向角 δ_v 可以减小 δ_h；车辆变得更敏捷。车桥的车轮在图中简化为中间车轮。

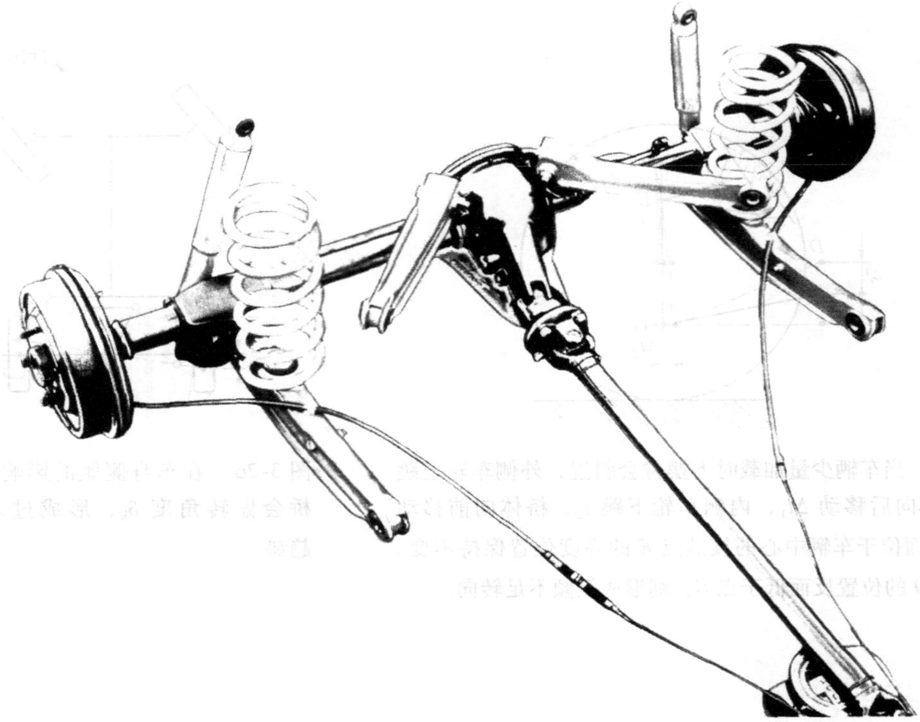

图3-28 Ford Taunus 车型的后驱动桥的上摆臂斜置。弹簧端部卷缩，用螺栓和下摆臂联接；减振器位于车桥后面。

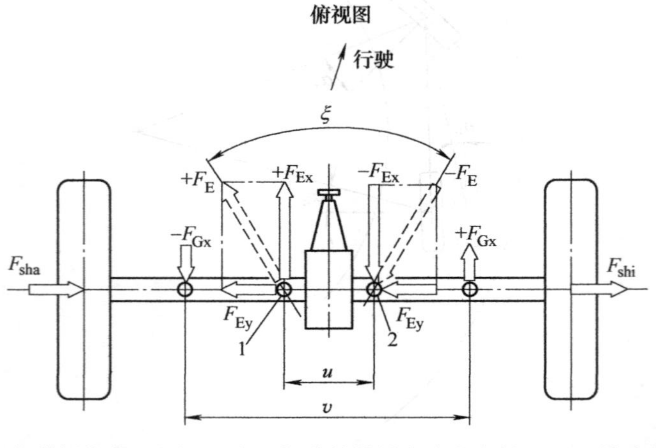

图3-29 弯道侧向力 F_{sha} 和 F_{shi} 在上摆臂的铰链点产生力偶 $\pm F_{Ex}$，该力偶必须由下摆臂承受（力 $\pm F_{Gx}$）。

图3-30 图示为Volvo 740/760车型的后桥。两个下纵摆臂借助橡胶支承固定在车身上，减振器支撑在桥体前面，弹簧布置在桥体后面；此外稳定杆在背面和摆臂连接（图中看不到）。由车轮产生的驱动力矩和制动力矩由中间的两个撑杆支撑，其缺点是桥体不仅承受弯矩还承受扭矩。容积为82L的油箱安置在桥体左前方。

3.3 通过纵摆臂和横摆臂进行导向的货车悬架

在公共汽车上使用空气弹簧，但是大尺寸的空气弹簧也可用于长途运输的货车和挂车上。在后桥上，四个气囊大多布置在桥体的前面和后面，以便支撑在纵梁上（图3-31）。三个纵向撑杆和一个潘哈杆或一个三角摇臂（图3-32～图3-34）承担导向作用。如果载荷较小，一边有一个气囊就足够了；在这里较小的侧向力由纵置的单片板簧支撑或与Krupp-Brueninghaus公司生产的抛物线摆臂共同承担（图3-35和图3-36）。前桥载荷比后桥小，故一个气囊弹簧就足够了，通常直接布置在桥体上（图3-37）。

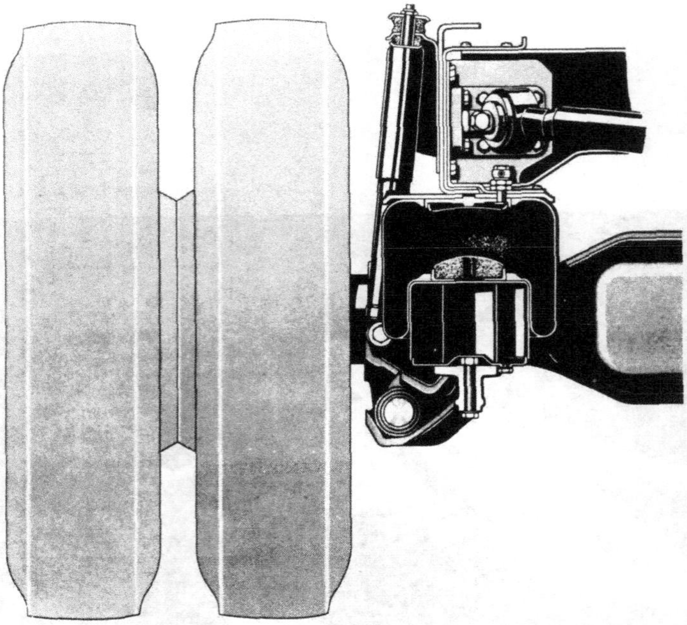

图3-31 图示为Daimler-Benz公司生产的1624L车型的空气弹簧气囊剖视图，气囊布置在桥体的前面和后面以及图2-26和图2-27描述的三角摇臂。

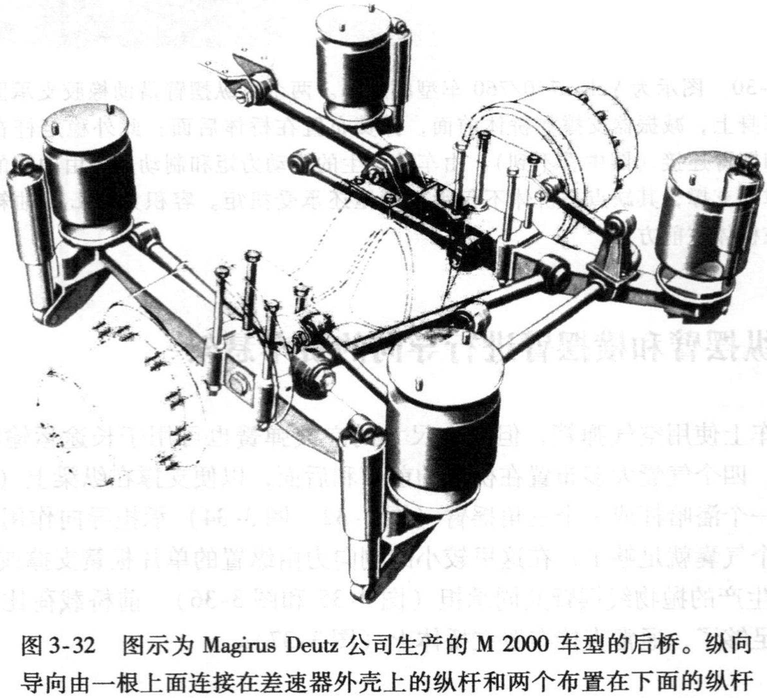

图3-32 图示为Magirus Deutz公司生产的M 2000车型的后桥。纵向导向由一根上面连接在差速器外壳上的纵杆和两个布置在下面的纵杆承担。一个潘哈杆支撑刚性桥的侧向力，稳定杆与车身上的夹板连接，减振器布置在空气弹簧附近较靠外处。

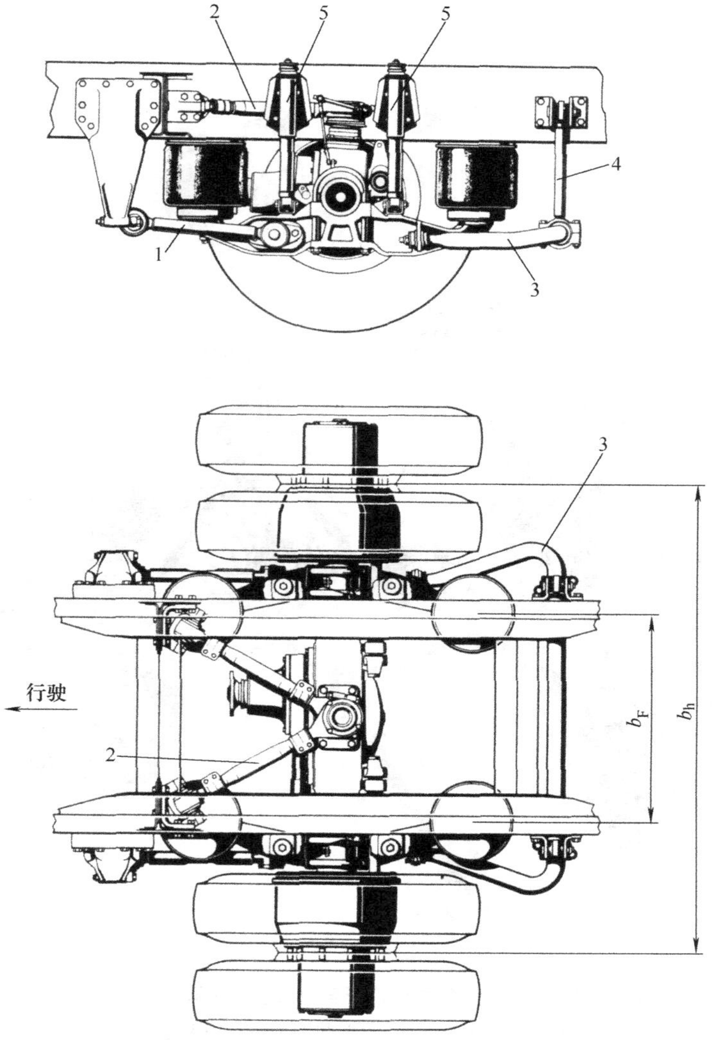

图 3-33　图示为 Daimler-Benz 公司生产的 1017L 至 2219L 6×2 车型的驱动后桥。车桥导向通过两个下纵杆 1 和上面的三角摇臂 2（在图 2-23、图 2-26 和图 2-27 中可以看到细节）来完成。四个弹簧气囊位于车架纵梁下面，其作用间距 b_F 由于双轮胎相对较小。轮距 b_h 和 b_F 的比值约为 $i_\varphi=2.2$，图 1-21 所示的车轮反向跳动悬架刚度仅为同向跳动的 21%。为了减小车身侧倾，在车桥的后面布置了稳定杆 3，稳定杆通过杆件 4 支撑在车身上。四个减振器 5 几乎垂直立于车轮附近，从而尽快衰减车身的侧倾运动。

图3-34 图示为MAN公司生产的允许承载6t的全轮驱动越野货车的后桥仰视图。布置在前面的纵杆长1025mm，布置在后面的撑得很开的三角摇臂长度为762mm，这两组杆件和变刚度弹簧一起限制车架和桥体的夹角在15°30′以内。压缩止位块布置在螺旋弹簧中，拉伸止位块位于减振器中，减振器布置得离弹簧很近，十分有利。

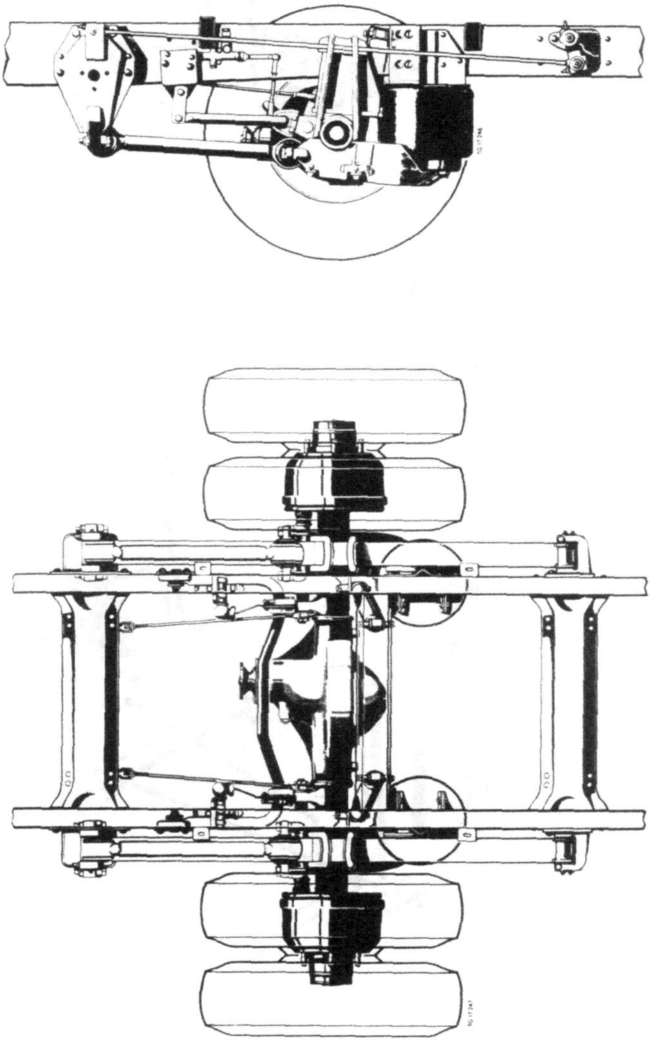

图 3-35　图示为 Daimler-Benz 公司用于货车和整车质量不超过 22t 的鞍式牵引车的后桥。上面的纵向导向以及侧向力由单片板簧承担，下面的导向由两个撑杆承担。弹簧气囊必须移至后面，以便它可以在下面固定到车架纵梁上，由此产生的力矩由弹簧的前端和纵杆承受。减振器靠近气囊，稳定杆支撑在桥体上。

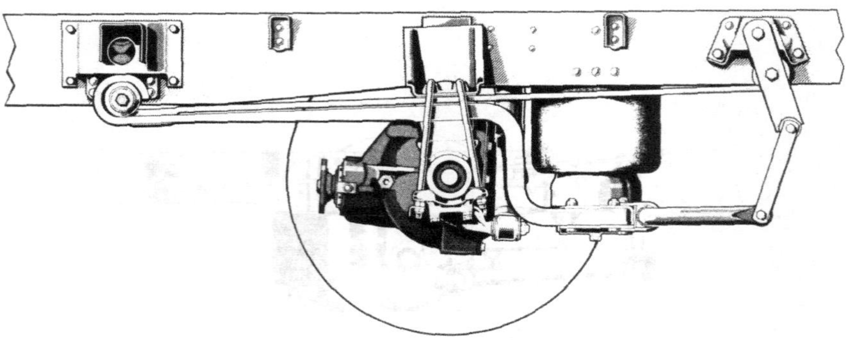

图 3-36 图示为 Daimler-Benz 公司生产的轻型货车的空气弹簧后桥。每边一个单片板簧以及一个"抛物线摆臂"来承担车桥导向功能。该摆臂成弯曲形状，以便空气弹簧气囊能够支承在车架的纵梁上。布置在后的气囊产生一个力矩，该力矩通过抛物线摆臂传递到前面的板簧吊耳上。摆臂在前端卷在吊耳上，以便在单片板簧断裂时起保险作用。在中间通过钢板弹簧骑马螺栓固定在桥体上，并且在后面与稳定杆固定。

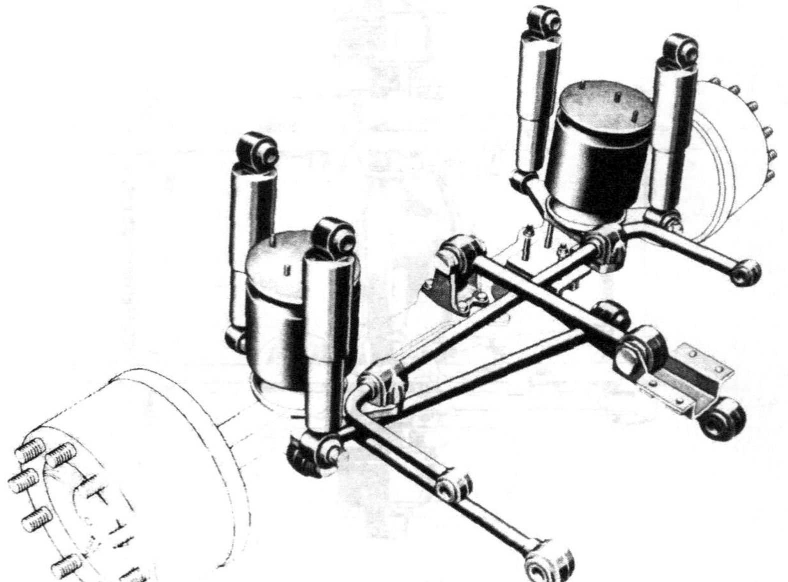

图 3-37 图示为 Magirus Deutz M2000 车型的前桥。由于桥载不大，只需要两个空气弹簧气囊。三个纵撑杆和一个潘哈杆完成导向功能。由于要保证车轮可以转向，故所有零件靠内布置。

3.4 牵引杆悬架

前文介绍的刚性后桥的所有悬架形式有一个共同缺点，即车辆的制动下沉以及驱动抬升完全不能或者很难抑制，也就是说根本不存在纵倾中心 O_h，或者说 O_h 在车桥前面很远（图 2-91）。制动布置在车轮中的结构可以通过牵引杆来消除这种缺点，牵引杆通过一个球铰或橡胶铰链与车身连接，驱动和制动产生的垂直力 F_{0z} 传递到牵引杆（图 3-38）。另外，牵引杆和布置在后面的潘哈杆一同保证车桥的精确导向；如图 3-39 所示，大部分侧向力传递到牵引杆。MAN 公司在空气弹簧公共汽车上使用这种结构（图 3-40）。牵引杆支撑点在这里也承受纵向力，在牵引杆上的位于车桥前面的三角摇臂支撑侧向力。

在货车上的牵引杆悬架上，还可以安置两个螺旋弹簧或空气弹簧，它们与 Daimler-Benz Unimog 车型的前后桥一样（图 3-41 和图 3-42），安置在桥体上，或者布置得间距较大（图 3-40）。MAN 公司生产的汽车车桥上的弹簧作用间距为

$$b_F = 1.09 b_H$$

轿车的弹簧刚度较软，制动强度又高，因而轿车上避免驱动和制动俯仰比货车显得更为重要；另外，使用牵引杆后，图 3-5 中所描述的"跺脚"现象几乎不会出现。因此 Opel 公司在 1985 年生产的 Chevette 和 Manta 车型的后桥上仍采用这种悬架（图 3-43）。与前面介绍的结构不同的是，这里是通过两个靠外布置的纵撑杆来承受驱动力和制动力的；在牵引杆支撑点 O_h 仅承受垂直分力 F_{0z}，用来减小纵倾（图 3-44 和图 3-38）。这个支撑点的橡胶支承纵向较软、侧向较硬；在垂直方向则有变刚度弹性特性，以便吸收轮胎滚动冲击。硬的束带式轮胎产生围绕车桥中心的转动，这种转动使得牵引杆端部产生小的向上和向下的位移。为了减小安装高度，弹簧位于较低的托盘中；为了减小弯道行驶中车身的侧倾，弹簧布置在桥体前面。

车轮同向跳动时，车桥围绕通过牵引杆支撑点 O_h 的轴线 y—y 运动（图 3-45）。如果弹簧 1 在车桥中心前面，则弹簧的刚度 C_F 一定大于折算到车轮着地点的刚度 C_h，计算公式为

$$C_F = C_h i_F^2 \quad (i_F = b/a > 1)$$

车身在弯道中则围绕纵轴 x—x 转动；车身侧倾和弹簧刚度 C_F 和弹簧间距 b_F 相关，其关系为

$$b_h / b_F = i_\varphi$$

弹簧在纵向方向的位置（无论是布置在车桥前面还是后面）并不重要。刚度 C_F 越高，车身侧倾就越小；对于减振器 2 则不一样。在 Opel 车上减振器垂直布置在车桥后面，其传递比为

$$i_D = b/c$$

比值小于 1，在增加减振器储液量的情况下，可以使减振器行程较长。另外的一个优点是阻尼特性可以较软，但是又会产生车身侧倾运动衰减得太少的缺点。

在公共汽车和货车上有效的弹簧布置显得尤为重要。图 3-46 所示为 MAN 公司采用的空气弹簧气囊布置方案，它布置在车桥前面（为了达到更好的效果），另外还向外侧移动。

Leyland 公司在 Rover 2600S 车型上没有采用这种有效的弹簧布置形式，而是直接布置在桥体上（图 3-47）。带高度调节的充气式减振器则布置在桥体前面，从而更好地产生阻尼减小车身的侧倾运动。车桥的纵向导向由靠外的两个撑杆（如 Opel 车一样）完成，侧向导向由位于牵引杆端部附近的支承以及瓦特连杆共同承担（图 3-48）。该瓦特连杆由两根横杆以及中间的摆杆组成。每根横杆支撑一半的侧向力，在摆杆转动点产生相应合力 F_T，该转动点确定了侧倾中心高度。和潘哈杆相反，瓦特连杆在车轮上下跳动时不产生任何侧向偏移。

另外，这个点的高度与装载量以及是否侧倾无关，始终保持不变，并且在弯道行驶中不产生任何趋势的后桥固有转向特性。

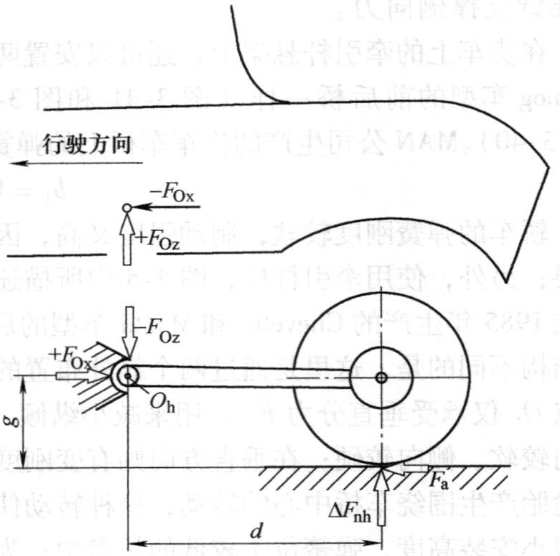

图3-38　如果差速器位于桥体中，并且牵引杆支撑点承担纵向导向，那么驱动力 F_a 会产生垂直力 F_{Oz}，该力会使加速下沉的尾部在牵引杆支撑点 O_E 处顶起。计算公式为 $F_{Oz}=F_a g/d$，即牵引杆越短，纵倾中心 O_h 越高，这种支撑效果越好（也可以参见图3-44）。

制动时拉住尾部会下拉，在刚性车桥以及复合式悬架和纵臂式悬架的每边带一个抗弯强度大的摇臂，都是同样的原理（图5-58）。

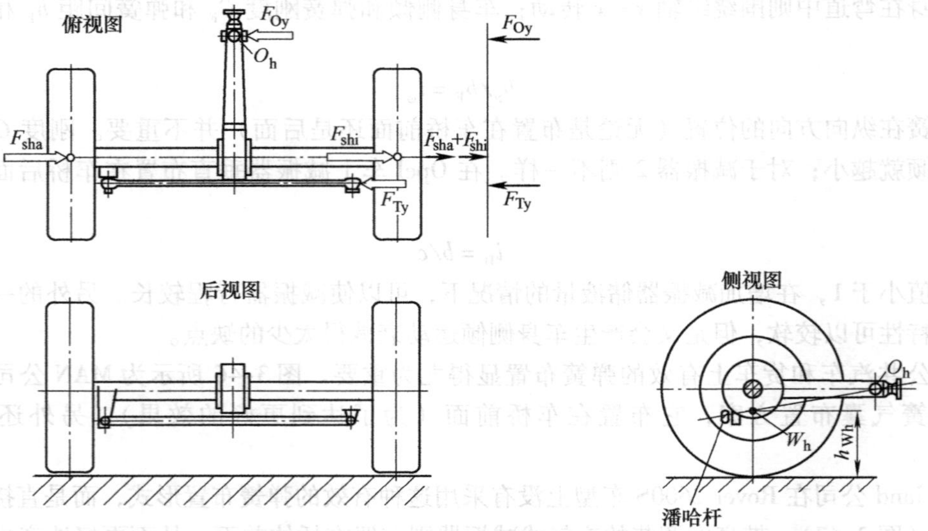

图3-39　通过牵引杆支撑点和布置在后面的潘哈杆，可以把侧向力 F_{sha} 和 F_{shi} 从车桥传递到车身，产生的反作用力为 F_{Oy} 和 F_{Ty}。因此，侧倾中心 W_h 一定位于点 T 和 O_h 的连线上。

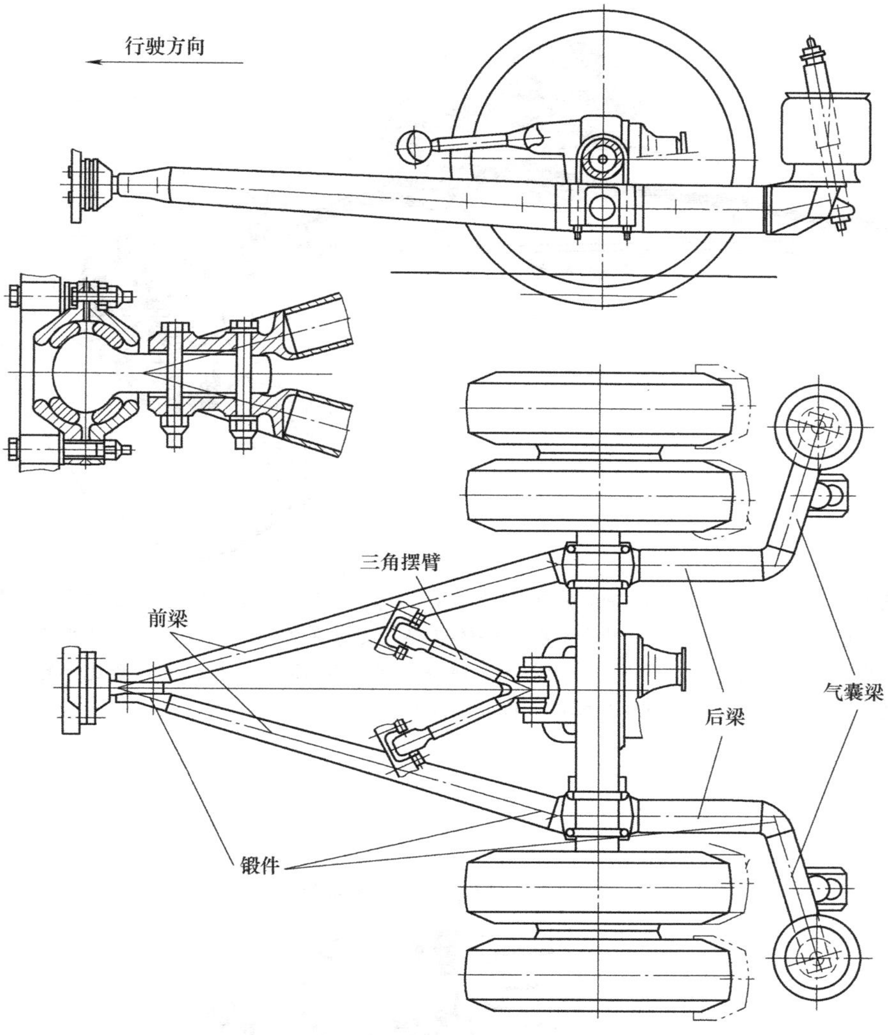

图 3-40 MAN 公司生产的后置发动机空气弹簧公共汽车采用牵引杆车桥作为整个后桥导向。每根摆臂由锻件和梁（空心板件）焊接而成。摆臂前面和球销连接，中间和刚性桥体用螺栓联接；后面形成悬臂，很大距离地支撑空气弹簧气囊。气囊的间距约为轮距的 1.13 倍，这对于减小车身侧倾很有利。纵向力由裹在橡胶件中的牵引杆铰链承受，侧向力的大部分则由三角摇臂承受。固定在刚性桥体上的铰链在车轮上下跳动时所产生的弧线比牵引杆铰链的小，这样产生的长度差由三角摇臂头部的弹性支承来补偿。

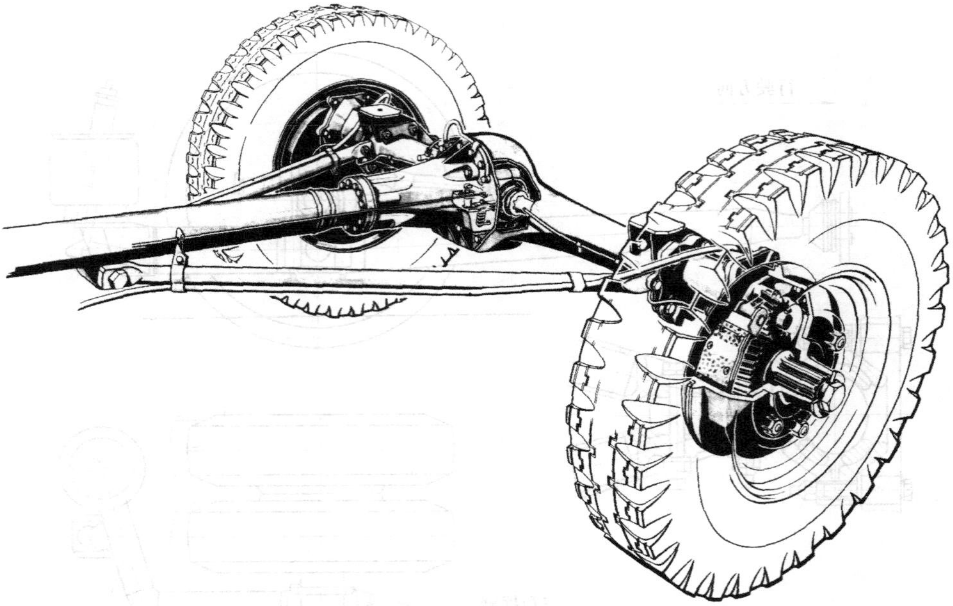

图3-41　图示为 Daimler-Benz 公司生产的 Unimog 车型的后桥。伸向前的管状牵引杆（驱动轴在里面转动）通过两个斜杆与桥体连接。支撑在桥体上的螺旋弹簧和承受大部分侧向力的潘哈杆没有在图中画出。为了获得较高的离地间隙，桥体的位置比车轮中心高，其高度差用来布置图中所示的中间轴齿轮对。

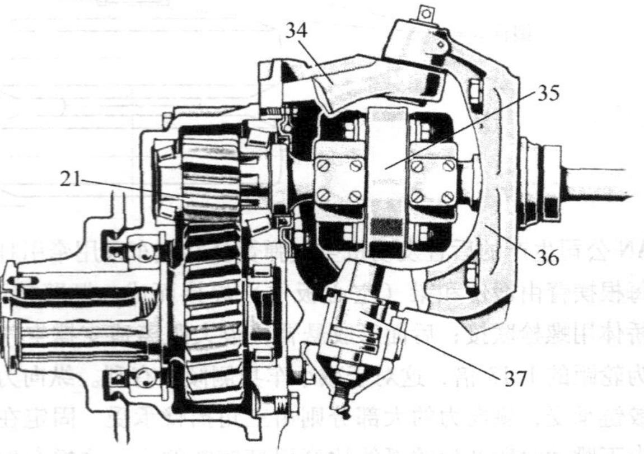

图3-42　为了在两个车桥上得到更大的离地间隙，桥体和牵引杆的位置应高于车轮中心，这个高度差由中间轴单元来过渡。图中所示为前面的单元，可以看到双联式十字轴万向节35以及转向节销轴37；为防止污物，需要两个滑脂嘴。件21为中间轴小齿轮，件34为车轮托架，件36为与桥体的连接件。

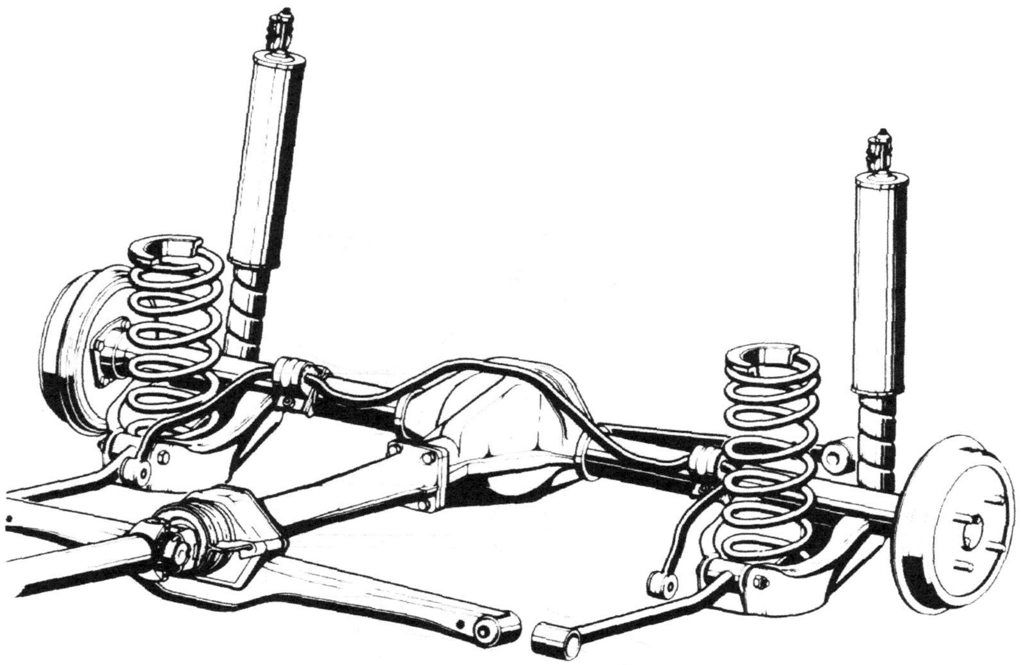

图 3-43　图示为 Opel 公司 1975 年用在 Manta B 车型、1981 年用在 Ascona 车型上的牵引杆车桥，该车桥上另外还有纵撑杆以及几乎水平布置的长潘哈杆。减振器垂直布置在车桥后面。

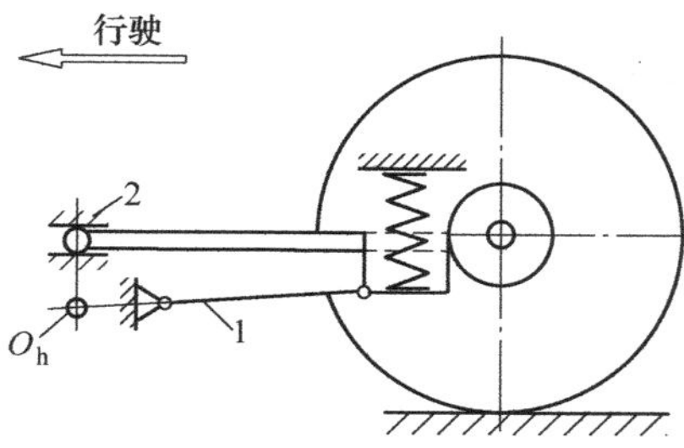

图 3-44　如果牵引杆车桥上纵向力通过杆件传递到车身，那么纵倾轴 O_h 为杆件 1 的延长线和通过牵引杆支承点 2 的垂直线的交点。

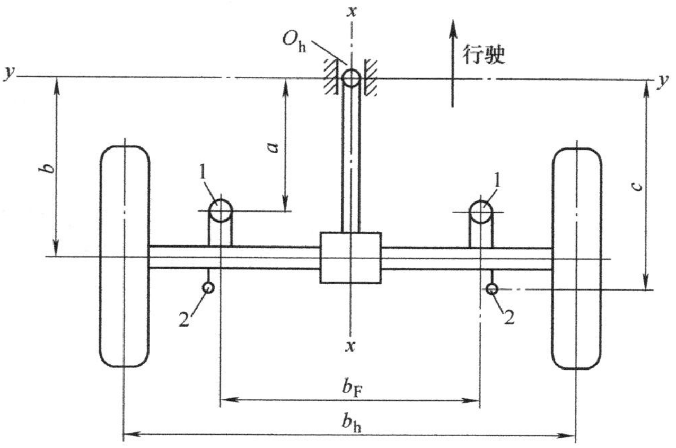

图 3-45　车轮同向跳动时牵引杆车桥围绕轴线 y—y 摆动，车轮反向跳动时围绕 x—x 摆动，转动轴相互垂直。弹簧布置在位置 1，使得车身在弯道中有效地被支撑。减振器 2 则相反，处于桥体后面，其传递比 $i_D < 1$。这样可以在车轮同向跳动时得到小力和大行程的弹性特性，但是在刚性车桥上也同时存在缺点：在车轮反向跳动时车身的侧倾运动衰减不是很有利。

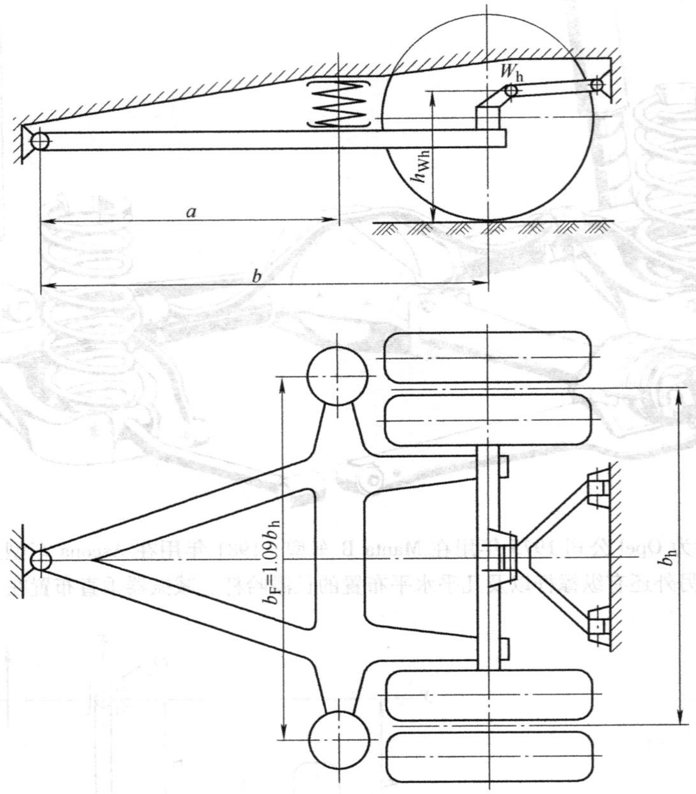

图 3-46　靠外布置在车桥前面的空气弹簧气囊能够明显减小车身侧倾。传递比 $i_F = b/a = 1.5$。

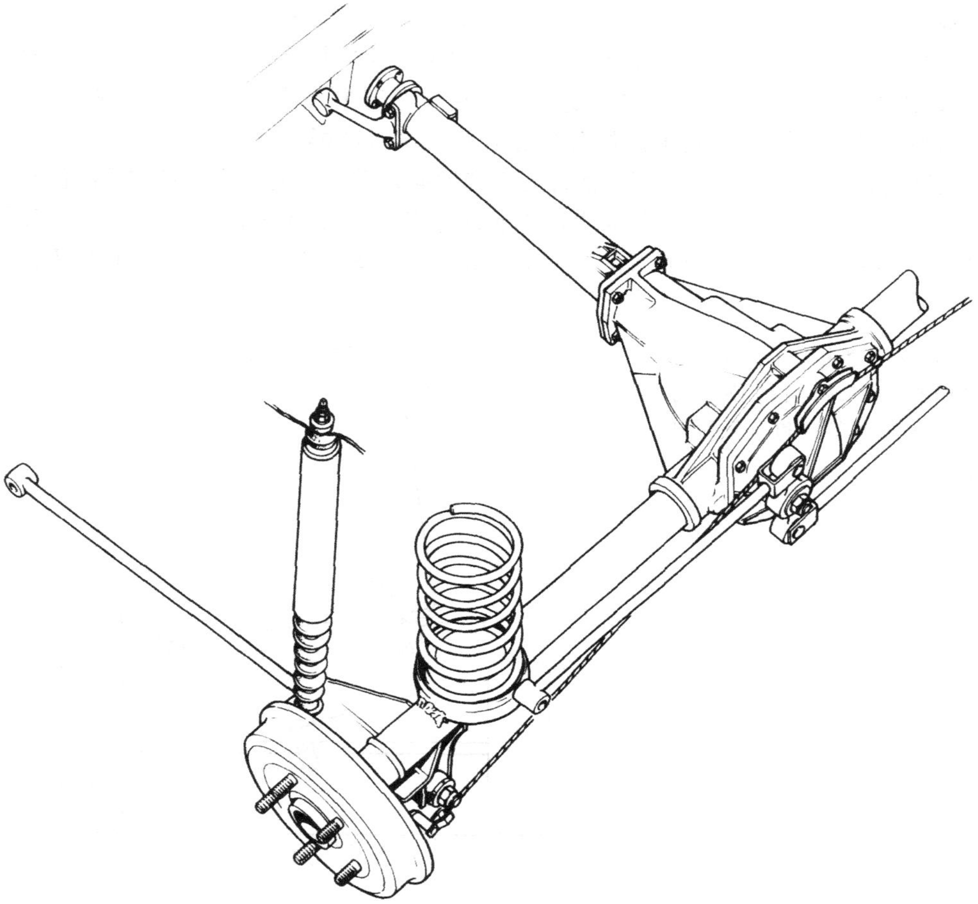

图 3-47　图示为 Rover 公司 2600S 车型的牵引杆车桥。螺旋弹簧位于桥体上，高度调节装置位于桥体前面。图中还可以看到向一侧偏置的瓦特连杆以及两根纵撑杆中的一根。

图 3-48　图 3-66 所示的 Alfa 90 车型后桥的瓦特连杆可以保证导向不偏向任何一侧。当车轮上下跳动时，摆杆围绕和车身固定的点转动，这个点同时也是侧倾中心。

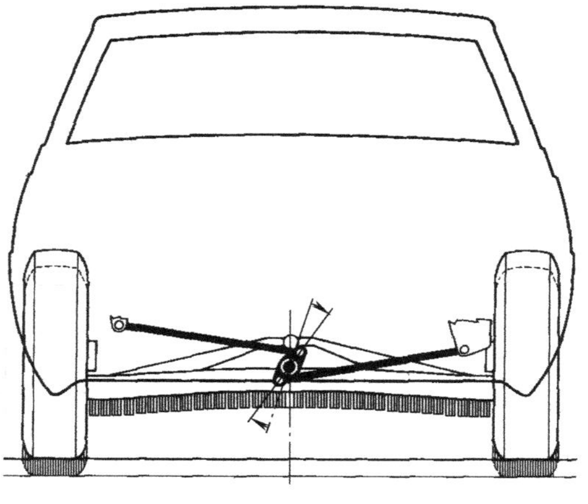

如果在少量承载状态下横杆斜置（图3-48所示），也可能产生缺点。在向左的弯道中车身向右侧倾斜，右横杆通过承受拉力几乎处于水平位置，车身在这一侧向下沉（图3-49）。左横杆和车身的连接点 T_1 则向上移动。左横杆位置因此更加倾斜，结果是产生更大的垂直分力 F_{Tz}，该力使车身抬高，即加剧车身侧倾。在右弯道中（图3-50），左横杆（受拉）几乎处于水平位置，右横杆（受压）位置更加倾斜。这时同样产生分力 F_{Tz}，加大车身侧倾。在承载较高的状态时较为有利：两个横杆处于和地面几乎平行的位置或者在外部甚至向下倾斜。在弯道中则会产生一个抵抗车身侧倾的垂直力 F_{Tz}。与此不同的是，在Lancia公司生产的Y10车型的后桥上采用两个斜置的撑杆进行导向，在图3-51和图3-52中可以看到细节。

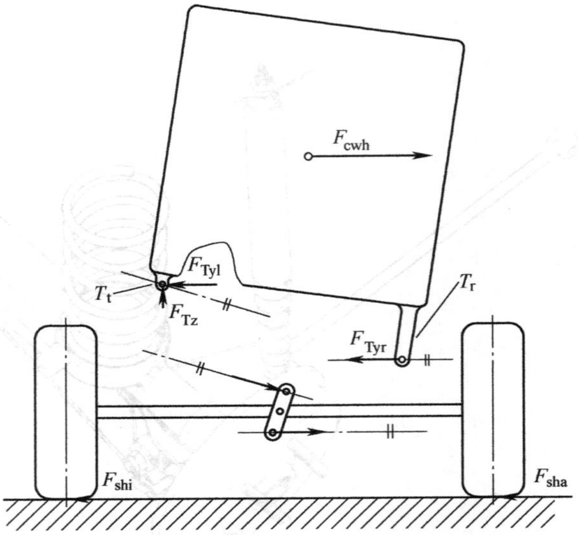

图3-49　在左弯道中，瓦特连杆的斜置左横杆使得侧倾加剧（分力 $+F_{Tz}$）。图中将车身和车桥脱开进行描述。

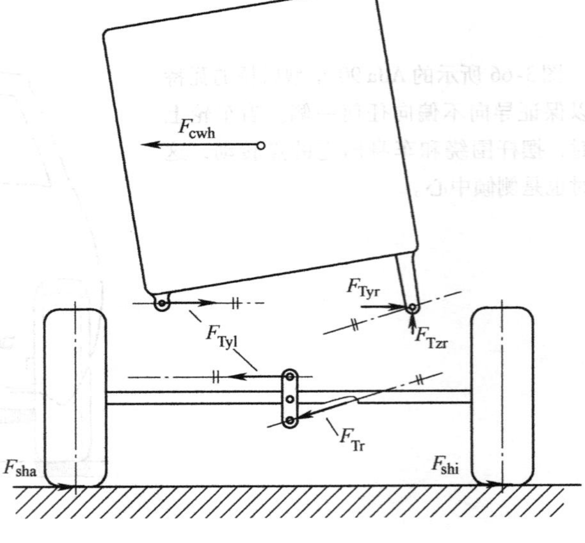

图3-50　在右弯道中，瓦特连杆右横杆的分力 $+F_{Tz}$ 使车身抬高。

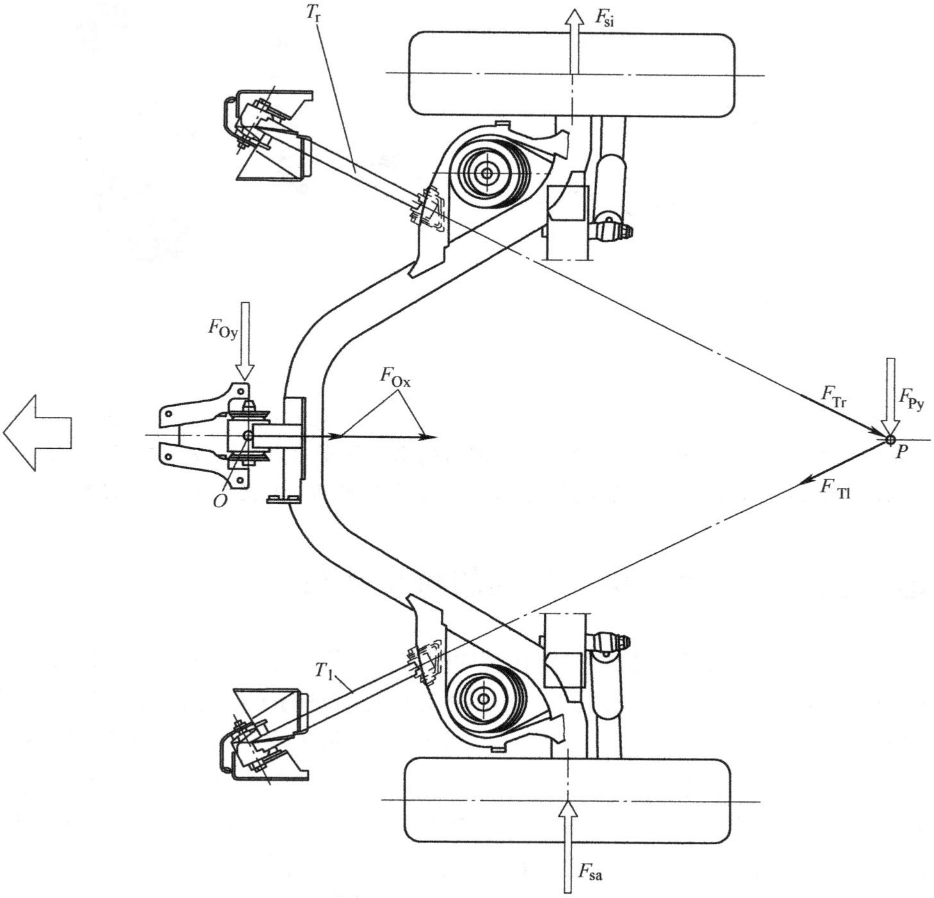

图 3-51　Lancia 公司生产的 Y10 车型的带斜置撑杆的后非驱动桥俯视图，弹簧位于车轮中心前面并靠外布置，后面为减振器。为了不影响装载宽度，将减振器斜置。牵引杆支撑点 O 同时为纵倾中心，侧倾中心位于侧视图中 O 点和 P 点的连线上。车轮着地点处的侧向力 F_{sa} 和 F_{si} 由点 O 以及两个撑杆的延长线交点 P 来支撑。两个反作用力和侧向力平衡，车桥一定为侧向力中性转向特性：$F_{sa}+F_{si}=F_{Oy}+F_{Py}$ 以及 $F_{Py}=F_{Try}+F_{Tly}$，纵向分力 F_{Trx} 和 F_{Tlx} 必须由牵引杆支撑点 O 承受。支承点处的弹性支承受压。这种车桥的制造成本不高。

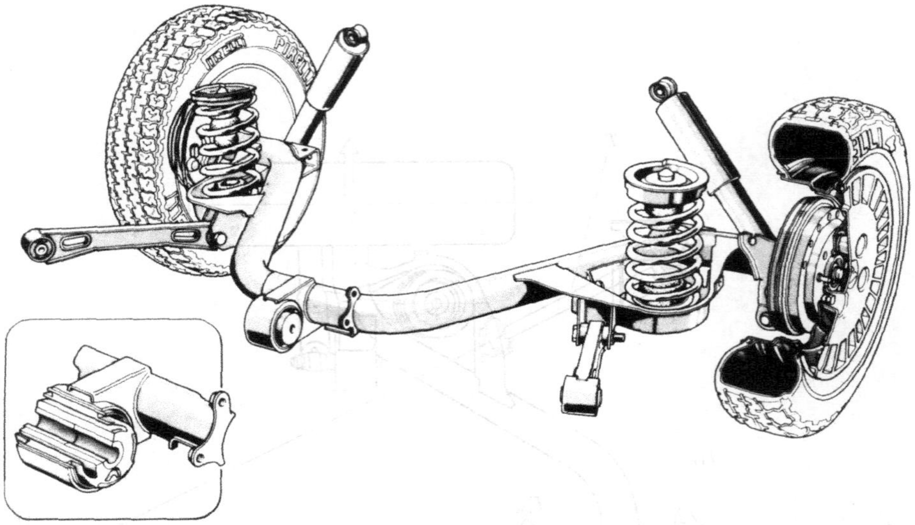

图3-52　Lancia公司生产的Y10车型的U形管后桥，鼓式制动，减振器斜置，弹簧布置得较低，副簧在弹簧内。局部视图展示的牵引杆支撑点处橡胶件中存在空隙，以便产生必要的纵向弹性，吸收轮胎滚动冲击；斜撑杆前面的支承的结构与之相同。

3.5　通过抗弯摆臂进行纵向导向的轿车悬架

可以通过布置在侧面的两个抗弯摆臂代替中间布置的管状牵引杆来完成纵向导向，承受驱动力矩和制动力矩，从而减小车身俯仰。在车轮反向跳动时两个摆臂相互交错(图3-53)，也就是在结构设计上必须避免车桥导向不稳定。图3-54所示为刚性驱动桥上使用的一种结构。向后延伸的支架通过两个橡胶套筒支撑在前桥桥体2上。这两个橡胶套筒在车轮转动方向必须较硬，这样在驱动和制动时不会产生围绕车桥中心的角度转动，但同时也需具备一定的软度，这样在车轮反向跳动时前桥部件的应力不致超过极限。另外图3-53所示（用于后桥）的限制纵摆臂相互交错的结构会导致橡胶件预紧，即提高了弯道稳定性，减轻了稳定杆的负荷，甚至可以省去稳定杆。Leyland公司在Range Rover车型的前桥使用了这种抗弯撑杆，Daimler-Benz公司在四轮驱动多功能轿车240 GD/280 GE（图3-55）的前后桥上也采用了这种结构。

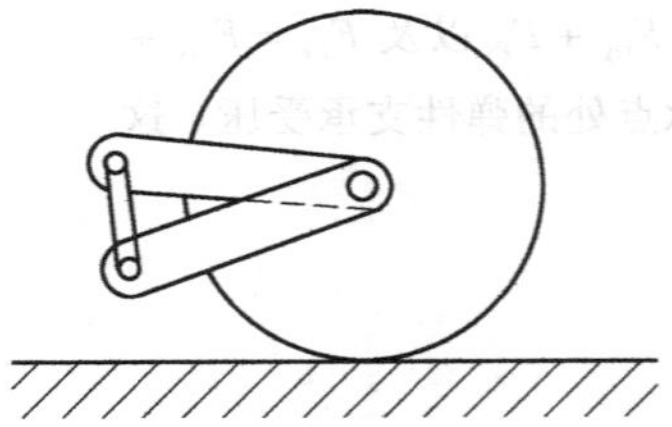

图3-53　如果刚性车桥的纵向导向仅由两个靠外的摆臂承担，那么在车轮反向跳动时，必须限制两个摆臂产生的相互交错。

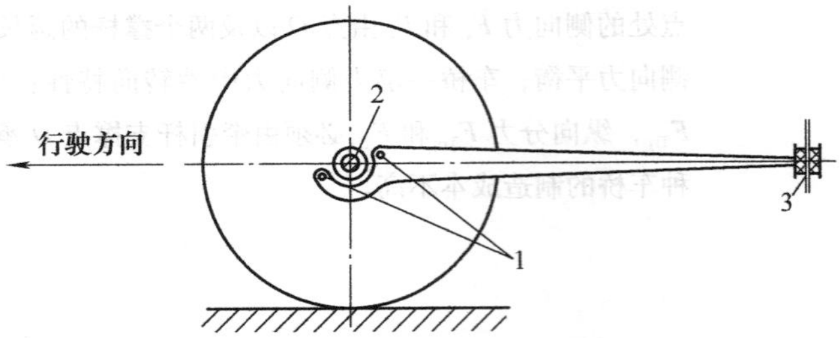

图3-54　两根纵摆臂中的每根可以通过两个橡胶套筒1和桥体2连接。这种情况下纵摆臂在车架上的支承采用纵向挠度较小的销轴式铰链（位置3）。

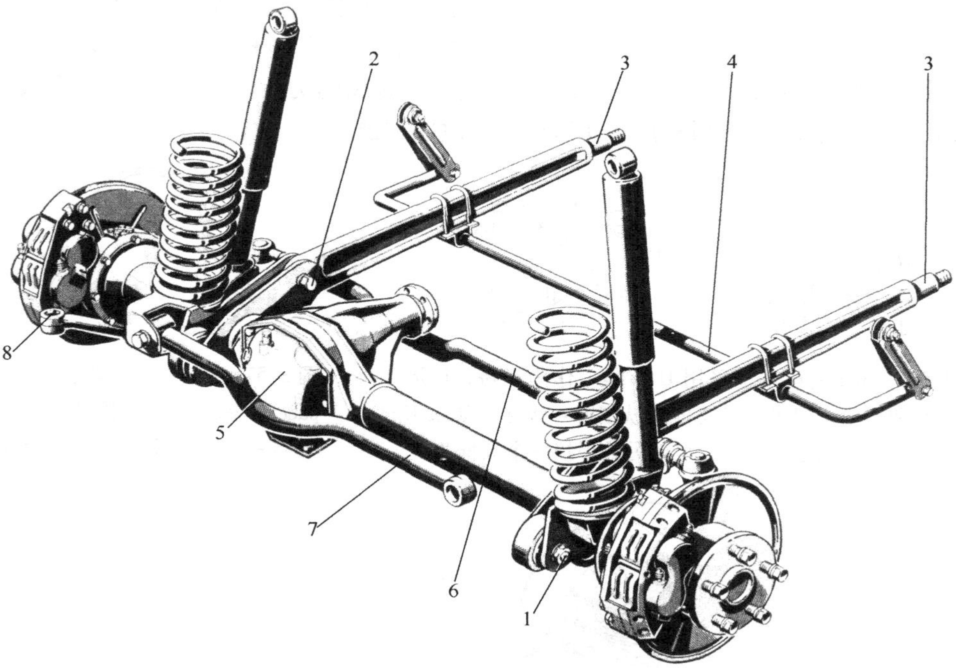

图3-55 1982年改进上市的Daimler-Benz公司生产的240GD/280GE车型的前桥。纵摆臂的端部3通过销轴式铰链连接到图1-3所示的车架上，前面U形支架在点1和2处固定在桥体上；稳定杆4支承在纵摆臂中间。为了能够布置差速器的壳体5，前束杆6和潘哈杆7做成弯曲形状。图中未画出的转向横拉杆相对潘哈杆平行布置，其外侧铰链插在孔8中。

为了解决“摆臂交错”问题，Audi公司从1959年在所有前驱车辆的非驱动后桥上采用了另外一种结构，从而达到以下目的：

1）制造成本低。

2）非簧载质量小。

3）导向性能良好。

4）起稳定杆的作用。

这些优点使得Renault Espace车型在1984年也采用了这种车桥结构，另外Mitsubishi Galant和Toyota Starlet车型也采用了这种结构。

这种扭转曲轴式车桥通常有一根可以承受垂直力力矩和侧向力力矩的U形梁，U形梁两侧和车轮托架板3以及向前延伸的纵臂4焊接（图3-56）。在车身侧倾时纵臂相互变斜（图3-53）；开口U形梁对这种“扭转”会产生一定的抵抗，起到弯道稳定杆的作用，作用的大小和梁的形状有关（图3-57，也可参见第4.3节）。

为了消除不足转向趋势，前驱车辆的后桥需要相对较高的扭转刚度，这只能借助增加U形梁的壁厚来实现。但是这种解决措施会导致扭转应力过大，因此大多数车型上还会增加一个扭杆（图3-56位置2）作为稳定杆，稳定杆两端和板3焊接。垂直力由固定在桥体前面或桥体上面的弹簧减振器模块承受（图3-58和图3-59）；纵臂的前橡胶支承具有一定的弹性特性，以隔离轮胎的滚动冲击。在图3-58、图3-59中都可以看到布置在桥体后面的潘哈杆；如图3-15所示，这种布置形式可得到侧向力不足转向特性。在Audi 80车型上潘哈杆斜置在车桥前面，以便和车身一侧的固定点与右纵臂连接到车身的点能够相同（图3-60）。这种结构形式中，侧向力 F_{sha}、F_{shi} 和潘哈杆力 F_{Ty} 形成的力矩使后桥具有过多转向特性（图3-27）。斜置的潘哈杆的分力 F_{Tx} 使这种转向效应加强。

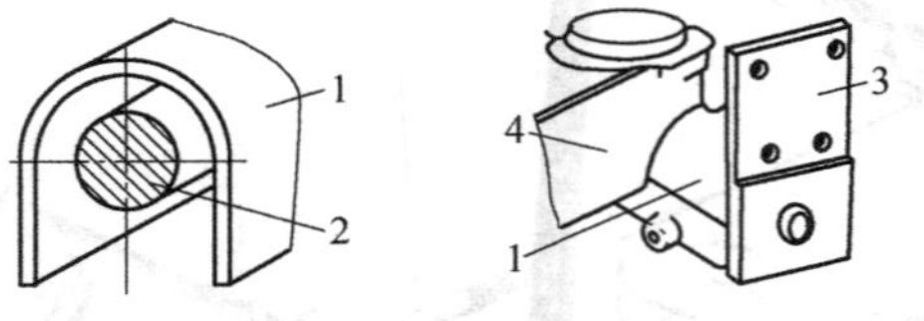

图3-56　Audi公司车型采用U形梁1作为车桥，U形梁两端和车轮托架板3以及抗弯纵摆臂4焊接。如果U形梁的稳定作用还不够，则可以另外焊接一个圆杆2。

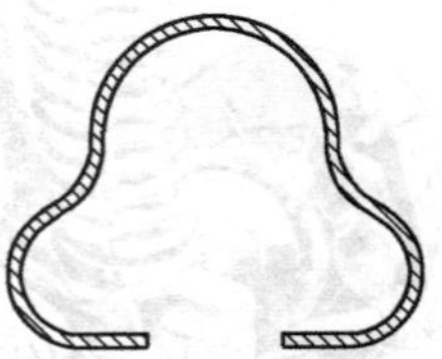

图3-57　Renault公司生产的Espace车型较宽，装载量大，因此桥体采用三瓣形开口向下的结构。

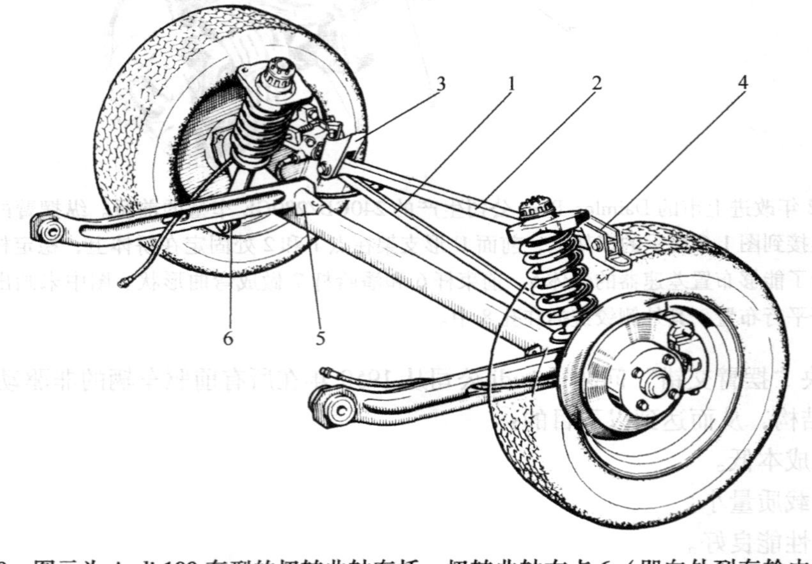

图3-58　图示为Audi 100车型的扭转曲轴车桥，扭转曲轴在点6（即向外到车轮内）固定弹簧减振器支柱，进一步抑制侧倾。纵摆臂必须在内侧较多地焊接在U形梁上，并通过蹄块5加强。另外U形梁在侧面向上延伸，由此产生较大的扭转阻力；不需要另外增加稳定杆。杆件2把由潘哈杆产生的侧向力分配到车身两侧的固定点3和4上。杆1布置在车桥的后面，因此侧向力不足转向特性可以通过把摆臂从408mm（上一车型）长度改进到638mm来进行抑制。此外提高了舒适性，在车桥前面可以布置容积为80L的油箱和主消声器。其缺点是纵倾中心 O_h 进一步向前移动，因此削弱了对制动点头的抑制。

Honda公司在1983年推向市场的前桥驱动的Civic车型中，把管状桥体向后向下移动，优点是潘哈杆1（图3-61，从上面看）位于车轮中心平面，在弯道侧向力作用下不会产生桥体固有转向。通过这种措施还可以把弹簧支柱布置得较低，并且靠近车轮中心。和前面介绍的结构不同，此处的桥体是刚性管（图3-62和图3-63中的位置2）。图中左面的车轮托架3和刚管焊接在一起，制动底板、轴颈4以及斜置的前抗弯纵臂5与车轮托架通过螺栓联接。但是在右侧，车轮托架 6 则支撑一个加长的轴颈（位置 7），在轴颈上支撑车轮轴承 8 以及附近的向前斜置的纵摆臂（位置 9 和 10）。在车身侧倾影响下纵摆臂在轴颈 7 上扭转（滚动支承）。

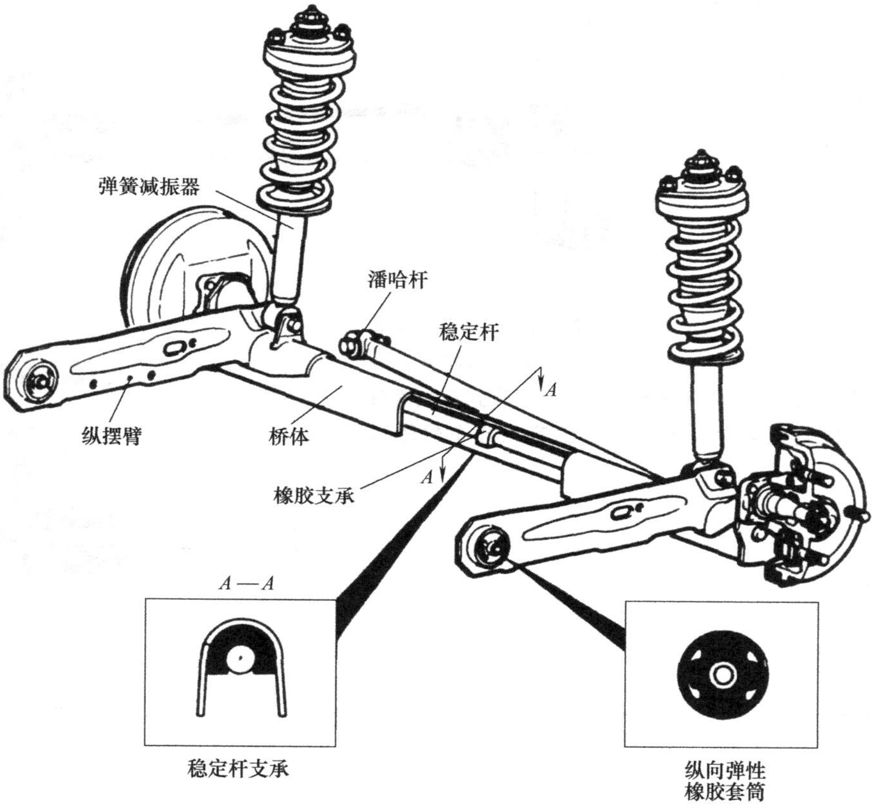

图 3-59　图示为 Mitsubishi 公司生产的 Galant 车型的扭转曲轴车桥。弹簧减振器支柱位于桥体上；下面的固定螺栓与夹板联接，夹板焊接在纵摆臂上。从图中还可以看到焊接的扭杆、扭杆的支承以及摆臂的前橡胶套筒。

图 3-60　如果潘哈杆位于车桥前面，那么潘哈杆力 F_{Ty}、侧向力 F_{sha} 和 F_{shi} 产生的力偶使车桥产生过多转向的跟转向。潘哈杆的分力 F_{Tx} 会加剧这种转向效应（也可参看图 3-25）。

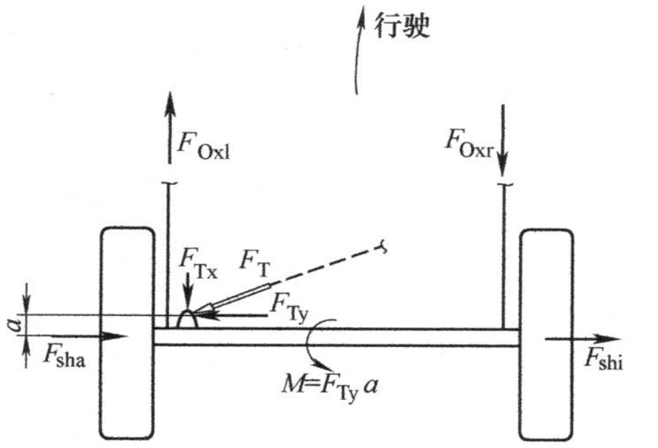

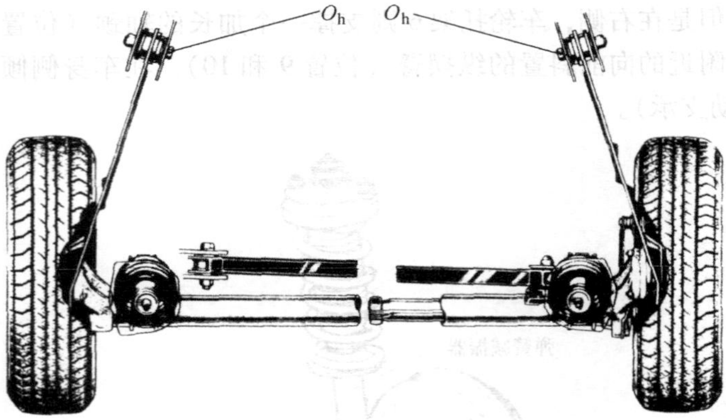

图 3-61　图示为 Honda 公司 Civic 车型的后桥俯视图。潘哈杆、弹簧支柱位于车轮中心平面，稳定杆单元通过橡胶圈支撑在桥管中。制动器底板位于纵摆臂上；纵摆臂向前斜置，在制动过程中纵摆臂在支承点 O_h 处向下拉车身。

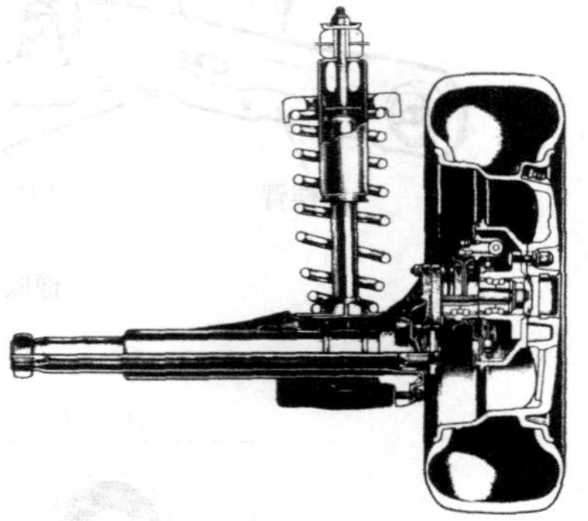

图 3-62　图示为 Honda 公司 Civic 车型的后桥后视图。弹簧减振器单元通过销轴式铰链与车身相连，并且带有副簧；螺旋弹簧通过弹性垫圈支撑在车身上。图中可以看到右纵摆臂的支承单元，以及双列角接触球轴承的第二代车轮轴承单元。

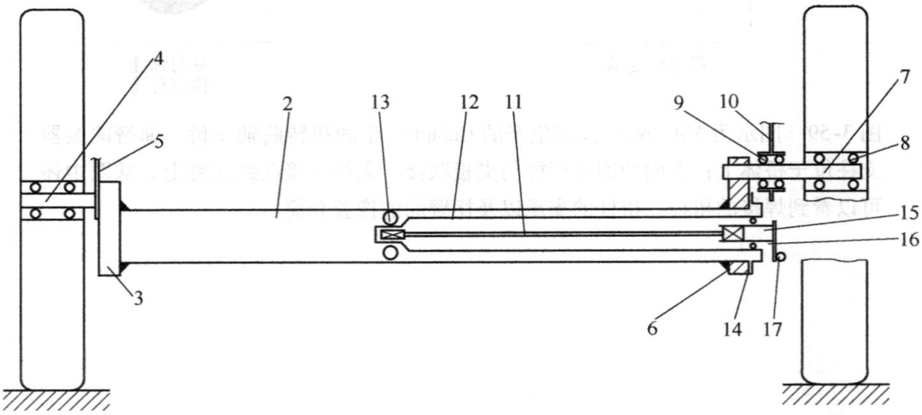

图 3-63　在 Honda 公司生产的 Civic 车型中，管 2 与车轮托架 3 和 6 连接。左纵摆臂 5 用螺栓和零件 3 固定，在车身侧倾中纵摆臂 10 在轴颈 7 上转动。

对于 1.5L 大功率发动机，还需增加一个扭杆作为稳定杆（位置 11），两端用花键联接。扭杆左端支承在内管 12 中，内管的内端支承在桥管 2 内的橡胶环 13 上；内管的外端与车轮托架 6 在点 14 处通过螺栓联接。扭杆右端啮合在臂杆 15 的柄部；内管 12 的支承以及臂杆柄部向外的密封由弹性圈 16 承担。臂杆和连杆连接，连杆在点 18 处与右纵摆臂连接（图 3-64）。如果两个纵摆臂相互斜置，则右纵摆臂的臂杆 15 跟着扭转。这种扭矩不仅作用在扭杆上，还作用在内管 12 上。这两个零件一同起稳定作用，它们在扭转方向产生挠度，因此部件 12 的支承也是橡胶圈（位置 13）。

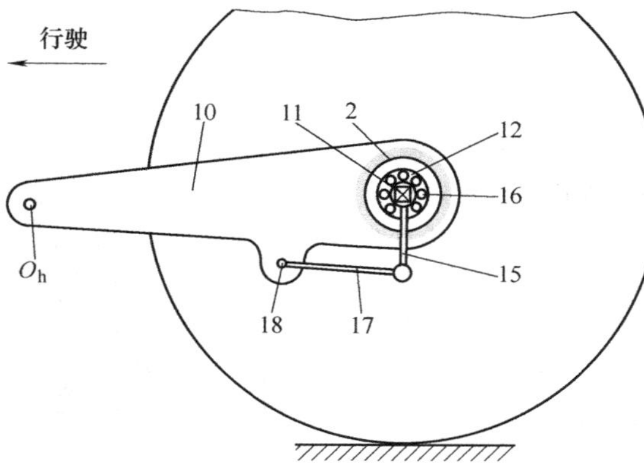

图 3-64　纵摆臂 10 的支承可以转动，右纵摆臂通过零件 18、15、11、12、2 与左纵摆臂连接，从而产生 1.5L 大发动机所需要的侧倾刚度。

3.6　De-Dion 悬架

刚性驱动桥较大的重量对车轮与地面的附着能力产生不利影响，为了降低这种影响，可以把差速器与桥体分开（图 3-9）。在这种情况下可以把差速器壳体连接到车身或副车架上，连接固定点应该布置合理，使得驱动力矩能被这些点承受。固定点在纵向应该保证一定的间距 a，这样可以使力较小（$F_z = M_d/a$，图 3-65），同时可以充分隔离噪声。与车轮的连接是通过带两个等速可移动式万向节的驱动轴来实现的（图 2-112）。驱动力使摆臂以及单叶板簧只承受压力；如果制动装置布置在外面的车轮中（图 3-8），则制动力施加一个力矩。

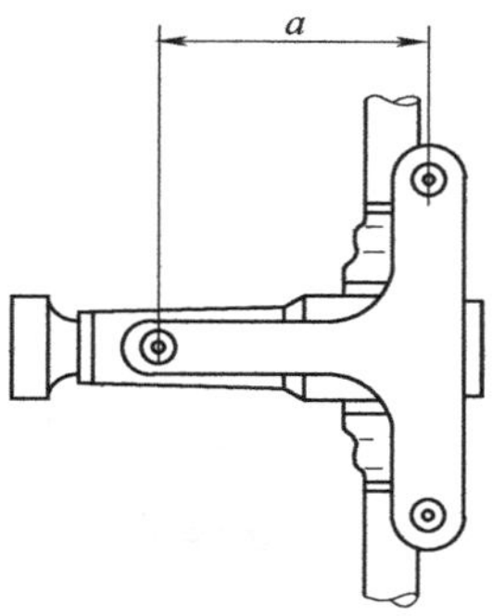

图 3-65　为了让发动机产生的制动力矩和驱动力矩在支承处引起的垂直力较小，差速器的支承点和独立悬架的副车架的支承点在纵向方向应尽可能分开布置（间距为 a，也可参看图 8-25）。

Alfa-Romeo 公司在 90、Alfetta 和 Giulietta 车型上将制动器布置在差速器上（即布置在内），这样在制动过程中只需承受纵向力。图 3-66 和图 3-67 所示为重量相对较轻，可保证一定行驶性能的 De-Dion 牵引杆车桥，这几款车型都使用这种车桥。

这种车桥由一个向后延伸的管 1 和牵引杆 2 组成，管 1 的侧面承载车轮，并且向前延伸形成稳固的横梁，即牵引杆 2；支承 3 承受所有纵向力。制动力矩传递到差速器的连接点 12 和 13 上（图 3-65 中间距 a）。这样车身后部在制动时既不会下拉，也不会在加速时被顶起；图 3-38 所描述情形的前提条件是制动器布置在外面，且差速器位于桥体上。

侧向力由牵引杆支承点 3 和瓦特连杆的两个横杆（在图 3-48 中可以见到）来承受。瓦特连杆可以保持车桥平直导向，避免任何固有转向，但是也存在缺点（图 3-49 和图 3-50）。

Renault 公司生产的 Espace Quadra 车型的后桥要简单轻便得多（图 3-68）。其基本结构符合扭转曲轴车桥，只是有些区别：由于需要驱动，横梁向后弯曲，留出差速器的安装空间，传动轴也相应斜置。

图3-56　图示为Alfa-Romeo车型的De-Dion牵引杆车桥的俯视图。由图中可以看到牵引杆支承点3，杆件4和5在后面形成瓦特连杆，制动盘6布置在内部。稳定杆7在桥侧和支撑弹簧的托盘8连接，减振器9位于车桥中心的前面，可以更有效地抑制侧倾（图3-45），件10和11为等速可移动式万向节。

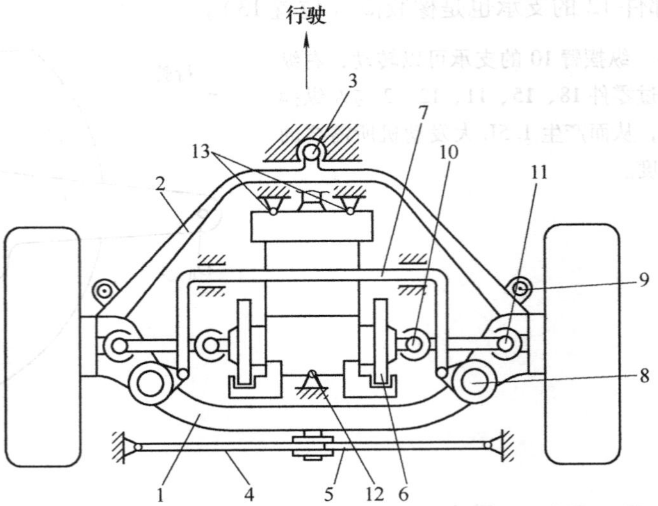

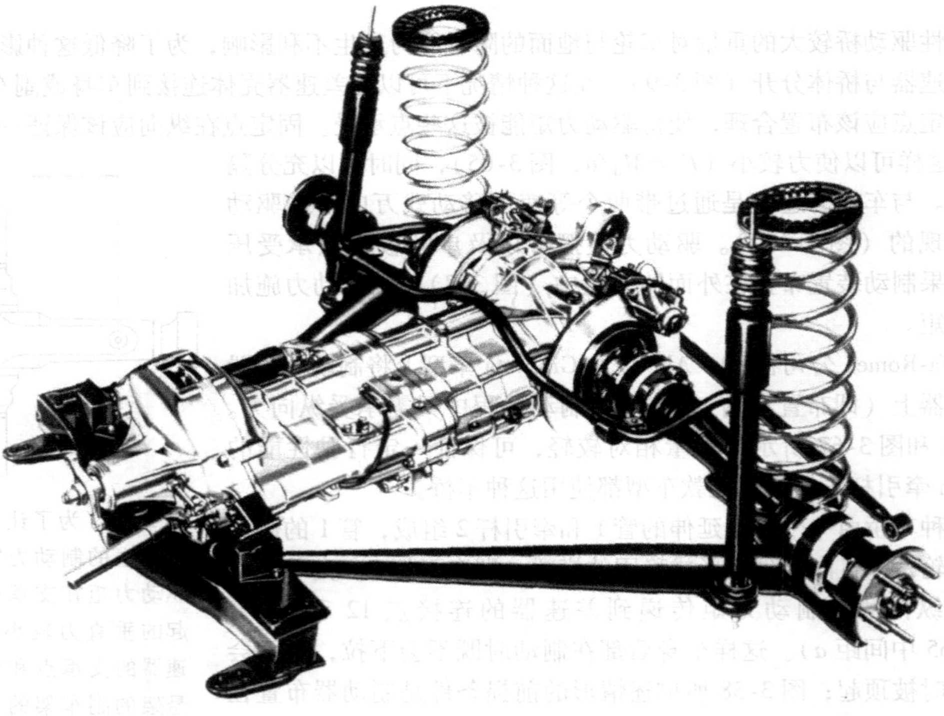

图3-67　图示为Alfa-Romeo 90车型的De-Dion牵引杆车桥，铝合金壳体包含离合器、换档变速器和差速器。从图中可清楚地看到制动盘和连接点位置，前面在横梁上，后面在壳体上侧。

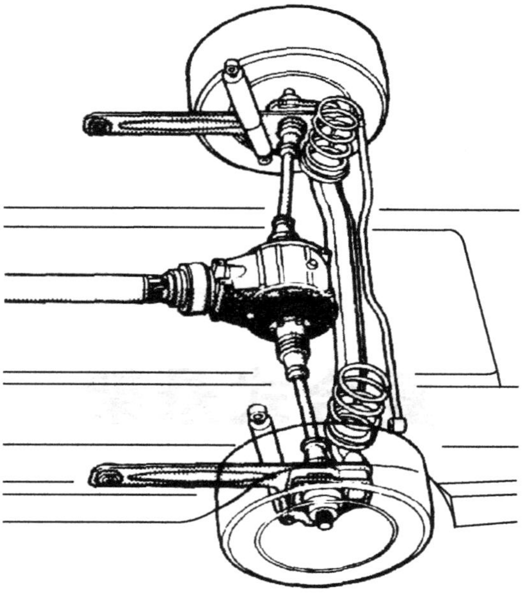

图3-68 图示为1988年上市的Renault公司生产的Espace Quadra车型。两根向前延伸的摆臂承受纵向力和制动力矩，侧向力由潘哈杆承受，驱动力的传递由UNI-CARDAN公司生产的复合等速传动轴完成。

该传动轴材料为玻璃纤维增强塑料，长度为1526mm，截面尺寸为85mm×2.5mm，质量为1.5kg，允许转速为6200r/min，可承受持续转矩为±700N·m，短时间承受转矩可以达到1200N·m。

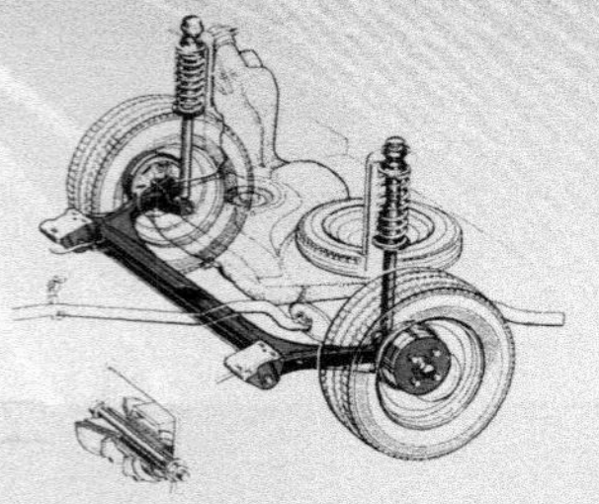

4 复合式悬架

4.1 优缺点

这种复合式悬架形式出现在20世纪70年代生产的车型的后桥中，在前轮驱动车辆中具有以下优点：

（1）安装方面

1）车桥易于装配和拆卸。

2）较小的安装空间，特别是需要使用扭杆时（图4-1）。

3）弹簧减振器单元或者弹簧和减振器连接简单。

4）不再需要其他用于导向的摆臂和杆件。

5）仅需要较少的部件。

（2）弹性系统方面

1）车轮到弹簧减振器单元的传递比较有利。

2）只有两个支承点 O_L 和 O_R，几乎不影响弹性系统。

3）非簧载质量轻。

4）横梁可以承担稳定杆的任务。

（3）运动学方面

1）在车轮同向或反向跳动时，车轮前束和轮距几乎没有变化。

2）整个车桥的侧倾不足转向与装载量相关。

3）纵倾中心位置较有利（图5-58），可以减小制动时后部的抬起量。

其缺点较少：

1）几乎不可能用于批量生产的驱动桥上。

2）有侧向力过多转向趋势。

3）在横梁中产生扭转和切应力。

4）焊缝的应力较高。

5）后桥允许载荷受到限制。

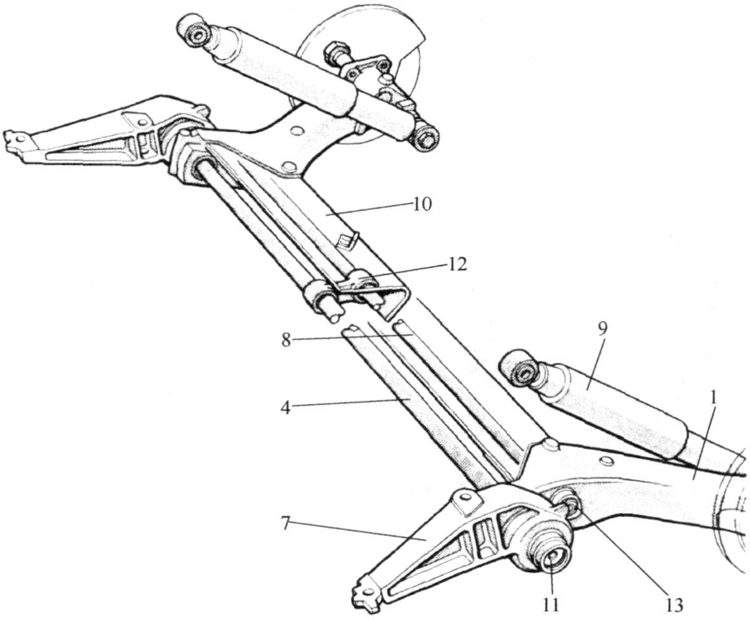

图4-1 图示为特别节省安装空间的四杆复合式悬架，这种车桥安装在 Renault 公司生产的 9、11、21、5 GT Turbo 以及 Rapid 车型上，每侧有两根扭杆（位置4和8）。横梁10的V形截面的肘管长度不同，抗弯刚度很高但抗扭刚度较低，承受所有的垂直力、侧向力和制动力以及相应的力矩；它还部分承担稳定杆的作用。

后面的扭杆8比前面的（位置4）粗；在外端，件8通过花键11啮合在纵摆臂1中，在内端则位于在连接块12中。车轮跳动时在件12中产生纯扭矩，该扭矩进一步传递到前扭杆4上，扭杆4因此也承受扭矩。扭杆在外侧通过花键11啮合在托架7中（图7-12和图7-13），纵摆臂可以转动地支承在托架中。转动点同时也是纵倾中心（图5-58）；只需要四个螺栓就可以把托架（也就是整个车桥）固定在车身底板上。

为了得到宽而平坦的行李箱，避免出现凸起，单筒减振器9在上述几款车型中斜置，减振器的力传递到车身底板的纵梁上。当车轮同向跳动时，四个扭杆均处于工作状态；当车轮反向跳动时，连接块12不动，仅后面较粗的扭杆8和横梁10产生扭转。

通过这种布置方式可以得到较软的车身弹性系统，另外侧倾刚度又较高，即在弯道中车身侧倾明显减小。

4.2 VW 车型的后桥

1974年上市的前轮驱动车 Scirocco 和 Golf 车型第一次采用复合式后桥（图4-2），同年类似结构也应用在 Audi 50 车型上，当时称之为耦合摆臂车桥；两者均为一根横梁和纵摆臂连接在一起。前者的横梁为扭转刚度较低，在垂直方向和纵向方向弯曲刚度较高的T形横梁，而在 Audi 50 车型（后来称为 Polo）上则为U形横梁。横梁在侧面和纵摆臂焊接在一起；1988年 Scirocco 车型仍使用此种车桥，其焊接位置更加靠近连接车身的车桥支承，在 Polo 车型上焊接位置则向后移动。因此油箱可以移到后部，更多空间留给后排座椅。进一步移向后面的横梁应用在1981年生产的Polo C车型和Passat车型以及1983年生产的Golf Ⅱ车型上（图4-3和图2-80～图2-82）。

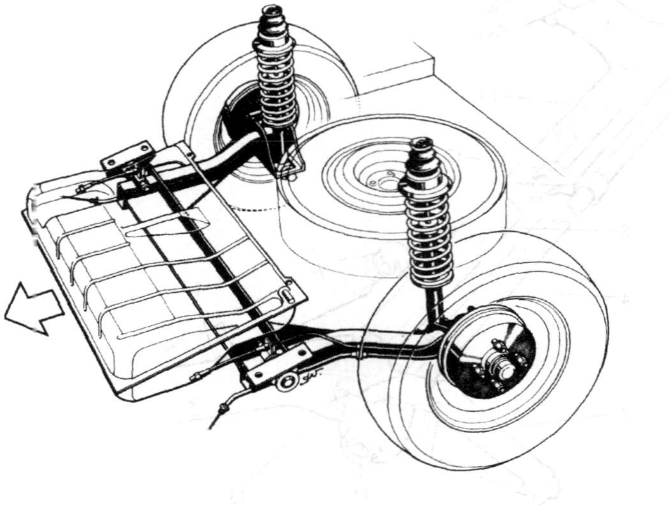

图4-2　图示为VW公司Scirocco和Golf敞篷车车型的复合式车桥。管状纵摆臂和T形横梁焊接在一起，横梁承受垂直力力矩和侧向力力矩，同时也起稳定杆的作用；油箱布置在前面，一部分在横梁上面。仅在两处进行支承。Golf I的技术参数为：轮距 b_h = 1360mm，摆臂长度 r = 420mm，弹簧行程 s_g = 188mm，同向弹簧刚度 c_h = 15.3N/mm，反向弹簧刚度 $c_h + c_{\varphi h}$ = 22.3N/mm。

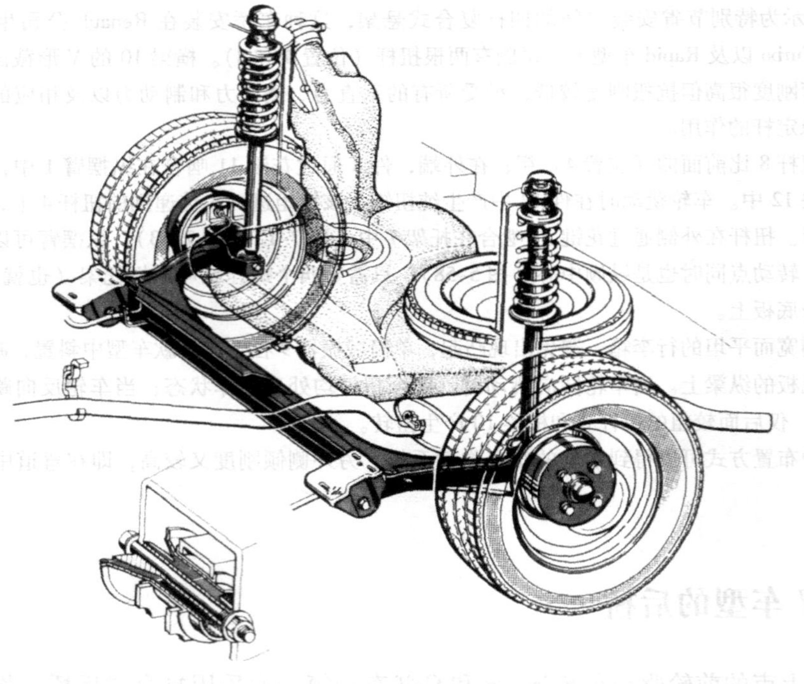

图4-3　VW公司Golf Ⅱ和Jetta Ⅱ车型的后桥支承具有轮迹校正功能（参看图2-81）。图中可以看到节省空间的备胎以及塑料油箱（称为KKB）。Golf Ⅱ的技术数据：轮距 b_h = 1422mm，弹簧行程 s_g = 200mm。

现在所有车型的横梁均为开口向前的V形梁（图4-4），横梁和纵摆臂的连接通过蹄块加强。Golf Ⅱ车型的油箱在两车轮之间，材料为高分子聚乙烯。用这种材料做成的油箱

（图 4-5）可以根据周围的部件进行匹配成型，特别是平的备用轮胎，油箱容积可以从一般材料的 40L 增大到 55L。

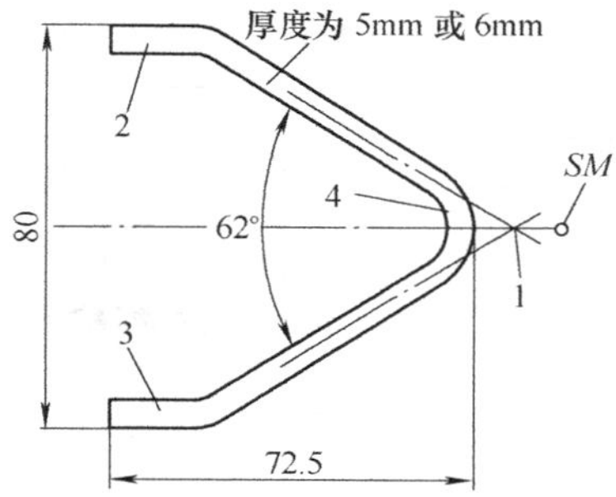

图 4-4　所有 VW 车型均采用 V 形横梁连接两根纵摆臂；在 Passat 三厢车型上横梁厚度为 5mm，在两厢旅行车上为 6mm。横梁转动 10°可以产生 160N·m 或 230N·m 的转矩。Golf Ⅱ车型采用同样的横梁。

剪切中心 *SM* 距点 1 5mm，点 1 为型面中心线的交点。*SM* 偏离点 1 的原因是相互平行的缘边 2 和 3，圆角 4 对其无影响。

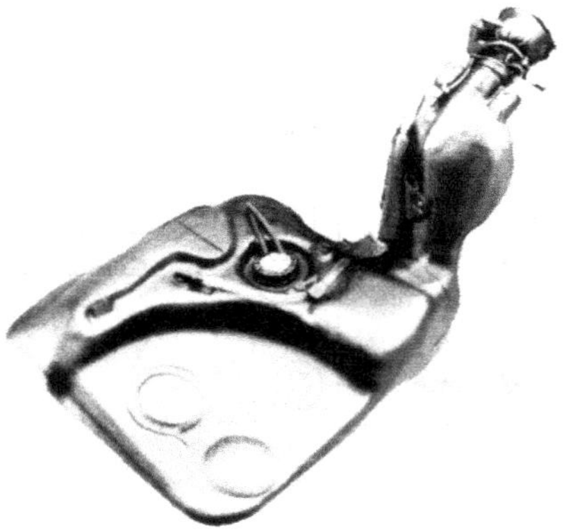

图 4-5　图示为 VW 公司生产的 Golf Ⅱ和 Jetta Ⅱ车型的塑料油箱。采用这种材料有以下优点：

1）造型可以较复杂，可以提高 15% 的容量。

2）质量可减小 30%。

3）不会腐蚀。

4）事故中发生爆裂的可能性很小。

4.3　弹性特性

VW 公司生产的车型的弹性系统均为垂直竖立的弹簧减振器单元，它的下面通过吊耳用六角螺栓联接在车轮中心（图 4-6 中点 *F* 和图 1-11）。前面的两个支撑点 O_L 和 O_R 在无干扰的直线行驶中几乎不承受载荷，并且在弯道中也不承受很大载荷（与大间距 b_0 有关）。

弹簧支柱侧面到车轮接地点的距离为 *f*，由于弹簧力 F_f 和垂直力 F_{nh}（减去半个车桥的质量，图 4-7）产生力矩 $M_t = F_f f$，该力矩使摆臂 1 扭转；车轮和弹簧隔得越开，则这种扭转越强。车桥的零部件产生变形，导致前束和外倾角发生少量变化（图 4-8）。弯矩 M_b 必须由焊接横梁来承受；在 U 形梁或 V 形梁的肘管中产生拉力和压力，这种应力比 Golf Ⅰ和 Scirocco 车型中采用 T 形梁的垂直缘板的弯曲应力小。当路况条件不好时，会出现由内向外的侧向力 F_{sl}（单侧或两侧）该力通过力臂 r_{dyn}（车轮动态半径）产生力矩，使得摆臂转动。

在弯道行驶中则不同，作用在外侧承载较高车轮的力 F_{sha} 由外向内，因此减小了扭转应力。另外，侧向力方向相反会使摆臂彼此分开或彼此压紧（图 4-7）。这样产生的力矩会导致横梁的两个肘管 3 和 T 形横梁的缘板产生弯曲应力。在摆臂中则不相同，横梁越靠后布置，即支撑点 *O* 和横梁的间距 *b* 越大，则摆臂的应力越小。

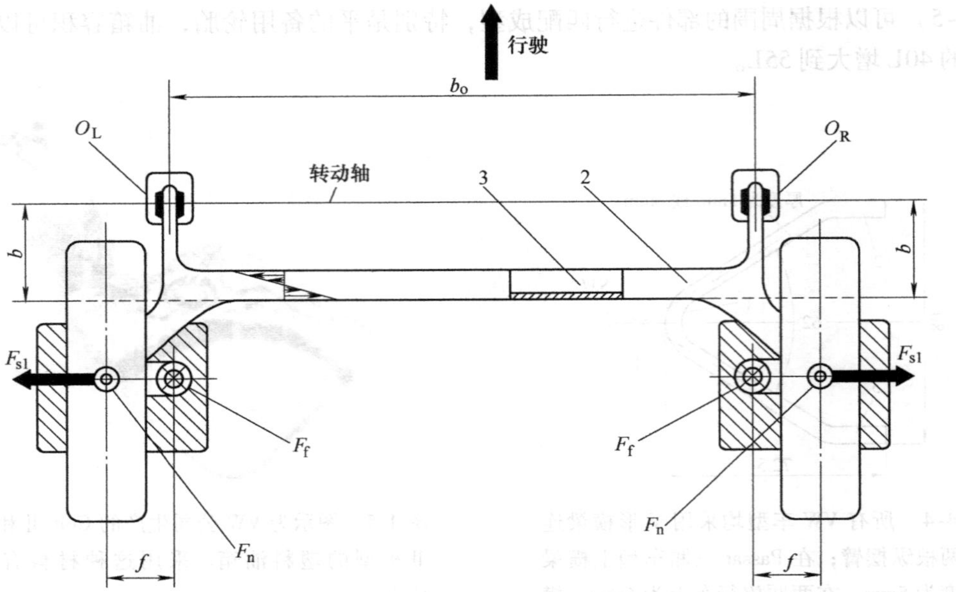

图 4-6　图示为复合式车桥的俯视图。弹簧支柱布置在车轮中心平面，在无干扰的直线行驶中支承 O_L 和 O_R 只需承受滚动阻力。纵倾轴线和车桥中心的距离不远，这样在设计位置可达到41%的抗制动点头率。

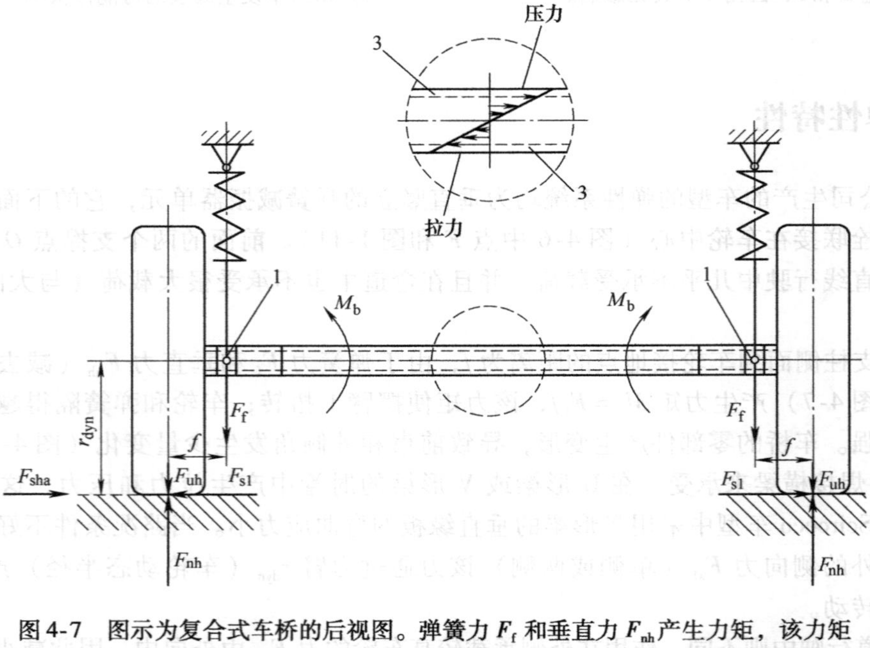

图 4-7　图示为复合式车桥的后视图。弹簧力 F_f 和垂直力 F_{nh} 产生力矩，该力矩使纵摆臂扭转；该力矩由焊接 V 形梁或 U 形梁的平置连接板承受。如果侧向力 F_{s1} 的方向由内向外，则增大垂直力力矩。在这里车桥的自重 $2F_{uh} = m_{uh}g$ 没有考虑在内。

4.4 运动学特性

复合式车桥是纵臂式车桥和刚性车桥的复合体；当车轮同时上跳或下跳时，仅产生少量的弹性车轮外倾角变化（图 4-8），当车轮反向跳动时，车轮外倾角变化强烈（图 4-9）。图 4-10 和图 4-11 所示为和其他悬架形式的对比。刚性车桥的车轮保持相对地面的位置不变，纵摆臂车桥的车轮围绕转动轴垂直摆动，车身的侧倾角 φ 相当于车轮外倾角。弯道外侧车轮为正外倾角 $+\gamma_a$（图 1-18），内侧车轮为负外倾角 $-\gamma_i$，两个车轮的侧向导向能力都下降。复合式车桥的车轮外倾角变化量取决于横梁的位置。如果横梁位于转动点之间，那么其外倾角变化相当于纵臂式车桥；当横梁向后移动（图 4-13 中的尺寸 b），当车轮反向跳动时上跳车轮为负的外倾角，下跳车轮为正的外倾角（两者均相对于车身而言）。横梁越靠近车轮中心平面，则越类似于刚性车桥。

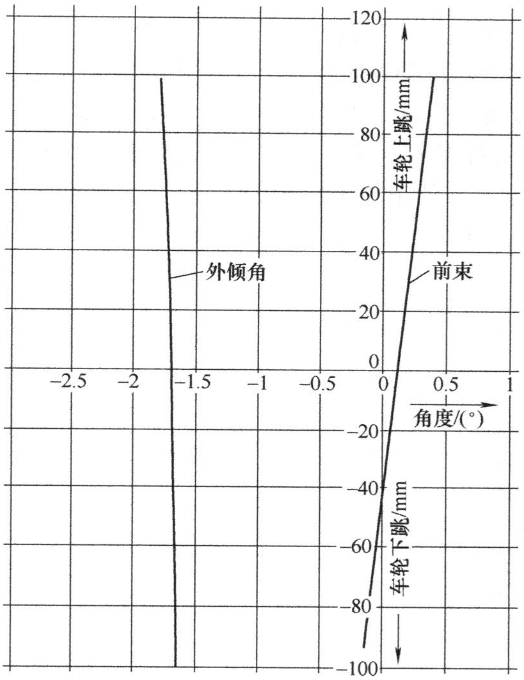

图 4-8　图示为在 VW Golf Ⅱ 车型上车轮同向跳动测量得到的车轮外倾角和前束的变化。在车轮上跳相应产生的力矩 $M_t = Ff$ 使摆臂的变形非常小；图中表明车轮定位值在不同负荷下几乎不变化。设计位置车轮外倾角为 $-1°40'$，公差为 $\pm 20'$，左右允许偏差为 $30'$。

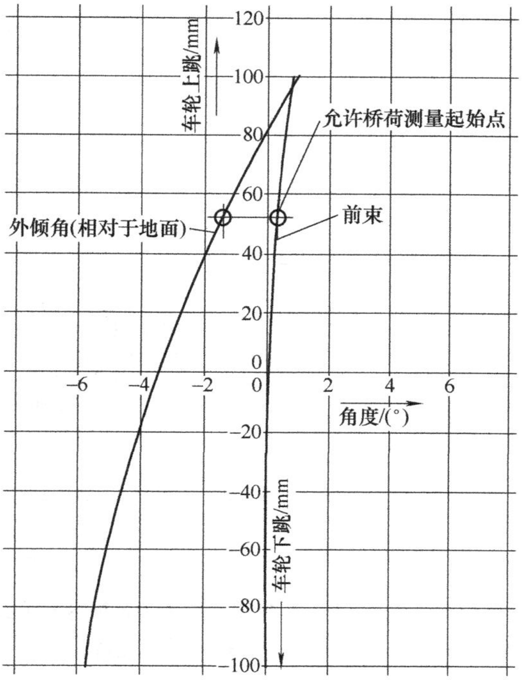

图 4-9　图示为在 VW Golf Ⅱ 车型上车轮反向跳动测量得到的车轮外倾角和前束的变化。纵坐标为车轮跳动量。相对于地面，车轮上跳的外侧车轮的外倾角向正值变化，车轮下跳的内侧车轮的外倾角向负值变化；车辆在后桥允许桥荷状态进行测量。前束的变化不利于车辆行驶性能。

侧倾外倾系数 $\Delta\gamma_a/\Delta\varphi$ 和 $\Delta\gamma_i/\Delta\varphi$ 为外倾角的变化和运动学侧倾角变化的比值。在复合式车桥中，该系数取决于横梁的位置；该系数越小，则弯道行驶中的地面附着性越好：

		$\Delta\gamma/\Delta\varphi$
复合式车桥，	图4-12中的结构1	1.0
	Scirocco（以及Golf Ⅰ）	0.94
	Golf Ⅱ	0.60
	Polo Ⅰ	0.54
	Ascona C	0.50

图4-10和图4-11中的悬架的系数为：

	$\Delta\gamma/\Delta\varphi$
纵臂式车桥	1.08
麦弗逊式车桥	0.86
刚性车桥	0

在纵臂式车桥中由于弹性变形可起一定的作用，因此系数超过1。图4-12和图4-13所描述的横梁的不同布置形式不仅影响车轮反向跳动的车轮外倾角变化，而且影响弹簧减振器单元到车轮的传递比（图4-14）、非簧载质量以及车轮跳动所需要的空间（图4-15）。如果横梁靠前布置（例如Scirocco车型），横梁几乎仅对支承 O 施加载荷，也就是横梁属于车身簧载质量，这样减小了支撑在地面上的车桥质量；另外车轮上跳行程 s_a 最小。横梁所在位置越靠后，行程 s_b、s_c 将越大，非簧载质量 m_{uh} 也越大。

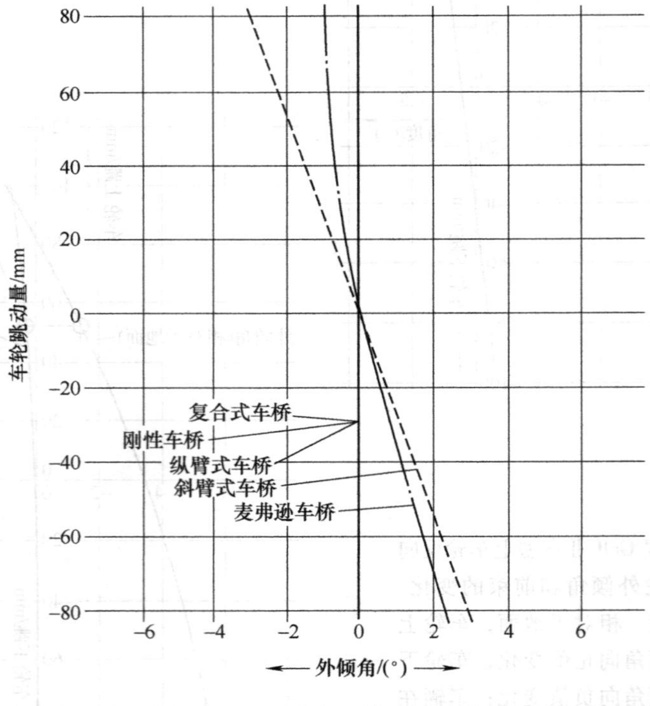

图4-10　图示为各种悬架形式在车轮同向跳动时的外倾角变化与车轮跳动量的关系。

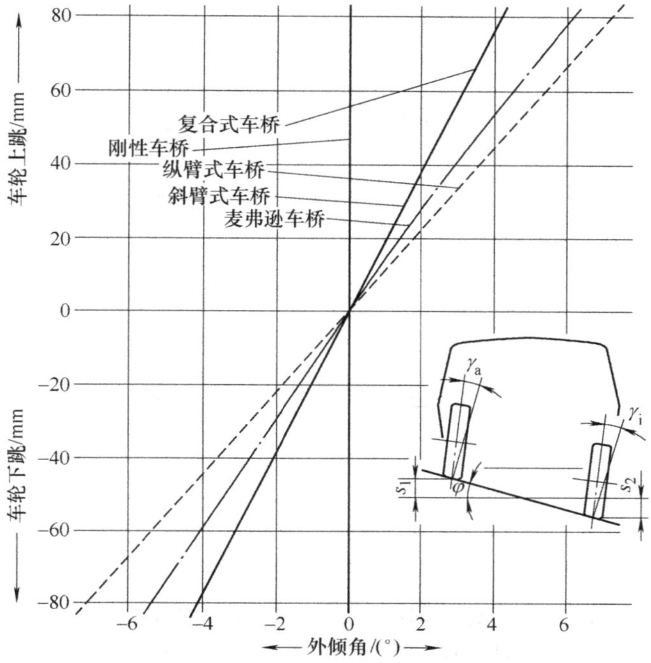

图 4-11　图示为几种不同悬架在车轮反向跳动时相对于地面的车轮外倾角变化。除了刚性悬架外，所有悬架的外侧车轮的外倾角向正值方向变化，内侧车轮为向负值方向变化。纵坐标为车轮跳动量，一侧车轮上跳 s_1，一侧车轮下跳 s_2，车身侧倾角 φ 可以简单计算出：$\varphi = (s_1 + s_2)/b_h$。若轮距 $b_h = 1422\text{mm}$，车轮跳动量为 ±80mm，则可计算出 $\varphi = 0.113\text{rad} = 6.45° = 6°27'$。

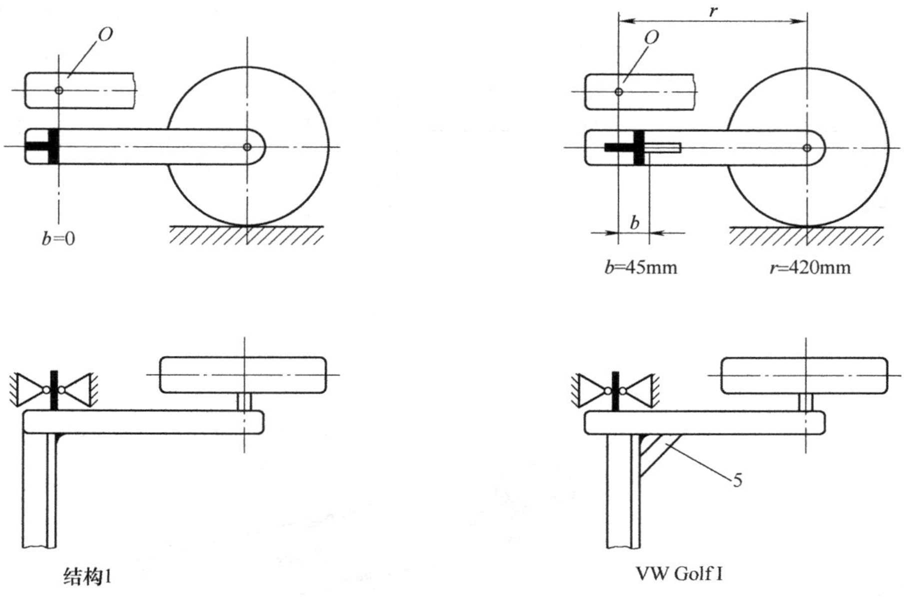

图 4-12　如果 T 形、U 形或 V 形横梁位于支承点 O 之间和纵摆臂焊接在一起，这种车桥的运动学特性类似于纵摆臂车桥（结构 1）；如果横梁移向车轮，则车轮反向跳动时外倾角变化减小。角撑板 5 影响很小。

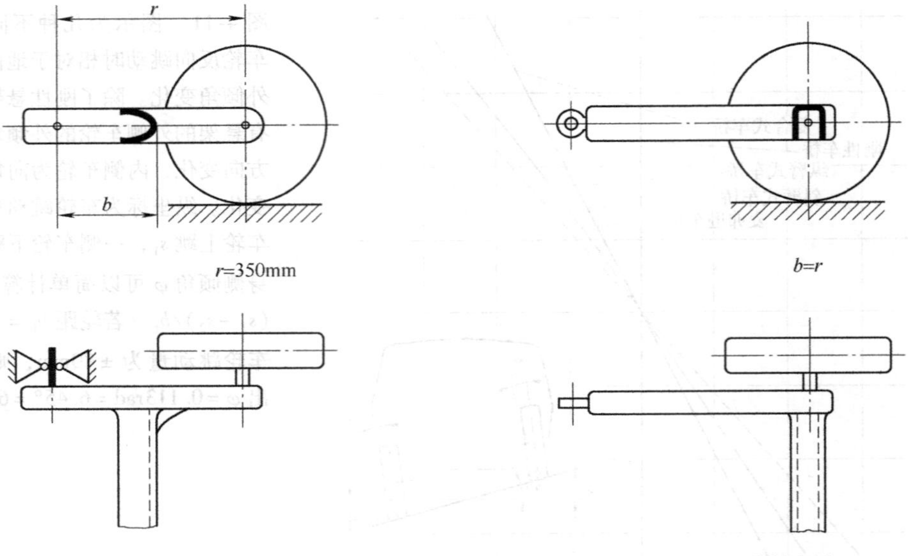

图4-13　对前束和外倾角的变化起决定作用的是在车轮反向跳动时支承点 O 和后面的横梁边缘间的距离 b。如右图所示，横梁可以移到车轮中心（或者下面），这样可成为一根纯粹的“刚性车桥”。

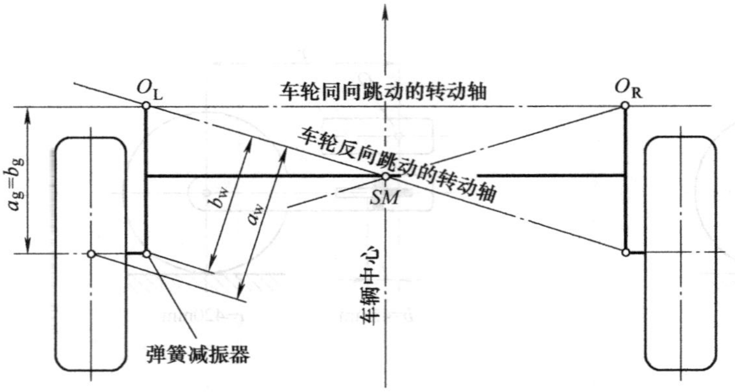

图4-14　图示为车轮同向跳动以及反向跳动时车轮到弹簧减振器单元的传递比的计算。VW公司的Passat和Golf Ⅱ车型：$i_F=a_g/b_g=1$，$i_\varphi=a_w/b_w=1.1$（剪切中心 SM 见图4-4）。

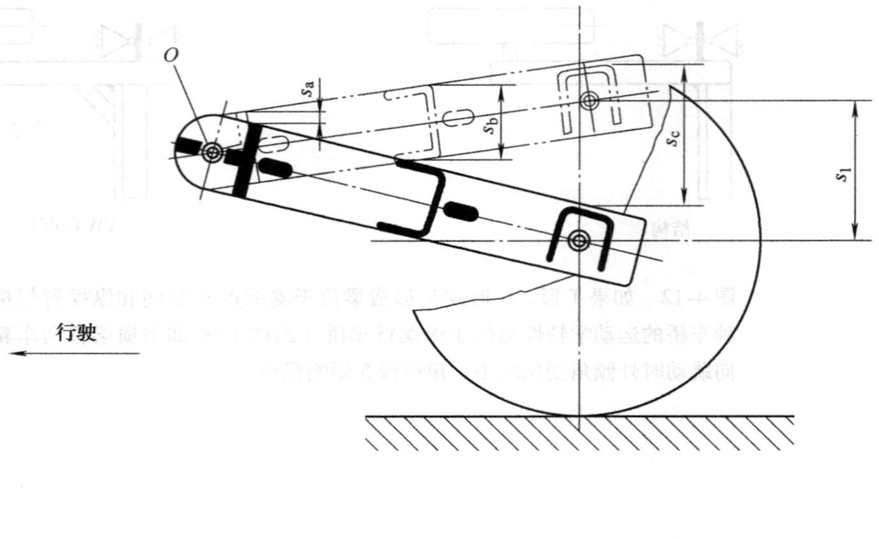

图4-15　横梁位置布置得越靠后，行程 s_a、s_b、s_c 就越大（相对于车轮的上跳行程 s_1），相应需要行李箱底板下面的空间也越大。

在后桥上承受的车身部分质量 $m_{wh}=m_h-m_{uh}$，在弯道行驶中在一定的速度（相应的附着系数为 μ_s）下产生的离心力由支撑点 O_L 和 O_R 承受，即

$$F_{cwh}=\mu_s G_{wh}=\mu_s m_{wh} g$$

在考察静力学时还需要借助这两个支撑点的高度 h_{Wh} 来进行分析；侧倾中心位于交点 W_h 上，它由通过支撑点的水平线 B—B 和通过车轮接地点 N_h 的垂线相交得到（图 4-16）。

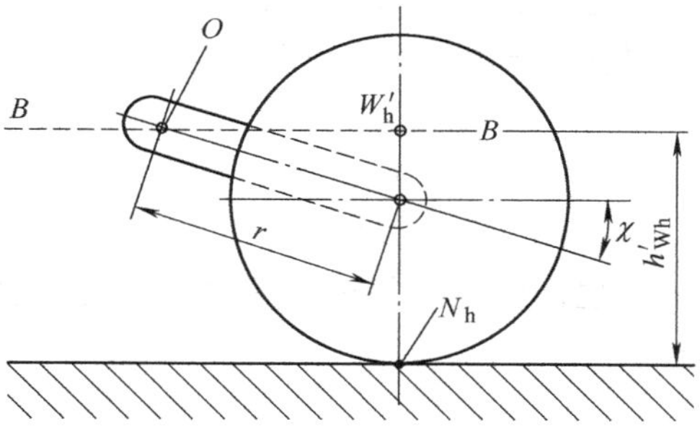

图 4-16 车身的侧向力支撑在两根扭转和弯曲强度较高的向前延伸的纵摆臂上，转动点 O 到地面的距离 h'_{Wh} 可以确定“静态侧倾中心” W'_h 的位置；距离 h'_{Wh} 仅受摆臂的长度 r 和位置（角度 χ）的影响。

图 4-12 和图 4-13 中的三种不同形式的复合式车桥从静力学来看都有相同的侧倾中心高度。但图 4-14 中的剪切中心 SM 在运动学中起着重要的作用；车轮绕着点 O_L 和 O_R 与 SM 的连线摆动（如同斜臂式车桥）。运动学的侧倾中心高度 h_{Wh} 由图 4-17 来确定；如果横梁位于支撑点 O 之间（图 4-12 中的结构 1），则和纵臂式车桥一样其 W_h 位于地面上，即 $h_{Wh}=0$。如果横梁位于车轮中心（图 4-13 右侧），则 W_h 的高度为车轮动态半径，即 $h_{Wh}=r_{dyn}$。

支撑点 O_L 和 O_R 处的橡胶件必须吸收轮胎的滚动冲击，即必须精确地确定橡胶的弹性特性。在弯道行驶中通过摆臂长度 r 产生力偶 $\pm F_{ox}$，使得弹性支承在纵向方向受载；这样

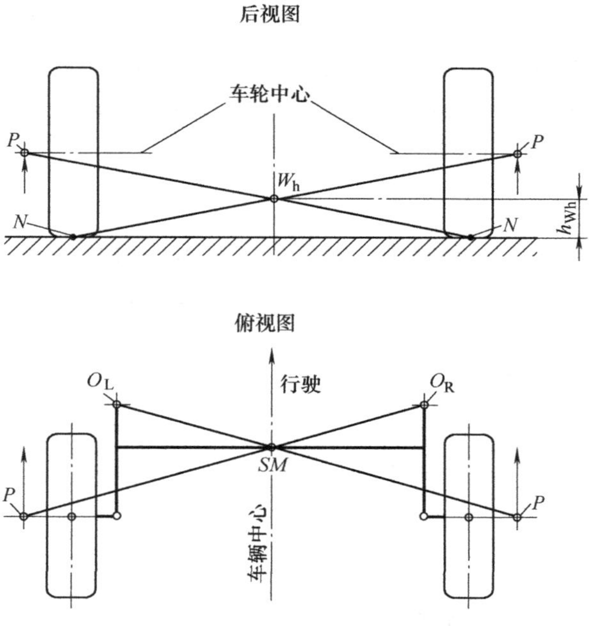

图 4-17 图示为侧倾中心 W_h 的高度 h_{Wh} 的确定，车身在侧向力的影响下围绕侧倾中心转动。在俯视图中横梁的剪切中心 SM 和支撑点 O 的连线与通过车轮中心的直线的交点为瞬心 P，在后视图中 P 点与车轮着地点 N 的连线在车辆中心处的点即为侧倾中心 W_h。

复合式车桥会偏转一个角度 δ_h，导致侧向力过多转向（图4-18、图2-80和图3-27）。在Polo Ⅰ车型上的测量表明，在侧向力的影响下车桥为过多转向（图4-19），这种缺点可以通过侧倾不足转向来消除（图4-20）。在装载后支承点 O_L 和 O_R 的高度会变化，布置在车轮和支承点之间靠近中间的横梁，随着载荷的增加其侧倾转向系数 $\Delta\delta/\Delta\varphi$ 也增大，这十分有利。在侧倾角 $\varphi=4°$时，这个系数为：

两个人	+0.017
四个人	+0.06
允许载荷	+0.09

这也许就是这部车行驶性能比较柔顺（“脾气”好）的原因，其后继车型Polo C也是这样。

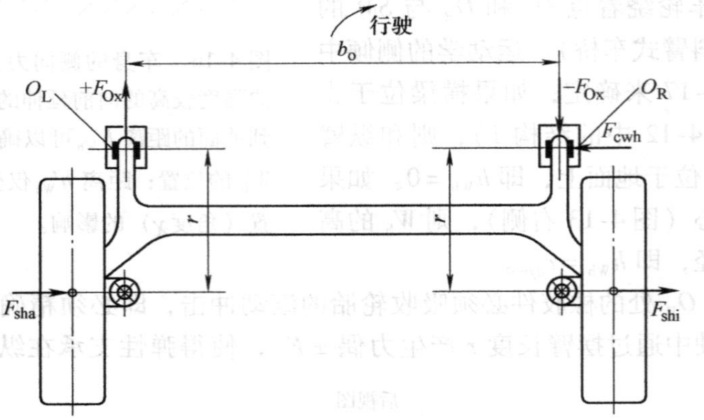

图4-18 在弯道行驶中，在车轮接地点产生的侧向力 F_{sha} 和 F_{shi} 由支承点 O_L 和 O_R 来承受；由此产生的力矩由于橡胶支承的弹性导致侧向力过多转向，即减小了前轮驱动车辆的不足转向趋势。

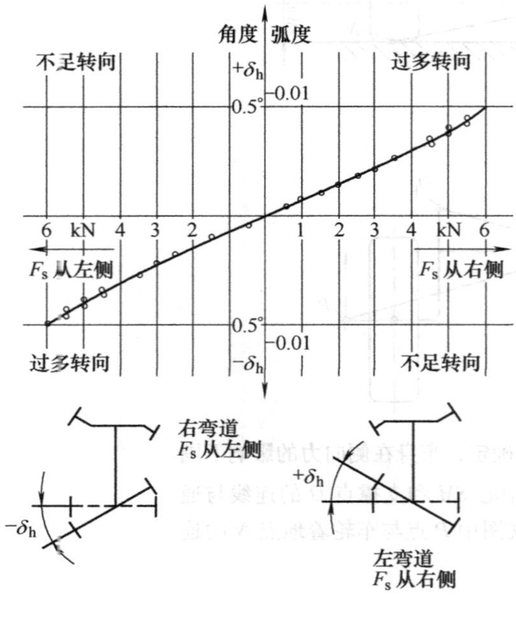

图4-19 图示为VW Polo Ⅰ车型在弯道外侧车轮上施加静态侧向力的固有转向特性。

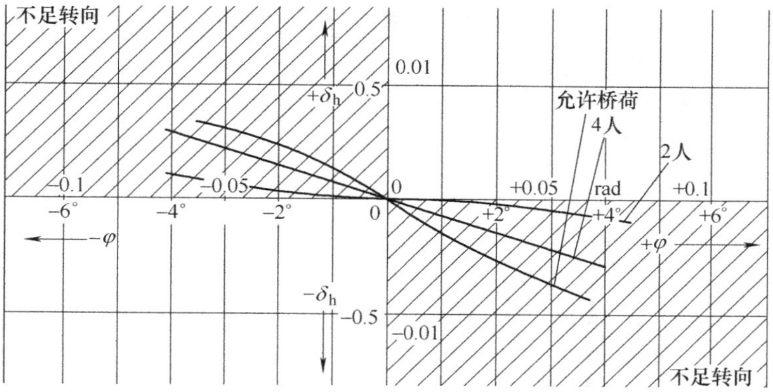

图 4-20　图示为在 VW Polo Ⅰ车型上测量的侧倾转向，载荷增加使车桥的不足转向增强。

4.5　Opel 车型的后桥

第一部 Kadett 车型以及 Ascona A 和 B 都是标准驱动形式车辆，如图 3-43 所示，在后桥使用的是牵引杆车桥。1979 年推出的前驱车型 Kadett D 以及 1984 年推出的 Kadett E 车型的前桥均采用麦弗逊式悬架，后桥采用复合式悬架（图 4-21）。这种结构和图 4-3 所示的类似，但是为了获得宽敞且位置较低的行李箱，纵摆臂移到了车轮中心下面并靠前，鼓形迷你缩并弹簧在压并时高度很低（图 2-11）。在图 4-22 中弹簧也可以布置在车轮和转动点 O 的中间，但缺点是橡胶支承还要承受垂直载荷（图 4-23）；要想隔离轮胎的滚动冲击也比较困难。缓冲块位于弹簧内，减振器位于纵摆臂尾端（即车轮中心后面），减振器上端通过橡胶套管连接，下端通过销轴式铰链连接。车轮到减振器的传递比小于 1；这样将提高工作效能。为了平衡图 4-19 中的侧向力过多转向，Opel Kadett 车型的前后桥都具有侧倾不足转向；在比较极端的工况下，这种前驱车辆仍然保持柔顺的行驶性能，这证明当时的结构方案是正确的。

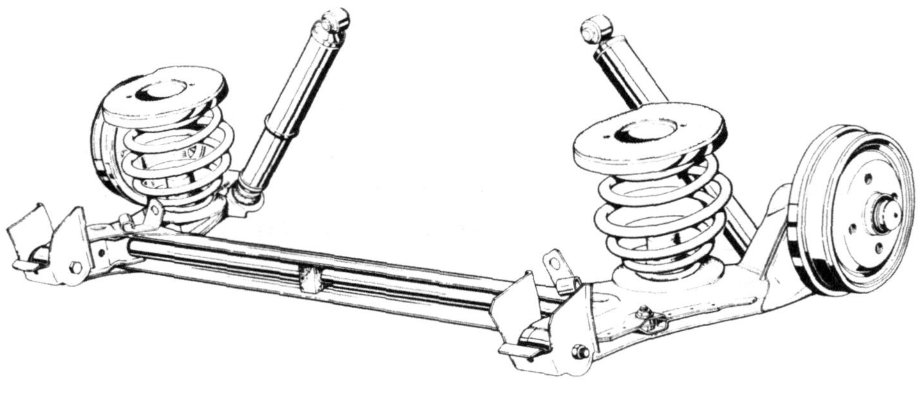

图 4-21　图示为 Opel 公司 1986 年推出的 Kadett E 车型的后桥，其 U 形横梁的开口向前。减振器位于纵摆臂的末端，斜置，以便减小安装高度；鼓形螺旋弹簧位于车轮和摆臂转动点 O 的中间（图 4-23），弹簧上端支撑在橡胶垫上，橡胶垫上有空腔，以配合压缩止位块工作。

1981年上市的Ascona C车型的复合式车桥也具有类似的结构布置；依赖于装载状态的侧倾转向系数使得车辆保持不足转向：

一个人以及几乎空油箱	+0.015
前面两个人以及满油箱	+0.032
允许桥荷	+0.07

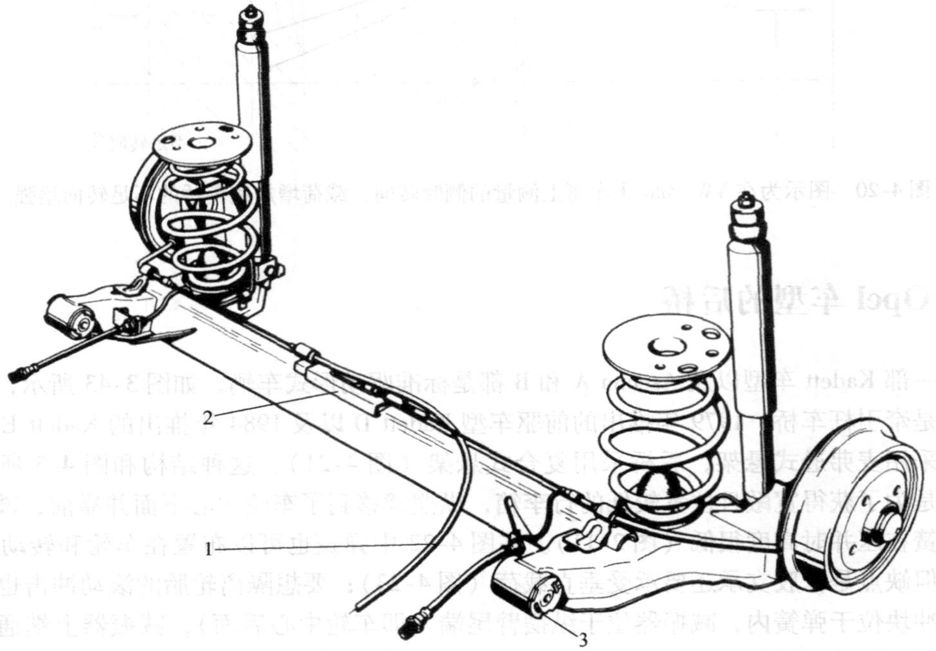

图4-22 图示为Opel Ascona车型的后桥。压缩止位块位于鼓形迷你缩并弹簧中，减振器布置靠后，十分有利。驻车制动只用一根绳索1工作，绳索张紧右侧；通过位于V形横梁上的滑块2进行张紧。这种“制动平衡”保证两个后桥车轮的制动力相同。由于要另外承受垂直力，橡胶支承中的孔隙是斜的。

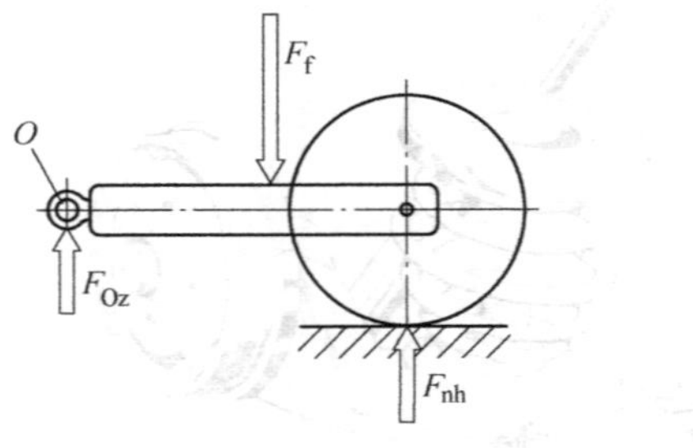

图4-23 在复合式车桥、牵引杆车桥或纵摆臂式车桥上，螺旋弹簧位于车轮和转动点O的中间附近，所以在支承处一直存在垂直力F_{Oz}，其大小接近车轮着地点处的垂直力F_{nh}。$F_f=F_{nh}+F_{Oz}$。如果弹簧位于横摆臂上，这种关系同样成立；内部的摆臂支承将承受载荷。

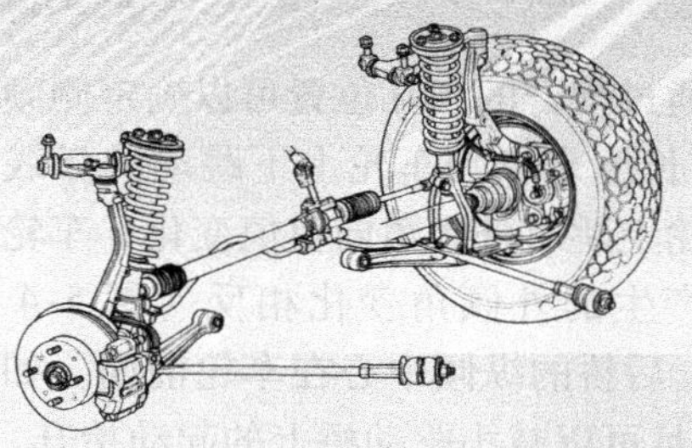

5

双横臂悬架

5.1 运动学优点

双横臂悬架形式在车辆每侧由两根横摆臂组成，横摆臂支撑在车架、副车架或车身上，可以摆动。如果是前桥，横摆臂的外侧通过球铰和车轮托架或转向节柱连接。横摆臂的有效间距 c 越大（图 5-1），在摆臂中的力以及支承中的力就越小，即各部件的变形越小，车轮导向就越精准。另外，只有这种独立悬架形式可以通过上摆臂的弹性支承吸收轮胎的滚动冲击（图 1-13 和图 5-29）。由滚动阻力产生的上摆臂上的纵向力略小（图 5-1 中的 F_{Ex}），但仍使得下摆臂悬挂得更加稳固一些。如图 1-16 和图 5-1 所示，在点 G 处产生最大的侧向力

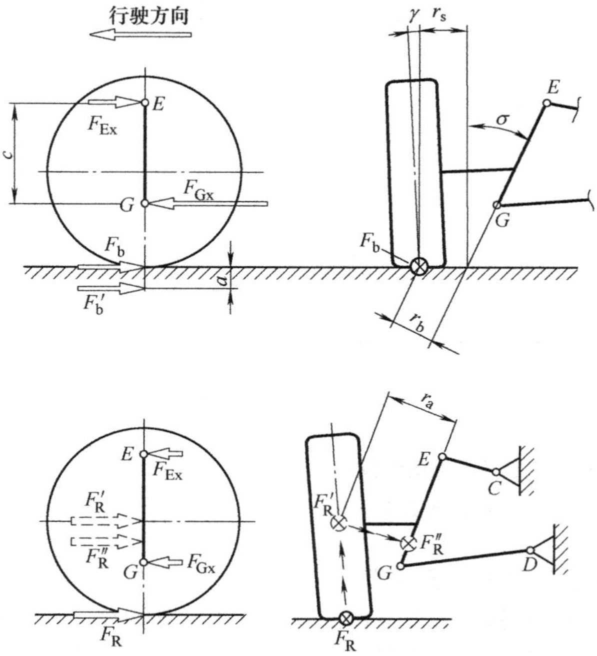

图 5-1　制动力 F_b 到转向主销 EG 的力臂 $r_b = r_s\cos\sigma$，在垂直方向 $F_{Gx} = F_b + F_{Ex}$。

在直线行驶的车轮处的滚动阻力 F_R 移到车轮中心为 F'_R；F'_R 到转向主销的距离为 r_a。这个所谓的“纵向力力臂”的大小取决于转向主销半径 r_s，r_s 越小，则 F_R 作用到转向主销上的力 F''_R 越靠上，作用到点 E 和点 G 的纵向力也越均衡。如果制动装置位于差速器内，这种关系同样适合于驱动力和制动力。

和制动力（$F_{Gy}=F_{sa}+F_{Ey}$和$F_{Gx}=F_{b}+F_{Ex}$）。

双横臂悬架的主要优点体现在运动学方面的特性。通过摆臂的相互位置可以确定侧倾中心以及纵倾中心的高度（图5-2～图5-4）。通过不同的长度来影响车轮上下跳动的弧线运动，即外倾角变化以及轮距变化。如果上摆臂短，则车轮上跳时外倾角向负值变化，车轮下跳时外倾角向正值变化，这样恰好与因为车身侧倾而产生的外倾角变化相反（图5-4和图5-8）。图5-4所示的前桥纵倾中心O_v位于车轮后面，后桥的纵倾中心在车轮前面。如果O_h位于车轮中心的上面，不仅有利于抑制制动点头，而且可以减小驱动桥上的起动抬升。

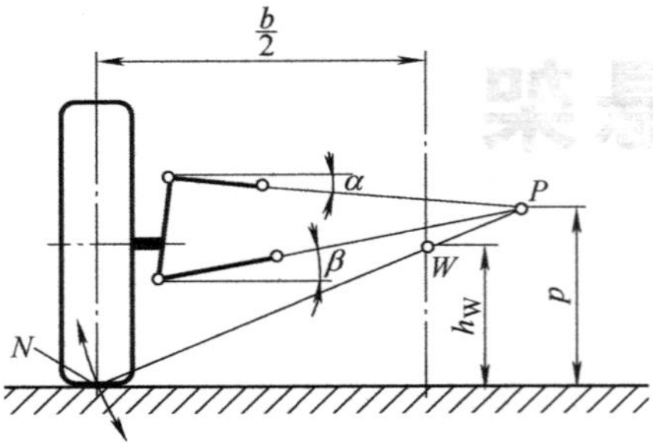

图5-2　瞬心P由摆臂的相对位置（即角度α和β）来确定；侧倾中心W位于车辆中心，并且在连线PN上。瞬心越靠近车轮，则轮距随车轮跳动的变化量就越大。在车轮跳动量较小时，轮距变化可以通过圆规在P点画弧确定。车轮围绕瞬心P转动产生外倾角变化。瞬心靠近车轮时外倾角变化值大一些，瞬心远离车轮则外倾角变化值小一些。

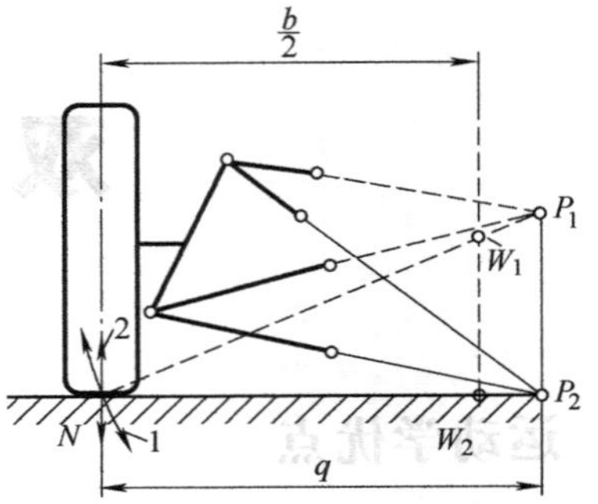

图5-3　车轮上下跳动产生外倾角变化的大小仅取决于距离q，与瞬心的高度无关。这个简图也可以用来确定侧倾中心的位置以及轮距变化。图中W_1位于地面以上，图中弧线1即为变化曲线的一小部分；当点W_2处于行驶路面上时，在小的车轮跳动量时车轮接地点按照垂线2运动。通过选择适当的摆臂长度几乎可以避免轮距变化（参见图5-7）。

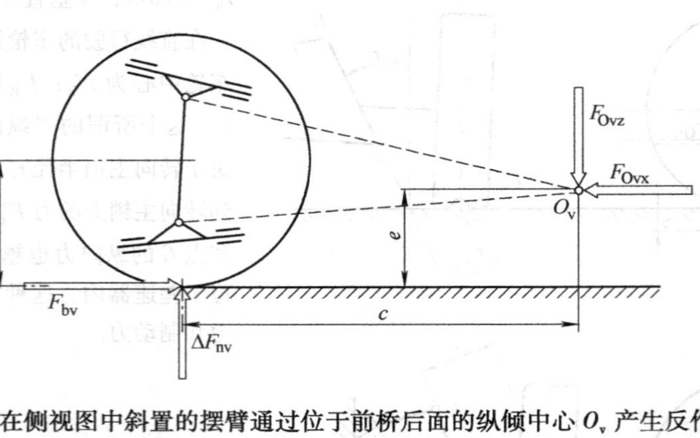

图5-4　在侧视图中斜置的摆臂通过位于前桥后面的纵倾中心O_v产生反作用力F_{Oz}，该力减小制动下沉。距离e越长，c越短，那么支承车身的力F_{Oz}就越大。

所有前面提到的特性都可以在五摆臂上实现，五摆臂在空间上承担车轮导向功能。Daimler-Benz公司于1968年在试验车型C111的驱动后桥（图5-5）采用了五摆臂。车轮前束的变化在整个弹簧行程180mm中小于2′（图5-6），车轮轮距变化$\Delta b_h=7$mm（图5-7）。

上摆臂相对短一些，下摆臂相对长一些，可以实现图 5-8 所示的特别有利的外倾角变化，即车轮上跳 s_1 =50mm 时，车轮外倾角变化到 $\gamma = -3°$。这样可以保证扁平的赛车轮胎的宽胎面有效传递侧向力和纵向力所需要的充分的接触面。在侧视图 5-5 中，纵摆臂的延长线相交于纵倾中心 O_h，纵摆臂不仅承受驱动力和制动力，而且通过摆臂间的相对位置也可以避免加速时车辆尾部下沉以及制动时抬升。Daimler Benz 公司生产的车辆的抗起动后仰率为 85%，抗制动点头率为 74%。

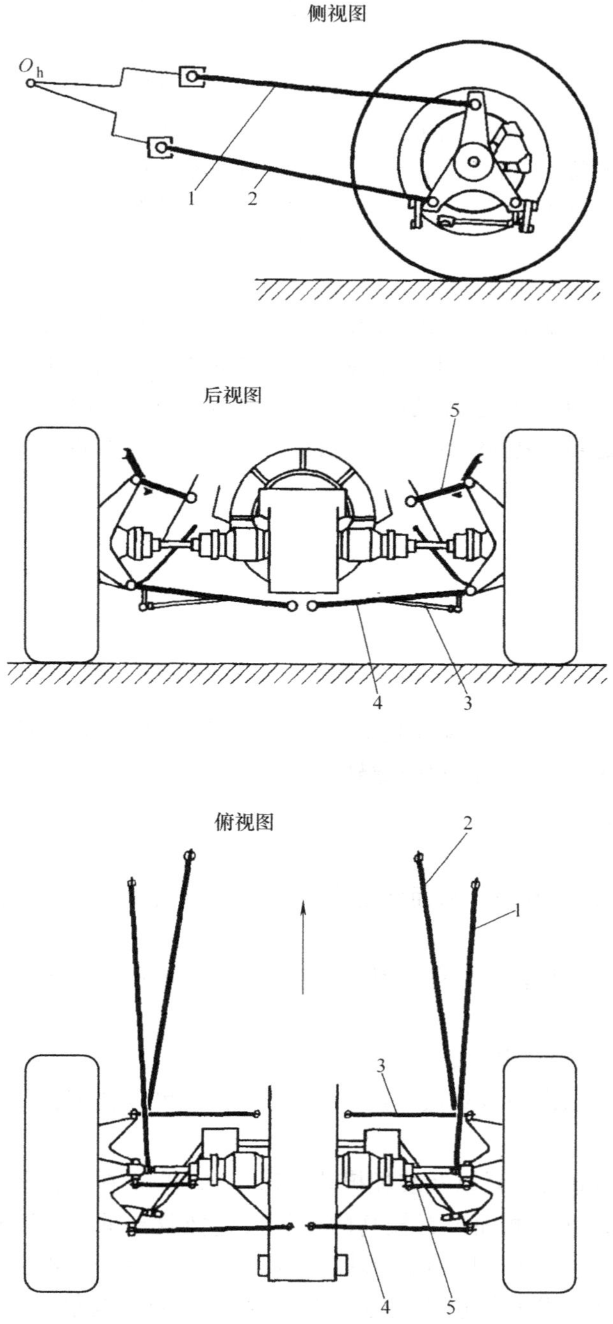

图 5-5　图示为 Daimler-Benz 公司于 1968 年开发的用于 C111 车型后桥的“空间摆臂车桥”。空间布置的长度不同的杆件的任务进一步细化。摆臂 1 和 2 承受纵向力，形成纵倾中心 O_h，可以通过斜置摆臂（在侧视图中）来减小起动和制动产生的俯仰。杆件 3 和 4 较长，避免车轮前束变化。较短的摆臂 5 和长的杆件 3 和 4 一起保证理想的外倾角变化，而车轮轮距不改变。摆臂支承采用了不会产生变形的球铰，运动学不受纵向力和侧向力的影响，保证了精确的运动学特性。

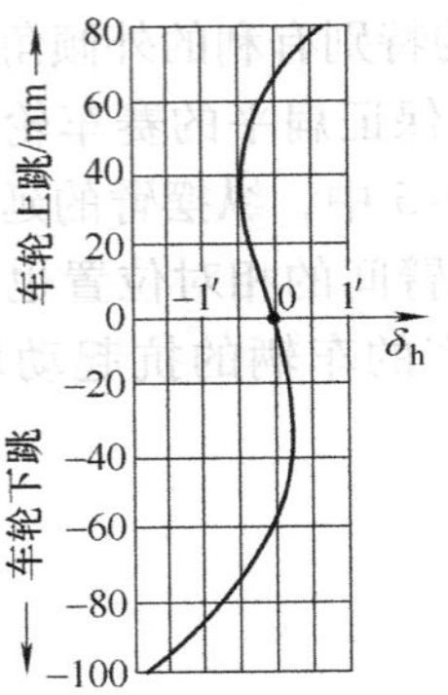

图 5-6　在 C111 车型的后桥通过杆件布置以及无变形的摆臂支承能够保证整个前束变化保持在 $\delta_h = 2'$ 以内。

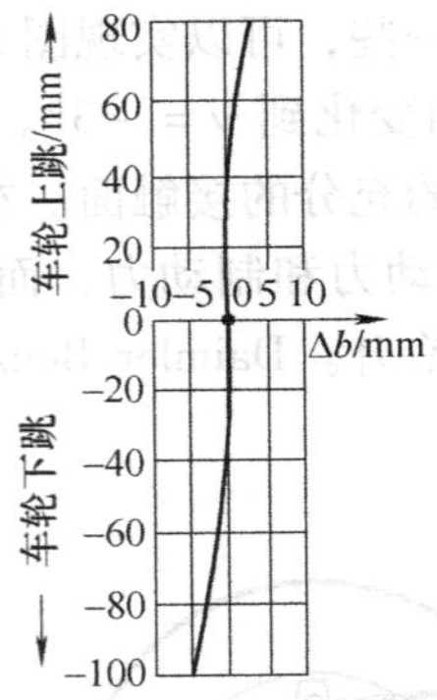

图 5-7　C111 车型的后桥轮距变化非常小，$\Delta b = 7\text{mm}$。

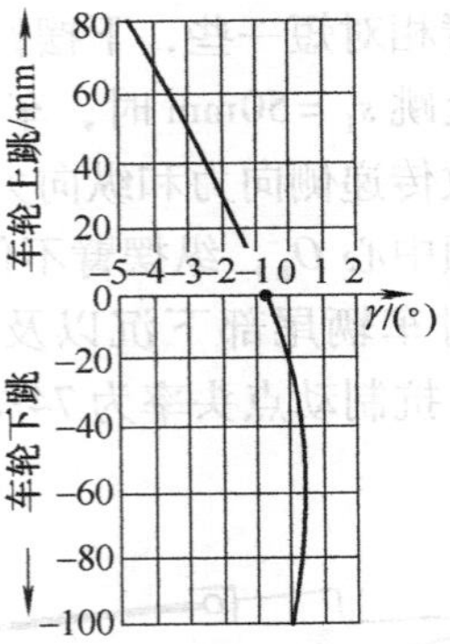

图 5-8　下横臂长一些，上摆臂短一些，使得 C111 车型的后桥车轮外倾角变化十分有利。

理想的运动学特性要求摆臂支承不产生变形。任何弹性都会带来缺点，但这又是无法避免的，因为在大批量生产的轿车中，必须在摆臂支承中采用橡胶或塑料来隔离路面噪声。

如图 1-8 和图 5-47 所示，可以把悬架的零件连接到副车架上，副车架通过橡胶件和车身螺栓联接，进一步隔离噪声，副车架还可以把整个组件（包括转向机）和副车架预装在一起作为一个模块。

5.2　前桥

5.2.1　前桥螺旋弹簧

Daimler-Benz 公司在试验车型 C111 上积累的经验成功应用到了 1972 年至 1980 年所有轿车车型的前桥设计中。图 5-9 所示为 S 系列车型的双横臂悬架，具有以下特点：

1）悬架的上下球铰的有效间距较大。

2）转向主销回转半径为零，

3）向前偏移，这样可得到较大的主销后倾角，从而保证在车轮转向时获得有利的外倾角变化。

4）制动力在上面由位于车桥后面并且支承在车身纵梁上的扭杆 10 来承担，在下面则由斜置向后的撑管 49 承担。

5）通过短的稳定杆肘臂获得渐进的抗制动点头。

6）通过下撑管 49 在支承铰链中的支承进一步降低噪声，另外横梁 50 可以拧下，并借助四个橡胶支承连接在车身上。

在这个结构中没有采用副车架来作为载力单元以及装配模块，Daimler-Benz 在以往较早的车型中都采用副车架。如图 1-8 所示，此处侧面位置较高的横梁通过橡胶支承连接到车身，隔离噪声。横梁外侧支承摆臂，拉伸止位块、压缩止位块以及螺栓弹簧和减振器都在摆臂上。其优点是车轮下跳时弹簧的压力以及相应产生的减振器拉力作用在相同的地方，不会

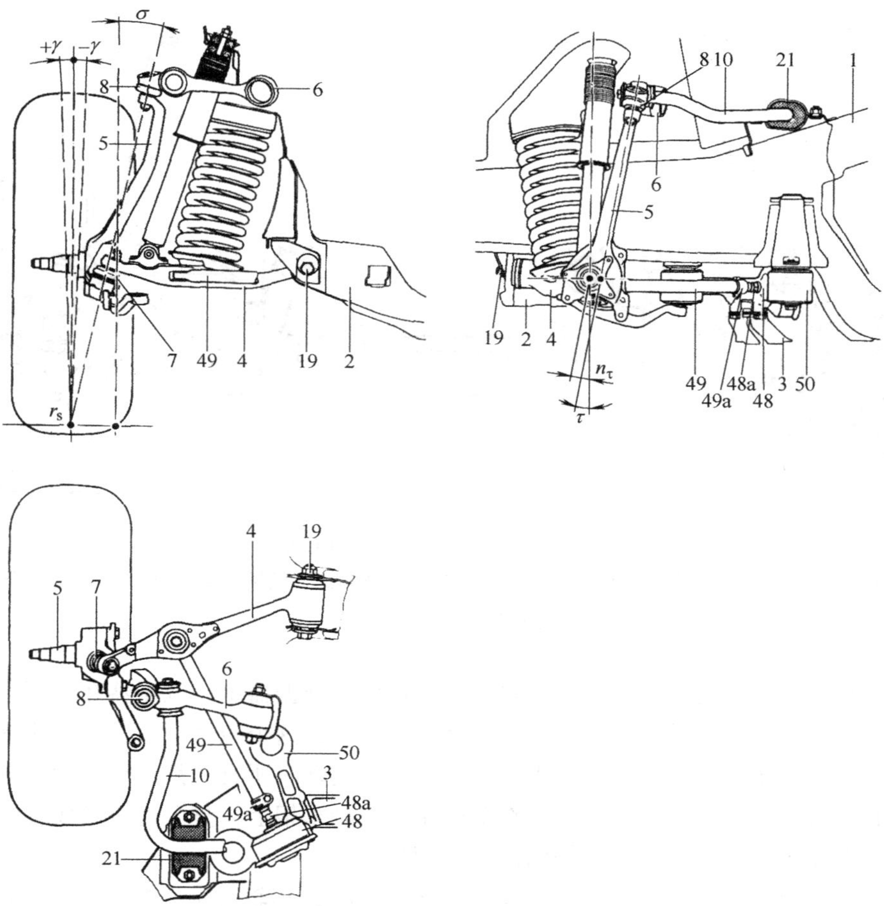

图5-9　图示为Daimler-Benz公司生产的260 SE/560 SEC车型的前桥。承载球铰7靠外向上布置，这样即使主销回转半径 $r_s = 0mm$，大直径的通风制动盘也能布置得下。拉伸止位块位于单筒减振器中，在这种结构设计中不再使用副车架作为装配单元。副簧位于减振器套管上。向后延伸的撑管49支承制动力，车轮上下跳动时在摆臂4的内支承中产生曲折角 β，稳定杆的肘管10在摆臂6的支承中产生同样的曲折角。撑管49在外部为支承球铰48，球铰48吸收轮胎的滚动冲击，通过支承托架50借助橡胶体连接在车身底板。通过转动球销48a可以调节主销后倾角，通过偏心螺栓19可以调节车轮外倾角。各支承中的元件细节可以参见图2-25、图2-56、图2-65和图2-69。

传递到其他部件上。

减振器的结构长度超过弹簧，因此减振器的销轴式悬挂上面需要一个向上凸起的碗状连接件。为了简化装配以及减小发动机和变速器的振动传递到车身，前发动机悬置布置在副车架上。这种发动机悬置在图5-10所示的Opel Kadett C和Chevette车型中的车架（以前经常使用）上可以看到。这种车架结构简单，适用于轻的价格便宜的车辆，它直接通过螺栓而不是通过橡胶支承和车身的纵梁联接在一起。斜置的圆形发动机支承布置在碗状托架中，当车辆在制动或起动时由于惯性发动机位移过大，发动机支承可以靠在托架的侧壁上。

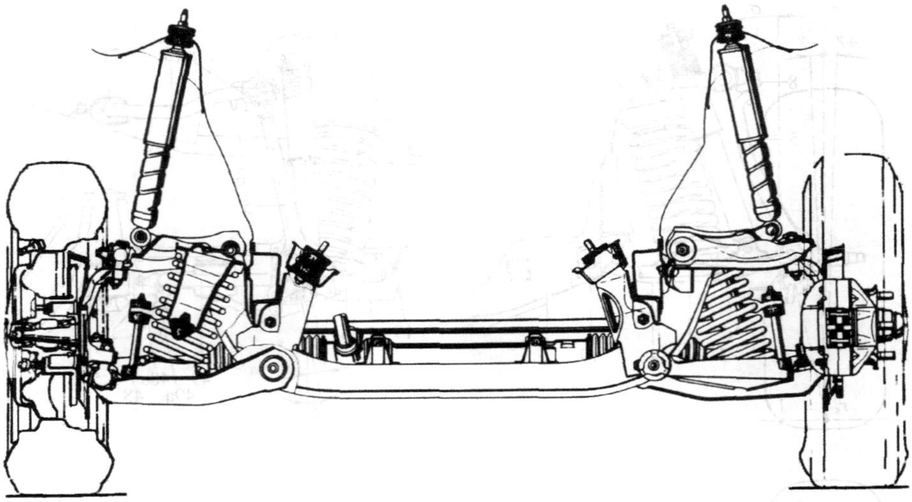

图5-10 图示为1973年至1979年生产的Opel Kadett C车型以及1985年之前生产的Chevette车型的前桥。副车架通过螺栓固定在车身上，下面倒立的承载球铰必须承受弹簧力，上面直立的球铰承受减振器力。

压缩止位块位于弹簧内的支座上，拉伸止位块位于减振器中，减振器在上摆臂和汽车翼子板内板之间工作。在弹簧拉伸卸载时减振器产生拉力，这个减振器拉力可能比弹簧压力大得多。减振器位于上摆臂，弹簧位于下摆臂，即车轮跳动时所有力都必须由两个车轮球铰承受，产生拉力和压力。齿轮齿条转向机在前面布置在副车架上；整个前桥形成装配单元，可以在装配到车身前调整好前束、外倾角以及后倾角。

橡胶支承在垂直力作用下产生侧向变形（图5-11）；车轮着地点的力 F_n 和承载球铰的力 F_{Gz} 之间的作用距离 b 起着重要作用。产生的反作用力为 F_{Ey} 和 F_{Gy}，这些反作用力使得上面摆臂的支承点压紧，使下面摆臂的支承点拉开。结果是在整个弹簧行程范围内车轮外倾角减小约40′，轮距有所增大（图5-12和图5-13）。类似的挠度同样出现在侧向力的作用下的车轮着地点处（图1-16）。多部中级轿车上的静态测量表明，排除钢制车轮的弹性，其外倾角变化为：$\Delta\gamma_s \approx 25'$（即0.42°），$F_s = 1\text{kN}$。

弯道侧向力使车桥的两个车轮产生不利的外倾角变化，外侧承载高的车轮的外倾角向正值变化，内侧承载低的车轮外倾角向负值变化，该变化使轮胎承受侧向力的能力下降（图1-18）。因此应该关注弯道行驶中整个车桥侧向力减小。例如，一部轿车的前桥桥荷为 $m_v = 695\text{kg}$，侧向附着系数 $\mu_s = 0.5$。

前桥力为

$$G_v = m_v g = 695 \times 9.81\text{N}$$

$$G_v = 6820\text{N} = 6.82\text{kN}$$

内外车轮总的侧向力为

$$\sum F_{sv} = F_{sva} + F_{svi} = \mu_s G_v = 3.41\text{kN}$$

两个车轮的外倾角总共减小量为

$$\Delta\gamma_v = \sum F_s \Delta\gamma_s = 3.41 \times 25'$$

$$\Delta\gamma_v = 1.43°$$

车轮每向不利的角度变化1°，侧向力能力就会降低 $\Delta F_{s3} = 40 \sim 70\text{N}$。这样整个车桥的侧向力损失为（计算中取50N）

$$\Delta F_{sv} = \Delta F_{s3}\Delta\gamma_v \approx 50 \times 1.43\text{N}$$
$$\Delta F_{sv} \approx 72\text{N}$$

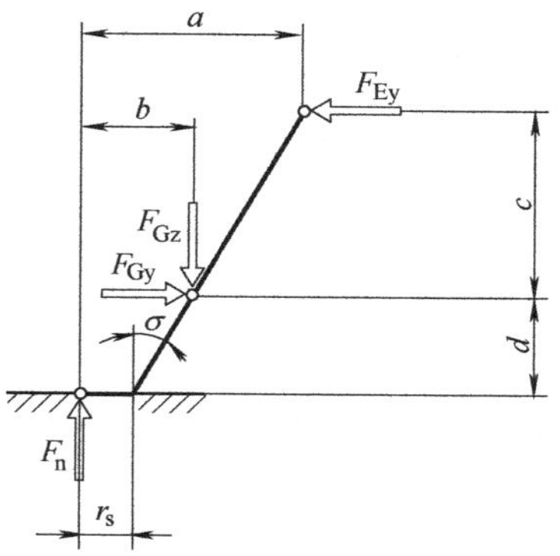

图5-11　在车轮着地点处的力 F_n 和下摆臂处的力 F_{Gz} 形成力矩，该弯矩由摆臂侧面承受，并且在摆臂上产生力偶 $+F_{Ey}$ 和 $-F_{Gy}$。上摆臂和下摆臂在这里简化为水平布置。

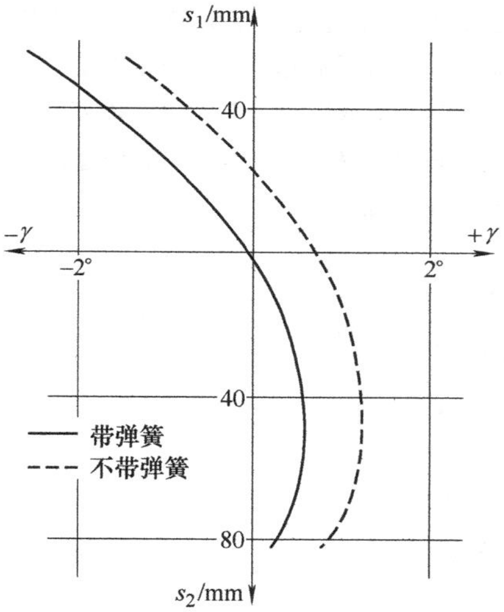

图5-12　图示为在Opel Kadett C车型上测量带弹簧和不带弹簧时车轮跳动（上跳 s_1，下跳 s_2）与外倾角 γ 的关系，其差值的平均值为40′。x 轴为ISO/IS 2958定义的设计位置，即乘坐3人，每人体重为68kg。

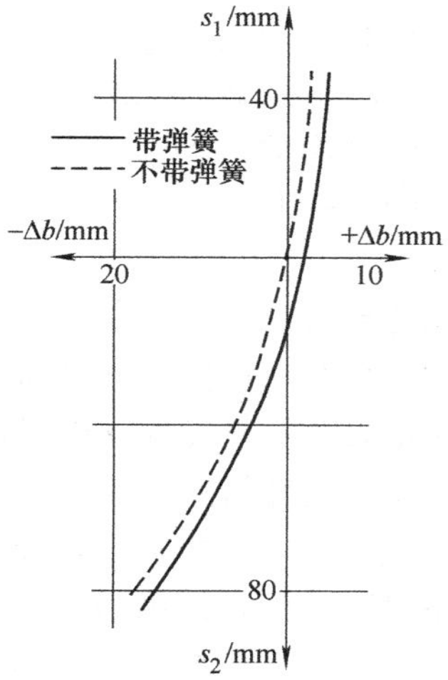

图5-13　图示为两个车轮的轮距变化。在拆除弹簧后，Kadett C车型上的总轮距减小约2mm。

如图5-10所示，在Kadett C车型中，转向机位于车桥前面，其高度大致和下摆臂的高度相同；下摆臂的支承点有比较大的间距来承受垂直力。在拆除弹簧后，前束变为后束（图5-14）；曲线的形状几乎不变。Kadett C车型有后倾角，力 F_{Gz} 在车轮中心前面距离为 $f-e$，与垂直力 F_n 一起在纵向（x 方向）形成力偶（$-F_{Ex}$ 和 $+F_{Gx}$，图5-15）；该力偶使得后倾角减小（图5-16）。

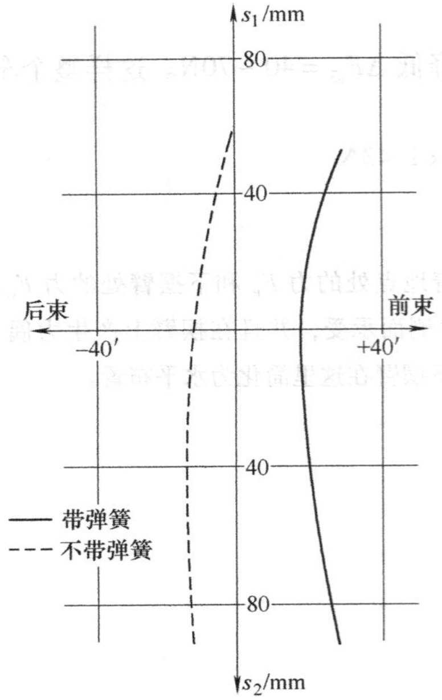

图 5-14　如果齿轮齿条转向机布置在桥体前，在拆除弹簧后车轮前束向车轮后束过渡。由于车轮前束是可以调节的，因此这种变化对于设计者来说并不重要。在 x 轴上这种单轮前束变化以分计。

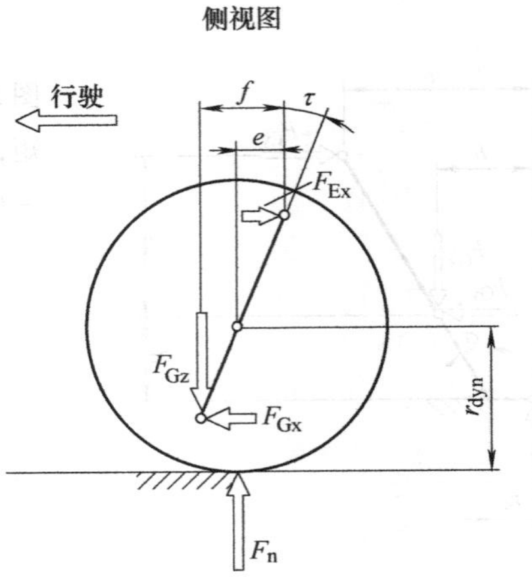

图 5-15　弹簧支承在下摆臂上，前桥有后倾角，这样承载球铰位于车轮中心前面。力 F_n 和 F_{Gz} 形成力矩，在转向主销方向产生反力 $-F_{Ex}$ 和 $+F_{Gx}$。在本例中假设这两个力都平行于地面。

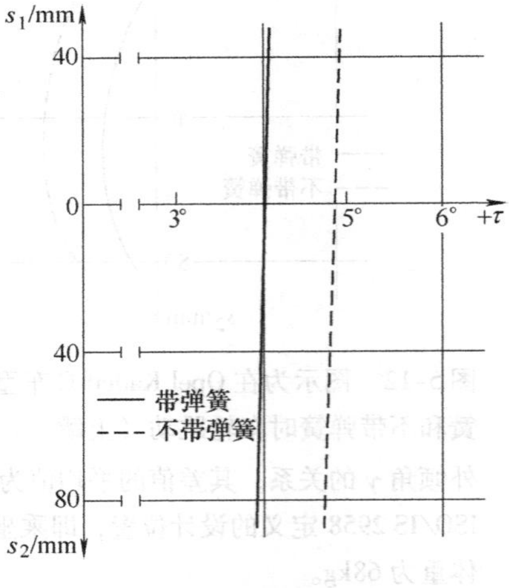

图 5-16　由于力偶 F_n 和 F_{Gz} 使 Kadett C 车型主销后倾角带弹簧时比不带弹簧时约小 45′。

双横臂悬架比麦弗逊式悬架的结构扁平，比刚性悬架占用的空间小。由于可以使用副车架以及运动学上的优点，使得双横臂悬架可以用于轻型货车（图 5-17），也可用于带空气弹簧的重型货车（图 5-18）。

驱动轴需要一定的自由空间，这个空间通常布置着位于下摆臂上的螺旋弹簧。驱动桥的弹簧位置必须向上移，其缺点是图 5-11 所示的力偶 F_n 和 F_{Ez} 间的作用距离变大（是 a 而不是 b），由此产生的侧向分力 F_{Ey} 和 F_{Gy} 也较大。

图 1-13 所示为 Renault 公司在 18 和 Fuego 车型上采取的解决办法，弹簧减振器承受垂直方向的力；在纵向方向的力由跨距较大的摆臂 12 和斜置在上面的撑杆 13 来承受，撑杆 13 的前橡胶支承可以隔离轮胎的滚动冲击。

Honda Prelude 车型的弹簧并未布置在上面（图 5-19 和图 5-20）。弹簧减振器与叉杆螺栓连接，驱动轴穿过叉杆，叉杆的力传到下摆臂；车桥结构较扁平，发动机罩盖可以进一步靠下布置。上摆臂相对较短，斜置（图 5-21）；这有利于

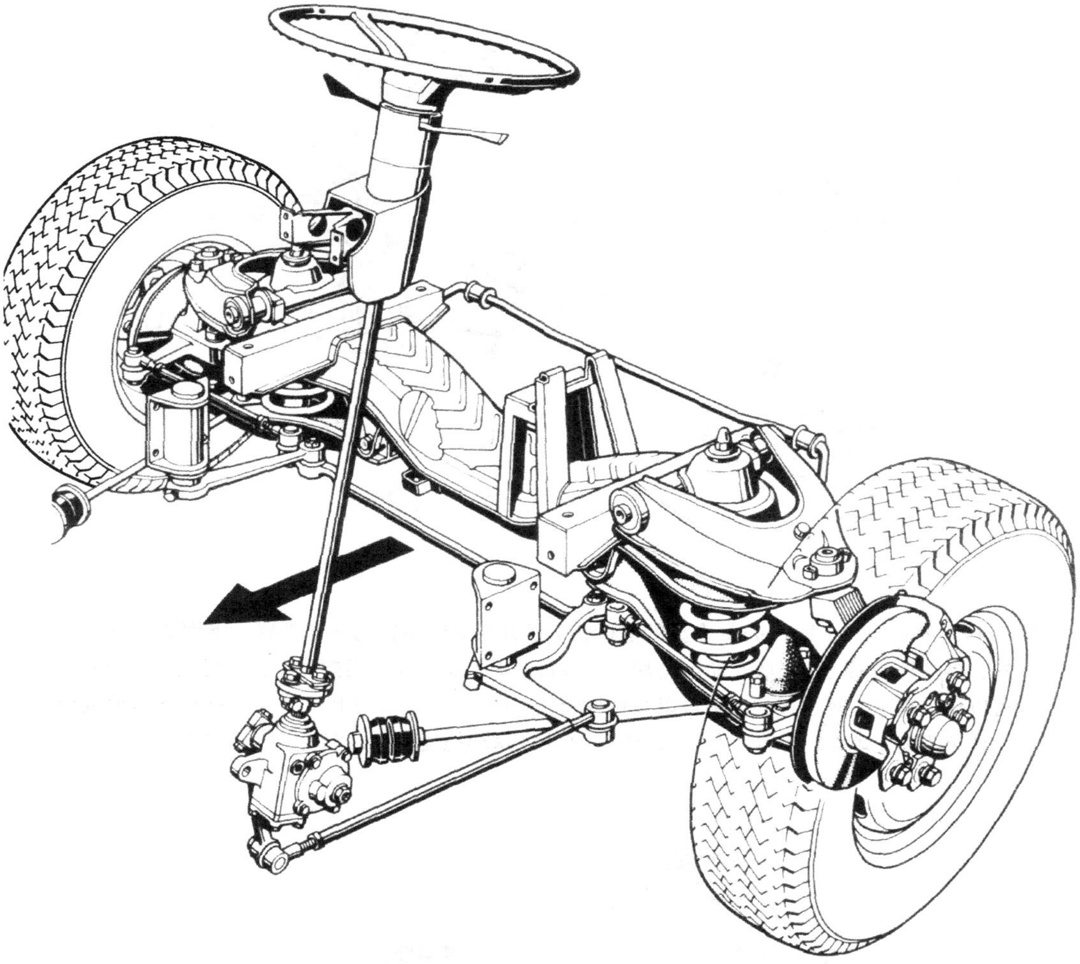

图 5-17 图示为 VW 轻型货车 LT 的前桥。横梁用作副车架，从下面用螺栓联接到车架上。弹簧、缓冲块、减振器和摆臂对支撑在横梁上，只有稳定杆、转向机、转向中间拉杆和下摆臂的撑杆连接在车架纵梁上。撑杆的前面为纵向弹性的橡胶支承，可吸收轮胎的滚动冲击。

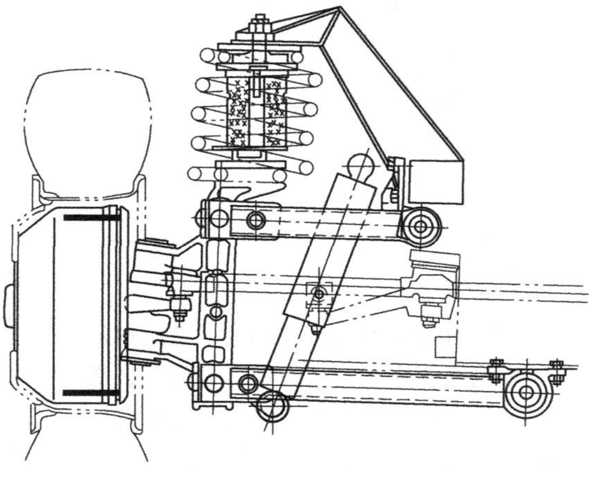

图 5-18 图示为 Kaessbohrer 公司生产的公交车的前桥。螺旋弹簧和压缩止位块位于车轮托架上，车轮托架被真正的转向节柱分开，在车轮转向时不会跟转，其优点是摆臂不承受弯矩。转向节主销的方向可以和摆臂外转动点不一致，取决于主销内倾角。可以用空气弹簧取代螺旋弹簧。

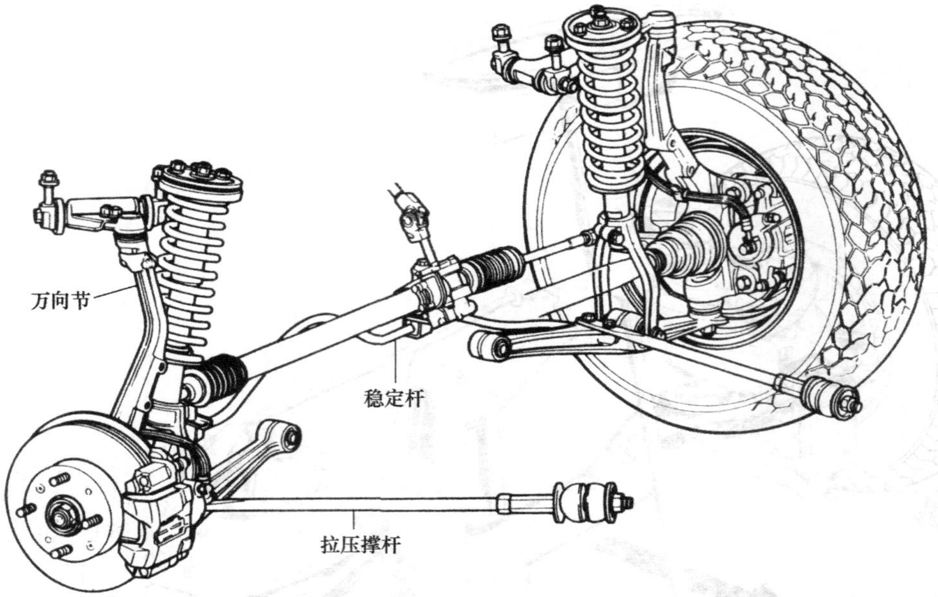

图5-19　图示为Honda Prelude车型的前桥，上摆臂为短的斜置的三角摇臂，下面为横摆臂和纵撑杆，纵撑杆的前支承吸收轮胎滚动冲击。弹簧减振器支撑在下横摆臂上，其优点为整个悬架结构可以比较扁平，翼子板的内板可以布置得较低。图5-11所示的上面导向球铰和下面承载球铰间的作用距离c较大，使得所有支承处的力较小，这样挠度较小，车轮的导向更精准。

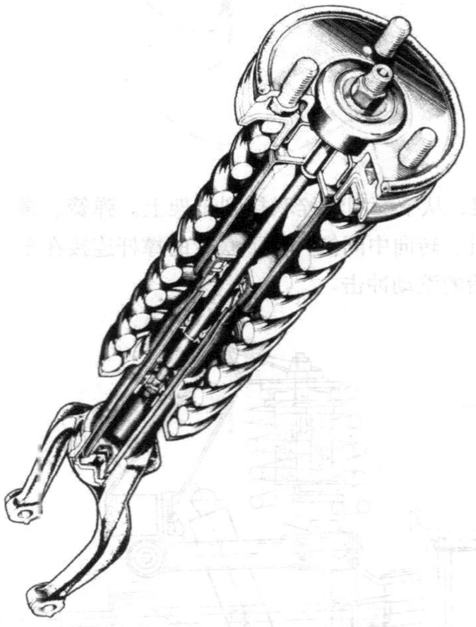

图5-20　Honda Prelude车型的弹簧减振器和下面的叉杆夹紧。从图中可以看到，活塞杆加粗增强，拉伸和压缩止位块套在活塞杆上，通过橡胶与车身连接进行隔音。

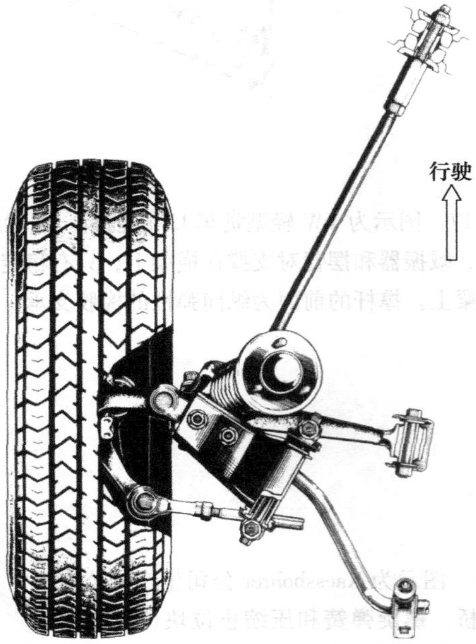

图5-21　在Honda Prelude车型上，上摆臂相对于下摆臂较短且斜置；转向横拉杆与下摆臂平行布置。在上摆臂上可以看到两个螺栓，松开螺栓可以侧向移动导向球铰从而调节外倾角；通过前面的纵撑杆对后倾角进行调节。

发动机宽度方向的布置，此外，弹簧减振器可以在摆臂支承附近连接。车轮外倾角可以通过上摆臂调节，后倾角通过纵撑杆调节（图5-22）。车桥的轮距变化较小，外倾角变化有利，另外抗制动点头率也较好。

VW 公司运输车“Syncro”车型也配有类似结构的前桥（图5-23和图5-24）；由于这里作用距离 c 较小，故弹簧减振器穿过上摆臂。

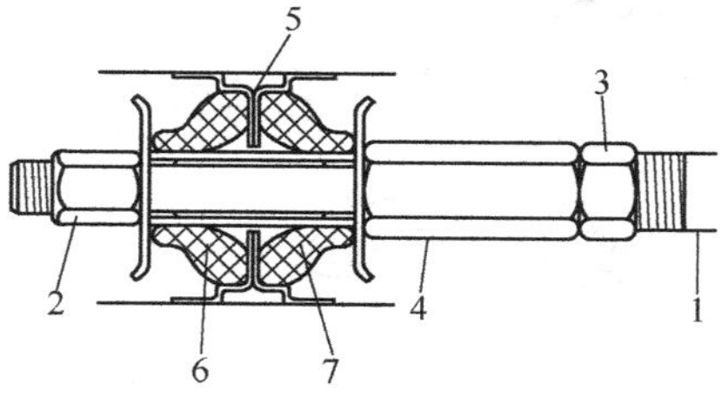

图5-22 图示为 Honda Prelude 车型的后倾角调节。纵撑杆1连接在下摆臂上并向前斜置，末端制有螺纹。放松防松螺母2和3后可以通过螺母4改变车身上的固定点5和摆臂间的距离，从而调节后倾角。位于间隔套管上的橡胶块6和7吸收轮胎滚动冲击。

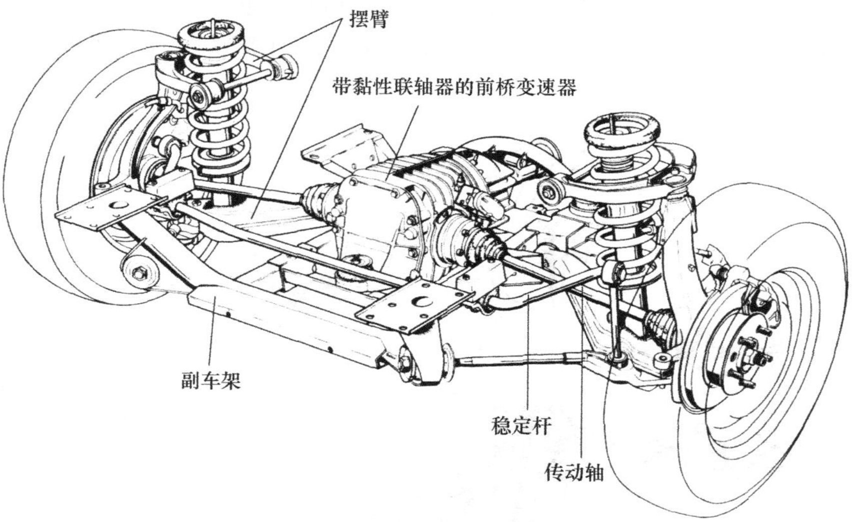

图5-23 图示为 VW 运输车“Syncro”全轮驱动车型的前桥。纵撑杆与副车架连接，其前支承吸收轮胎滚动冲击。弹簧减振器布置在驱动轴附近，在下面和框形向后斜置的摆臂连接，在上面穿过跨距较大的上三角摇臂。齿轮齿条转向机位于桥体前面，并且由于下摆臂斜置，制动力使承载球铰向外压，这样车轮可获得有利的前束；驱动力产生后束。

5.2.2 带扭杆弹簧的前桥

为了留出驱动轴的安装空间，常使用纵向布置的扭杆，而不采用向上布置的螺旋弹簧。材料的利用率很理想，由此降低了重量和成本；另外还具有轻微的非线性刚度（图7-2）。其缺点就是它的长度，要想弹簧的弹性软，扭杆就必须长。图5-25所示为 Renault 4 车型的布置方式。在靠下布置的扭杆后端，底板组件内装有通过偏心来调整高度的调节器。它用来补偿扭杆两端镦粗的头部的同心度偏差，此外也有利于装配。车身可以很容易地保持水平，并处于合适的高度。

轻型货车的驱动（也包括非驱动）前桥扭杆大多与上摆臂连接（图5-26和图2-138），高度调节器用螺栓固定在底板纵梁或车架上。

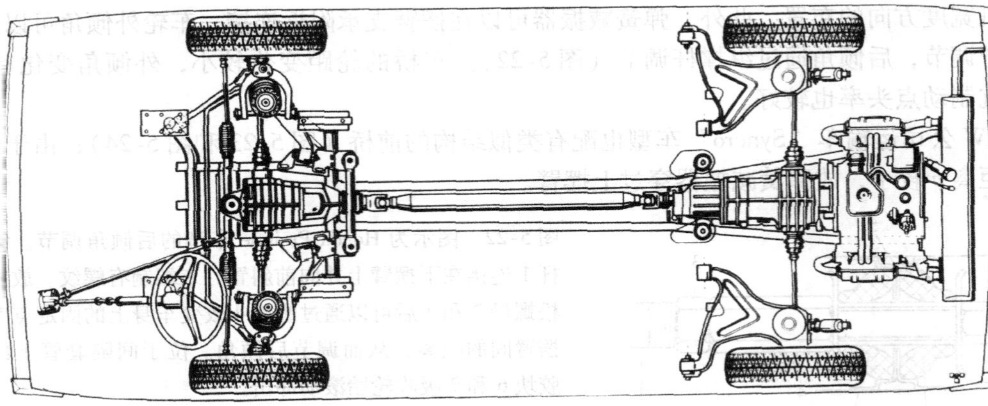

图5-24　图示为VW运输车“Syncro”车型的底盘和动力总成。变速器间的传动轴为短的整体式。黏性联轴器布置在后面，颈部可以靠前，因此传动轴没有必要做成分段式。图中可以看到在后部的卧式对置发动机、后面的斜臂式车桥、前面穿过上摆臂的弹簧减振器以及带中间传动装置的齿轮齿条转向机。

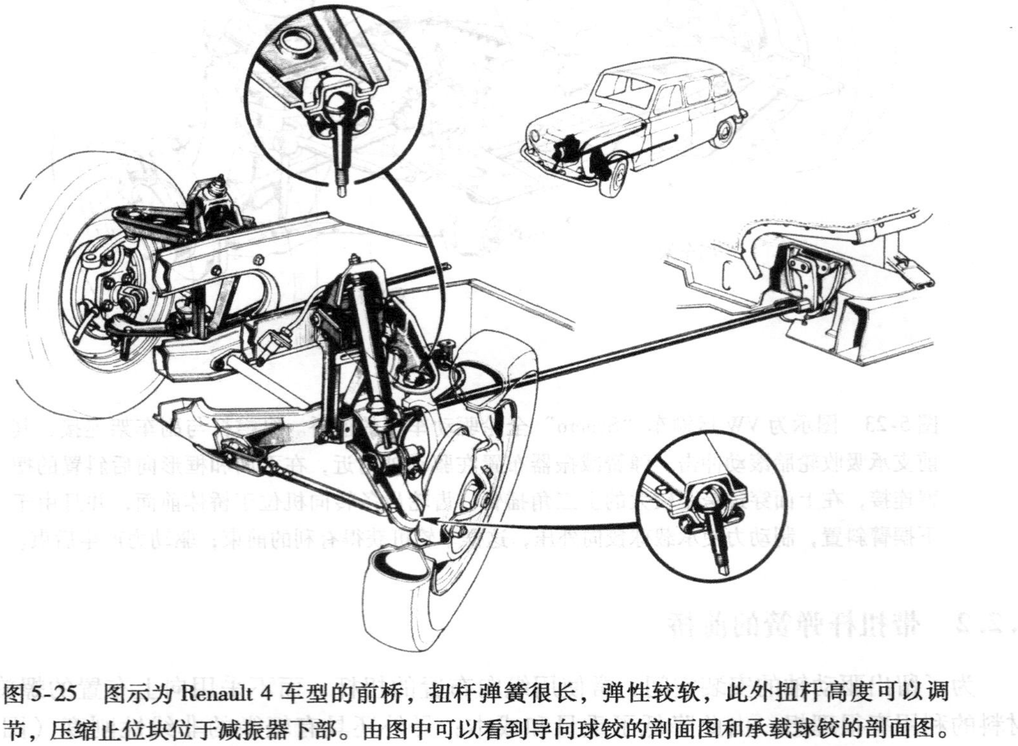

图5-25　图示为Renault 4车型的前桥，扭杆弹簧很长，弹性较软，此外扭杆高度可以调节，压缩止位块位于减振器下部。由图中可以看到导向球铰的剖面图和承载球铰的剖面图。

位于扭杆后端承受拉力的螺栓把转矩传递到车身（以及车架）。车轮同向跳动产生的转矩M_{Fl}和M_{Fr}方向相反（图5-27）。与纵梁相连的横梁1仅承受弯矩。固定点2和3在无干扰的直线行驶中不受力，只有当车轮反向跳动时这两个点才受力（图5-28）。如图6-57和图6-58所示，横梁不直接和底板连接，而是借助橡胶块固定。这样路面噪声不会通过摆臂和扭杆直接传递到车身。

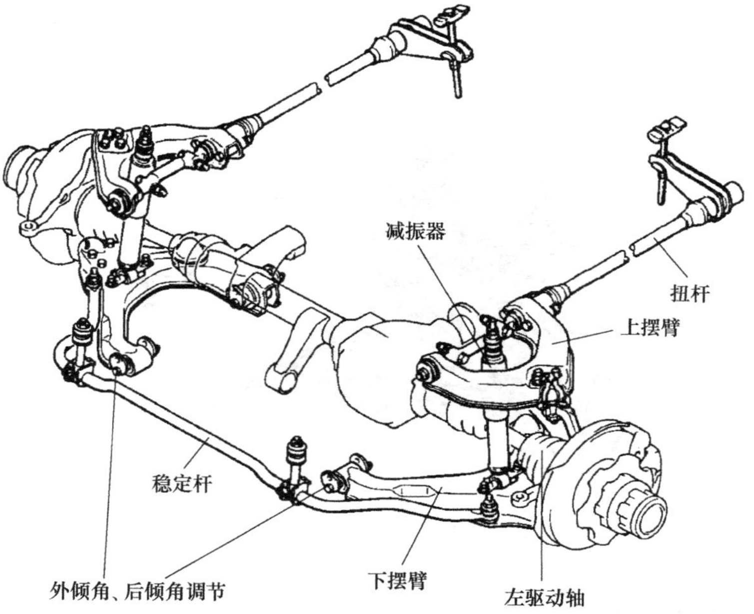

图 5-26 图示为 Mitsubishi 公司生产的运输车 L300 的四轮驱动的前桥。驱动力矩通过中间变速器传到前面的差速器。差速器置于发动机旁，为了驱动轴两边的长度相等，右边设有一个中间轴。借助偏心板可以调节外倾角和后倾角。为了节约空间，减振器支承在下摆臂上并穿过上摆臂。

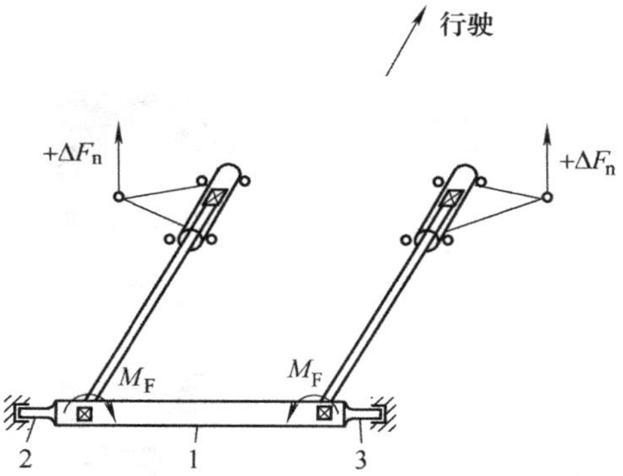

图 5-27 车轮同时上跳（由垂直力增量 ΔF_n 引起），两根纵置的扭杆相对扭转。与扭杆端部相连的横梁仅承受弯曲应力。

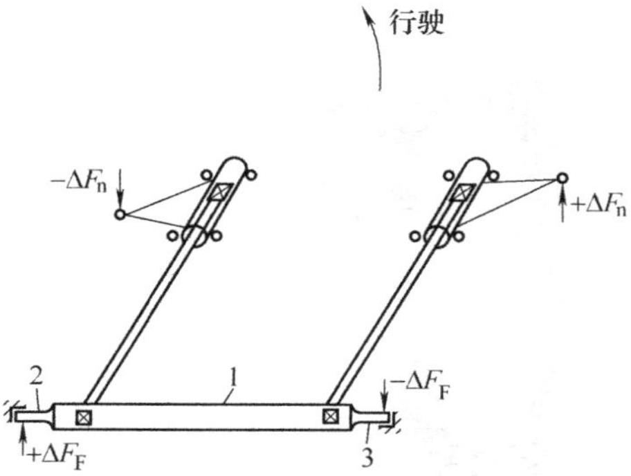

图 5-28 只有当车轮反向跳动时，横梁 1 的支承点 2 和 3 处才产生力偶 $\pm\Delta F_F$。

如果车桥不是驱动桥，减振器可以布置在中间，如 Alfa-Romeo 公司生产的 Alfa 90 车型，减振器穿过上摆臂（图 5-29）。纵向力由撑杆承受，可以通过撑杆的螺纹来调节后倾角，并且在前侧设置橡胶块，用来吸收轮胎滚动冲击。所有弹性系统的零件，如扭杆、稳定杆和减振器都支撑在下摆臂上。副簧位于减振器上面，并形成防护套，拉伸止位块位于活塞杆上。

图 5.29　图示为 Alfa- Romeo 公司生产的 Alfa 90 车型的前桥。

5.2.3　带横板簧的前桥

横置的板簧可以承受各个方向的力，取代两个摆臂和弹簧。它是一种以前经常使用的前桥悬架结构形式，简单且经济。其蠕变性较大的缺点限制了它的使用，仅用在发动机后置载荷较轻的前桥上，如 Fiat 500、126、133 车型以及 Simca 1000、Seat 850 车型（图 5-30）。所有车型的横置板簧都通过两点悬挂；车轮反向跳动的刚度比同向跳动的大，因此稳定杆和稳定杆的连接装置也被取代。

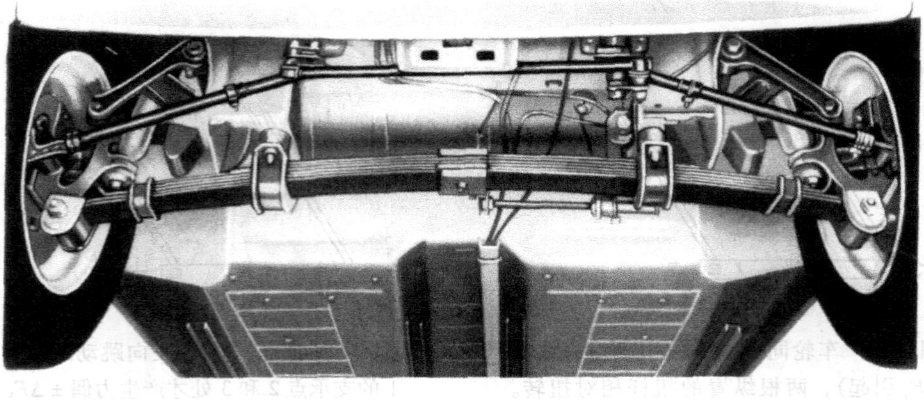

图 5-30　图示为 Fiat 133 车型和 Seat 850 车型的前桥。在这种发动机后置的车辆中，弹性系统和稳定杆系统由布置在下面悬挂在两点的横板簧承担。

图 5-31 所示为在静力 F_F 作用下的受力（弯矩）图。在点 D 之间的板簧中间段的力矩恒定，$M_F = F_F b_F$，即板簧在这一段的厚度不变；只有在外端需要改变截面。当车轮同向跳动时（图 5-32），板簧中间段以及两侧部分形成圆弧形状。板簧在整个工作范围内的刚度是一定的。在弯道行驶中则不同（图 5-33），在弯道外侧板簧负载增加 ΔF_F，在弯道内侧板簧

负载减小 ΔF_F。板簧外侧将向上抬起，内侧向下沉降；板簧中间部分承受方向相反的两种弯矩，产生S形变形。由于中间部分厚度相等，故中间部分变形很小，即在弯道中车轮反向跳动的弹簧刚度大于过障碍车轮同向跳动的弹簧刚度。板簧刚度与悬挂点 D 之间的距离 e 有关，e 越大，这种刚度差别就越大。但也不能随意增大距离 e，因为整个延伸长度 $b_{Fg}=e+2b_F$ 必须小于前轮距 b_V。e 越大，两端臂长 b_F 就越小，由此产生的应力也越高。板簧必须由数量较多且薄的叶片组成，这样会导致成本增加，重量增加，内摩擦也较大。

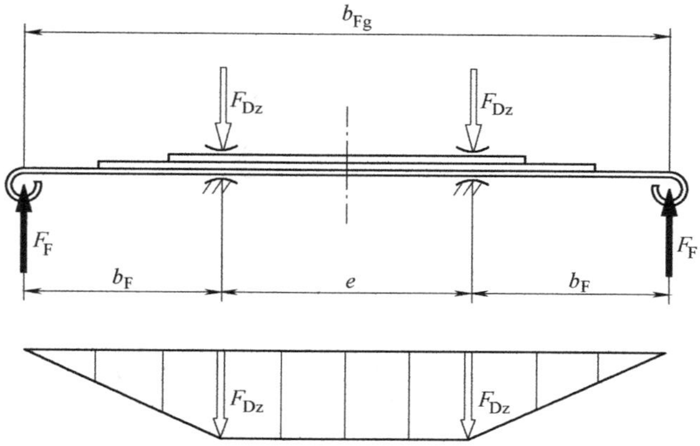

图 5-31　图示为通过两点 D 固定在车身或车架上的横板簧的受力图和弯矩图，其中 $F_{Dz}=F_F$。

两点悬挂板簧的缺点是，在车轮接地点的力作用下连接点会产生变形。车轮上下跳动导致板簧中间部分的长度变化，要求 D 点的支承要有弹性。弯道侧向力使弯道外侧车轮的正外倾角变大，内侧车轮负的外倾角变大。图 1-16 表明，车轮下球铰的反力 F_G 是上球铰 E 点的力的两倍。基于这个原因，Ford 公司在第一款前轮驱动车（在科隆生产）12M/P4 车型上，把弹簧布置在上面，Autobilanchi 公司 1975 年之前生产的 A111 车型也是这样布置的；前桥较高的载荷不允许有其他选择。VW 车型则不同，它不希望出现任何弹性变形，多功能轿车 Iltis 的前后车桥采用相同的横板簧（图 5-34、图 2-7 和图 2-159），在中间用螺栓固定在车架上。

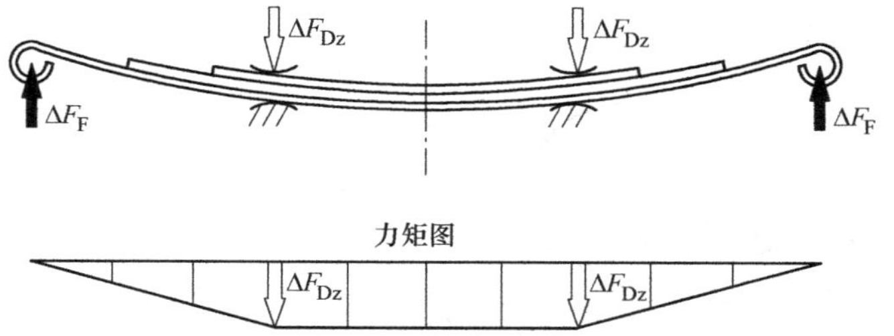

图 5-32　车轮同向跳动，“两点式横板簧”的 D 点之间的中间部分产生圆弧变形。在支撑点 D 处的力的增量 ΔF_{Dz} 相应在板簧端部产生力的增量 ΔF_F。

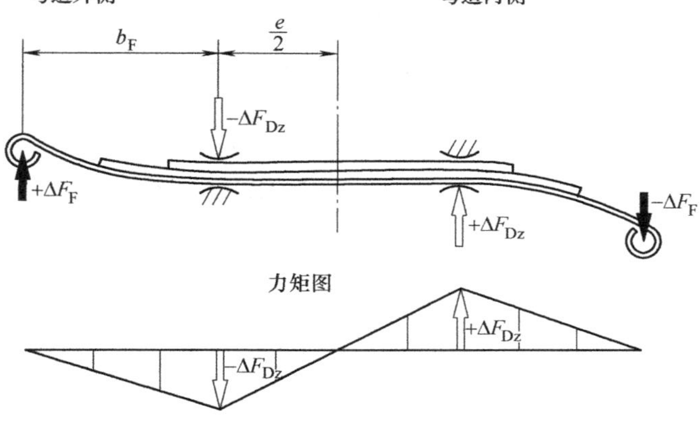

图 5-33　在弯道行驶中车轮反向跳动，板簧外端的力增加 ΔF_F，内端相应减少 ΔF_F。在支撑点之间的中间部分呈现两个方向相反的力矩，导致刚度提高。外侧支撑点的力 $F_{Da}=F_{Dz}+\Delta F_D$，内侧 $F_{Da}=F_{Dz}-\Delta F_D$，这里

$$\Delta F_D \approx \Delta F_F \frac{b+\frac{e}{2}}{\frac{e}{2}}。$$

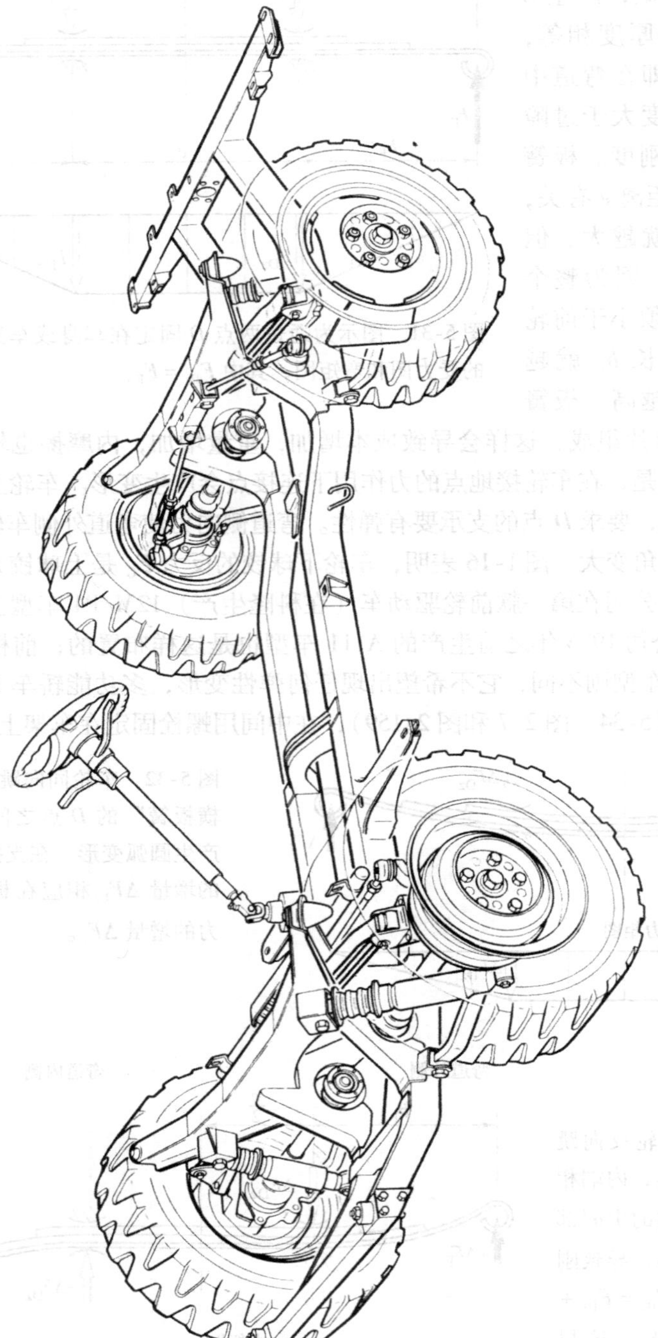

图 5-34 图示为多用途轿车 VW Iltis 车型的车架，前后悬架相同。抛物线形轧制上置横板簧在中间与横梁连接，前束杆辅助后桥避免出现不利的车轮定位变化。

Opel 公司从 1963 年到 1973 年在 Kadett A 和 B 车型上采用下置两点式悬挂横板簧，仅承受垂直力；侧向力和纵向力由另外的摆臂承受（图 5-35）。这种结构在技术上无懈可击，在经济上又便宜（Fiat 公司自从 1969 年也用在 127、128 和 Ritmo 车型的后桥，图 6-72）。这种结构的车架简单，比较扁平，可以直接和车身纵梁螺栓联接，对空间需求也很小。

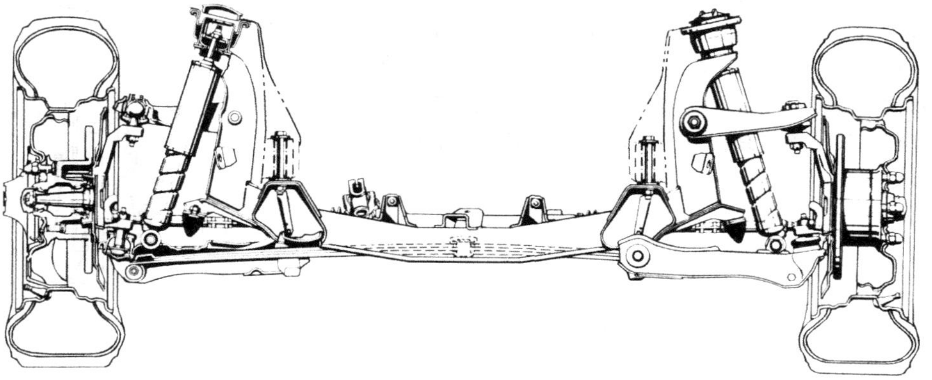

图 5-35 图示为 Opel Kadett A 和 B 车型的前桥，两点悬挂的横置板簧同时也起到稳定杆的作用，另外下摆臂也支承侧向力和纵向力。下摆臂作为载力单元承受弹簧、减振器以及压缩止位块产生的力。与窄的车架以及齿轮齿条转向机构成矮壮敦实的车桥，作为模块整体和车身纵梁连接固定，十分便捷；另外车轮可以在车架上（也就是预装模块）调整好车轮定位参数。

5.2.4 带气液弹簧的前桥

与螺旋弹簧一样，气液弹簧只能承受垂直力。其优点是占用空间小，刚度很软，可以进行车身高度调节。图 5-36 所示为 1953 年以来 Citroen 公司采用的结构。弹簧为开口向下的缸筒，带长杆的活塞在缸筒中滑动；滑动行程有限。车轮处的跳动量比较大，因此弹簧布置应该靠近摆臂的转动轴，如 Citroen GSA 车型所示（图 5-37）。车轮到弹簧的传递比 $i_F>2$，结果是摆臂以及摆臂支承受的力明显变大。稳定杆通过耦合杆与摆臂侧面连接，这样摆臂承受扭转力矩。这种转矩以及弯矩要求摆臂应做成锻件。

如果前桥弹性系统很软，则要求采取措施减小车身侧倾。因此这种车的稳定杆比通常的粗得多，肘管较短弯曲刚度大，另外在耦合杆中采用球铰，避免任何变形带来的损失。

在图中可以看到占用空间很小的弹性元件。行驶性能上的优点只有在采用内置制动装置的前提下才能体现出来。下摆臂的跨距较大，为板件；上下摆臂的转动轴都是斜的，这样可以减小垂直分力 F_{Ez} 和 F_{Gz}（图 5-4 和图 5-5），抑制加速后仰以及制动前倾。

在 Daimler-Benz 公司的 S 级八缸车型上采用 Fichtel&Sachs 公司生产的气液弹性系统，其结构形式与众不同。弹性储能器分开，固定在车身上（图 5-38），与弹性元件本体的连接通过高压管 B6（图 5-39）实现。缸筒的行程较大，允许采用气液弹簧来代替通常的螺旋弹簧（图 5-9）。借助承载球铰（图 2-55）和下摆臂连接。如果带电动调节阻尼，则零件上还需要其他孔。

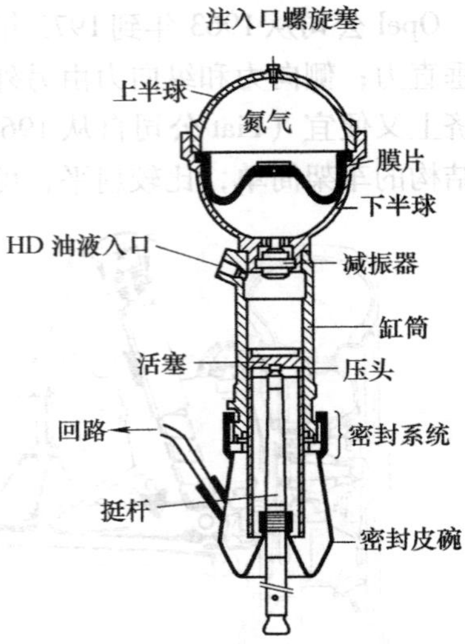

图 5-36　图示为 Citoren GSA 车型上使用的前后桥。弹性元件所占用的空间很小。弹性元件的上半球中为压缩氮气，氮气为弹性压缩介质，为了避免发泡，通过膜片把下半球以及缸筒中的液体与气体分开。弹簧挺杆承受力，在上面与活塞以球形连接，在下面支承在前悬架的横摆臂上和后悬架的纵摆臂上。车轮上跳时，活塞通过减振器阀挤压油液；车轮下跳时，压缩气体挤压液柱，通过减振器阀向下流动。固定的阀体组件和承受压力的单筒减振器类似，只是单筒减振器的阀体位于活塞中和车轮一起跳动。

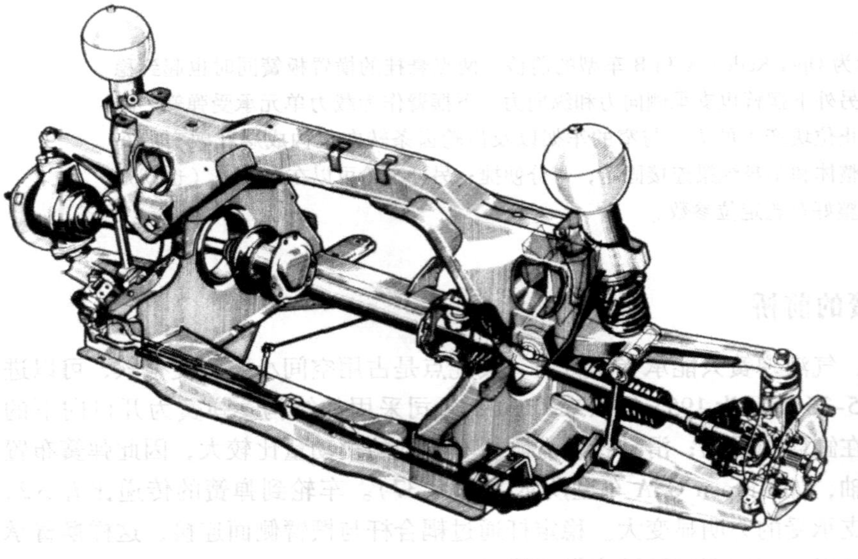

图 5-37　图示为 Citoren GSA 车型的前桥，摆臂斜置。盘式制动装置内置，中间轴转向，延伸到车轮托架内的等速万向节。齿轮齿条转向机在车桥中心的后面与副车架螺栓连接，连接处为橡胶支承。车轮跳动量为 160mm，弹簧刚度为 7.8N/mm，频率为 44/min。

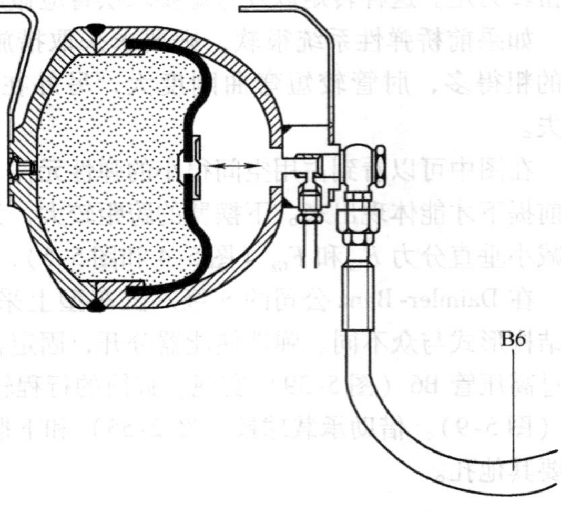

图 5-38　图示为 Integral Hydraulik 公司生产的作为 Daimler-Benz 公司 S 级车型的特殊装备的气液弹簧。弹性储能器和弹性元件分开固定在车身上。

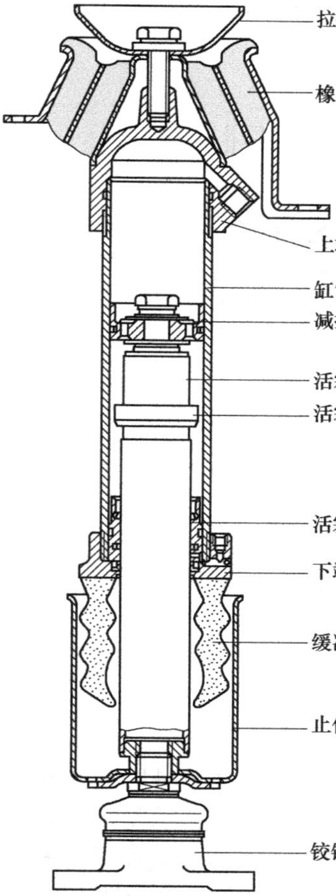

图 5-39　图示为 Daimler-Benz 公司的 S 级车型使用的前桥气液弹簧，由 Fichtel&Sachs 公司生产。

5.3　后桥

越来越多的轿车在标准驱动形式中采用双摆臂悬架作为后驱动桥；当然在前驱形式的车型中，也可采用双横臂悬架作为非驱动后桥。

5.3.1　驱动轴作为上摆臂

如果想在驱动后桥中采用双横臂悬架，则会碰到和前轮驱动车辆相同的问题，即都必须留有空间让驱动轴穿过。Jaguar 公司通过在每侧增加两个弹簧支柱来解决这个问题，一个安装在桥体前，一个安装在桥体后（图 5-40）。驱动轴同时也作为上摆臂，优点是不需要长度补偿，简单的十字万向节就足够了（图 2-102）。

其缺点是侧向力力矩由驱动轴和下摆臂的很小间距 c（图 1-16）来承担。驱动轴为管状，通过球叉和差速器以及车轮托架固定。制动装置布置在内部的差速器上；与梯形摆臂车桥类似，驱动力和制动力使下摆臂承受转矩和弯矩（图 5-1 和图 5-43）；与下摆臂相连的向前延伸的支架承受力和力矩，以及吸收轮胎滚动冲击。

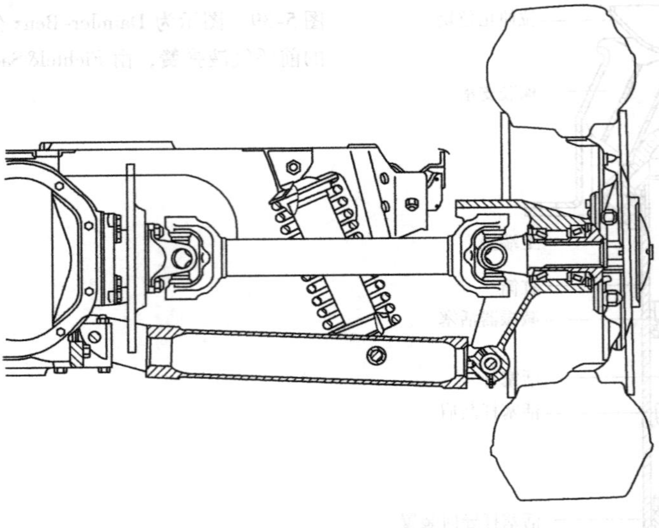

图5-40 图示为Jaguar车型的后桥，盘式制动安置在内部；驱动轴同时也起上摆臂的作用。车桥每侧的弹性系统为两个弹簧支柱，一个在驱动轴前面，另一个在后面。

5.3.2 Weissach悬架

Porsche 928S车型采用的Weissach[⊖]车桥同样也是双横臂悬架（图5-41）。下面的摆臂在车身侧的支承跨度特别大，且转动轴斜置，它既承受制动力矩也承受因驱动和制动引起的纵向力。在行车中松开加速踏板，发动机拖制动产生纵向力 F_{bh} 使后撑杆1产生弹性变形（图5-42右图）。摆臂的前端2弹性支承在平衡杆3上，平衡杆（图5-42左图）在直线行驶中的夹角大约为45°。撑杆1向后偏移，平衡杆3跟着转动，导致车轮往正前束方向变化 δ_h 角度。这样在弯道中松开加速踏板时弯道外侧的车轮产生正前束变化，通过发动机的拖制动来抵抗车轮向后束变化的趋势，在低档位行驶时效果尤为明显。这样车辆可以基本保持在预定的车道上，进一步消除第1.6节中阐述的载荷变换反应，即转动效应。

5.3.3 四铰链-梯形臂悬架

在Audi 100/200 Quattro四轮驱动车型的后桥中，采用四铰链-梯形臂车桥代替图3-58所示的扭转曲轴式车桥。与前驱车辆的刚性车桥相比，尽管这种独立悬架作为驱动桥，但它不需要太多的空间。纵摆臂通常与车身连接，在这里则与一根横梁相连，横梁通过螺栓和差速器相连，横梁两端的前支承连接下摆臂（图5-43）。减振器可以采用弹簧减振器，上面通过销轴式铰链与翼子板内板固定，下面通过环形铰链（吊耳）直接和车轮托架固定。

⊖ Porsche公司在德国的研发部门所在地。——译者注

图 5-41　图示为 Posche 928S 车型的 Weissach 后桥前视图。纵向力和制动力力矩由下面的斜摆臂承受，侧向力则由上下摆臂共同承受。为了留有驱动轴的安装空间，弹簧支柱布置在车桥中心后面。弹簧总行程 $s_g = 200\text{mm}$，乘坐 3 人的振动频率 $n = 70/\text{min}^{-1}$。

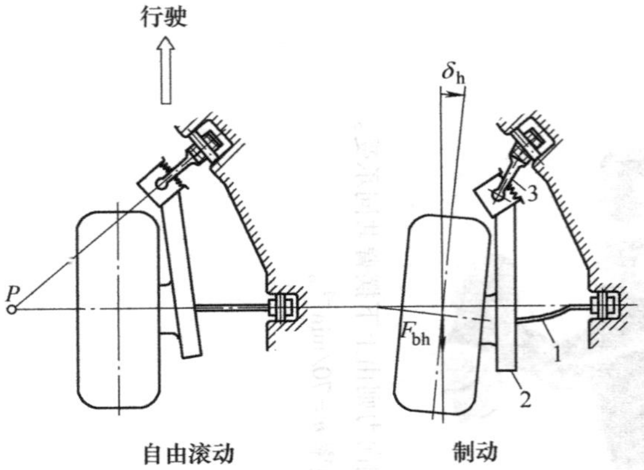

图 5-42　图示为 Weissach 车桥的弯道外侧俯视图。制动力 F_{bh} 使得外侧车轮向正前束方向变化 δ_h 角度，车轮围绕瞬心 P 摆动，产生正前束（如右图所示）。这种变化在驾驶人采取制动或者松开加速踏板时都会发生。这样可以抑制突然出现的“转动效应”。

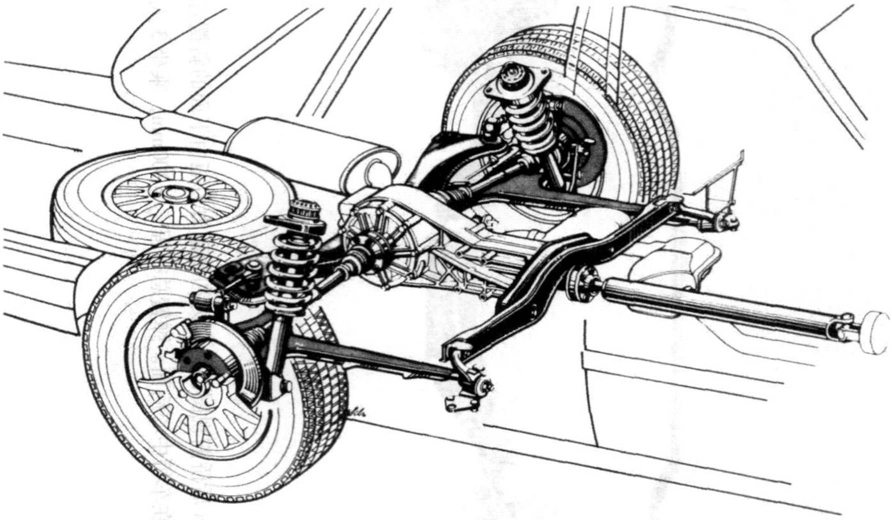

图 5-43　图示为 Audi 100/200 Quattro 车型的四铰链-梯形臂后桥。下面的梯形臂承受驱动力矩和制动力矩以及所有的纵向力；前束杆为上摆臂，其长度可以调节，前束杆布置在弹簧减振器旁边。前束杆、弹簧减振器直接与车轮托架锻件连接。弹簧减振器和前束杆在上面支撑在副车架上，副车架通过橡胶支承连接到车身上。与普通的 Audi 100 和 200 车型一样，备胎放在凹腔中，容积为 80L 的油箱也在其中。没有稳定杆。

这样垂直力不加载在摆臂上，只要一个跨距很大的梯形臂就足以承受驱动和制动产生的力矩以及纵向力（图 5-44）。这会引起弹性运动学前束变化，在 Audi 车型中通过外侧和内侧比较大的支承点作用间距来抑制这种弹性运动学变化，在车轮托架上间距为 295mm，在车身上达到 750mm。在前连接点 C 处的橡胶支承在纵向方向具有非线性弹性特性（以便吸收轮胎滚动冲击），但是和点 D 的支承一样在径向方向的刚度较大，在车轮托架处的支承为带侧面法兰的滑动支承。在 G 点支承的两个腰形孔 1 允许侧向移动（即 y 方向），用来调节前束。转动轴 EG 与车身侧的转动轴 CD 在空间上交叉，这样可获得侧倾不足转向趋势，由

图5-46的前束变化可以看出这种不足转向趋势。

上摆臂仅需支承侧向力，用前束杆即可，左右两端的螺纹可以用来精确调节外倾角（图5-45）。摆臂的长度（上摆臂约200mm，下摆臂约300mm）及其相互位置可产生十分有利的轮距变化和外倾角变化，如图5-46所示。

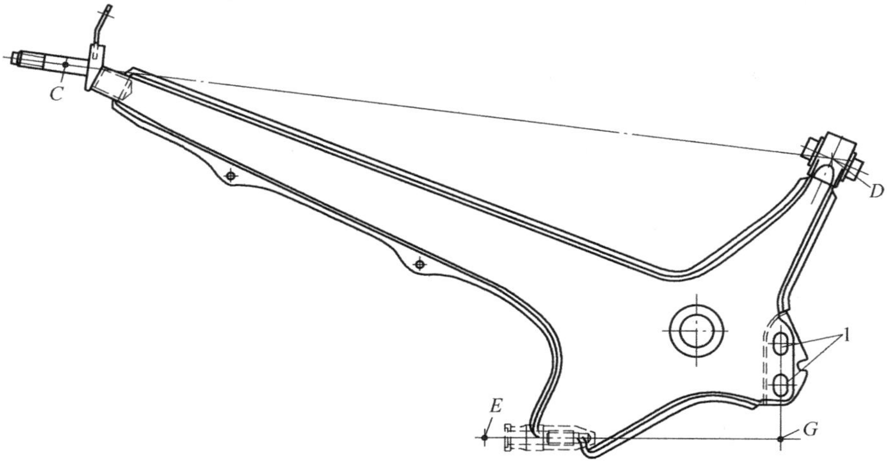

图5-44 梯形臂由上下两块钢板焊接在一起，抗弯，抗扭，用于Audi 100/200 Quattro车型。摆臂前端为一指轴，与橡胶支承连接，后端为轴套（点*D*）。轴套中的橡胶支承扭转刚度较低，径向刚度较大，其橡胶体与外管、内管以及中间管硫化在一起。点*E*处为带法兰凸缘的滑动支承（图2-70），通过螺栓固定，中心点可以在图中看到。点*G*处的结构和点*E*处相同，但带有支架与腰形孔1固定（参看图2-54）。侧向可以移动，用来调节前束。

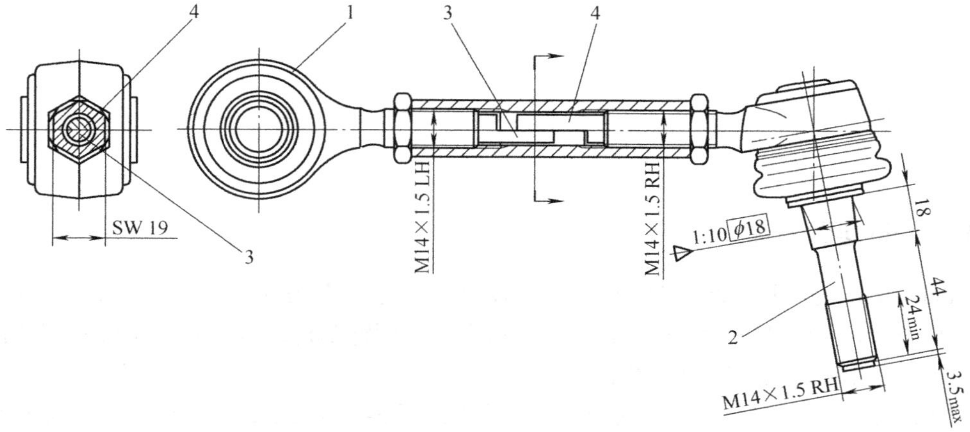

图5-45 由Lemfoeder Metallwaren公司生产的用于Audi 100/200 Quattro车型的上横臂。“前束杆”左端为可以转动角度的滑动支承，右端为球铰；球销因为要连接到副车架上而加长，球头直径为25mm。直径为19mm的六角空心管内部带有M14×1.5的螺纹，左右都可以拧转。在剖面图中可以看到平端相互靠在一起贴紧，防止转动，只允许有轻微的角度偏差。左支承外壳材料为C35N，右支承为C35V，$R_m=690\sim840\text{N/mm}^2$，球销材料为41Cr4V，$R_m=880\sim1030\text{N/mm}^2$。

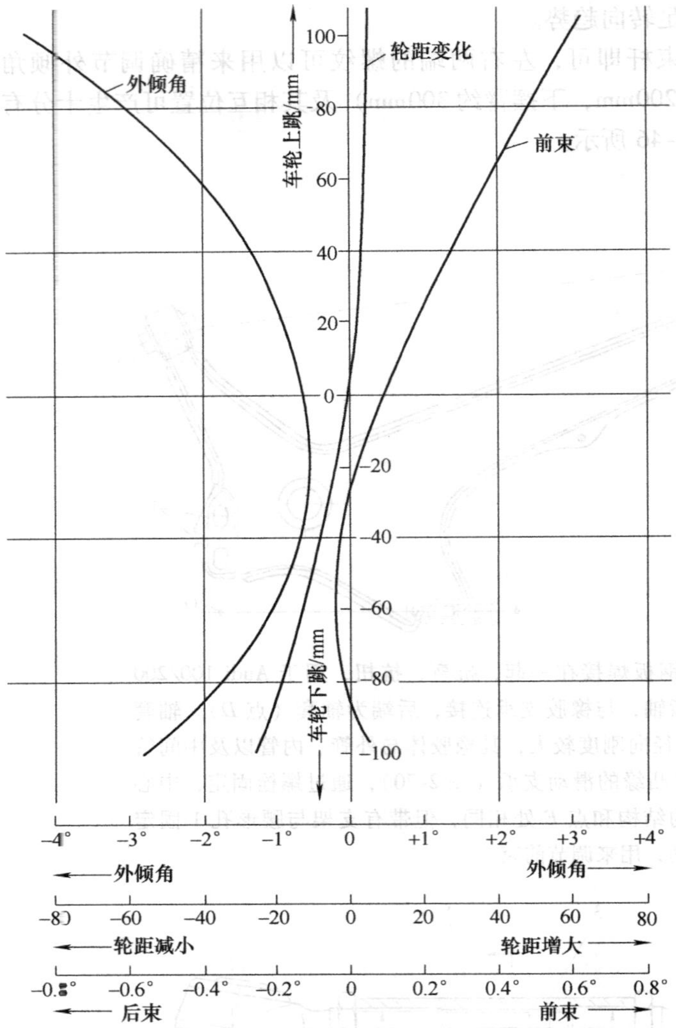

图 5-46 图示为 Audi 100/200 Quattro 车型的后桥运动学特性。可以看到轮距变化很小，在车轮上跳时外倾角为有利的负值，前束变化表明后桥为侧倾不足转向。

5.3.4 空间摆臂悬架

Daimler-Benz 公司在设计 190/190 E（W201）车型时开发了这种后桥，1985 年起也应用于 200D/300E（W124）车型。图 5-47 所示为空间摆臂车桥结构单元，车桥零部件预装在该单元中，并可精确调整运动学参数。

结构单元可以通过副车架 1（也称后桥托架，图 5-48）来实现，为了避免四个橡胶支承中的预应力，副车架弯曲刚度较大、扭转刚度较小；橡胶支承起降噪作用，同时把副车架连接到车身底板上。图为车桥左侧的三个视图。车轮托架 7 在侧向由上摆臂 2 和下摆臂 6 进行导向；为了得到有利的轮距变化和外倾角变化，上下摆臂的长度不同（图 5-49 和图 5-50）。另外下摆臂 6 作为承载件还支撑着所有的弹性系统零件。连接在摆臂上的零件有：与稳定杆 8 相连的连接杆 8a，减振器 9（减振器中有拉伸止位块和副簧）和螺旋弹簧 10；弹簧到车轮的传递比 $i_F = 1.83$，车轮托架 7 由撑杆 3 和 5 来保证纵向导向。撑杆 3、5

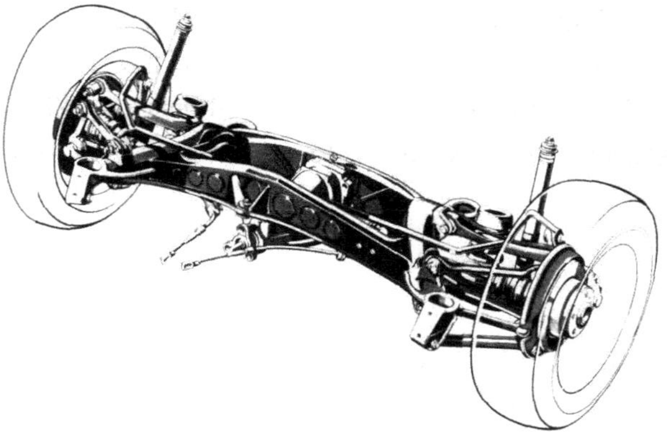

图 5-47 图示为 Mercedes 200D/300E（W124）车型的空间摆臂后桥。其副车架抗弯刚度高，但是扭转刚度低，通过四个橡胶支承固定在车身上。这种车桥在侧向和纵向有较大的支撑间距，这样在弯道以及驱动力矩和制动力矩的作用产生的变形较小。差速器在车桥中间，通过三个弹性支承与副车架连接，这样可进一步提高振动舒适性（相对 190/190 E 车型而言）。车桥的侧面为五根摆臂。

和横摆臂 2、6 一起影响斜的弹性系统；它们使得车轮在设计位置偏离垂直面 7.5°。车轮上跳 60mm 时车轮向后移动 5mm，车轮下跳 100mm 时向前移动 20mm。车轮托架 7 在车轮上跳时还会沿逆时针方向转动（图 5-51）。这种运动可以通过摆臂 3、5 和 6 的空间位置来进行调节；在这里为了消除任何的前束变化，布置在前面与一个悬臂相连的前束杆 4 的位置必须特别精准，其效果如图 5-52 所示。

所有五个摆臂都承受制动力矩和纵向力，驱动力矩则通过后桥驱动轴 11 和差速器外壳传到副车架 1 上，副车架前面的支承承受压力，后面的支承承受拉力。图 5-48 所示的摆臂 3 和 5 相互斜置，图 5-51 所示的曲线表明存在纵倾中心，由此也存在抗制动点头率，抗制动点头在车轮下跳时变强。纵倾中心在车轮中心上面，这样车辆起动时车身后部下沉量较小。Daimler-Benz 公司给出的数据为：抗制动点头率为 60%，抗加速后仰率为 67%。

所有五个摆臂的空间相互位置以及所有支承处特定的弹性保证车轮中心在纵向力的作用下只能平行移动，但是前束没有改变。采用没有弹性变形的支承是一种简单的方案；把外侧铰链布置在车轮中心（即由四根横臂构成的瞬心 E 和 G，图 5-52），使纵向力失去力臂，这样前束也不会变化。如果摆臂支承有弹性，则主销不再位于车轮中心平面，而是根据橡胶支承软硬程度的不同位于车辆中心前或车辆中心后。这样在驱动或制动时会产生不希望出现的车轮转向运动，产生的原因就是力矩 $F_a r_a$（图 5-53）。

为实现把弹性支承的主销移到车轮中心平面的目标，可以通过把交点 E（上面）和 G（下面）布置在车轮外侧来实现。由运动学和弹性特性最终合成的到车轮中心的力臂 $r_a = 0$，这样力矩 $F_a r_a$ 和制动力力矩 $F_b r_a$ 也为 0（图 5-54）。

如图 5-52 所示，主销连线 EG 偏离垂直线 $-\tau_h$，即此处主销为前倾。在直线行驶乘坐 3 人时（每人体重为 68kg），主销前倾拖距为 $n_k = -15$mm。在弯道中或者不平路面上出现的侧向力 F_s，会导致轮胎在车轮接地点后面偏移轮胎拖距 $+n_R$。在通常的弯道行驶中，这两个距离的长度大致相等（$n_k = n_R$），即力 F_s 使得后桥车轮朝弯道中心方向平行移动，不引起转向运动。当然车身的侧倾必须考虑在内。如图 5-51 所示，在设计位置理论的主销前倾角 $\tau_h = -3°$。当车轮上跳时负值还会增大，当车轮下跳时甚至会出现后倾。图中展示的曲线是在纯粹的运动学条件下获得的，也就是被考察的 190E 车型放在可以运动的平台上。另外在测量中除了垂直方向的力在改变外，其他方向不存在力。弹性支承的变形以及行驶中出现的纵向力和侧向力也许会改变曲线，但是不会改变曲线的趋势；弯道外侧的车轮将得到较大的前倾角，内侧的前倾角则会减小。当外侧车轮较大的侧向力 F_{sa} 和现在较大的力臂 $-n_{ka}$ 产生转向力矩 $M_{sa}=F_{sa}(n_R-n_{ka})$ 时，产生前束。内侧 $-n_{ki}$ 比较小，有时甚至为正值，产生的力矩 $M_{si}=F_{si}(n_R \pm n_{ki})$ 使得车轮为后束。在考虑轮胎拖距时假设 $n_R=10\sim40\text{mm}$，n_{ka} 和 n_{ki} 可以借助轮胎动态半径（$n_k=r_{dyn}\tan\tau$）来得到。对于 185/65 R 15 87H，轮胎动态半径为 302mm。

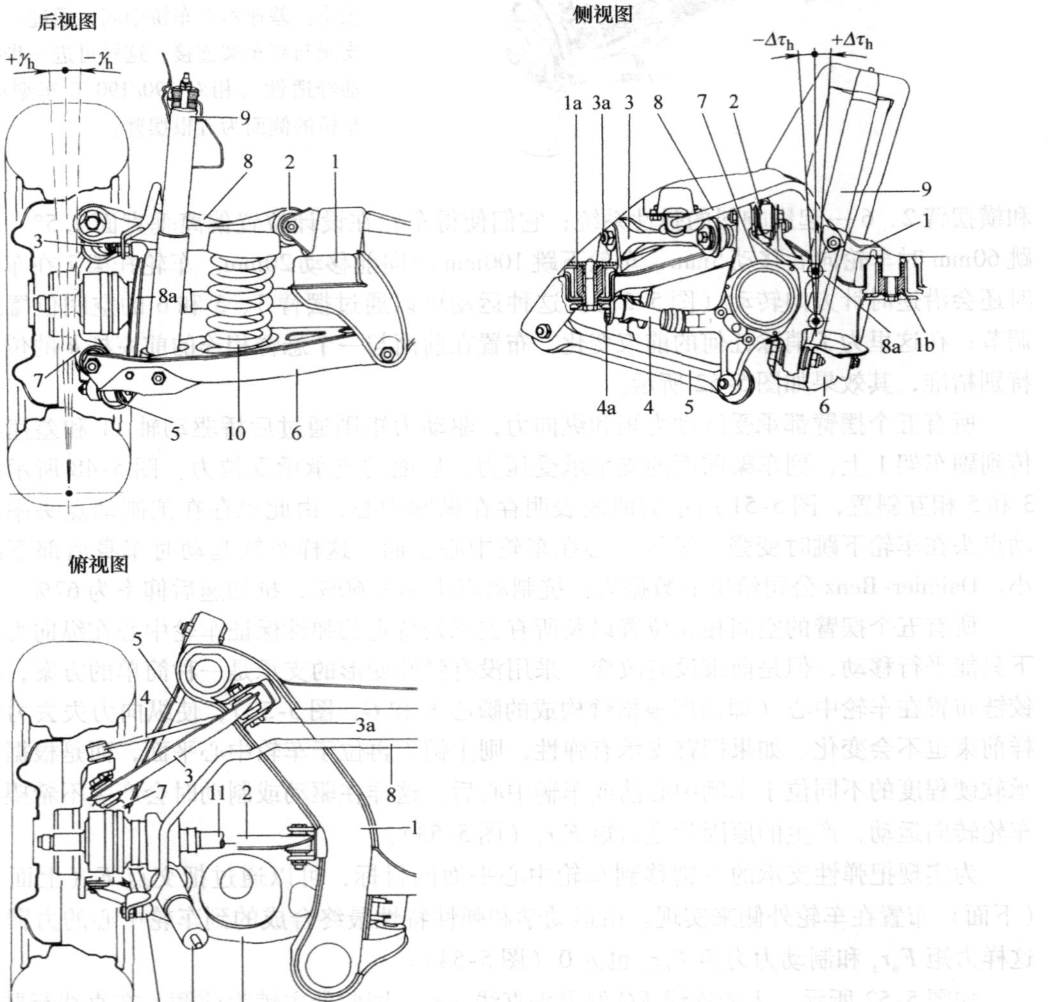

图 5-48　图示为 Mercedes 190/190E（W201）车型空间摆臂车桥的后视图、侧视图和俯视图。位于前束杆 4 内的偏心螺栓 4a 用来调节前束，位于撑杆 3 中的偏心螺栓 3a 在装配线上调整前束变化，可获得图 5-53 所示的曲线；偏心螺栓 3a 不允许随便进行调节。螺旋弹簧、减振器和稳定杆把力传递到上面的车身底板上；在下面载荷传到横摆臂 6 以及通过横摆臂的内侧支承传到副车架的后面两个橡胶支承上。车轮和弹簧的传递比 $i_F=1.83$，减振器较靠近车轮时 $i_D=1.23$。弹簧总行程为 230mm，非簧载质量为 91kg。

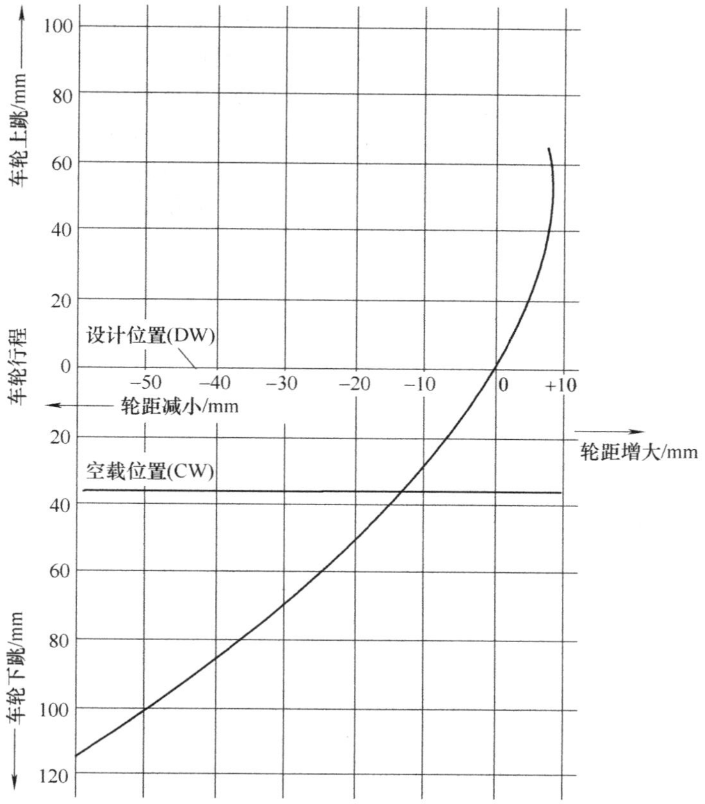

图 5-49 图示为 Mercedes 190/190E 车型的两个车轮的轮距变化和车轮跳动量的关系。设计位置为乘坐三人，每人体重为 68kg，油箱加满油。车轮上跳轮距变化值 $\Delta b=7\mathrm{mm}$（即单轮 3.5mm）。在设计位置侧倾中心高度为 65mm。

空间摆臂车桥通过弯道的速度越高，其弹性转向趋向不足转向的趋势越显著，这为车辆变道行驶提供了安全保障。另一优点为：在加载时前倾会变大，不足转向趋势会加剧，这一点对于已加载的车辆特别重要。

从运动学曲线中可以看出，有时车身位置低一点，允许轴荷小一点，车轮上跳量小一点，在实际中并不是什么坏事：

1）轮距变化和弹簧倾斜角将减小。

2）侧倾中心下降。

3）后桥的负外倾和前倾将增大。

4）前束没有变化。

这种车桥的其他细节可以参看图 2-17、图 2-71 和图 2-144。

5.3.5 带塑料单叶板簧的 Corvette 悬架

General Motor 公司在雪佛兰 Corvette 车型的后桥采用了图 5-56 所示的悬架。与图 5-5 和图 5-47 所示的五摆臂悬架不同的是，此处两个车轮的弹性系统为单叶板簧（位置 1），板簧

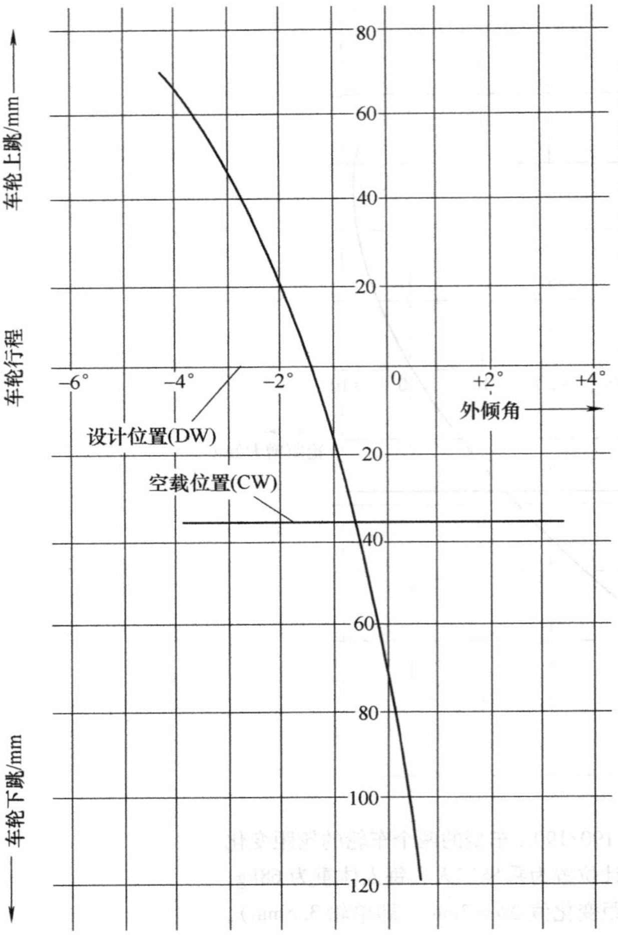

图 5-50　图示为 Mercedes 190E 车型的后桥外倾角变化。被测试车辆的外倾角调整得非常精准，在空载时 $\gamma_{0l}=-55'$，$\gamma_{0r}=-35'$；乘坐三人后大约增大到 $-1°30'$。车轮上跳曲线表现为轻微的渐变特性。空载出厂数据为：$\gamma_0=-50'\pm30'$。

的材料为玻璃纤维增强塑料，板簧在点 2 和 3 处与车架固定，这样板簧可以起到稳定杆的作用（在较小的范围内，图 5-33）。通过连接杆 9 板簧支撑在 10 上，稳定杆 11 也是以同样的方式通过连接杆 12 支撑在车轮托架上。纵向力和制动力矩由摆臂 6 和 7 承受，相互间斜置的位置可以抑制起动后仰和制动点头。侧向力由横摆臂承受，图中可以看到那根较长的下横摆臂（位置 4），上面较短的横摆臂图中没有标出来。第五根摆臂就是支撑在中间点 8 处的前束杆 5，可以通过前束杆来调节前束值，并且避免车轮上下跳动时产生不希望出现的运动学参数变化。

5.3.6　多摆臂悬架

用于 Mazda 929 车型的多摆臂驱动桥是一种双摆臂悬架，其结构形式和图 5-66 所示结构类似，其区别仅是 Mazda 车型是驱动桥，而 Honda Accord 车型是非驱动桥。

在非转向独立悬架上，弹簧减振器可以直接固定在车轮托架 2 上（图 5-57），这样可以减小摆臂支承的载荷，从而使得弹性系统的响应比较好。

和车轮托架螺栓连接的摆臂 3 承担纵向导向功能，其前支承（点 O_h）吸收轮胎滚动冲击，同时也是纵倾中心，在制动时车身后部在这一点下沉（图 5-58）。上面的横摆臂 4 承担侧向导向功能，其外形为抗弯的 U 形，稳定杆的连接杆 7 支撑在上横摆臂上。

下面的横撑杆 5 和 6 为管件，彼此分得很开，避免前束变化（图 5-59、图 6-63）。通过后撑杆 6 的内侧支承处的偏心板可以对前束进行调节（图 8-19）。下面的横撑杆 5 的长度为 180mm，明显比后面的（位置 6，$l=390\text{mm}$）短。从运动学来看，车轮这样可以完成一个空间运动。当车轮上跳时，车轮变化为前束和负的外倾角，这样在弯道行驶中得到侧倾不足转向；当车轮下跳时，车轮变化仍为前束，但是外倾角为正（图 1-24 和图 5-50）。

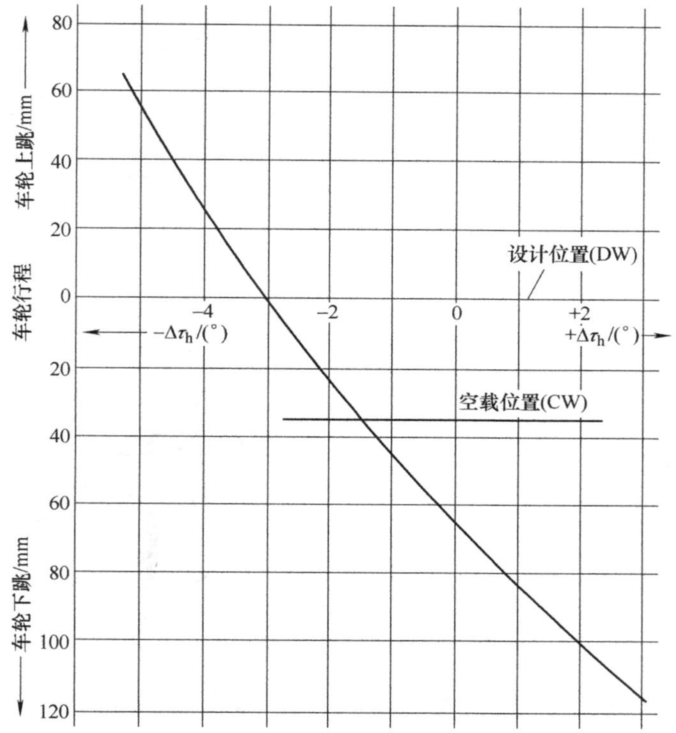

图 5-51　图示为 Mercedes 190/190E 车型的理论“前倾”角随车轮跳动的变化量 $\Delta\tau_h$。Daimler-Benz 公司标定主销前倾拖距 $n_k=-15\text{mm}$，在设计位置前倾角 $\tau_h\approx-3°$。车轮上跳前倾角变大，车轮下跳前倾角变小甚至变为后倾角。曲线的位置表明纵倾中心的位置比较高，当车轮下跳时纵倾中心向上移动，这样制动点头会急剧减小。

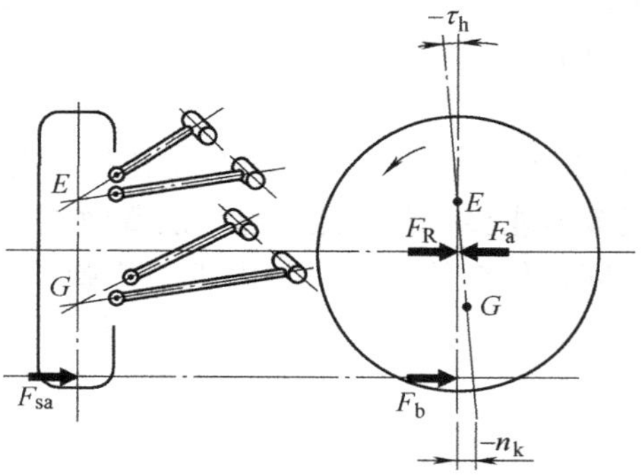

图 5-52　如果刚性摆臂交点 E 和 G 在车轮中心平面，那么纵向力的力臂为零，不会产生车轮转向运动。图中 F_a = 驱动力，F_b = 制动力，F_R 为由于路面不平产生的滚动阻力以及发动机拖制动力。转向主销在侧视图中为“前倾”角 $-\tau$，在地面形成主销前倾拖距 $-n_k$。

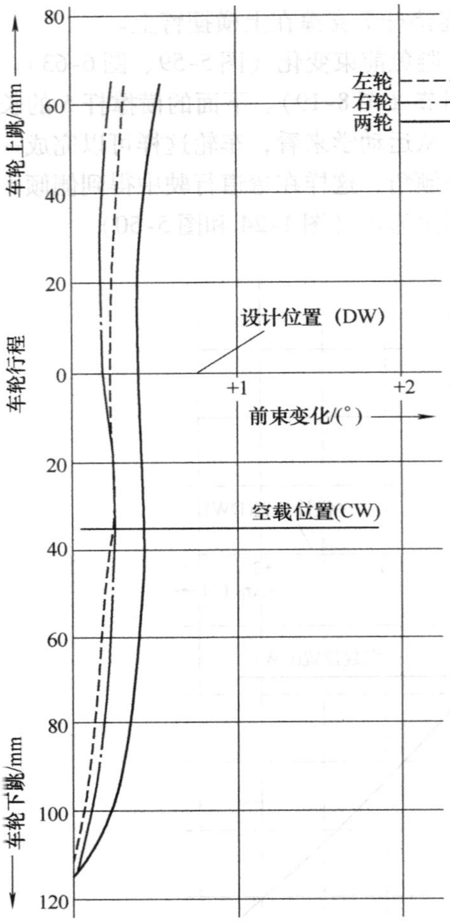

图5-53　图示为在 Mercedes 190/190E 车型上测量得到的车轮跳动产生的前束变化。除去弹性变形产生的极小偏差外，前束角 $\delta_h=27'$时对于车轮跳动行程±70mm 不产生变化。车轮定位和出厂数据很吻合，即 $\delta_a=25'^{+10'}_{+5'}$。

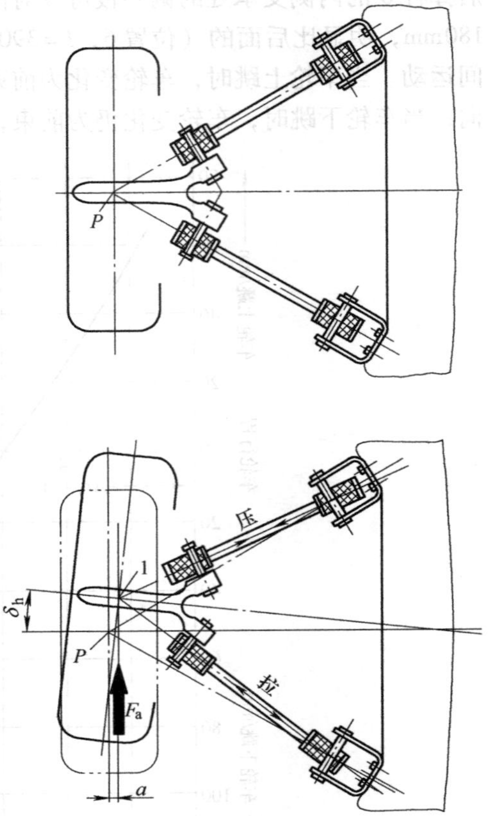

图5-54　图示为车桥左侧的俯视图示意图，交点 P 在车轮中心平面。在驱动力 F_a 的作用下，前杆受压，后杆受拉。支承处的橡胶体变形，点 P 向1移动，往前束方向产生转角 δ_h。

这种结构的另一个优点是，在制动时车轮产生“稳定的”前束变化（图5-59、图5-42和图5-61），其缺点是驱动力产生的前束变得更大了（图1-28和图5-54）。副车架8除了支撑纵摆臂和横摆臂外，还支撑差速器（图5-60），并且为了隔离路面噪声和驱动噪声，与车身连接采用橡胶支承固定。

Volvo 760 车型的后桥也有类似结构（图5-61），只是在这里纵摆臂1和车轮托架不是螺栓联接，而是铰接在一起。为了让螺旋弹簧和高度调节器能够布置得低一点，摆臂做成框形结构。这种结构形式可以获得较宽较平坦的行李箱空间，行李箱侧面只是由于“炮弹筒”稍微变窄一点，为了支撑减振器只能如此设计。摆臂1的支承8具有弹性，在纵向力作用下会变形，以吸收轮胎滚动冲击。

图 5-55 如果摆臂延长线的交点 P 移到外侧，则在力 F_a 的作用下支承发生弹性变形，车轮平行向前移动（如果 F_b 或 F_R 作用，则向后移动）。

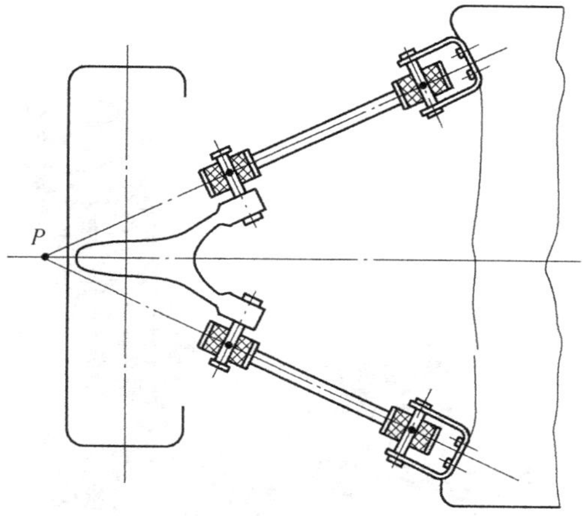

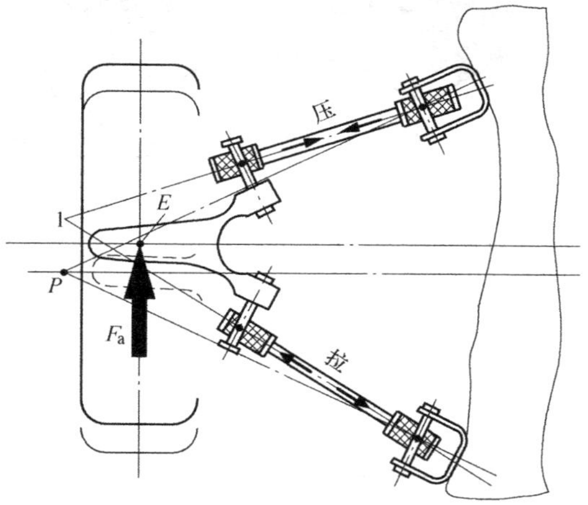

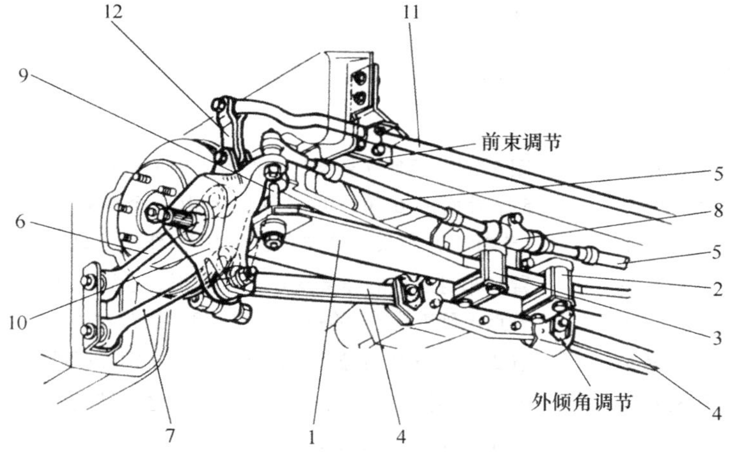

图 5-56 图示为雪佛兰 Corvette 车型的后桥。两根纵摆臂（位置 6 和 7）斜置，共同形成纵倾中心，与两根横摆臂和前束杆共同承担导向功能。

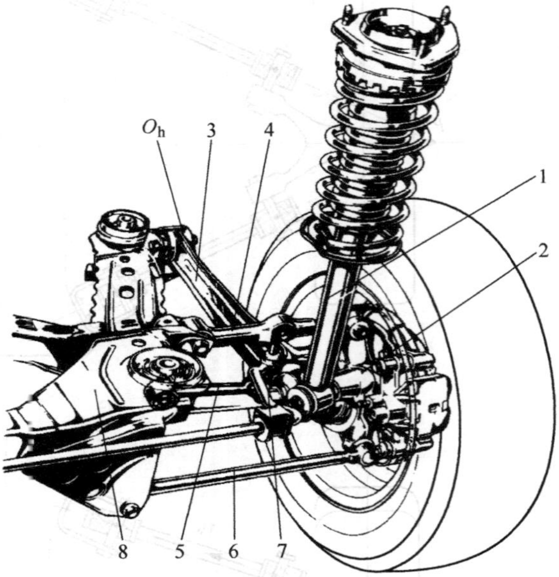

图 5-57　图示为1987年推向市场的Mazda 929车型多摆臂后桥的后视图。

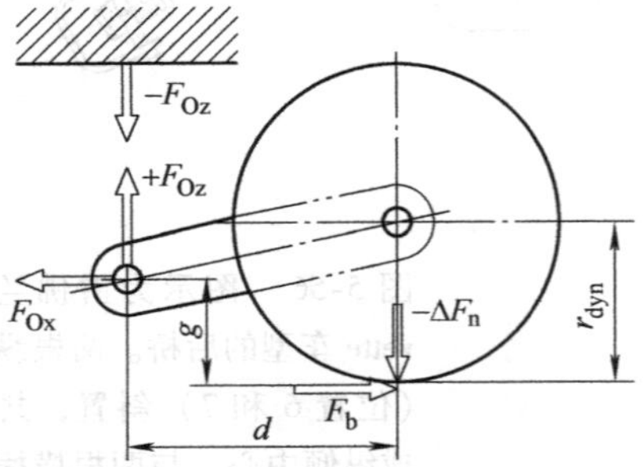

图 5-58　如果纵摆臂和车轮托架通过螺栓或者焊接连在一起，那么在制动时，在摆臂转动点处力 $-F_{Oz}$ 使车身尾部下沉。$F_{Oz}=F_b g/d$，也就是纵倾中心 O_h 越高（距离 g）越靠近车轮（距离 d），力 F_{Oz} 越大。这种现象既适用于双横臂悬架和纵摆臂悬架，也适用于刚性悬架和复合式悬架。

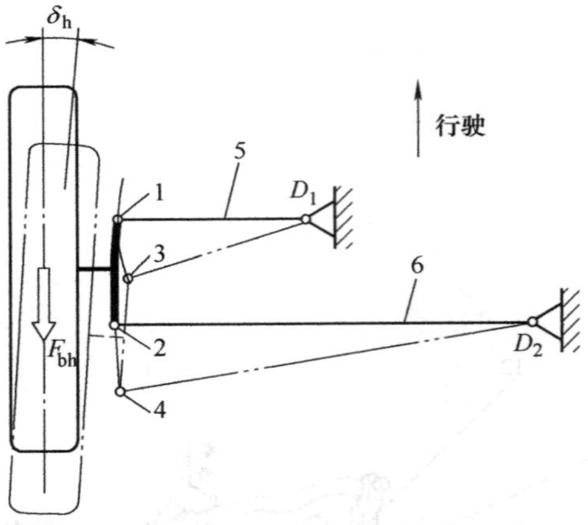

图 5-59　后独立悬架的下摆臂中前面的横摆臂5比后面的6短，并且纵向力由一个纵摆臂（未标出）承受，这样在制动力 F_{bh} 作用下纵摆臂和车身底板的连接支承产生变形，摆臂5的外点1延着绕 D_1 的弧线移到点3，摆臂6的外点2延着绕 D_2 的弧线移到点4。由于两段弧线的半径不同，故产生前束角 δ_h，使之回转的力矩 $M_b=F_{bh}r_b$（参见图6-62）。

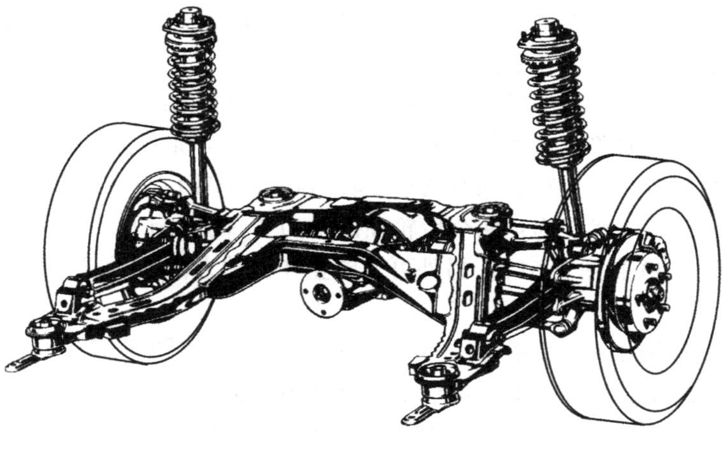

图 5-60 图示为 Mazda 929 车型的多摆臂后桥。差速器、驱动轴和副车架清晰可见，副车架的臂部向前延伸来支撑纵摆臂。

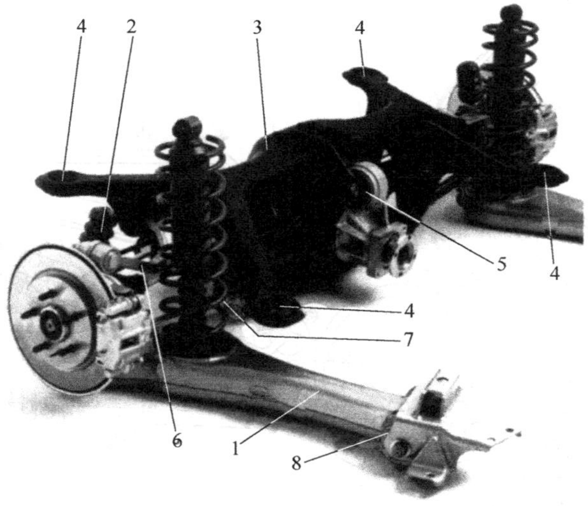

图 5-61 图示为 Volvo 760 车型的多摆臂后桥，车轮托架的导向由框形纵摆臂 1、锻件摆臂 6 和 7 以及前束杆来承担。前束杆和下横摆臂 7 的副车架侧的支承为偏心螺栓，用来调节前束和外倾角（图 5-48 和图 8-19）。

副簧 2 靠在副车架 3 上。副车架支撑着所有车轮悬架零件，构成一个预装单元便于装配，副车架和车身通过四个橡胶支承（位置 4）连接，隔离噪声。松开连接处，整个组件可以很容易拆下来。为了进一步减小行驶噪声，差速器通过三个弹性橡胶支承和副车架固定。图中可以看到较大的前支承 5。油箱位于桥体前面，受到保护。

车轮导向在上面由布置在车桥中心稍靠前的三角摆臂 6 来承担。摆臂 6 的后支承在俯视图中约偏斜 45°，在纵向力作用下产生一定的变形。在下面侧向力由在车桥中心稍靠前位置的横摆臂 7 来承受。上面的摆臂 6 比摆臂 7 短一些，这样轮距变化较小，而且可以得到有利的外倾角变化（图 5-3）。

略长的前束杆位置靠后布置，到零件7的间距（距离为a，图6-73）避免直线行驶中不希望出现的前束变化。前束杆和横摆臂在俯视图中形成后掠角ξ（图6-61）。这些零件的位置、不同的长度以及在车桥中心后面的前束杆和橡胶支承8的纵向弹性，共同使得车轮托架在弯道行驶中向后轻微偏移，弯道外侧的车轮产生前束，车桥产生“侧向力不足转向”，这样可以减小标准驱动形式的轿车所固有的过多转向趋势（图1-24、图6-65和第1.6节）。

这种结构在制动时的优点为：两个后轮在制动力F_b的影响下产生前束，这样车辆变得稳定（图5-1、图5-40和图6-61）。另外可以防止在驱动力作用下“向前束变化”，车轮保持笔直行驶。

与Mazda 929车型的四摆臂相反，BMW Spider Z1车型（图5-62）只有三个摆臂，抗弯纵摆臂1的支承5既支承纵向力又支承前面的下横臂（点5和图5-57中的O_h）。支承和横向方向夹角$\alpha=17°$；橡胶支承5的轴向刚度c_{ax}和径向刚度c_{rad}是相互关联的，其刚度比值

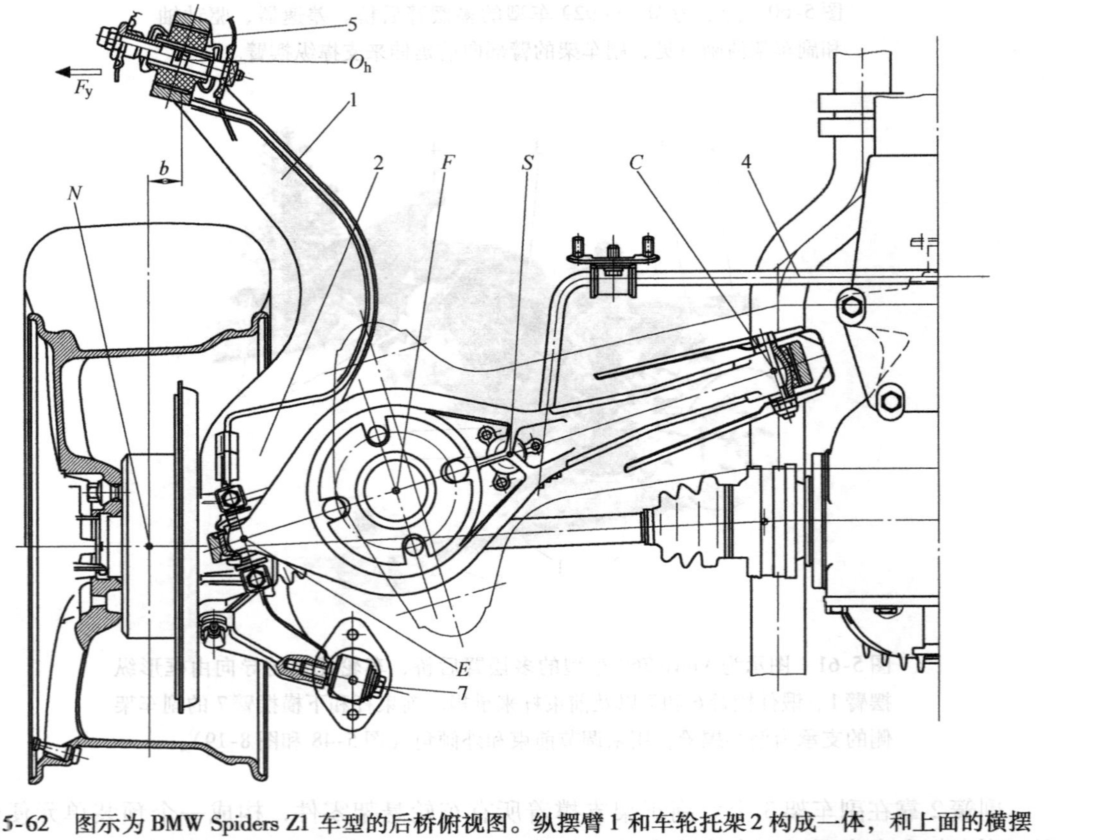

图5-62　图示为BMW Spiders Z1车型的后桥俯视图。纵摆臂1和车轮托架2构成一体，和上面的横摆臂3一样为铸铝件。在零件3的点F处，支撑弹簧和副簧；连接稳定杆4到摆臂的连接杆通过三个螺栓固定于S点。上面的摆臂3在点E和C处为半球铰，其径向刚度很高，在车轮托架的空间运动中允许一定的角度运动（图2-23和图2-71）。为了得到所希望的运动学和弹性特性，将点C布置到前面。在图中只能看到下面的管状横撑杆的外侧点G，这个零件和上面的横摆臂平行。借助偏心螺栓可以在内侧铰点处调节外倾角。为了使车轮接地点N（以及车轮中心）处的纵向力和支承5之间的间距b较小，纵摆臂1做成弯曲形状，和轮胎间的间距应该保证可以安装防滑雪链。借助螺纹套管橡胶支承5的内管可以侧向移动，从而调节前束。

i_c 等于几何角度的正切比值（参见图 5-64），即

$$i_c = c_{rad}/c_{ax} = \tan(\alpha' + \beta')/\tan(\alpha' - \gamma')$$

这样在 BMW 的车型上可以得到：在纵向力或侧向力作用下，支承在与摆臂 *CE* 和 *DG* 大约垂直的方向发生变形。

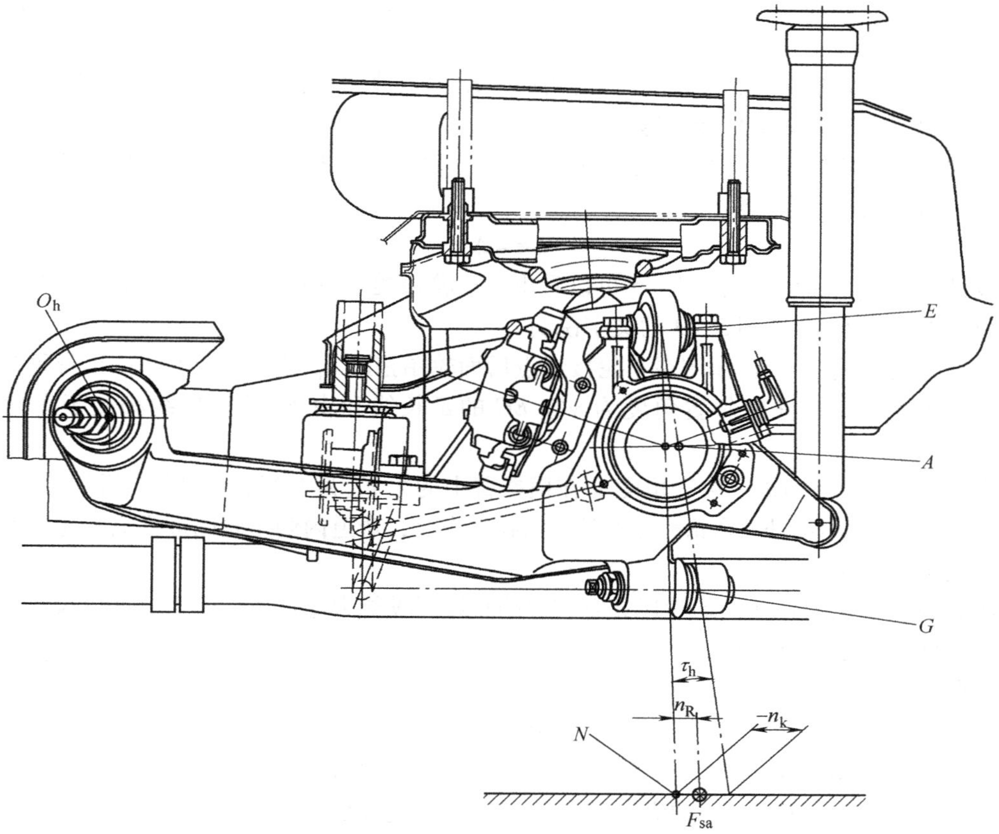

图 5-63　图示为 BMW Spiders Z1 车型的后桥侧视图。支承 5 位于车轮中心上，其中心点是车轮运动的转动点和纵倾中心 O_h，上面摆臂的连接点 *E* 在车桥中心平面，下摆臂的连接点 *G* 在车轮中心平面后面。连线 *EG* 的延长线产生理论的负后倾角 $-\tau_h$，在地面产生负的主销后倾拖距 n_k。框形横梁 6 支撑上面的横摆臂、下面的横撑杆和差速器，螺旋弹簧（橡胶隔声）和副簧也支承在零件 6 上。只有减振器 7、稳定杆中间部分 4 和前面的支承 5 固定在车身上。减振器布置在车桥后面比较有利，这样很大的行程只需施加很小的力；在下面它和车轮托架连接。

支承 5 的中心点同时也是纵倾中心 O_h，如图 5-58 所示，在这一点支撑制动和加速时的力为 F_{0x} 和 F_{0z}。为了得到正的抗起动纵倾角 κ 和尽可能大的抗制动纵倾角 ε，如图 5-62 和图 8-3 所示，点 O_h 布置在车轮中心上面。

制动力 F_b 作用在地面，驱动力 F_a 则作用在独立悬架的车轮中心（图 5-1 和图 5-52）。因此 κ 比 ε 小得多，在设计位置其数值为 $\kappa = 2.5°$，$\varepsilon = 32.5°$。

弯道侧向力由两个横摆臂支撑，即点 *E* 和 *G*（图 5-63）。车身侧倾，外侧车轮上跳。车

轮托架2围绕纵倾中心 O_h 转动，与上面的点 E 相比，车轮托架在 G 点进一步向后偏移。图中标出的负后倾角 $-\tau_h$ 的绝对值变大，并且迫使弯道外侧车轮成为前束的力矩 M_{sa} 进一步变大，即

$$M_{sa}=F_{sa}(n_R-n_{ka})$$

F_{sa} 为侧向力，作用在车轮中心后面轮胎拖距 n_R 处；n_{ka} 为弯道外侧运动学主销后倾拖距（负值）。

弯道内侧的力矩 M_{si} 反而减小，因为角度 $-\tau_h$ 由负值向正值变化。车桥为侧向力不足转向，侧向加速度越大，不足转向越强烈。

运动学后倾角的变化 $\pm\Delta\tau_h$ 和弹簧倾斜角的变化是一致的（图7-11）。弹簧倾斜角等于图8-3所示的抗起动纵倾角，即

$$\Delta\kappa=\Delta\tau_h$$

设计位置 $\tau_h=-8°$，由图5-65可以看出，车轮每跳动10mm，变化量 $\Delta\tau_h\approx1.2°$。其他细节可以参看图5-48和图5-49的文字说明。

弯道外侧的侧向力 F_{sa} 作用在车轮接地点后面轮胎拖距 n_R 处（图5-64）；车身每侧由两个横摆臂来支撑，横摆臂斜置角度为 γ'。EC 的延长线和力 F_{sa} 的作用线相交于车轮的中心面。

在俯视图中没有力矩，由于角度 γ' 在横摆臂中的力 F_{Es} 为 $1.1F_{sa}$；方向向后的合力 $F_{rsl}=0.36F_{sa}$，支撑在点 O_h 处。弯道外侧车轮平行拉向车身，弯道内侧车轮则被推离车身。图5-64详细描述了这种关联。

阻止前束变化的弹性运动学还具有较好的直线行驶能力等优点。不平路面以及纵向沟槽引起的侧向力不会影响后桥的固有转向。

由驱动产生的纵向力 F_a 和力矩为

$$M_{xa}=F_ab$$

在俯视图（图5-62）中，力 F_a 以及由于 M_{xa} 引起的力 F_y 由纵摆臂的支承点 O_h 承受。车轮接地点 N 和纵倾中心 O_h 的纵向间距相对较大，这样侧向作用的力 F_y 较小。为了减小 F_y 和橡胶支承5的弹性变形，将BMW车型的 O_h 点向外部移动以缩短距离 b（图6-2）。

横摆臂中的反力 F_{Ea} 与斜角 γ' 和驱动力 F_a 存在函数关系。F_a 和 F_{Ea} 的合力为 $+F_{rsl}$，该合力由纵摆臂的支承点 O_h 承受（图5-64）。在这点的反作用力 $-F_{rsl}$ 的分解沿着橡胶支承5的坐标方向，这样通过弹性刚度比值 i_c 纵摆臂前端向外挤压，后端通过两个横摆臂向外挤压，这样车轮平行向外移动，不改变前束。

制动过程中的情况和弯道行驶是一样的结果，后桥在纵向力作用下不会产生转向。

通过摆臂不同长度以及在俯视图、侧视图和后视图中一定的相对位置，可以得到一定的运动学特性。如图5-65所示，在整个跳动行程 $s_g=198$mm 过程中，前束变化仅为 $\Delta\delta=13'$，轮距的变化也很小。

车轮外倾角在设计位置通常取 $\gamma_{th}=-1°30'$。车轮上跳外倾角 γ 进一步向负值变化，车轮下跳时从 $s_2=50$mm 开始为正值。

侧倾中心高度 $h_{Wh}=113$mm，装载后侧倾中心下沉有利。当纵摆臂和车轮托架转动时，除了抗起动纵倾角和抗制动纵倾角会变化外，轴距同样也会变化，当车轮上跳时这个变化量非常小。

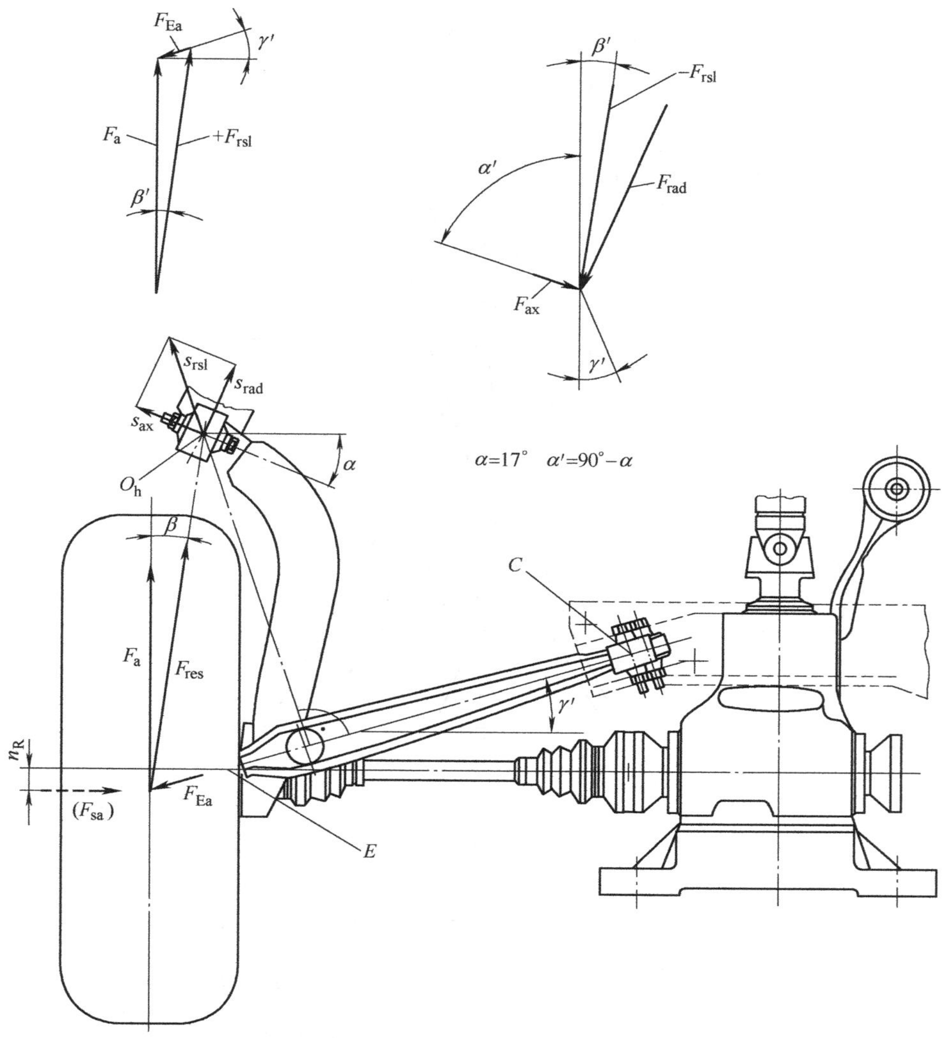

图 5-64 图示为 BMW Z1 车型的后桥左侧示意图，用来解释弹性运动学。点 O_h 处的橡胶支承合力为 F_{rsl}。为了能够在径向和轴向支承反作用力 F_{rad} 和 F_{ax}，支承产生弹性变形 s_{rad} 和 s_{ax}。两者合位移 s_{res} 的延长线垂直于横摆臂的中心线 EC，也就是纵摆臂和车轮托架在驱动力作用下平行向外挤压。这样每侧车轮的前束 $\delta=10'$ 在实际中会保持不变。假如 $F_a=1$，那么 $F_{Ea}=0.14$、$F_{res}=1.05$。所有力的作用点在车轮中心后面偏移轮胎拖距 n_R；为了便于理解，侧向力用虚线标出。

由于后倾角变化太大（图 7-10 和图 7-11）以及转向影响，在前桥双横臂悬架中不可能存在与车轮托架固定的纵摆臂，如 BMW 车型的结构所示，在后桥上借助纵摆臂可使后桥的运动学更加合理。

5.3.7 双叉臂悬架

相对于前桥（图 5-19 ~ 图 5-22），Honda Accord 车型的非驱动非转向后桥的运动学得到

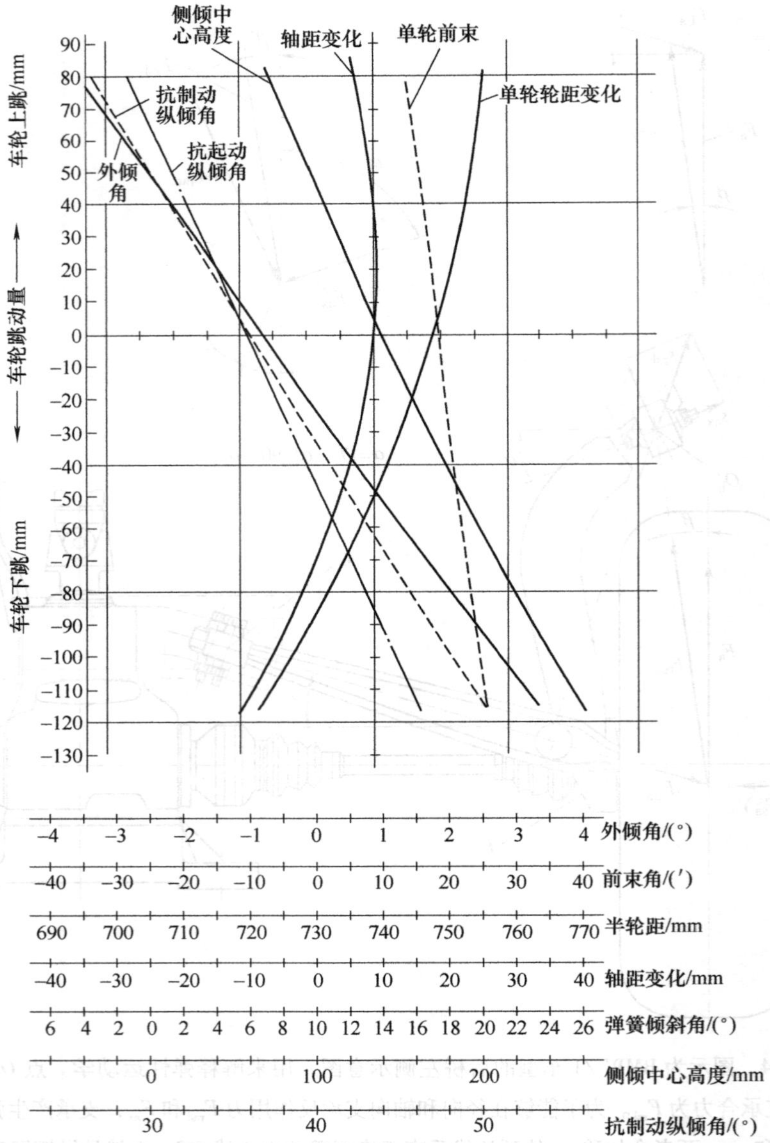

图 5-65 图示为 BMW Spinder Z1 车型测量的运动学参数。

了进一步改进。

车轮托架1（图5-66）借助稍有弹性的橡胶支承和纵摆臂2连接在一起，它除了可以承受纵向力以外，也能承受制动力矩。左右的前支撑点3的连线为纵倾轴，制动力在纵倾轴的垂直方向被支撑（图5-58）。点3的橡胶支承在垂直方向较硬，在纵向方向则较软，这样可吸收轮胎滚动冲击。

上面的横撑杆6和下面的一对撑杆4和5承担侧向导向。在 Honda 车型中零件5短一些，以实现以下目标：

1）在制动过程中，两个车轮的运动学前束会改变，这样可以使车辆稳定（图5-59和图6-40）。

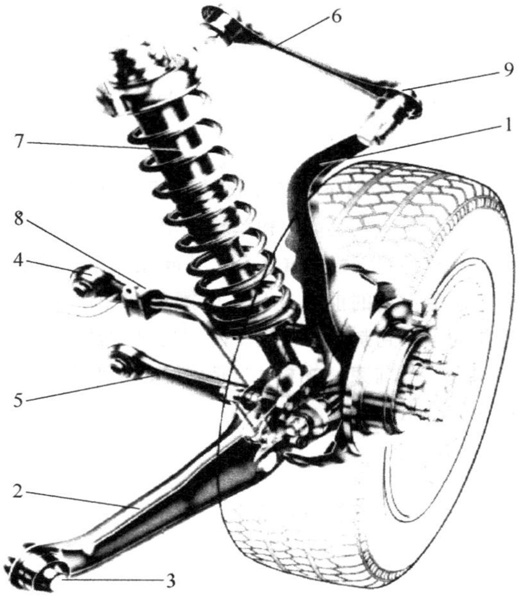

图 5-66 图示为 1986 年推向市场的 Honda Accord 车型的双叉臂悬架后桥。一个纵摆臂和三个横撑杆承担非驱动桥的车轮导向功能。

2）车轮上下跳动，车轮前束变化（图 5-46），在弯道行驶中外侧车轮上跳，使得后桥产生侧倾不足转向。

3）撑杆的作用间距（侧视图中）可以阻止不希望出现的前束变化，从而保证良好的直线行驶性能。

上面的横摆臂（位置 6）可以是一个简单的撑杆，因为它只承受侧向力。由于车轮托架 1 围绕点 3 转动，因此上摆臂必须斜置，上面的铰链 9 可以完成空间运动。

弹簧减振器 7 的环形铰链直接固定在车轮托架 1 上，稳定杆的肘臂和纵摆臂 2 相连。稳定杆的中间段通过橡胶支承 8 固定在横梁（未画出）上，横梁和车身用螺栓联接，并支承着两个下摆臂。

在 Honda Civic 车型上进行的改进是采用多控制臂双叉臂后桥（图 5-67）。车轮托架 1 和纵摆臂 2 形成一体，某些部分为抗弯抗扭的框形结构。支承 3 通过两个螺栓与车身固定，和车轮相对较近，这样形成位置有利的纵倾中心 O_h。车轮上下跳动时纵摆臂 2 围着点 3 转动，另外在制动中产生的纵向力和垂直力也由这点的橡胶支承承受（F_{Ox}和 F_{Oz}，图 5-58）。该橡胶支承具有一定的弹性，既不能太软变形太大，又不可以太硬无法吸收轮胎滚动冲击。

在制动过程中，零件 3 具有纵向弹性，前横摆臂的外部点在俯视图中为斜置，故将向内受拉，而后面的点 5（图 5-68）向外受压，后桥车轮变化为前束，使制动过程稳定。

侧向力由上面的摆臂 6 和下面的横摆臂 7 来承担，横摆臂 7 位于车轮中心稍偏后位置；侧向力和在弯道中出现的高滚动阻力使构成一体的零件纵摆臂 2 和车轮托架 1 向后偏移，载荷较高的外侧车轮向前束变化，从而导致车桥侧向力不足转向。

另外，由于摆臂 11 在后视图中斜置（图中看不到）而产生侧倾不足转向。车轮上跳，点 4 向下移动，纵摆臂 2 的前侧受拉向内，外侧车轮的前束变大；车轮下跳的内侧车轮相反，向后束变化（图 5-69）。

由于空间位置原因，弹簧减振器 8 在 Civic 车型中和横摆臂 7 连接。连接点 9 恰好位于内外支承点的连线上，这样摆臂7只承受弯矩，不承受扭矩。

后桥车轮轴承为第二代双列角接触球轴承，图中可以看到轴承外圈的法兰固定在制动鼓10上。在四轮驱动的Honda Civic Shuttle车型上采用的结构几乎相同，图5-70所示为其整体概况。

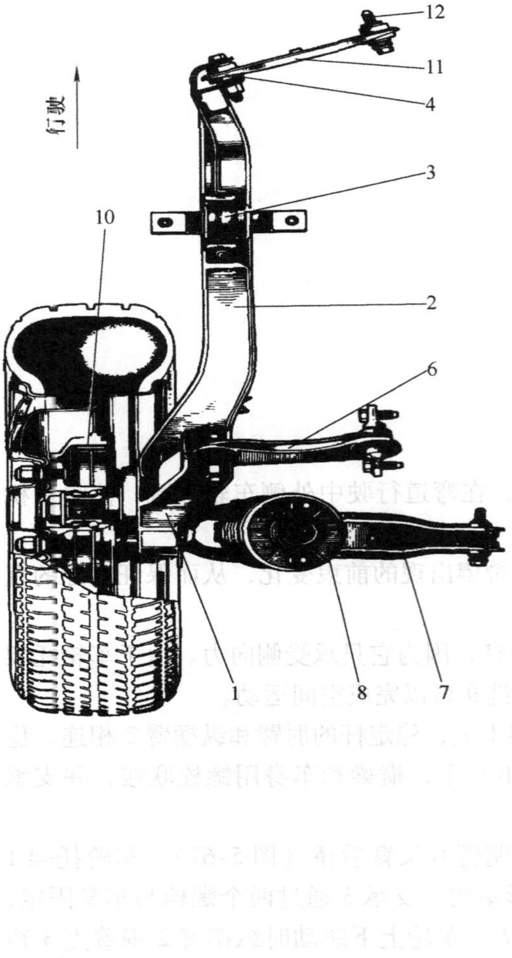

图5-67　图示为Honda Civic车型的后桥左侧的俯视图。抗弯抗扭的纵摆臂2和车轮托架1形成一体，与两个距离较大的下横摆臂7、11共同完成车轮精确的导向，避免不利的前束变化。前摆臂11的空间倾斜位置是为了得到制动和弯道工况中更好的性能。为了能够精确调节前束，螺栓12带有偏心。单个车轮的前束为1mm。

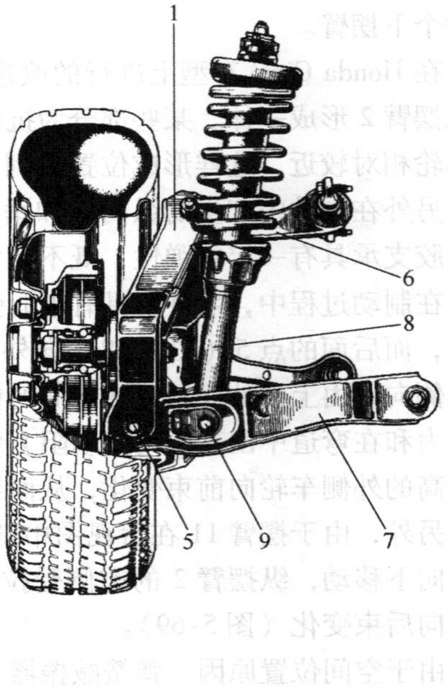

图5-68　图示为Honda Civic后桥的后视图。上面的横摆臂6比下面的7短一些，这样可以获得有利的外倾角变化和轮距变化。

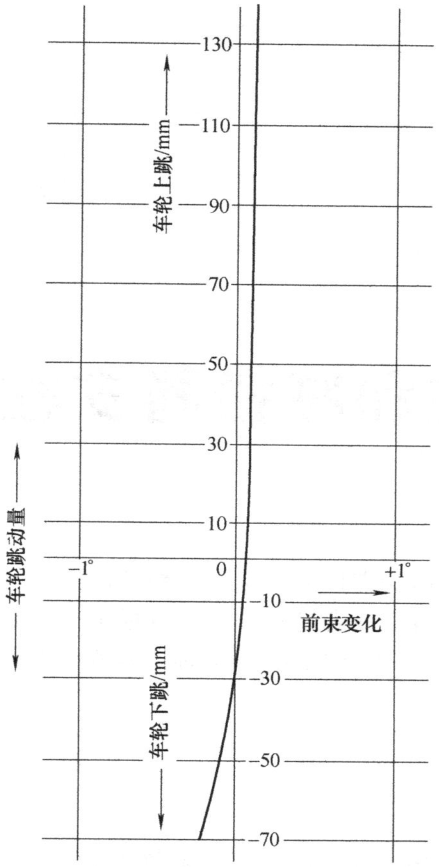

图 5-69 Honda Civic 车型后桥的前束变化表明侧倾不足转向。图中显示的为单轮。车轮下跳变化为后束，车轮上跳仅产生很小的前束变化，不会降低直线行驶能力。

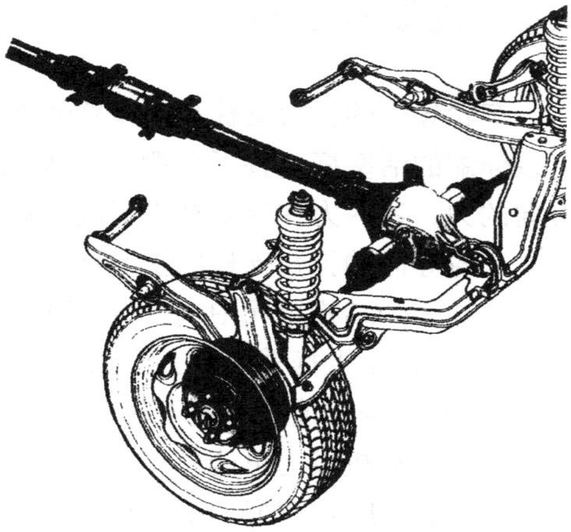

图 5-70 图示为 1988 年推向欧洲市场的四轮驱动车 Honda Civic Shuttle 的后桥。黏性联轴器在两个支承间位于分段式传动轴的中间；差速器的位置向前移，支承在与车身相连的横梁的背面。除了车轮轴承形式不一样，下面的横摆臂稍微偏移（为了给弹簧减振器前面的驱动轴留出通过空间），其他部分和图 5-67 和图 5-68所示相同。

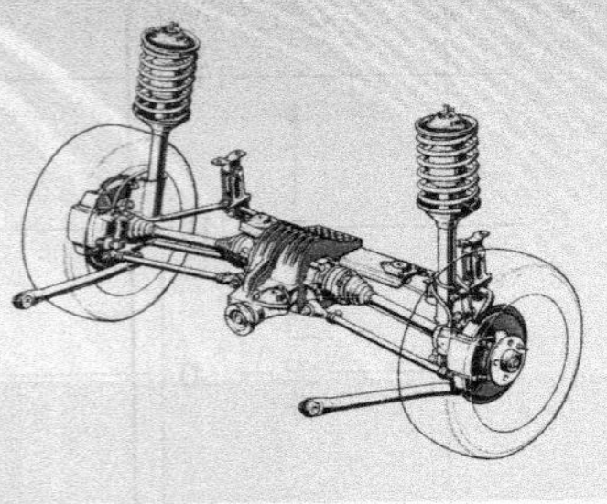

6 车轮导向的弹簧支柱和减振器支柱

弹簧在上面支撑在活塞杆固定处，在下面支撑在减振器的外管上，这种结构称为“车轮导向的弹簧支柱”。如果螺旋弹簧支撑在下面的摆臂上或者是一个扭杆或板簧与摆臂相连，则这种结构称为“减振器支柱”。本章讨论不同的悬架结构形式。以前通常称车轮导向的弹簧支柱为麦弗逊式悬架。

6.1 优缺点及概况

车轮导向的弹簧支柱是双横臂悬架的发展（图 1-16）。一根所谓的承载管或支撑管以及可以伸缩的活塞杆代替了上摆臂，固定在车身的弹簧支柱“炮弹筒”处。这一点承受所有方向的力，这些力在活塞杆中引起弯矩，在导向位置引起横向力。

车轮导向的弹簧支柱的主要优点是，所有车轮导向元件、弹性元件和液压阻尼元件都可以集成在一个结构单元中（图 1-14）。其他优点如下：

1）取消了上摆臂及其三个铰链。

2）和车身相连的铰链可以向上移，这会留出更多的空间给发动机，这也使得在前驱车辆中横置发动机成为可能。

3）可以更加方便地构建前面的碰撞吸能区。

4）弹簧行程较长。

设计时应考虑采取措施以减少难以避免的、对前桥不利的因素：

1）不利的运动学特性（见第 6.2 节）。

2）力和振动传到翼子板内板，进而传递给车头。

3）路面噪声难以隔绝（见第 6.6 节）。

4）很难布置受压单筒减振器。

5）活塞支座处的摩擦使弹簧的响应性能变差。

6）减振器损坏，维修费用高。

7）上置的齿轮齿条转向系统转向横拉杆较长（图 6-4 和图 6-50）。

8）前桥对于轮胎不平衡和圆周运动偏差较敏感。

9）有时轮胎和减振器零件之间的空间狭窄（图 6-55）。

最后一点只影响前轮驱动桥，是由于无法再安装雪地防滑链。对于非驱动轮狭窄的空间不允许安装宽轮胎。如果一定要装宽轮胎，则必须采用车轮偏距 e 较小的车轮，其缺点是主销偏移距 r_s 变大（图 1-31 和图 6-13）；但其前提条件是要征得车辆制造者的同意。

20 世纪 70～80 年代车轮导向的弹簧支柱和减振器支柱多用于前桥，有时也用于前轮驱动车辆的后桥上。但是行李箱空间将减小（图 1-10），在旅行车上其装载宽度也受影响。

6.2　运动学特性

高的侧倾中心位置 W 只有借助斜置支柱或者抬高下摆臂内侧才可以获得（图 6-1）。

但是斜置仅在很小的范围内才有可能，因为受转向回正力矩的影响，即前轮驱动车辆的主销内倾角和主销偏移距很大。斜置的下摆臂会引起车轮跳动时轮距变化过大。

和轮距变化一样，与双横臂相比这种悬架对于外倾角变化的影响也很小（图 6-6）。如果为了保证弯道中车轮载荷转移较小，使侧倾中心（例如前轮驱动）在前面较低位置，或者为了保证直线行驶能力，追求较小的轮距变化，那么外倾角的变化就会特别不利。也就是弹簧支柱几乎垂直布置，并且下面的摆臂从外向内实际上不再升高（图 6-2）。

保持侧倾中心高度 h_W 不变，把下摆臂的点 D_1 移到 D_2，运动学特性会得到改善，但是这只能在后桥上才可能实现，在前面发动机变速器动力总成的宽度限制了其旁边的摆臂的最大长度。同样可以改变弹簧支柱的位置（与之相关的是外倾角变化以及侧倾中心高度），把

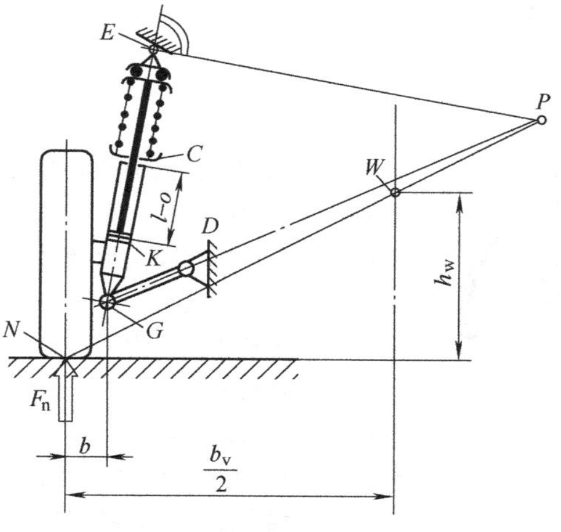

图 6-1　图示为螺旋弹簧中心布置的车轮导向弹簧支柱悬架。下面的摆臂 GD 位置越斜，瞬心 P 和侧倾中心 W 的位置就越高；P 和 N 的连线可以确定点 W。图中所示结构的缺点是轮距变化太大。点 N 处的垂直力 F_n 和作用距离 b 形成力矩，该力矩必须由间距为 $l\text{-}o$ 的滑动位置 C 和 K 来承受。

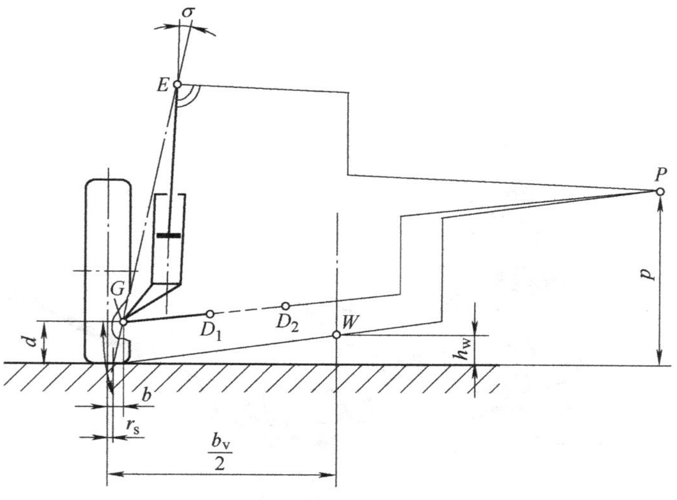

图 6-2　车轮导向的弹簧支柱的位置越垂直，下摆臂 GD 越水平，侧倾中心 W 就越靠近地面；后果是车轮上下跳动时外倾角变化不利。通过延长下摆臂（点 D_1 到点 D_2），运动学特性可以得到改善。为了获得小的或负的主销偏移距 r_s，点 G 必须向外移到车轮内，这样垂直力 F_n 的力臂 b 较小（$b = r_s + d\tan\sigma$）。距离 b 越小，减振器活塞杆及其导向处的摩擦就越小（图 6-10），并且支承点 D、E 和 G 的力也小。

下面的导向球铰向外移到车轮内，如图6-3中的Audi 80车型所示。这种方案越来越多地应用于轿车中，以便获得负的主销偏移距 r_s。

侧倾中心 W 的位置不应高于双横臂悬架，在装载后侧倾中心明显下沉。这点可在图6-7中轮距变化曲线上清楚看到。

用稳定杆来承担车桥下面的纵向导向（图6-4），是一种经济的解决方案。稳定杆布置在悬架前面，其中间部分必须较高，以获得所需要的离地间隙。稳定杆的肘管向后下方延伸，纵倾中心 O_v 移到车桥前面（图6-5），车头在制动时将向下沉。

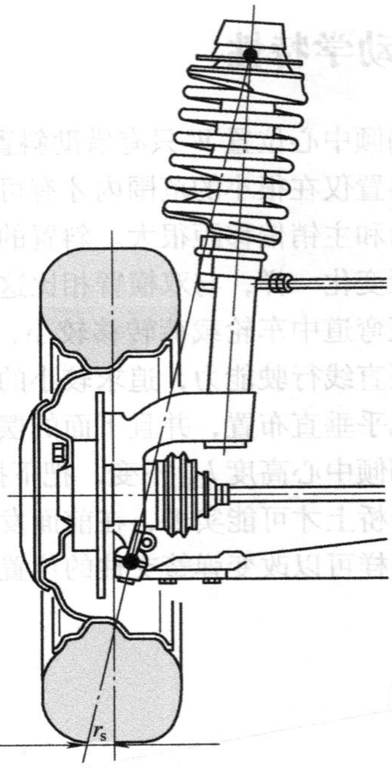

图6-3　图示为Audi 80车型的前桥，其主销偏移距为负值 $r_s = -17$mm，减振器几乎垂直布置；弹簧斜置偏离减振器中心线，这样消除活塞杆和导向处的摩擦力（图6-13）。

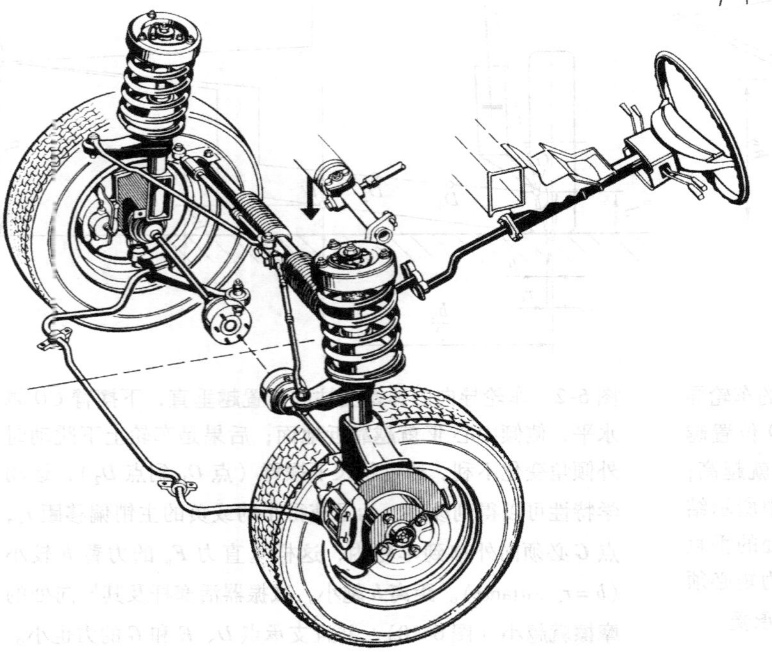

图6-4　图示为Audi 100/200车型的弹簧支柱驱动桥。图2-76所示的下摆臂的橡胶支承吸收轮胎滚动冲击，支承的内管与稳定杆的肘管相连。为了避免车轮跳动时前束发生变化，位置较高的齿轮齿条转向机必须和长的转向横拉杆中间固定；在制动和起动过程中，转向横拉杆的位置和向后斜置的下摆臂共同影响弹性运动学的前束向有利的方向变化。为了增大转向角度，Audi公司采用了Loebro公司生产的“UF固定式万向节”，这种万向节的曲折角可达50°。

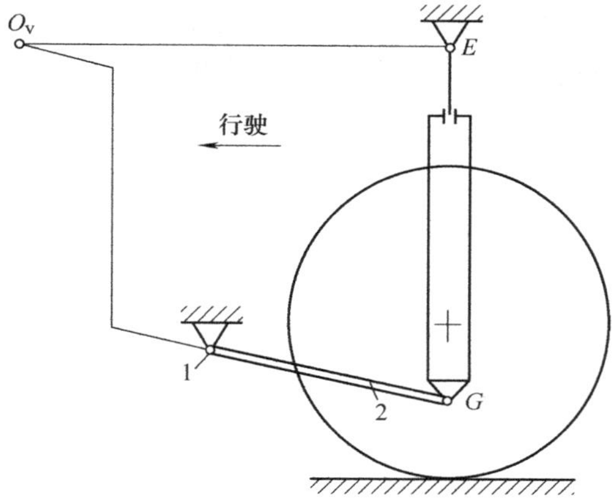

图6-5 为了不减小离地间隙和通过角，前置的稳定杆中间部分1必须布置得高一些。这样和下摆臂相连的肘管2向后荡下去，产生位于车桥前面的纵倾中心，这样制动时车头会向下沉。在后桥则相反，纵倾中心 O_v 的位置比较有利。

车轮上下跳动，稳定杆的肘管围着车身侧的固定支承产生弧线运动，强迫横摆臂的固定点4向前或向后移动（图2-72），导致前束产生不合理变化。这种弊端虽然可以通过较长的肘管以及整个弹性件进行匹配来减小，但是不能完全消除。这里还要考虑到稳定杆的肘管加长，稳定杆直径必须更大，以达到弯曲刚度和扭转刚度要求，这必然导致成本和质量增加。

布置在车桥后面承担车轮导向的稳定杆可以消除纵倾中心位置不利的弊端，如图5-4所示的双横臂悬架。如图1-14和6-47所示，稳定杆仅起弯道稳定作用，在保持刚度相同的前提下，肘管可以较短，直径可以较小。

正如第6.3节将介绍的，垂直力 F_n 和弹簧力 F_F 将产生力偶，活塞杆和支承座（点 E）轻微变形。这样在安装了弹簧后车轮上下跳动引起的外倾角变化大于不装弹簧时，同样轮距变化曲线的倾斜位置也稍有不同（图6-6和图6-7），这说明侧倾中心在车辆完整状态下较低一些。在VW Polo车型中，齿轮齿条转向机布置在车桥后面位置较高处，弹性使得安装弹簧后车轮偏向前束（图6-8）。

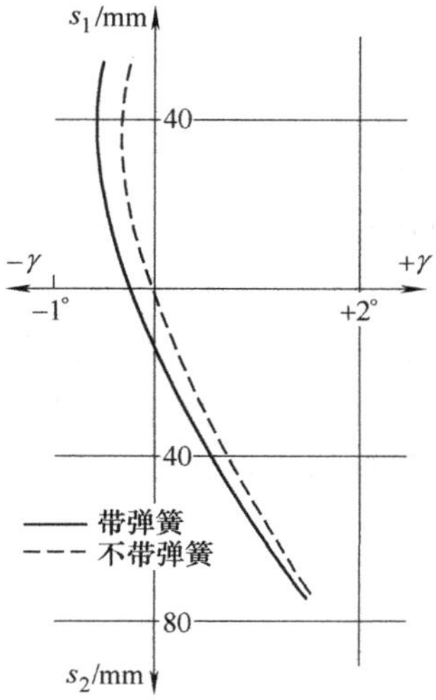

图6-6 图示为在VW Polo车型上测量的带弹簧和不带弹簧时外倾角随车轮跳动量（s_1 和 s_2）的变化曲线。在设计位置，这种差别约为15′。

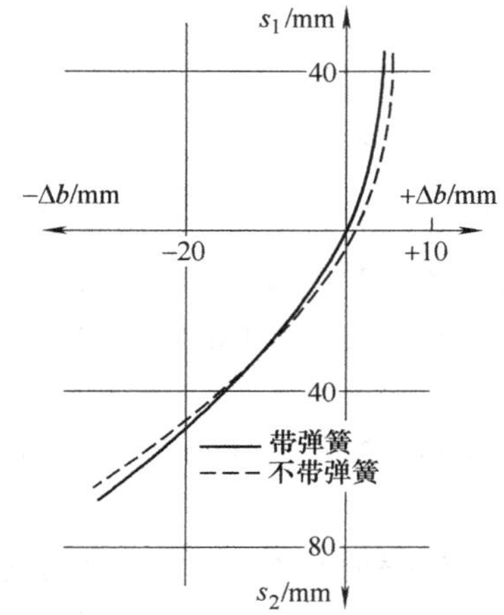

图6-7 在VW Polo车型上测量的不带弹簧的轮距变化曲线与带弹簧的偏差很小，在 x 轴倾斜位置稍有不同，这说明带弹簧时侧倾中心位置较低。

在车轮着地点的弯道侧向力 F_s 的作用下，麦弗逊悬架的车轮外倾角变化 $\Delta\gamma_s$ 小于双横臂悬架。科隆专科学校的“底盘实验室”做了大量试验（排除车轮弹性），得出的平均值为

$$\Delta\gamma_s = 22' \quad (\text{每}\ F_s = 1\text{kN})(\text{图 6-9})$$

在双横臂悬架中，其平均值约为25′，略高一些。

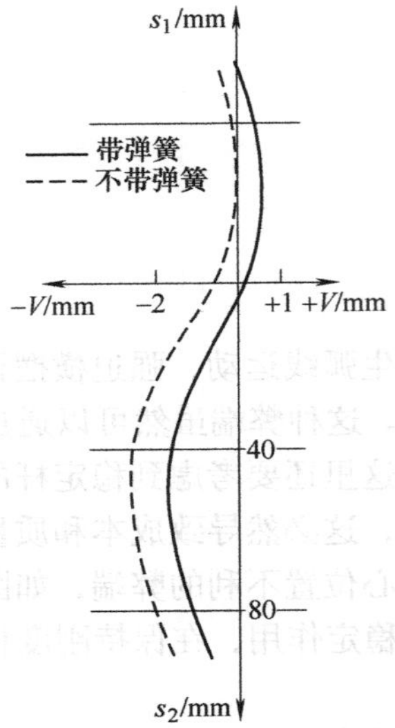

图 6-8　图示为在 VW Polo 车型上测量的双车轮的前束变化。带弹簧和不带弹簧的曲线形状相同。

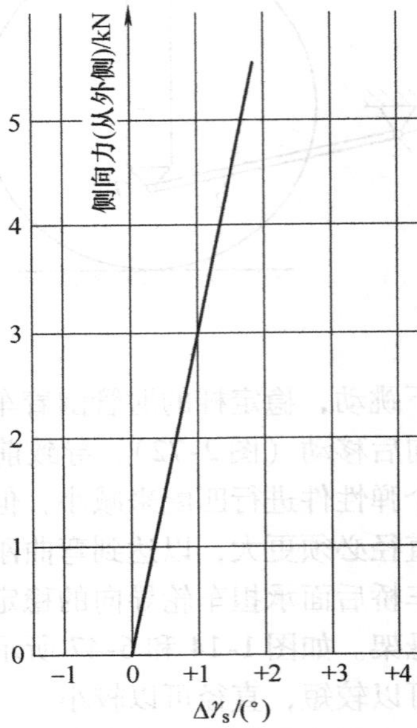

图 6-9　图示为在 VW Polo 车型的前桥车轮着地点处向内静态施加侧向力所测得的外倾角变化。弹簧支柱的活塞杆直径为 20mm。

6.3　力和摩擦

在静态状态即车辆停止不动时，垂直力 F_n 引起下摆臂的反作用力 F_G 以及减振器支柱的支承座的横向力 F_{Ey}，另外还有位于支撑管和支承座之间的弹簧产生的力 F_F（图 6-10）。在行驶方向倾斜的减振器轴上的分力 F_{Ex} 通常可以忽略（角度为 τ，图 6-54）。

在动态状态即车辆行驶时，前面提到的反作用力还要承受驱动力、制动力和侧向力以及传到车轮托架或支撑管上的转向力。在和车身连接的点 E 处一直存在的横向力 F_{Ey} 在活塞处引起相同方向的反力 F_{Ky}，在活塞杆导向处引起反力 F_{Cy}，如果螺旋弹簧中心对称布置（弹簧力作用线和减振器轴线重合），则有

$$F_{Cy} = F_{Ey} + F_{Ky}$$

设计人员特别关注这些力，因为它对弹性舒适性和液压减振器的反应特性影响很大，尤其是磨损，对减振器的寿命有决定性的影响。

通过图 6-10 中的尺寸、轴荷 m_v 和车桥质量 m_{uv}（单位均为 kg），可以很容易地计算出垂直力 F'_n（单位为 N）为

$$F'_n=\frac{m_v-m_{uv}}{2}g$$

得到
$$F_{Cy}=F'_n\frac{b}{c+o}\frac{l}{l-o}$$

弹簧支柱越长（即尺寸 c），距离 b 越短，F_{Cy} 就越小。尺寸 b 由距离 $d\tan\sigma$ 和 r_s 组成（图 6-2），即较小的甚至负的主销偏移距可以减小 F_{Cy}。

活塞和活塞杆导向之间的距离 $l-o$ 同样也起作用，该尺寸在结构允许的情况下应尽可能大（图 6-11 和图 6-47）。

还有一种办法就是把弹簧向车轮移动，可以把摩擦控制在较小的范围内（图 6-12）。弹簧中心和减振器中心的间距为 s，F_F 为弹簧力，则计算公式为

$$F_{Cy}=F'_n\frac{b}{c+o}\frac{l}{l-o}-F_F\frac{s}{l-o}$$

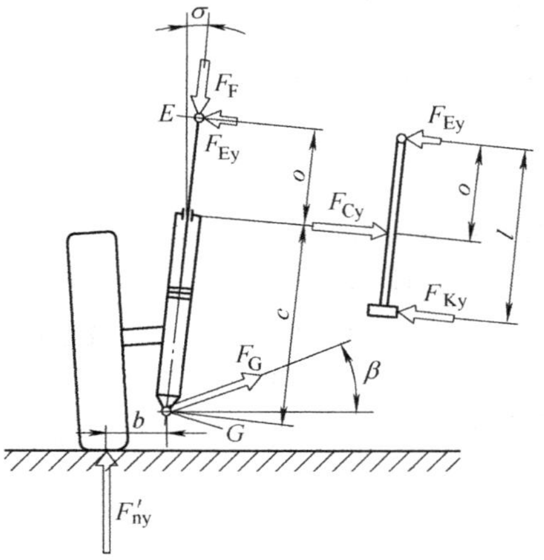

图 6-10　如果螺旋弹簧力 F_F 以及下面的导向球铰 G 和减振器中心重合，则在弹簧支柱与车身的连接点 E 处一直存在横向力 F_{Ey}。在活塞杆导向和活塞处引起反力 F_{Cy} 和 F_{Ky}；关系为 $F_{Cy}=F_{Ey}+F_{Ky}$。

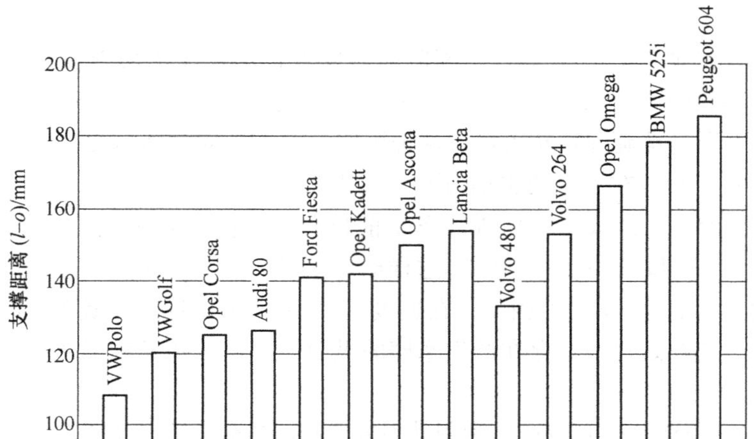

图 6-11　车轮完全下跳，在不同车辆上测量到的最小支撑长度为 $l-o$；到正常位置（车辆乘坐 3 人，每人体重为 68kg）至少会增加 80mm。图中明显可以看到标准驱动形式的车辆比前轮驱动形式的车辆的支撑长度大一些。如果车轮下跳支撑长度小于一定值，则弹簧支柱可能会卡住，因此必须在以下三个方面进行匹配：

1）长度比例。
2）活塞杆直径。
3）活塞直径。

间距 s 可以计算得出。如果弹簧倾斜（图 6-13 和图 6-3），弹簧延长线通过垂直力 F_n 和连线 GD 延长线的交点为 M，那么固定点 E 处的支撑力 F_{Ey} 在这种载荷状态下不再存在，F_{Cy} 同样也不存在；活塞杆导向处的摩擦为零。

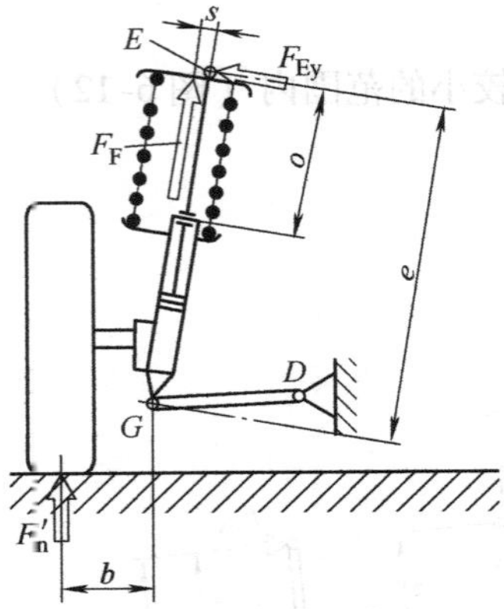

图 6-12 弹簧向车轮偏置距离 s，力 F_{Ey} 可以减小甚至完全消除，这样可以降低减振器零件的摩擦。这同样可以改善弹簧在不平路面的反应特性。

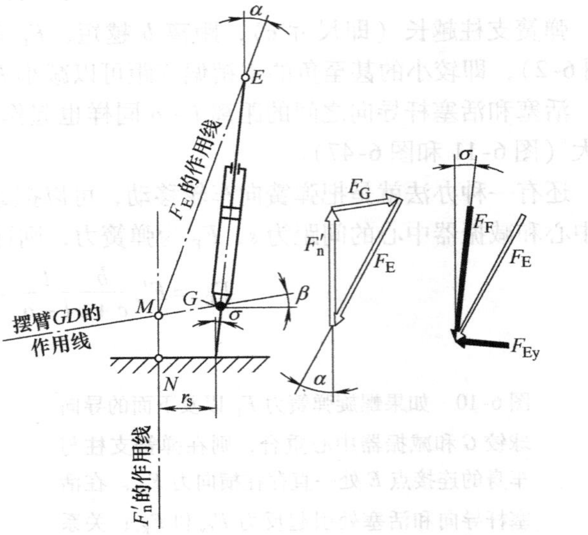

图 6-13 弹簧支柱在车身连接点 E 的力 F_E 可以用图解法计算出。垂直力 F'_n 的作用线和摆臂转动点 G 和 D 的延长线相交于点 M。M 和 E 的连线即为力 F_E 的方向，与垂线夹角为 α。在模板上所有的力都以真实大小画出，$+F_E$ 作用于固定在减振器套管下面斜置的弹簧托盘上。上面固定于翼子板，内板上的托盘承受其反力 $-F_E$。以主销内倾角角度分解得到 F_F 和 F_{Ey} 分力，分力 F_{Ey} 能够在图示位置消除减振器的摩擦。

对于前轮驱动车辆，在车轮接地点处除了垂直力和侧向力以外，还存在驱动力 F_a。如图 5-1 所示，驱动力必须放在车轮中心下面作用在转向主销上进行考察；F''_a 在点 E 和导向球铰 G 处引起反力 F_{Ex0} 和 F_{Gx0}。通过螺旋弹簧布置可以保证引起活塞杆导向和活塞处产生摩擦的力 F_{Ex0} 在一定的速度范围内（并且在一定的驱动力下）几乎为零。

图 6-14 所示为与图 6-3 所示结构类似的 VW Polo 车型前桥，其后倾偏距为负值 $-n_\tau$，后倾角 $\tau=2°20'$。弹簧到垂直力 F'_n 和 F_{Gz} 的距离为 u，这样产生水平力偶 F_{Ex1}/F_{Gx1}。分母部分的分力使得导向球铰上的力 F_{Gx0} 更大；F_{Ex1} 则相反，在速度约为 100km/h 时，可抵消方向相反的力 F_{Ex0}。在这个速度下，点 E 处几乎不存在产生摩擦的纵向力，在活塞 K 和活塞杆导向 C 处也不再有摩擦。

制动装置位于外部的车轮中，制动时在 E 点产生和制动力方向相同的分力 F_{Ex2}（图 6-15），在轻微制动时分力 F_{Ex2} 使得点 E（以及点 K 和 C）处没有纵向力。突然松开加速踏板（即发动机拖制动）会增加摩擦，如图 6-14 所示。

除了上面提到的防范措施外，为了尽可能减小活塞和活塞杆导向处的摩擦，还可以采取降低摩擦因数和把表面硬度控制在允许范围内等措施。

为了降低摩擦可以采用以下措施（图 6-16）：

1）在活塞杆导向座处采用 PTFE 涂层的支撑套管。

2）在活塞上使用 PTFE 薄膜。

3）采用可降低摩擦的液压油。

4）采用一定直径的抗弯活塞杆来避免夹卡摩擦。

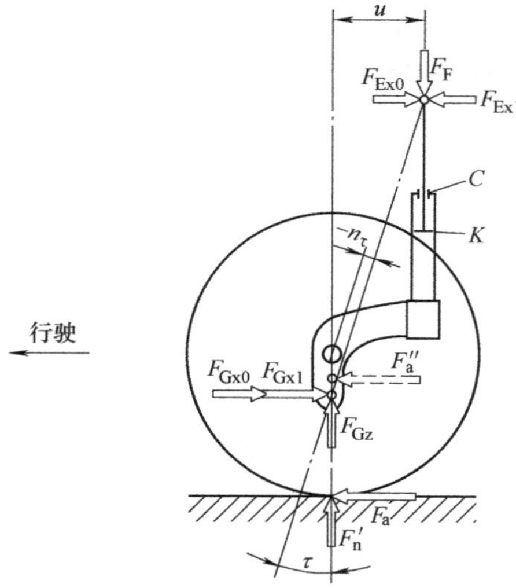

图 6-14 在侧视图中，螺旋弹簧为 F_F 偏置在车轮中心后面，可以消除在一定速度下由于前轮驱动力 F_a 在活塞 K 和活塞杆导向 C 处产生的夹卡摩擦，VW Polo 和 Derby 车型采用了这种结构。

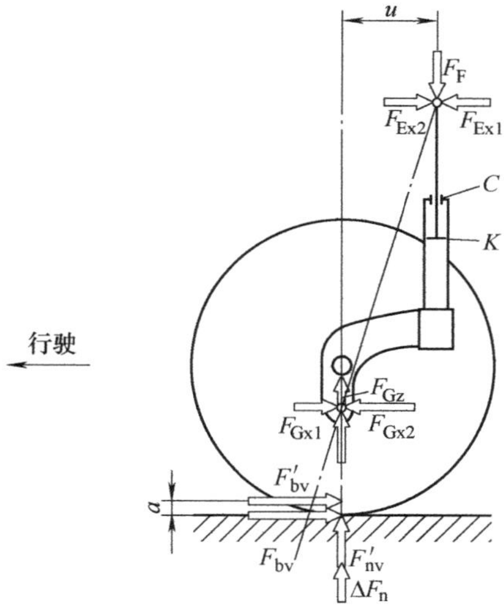

图 6-15 VW Polo 和 Derby 车型的制动装置放在外面的车轮内，制动时在上面的连接点 E 和导向球铰 G 处产生纵向力 F_{Ex2} 和 F_{Gx2}，它们和弹簧偏置产生的分力 F_{Ex1} 和 F_{Gx1} 的方向相反。在轻踩制动踏板时，由此可以减小夹卡摩擦。由于转向主销回转半径为负的 r_s（-4mm），制动力 F_b 必须作为 F_b' 且离地高度 $a = r_s\cos\sigma\sin\sigma$ 来进行考察（图 5-1）。

6.4 减振系统

本节仅就减振器框架性的联系以及减振系统在弹簧减振器支柱中的应用加以讨论。

6.4.1 不充气的双筒式减振器

减振器的工作腔充满液压油，液压油在受热以及活塞杆进入工作腔时可以流到补偿腔 8 中；在补偿腔中的液压油为大气压力。拉伸阻尼力由活塞杆伸出时在阀 6 处产生，压缩阻尼力由活塞杆缩入时在活塞上的阀以及下面的底阀（图 6-17 中的零件 8）产生。其他细节将在第 6.4.2 节介绍。

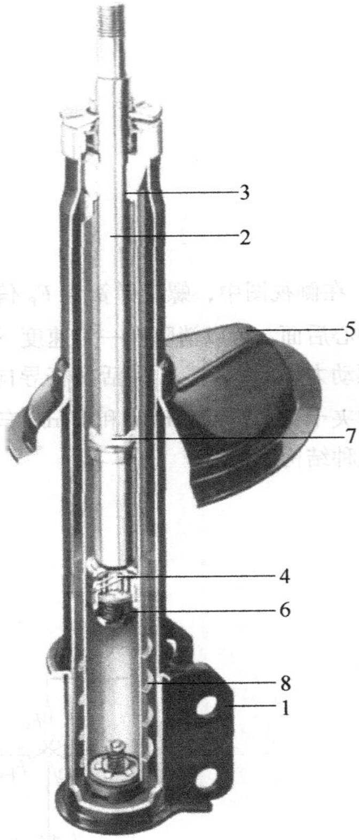

图6-16　图示为Monroe公司生产的弹簧支柱，双夹板（位置1）用来固定连接车轮托架。活塞杆2由镀有特氟龙涂层的支撑套管3来进行导向，活塞也有一条较宽的特氟龙涂层带（位置4），有助于减小夹卡摩擦；另外“斜置”的螺旋弹簧对减小夹卡摩擦也有贡献。焊接在外管的弹簧托盘倾斜一定角度，且还偏置一定的距离。在活塞的下部是阻尼阀6，上面是波浪状的拉伸行程止位块7，材料为塑料。止位块到底阀保持一定间距是必要的，这样即使在完全拉伸状态下，仍能保持车轮导向作用。双筒式减振器阻尼元件的工作温度可达−35℃，螺旋弹簧8可以阻止补偿腔中的油柱突然溃灭。

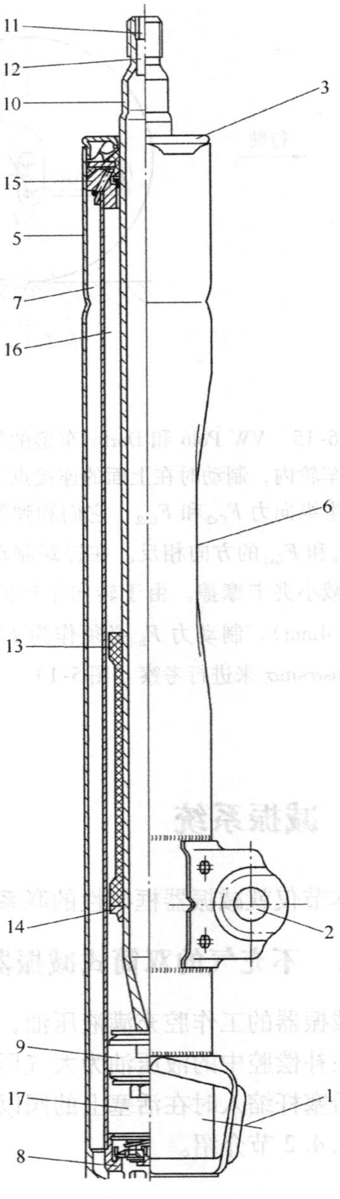

图6-17　图示为Bilstein公司生产的充气双筒式减振器支柱，这种结构应用在前桥上，如同图6-54和图2-48所示装在Daimler-Benz的车型一样。为了减小摩擦，固定点1和2进一步靠近车轮。副簧支撑在罩盖3上，罩盖把减振元件封住。为了有足够的空间安装轮胎，减振器外筒在中间处被压进去一些（位置6）。

6.4.2 充气的双筒式减振器

通过在补偿腔7中施加7bar（$1bar = 10^5Pa$）的气压可以达到后面章节中描述的充气单筒式减振器的所有优点。不需要更高的气压，因为压缩阻尼力顶不动气柱；底阀（位置8）连通内外筒。20℃时由内压产生的活塞杆推出力 $F_k \approx 250N$，比充气单筒式减振器的值小。当弹簧刚度 $C_v = 14N/mm$ 时，这个活塞杆推出力使车身抬高 $\Delta s = 18mm$；螺旋弹簧的安装高度应减去 Δs。

图6-17所示为Bilstein公司生产的减振器支柱（以及相应的弹簧支柱），活塞直径为36mm，该活塞相对于套管用低摩擦的PTFE薄膜9进行密封；活塞杆10的直径为22mm，为了减轻重量，设计为中空结构，两端缩口，上面压入内六角圆柱头螺栓11；堵塞12承担空心腔密封。

材料为硬塑料的拉伸行程止位块13支撑在下面的挡圈14上；挡圈滚压在活塞杆的槽中，该槽所在位置的弯矩较小。车轮下跳时，部件13和导向座15接触止位。

活塞杆被压入时液压油受到挤压，在下面的工作腔17中产生过压。活塞杆伸出时，在活塞和导向座15之间的液压油建立起压力（仅在工作腔16的空间内）。

环形流道19（图6-18）中始终充满油液，其上有一个孔20，该孔把可用于气体密封的O形密封圈21从下面锁紧。环形流道位于活塞杆导向座和角圈22之间，减小腔室19中的过压，使溢出的油液通过孔20返回到补偿腔7。上面部分同样充气，在20℃时气压约为5bar。圈21阻止气体侵入流道19中。

活塞杆10和PTFE涂层的导向套管18之间的环状间隙形成恒定的通道，为了让这个小通道保持在很小的公差范围内，Bilstein公司在其后面安装了用PTFE制造的刮油环24。为了轴向定位，金属环29从上面压入到导向座中。为了保证工作腔能够充分排气，构造了通道23，其开口通向环形槽19。活塞杆伸出时，刮油环24靠在上面的金属环29上，空气可以从两者后面向上溢出到环形槽19中。

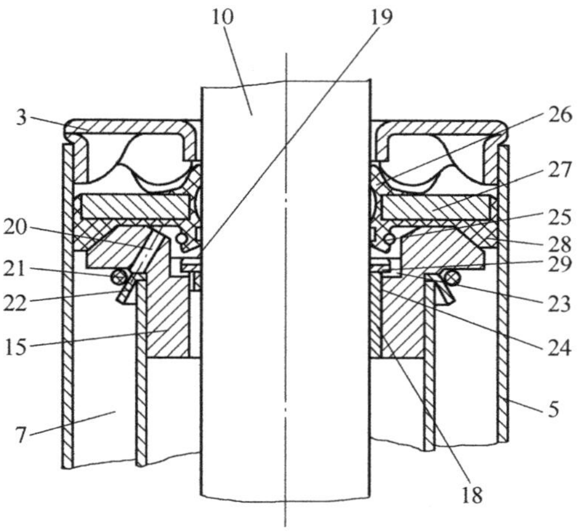

图6-18 图示为Bilstein公司生产的密封导向单元，用在充气双筒式弹簧支柱和减振器支柱中。

上面的活塞杆密封件25通过气体闭锁而动态卸载。刮环26用来阻止污物浸入，和板27硫化在一起的橡胶环28承担侧面密封。即使在完全丧失气体压力的情况下，减振器支柱也完全能够工作。

6.4.3 充气单筒式减振器

充气单筒式减振器具有一系列优点，但其缺点是填充气体的补偿腔通常位于液压元件的加长部分。这个腔室不仅承受油液的膨胀，而且也承受由于活塞杆压入而挤出的油液。活塞杆越粗，补偿腔就必须越大，这也是在批量生产的车型上不使用活塞杆直径为20mm的单筒弹簧支柱的原因。

Bilstein 公司以很简单的方式来解决这个问题：在弹簧支柱的承载外筒 3 中将减振器倒过来安装（图 6-19）。研磨和镀铬硬化的缸筒的公差配合为 h7，在两个支撑套管 2 上滑动，支撑套管表面为 PTFE 涂层，固定在外筒 3 上。两个支撑套管之间保持一定的间距，这个距离对于导向很重要，在车轮上下跳动时该距离不会变化（与双筒式弹簧减振器支柱相反）。

支撑套管之间的空间填充特殊润滑脂，以便润滑和把热量传递到外筒 3；图中可以看到缸筒 1 的密封圈 4，卡在槽中的橡胶保护管 5，以及上面销轴式悬挂 6；销轴式悬挂 6 连接在支撑支座中。外筒从下面套入，底板 7 焊接在下面。底板用来固定活塞杆 8 以及支承副簧 9；当车轮上跳时，副簧和保护密封导向单元 10 的盖头 11 接触。比较平的拉伸止位块 12 通过一个套管支撑在活塞上，活塞的侧面由 PTFE 圈 15 进行密封。

两个支撑套管 2 把在车轮着地点垂直力、纵向力和侧向力引起的力矩通过刚性很高的承载外筒 3 传到车身上。承载外筒的抵抗弯曲的惯性矩明显比通常的活塞杆的惯性矩大：

管	40×2	$I=4.32\text{cm}^4$
活塞杆	ϕ18mm	$I=0.51\text{cm}^4$
	ϕ20mm	$I=0.78\text{cm}^4$
	ϕ22mm	$I=1.15\text{cm}^4$
	ϕ25mm	$I=1.91\text{cm}^4$

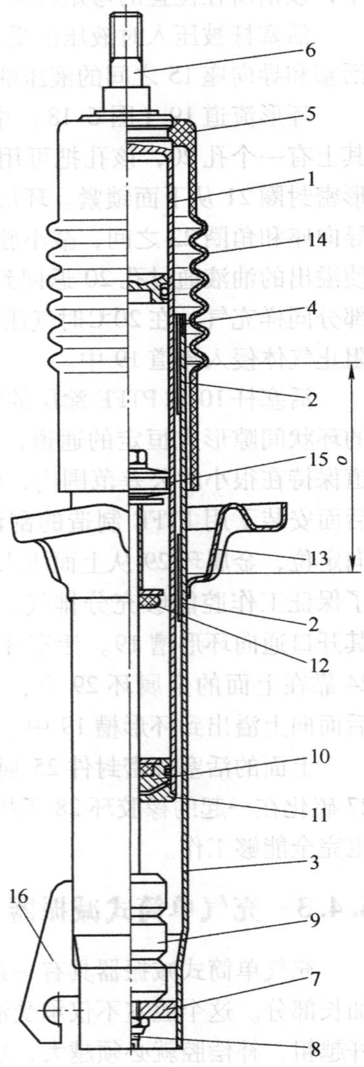

图 6-19　图示为 Bilstein 公司用于 Ford Escort 车型的单筒式弹簧支柱。橡胶保护套管 5 必须尽可能长，这样即使车轮完全下跳，镀铬的高精度缸筒 1 也不会暴露在外。在车轮中等跳动量时，保护套管就已经接触焊接弹簧托盘 13，为了能够使保护套管自如伸缩，可做成波纹管（位置 14）。弹簧支柱通过夹紧在车轮托架的孔中进行固定，因此外管下部采取相应缩口并焊有夹板 16。夹板上 $R=6.5\text{mm}$ 的半圆孔让夹紧螺栓通过，起到定位作用；因此夹板相对弹簧托盘的位置和间距必须非常精确。

车轮弹性后倾变化和外倾角变化在单筒式支柱中还与支撑套管2的间距 o 有关；在 Ford Escort 车型中，间距 o 受到限制，因为驱动轴从弹簧支柱下面通过。Alfa-Romeo 公司在 Typ33 车型上把驱动轴布置在弹簧支柱后面（图6-20），这样弹簧支柱进一步向下延伸，得到更为有利的导向支撑长度 o。下面的承载球铰靠近车轮中心，并与车轮托架连接（可以参看图6-17，Subaru Justy 车型）。

对于非驱动前桥和后桥，原则上可以把弹簧支柱或减振器支柱延伸到车轮中心下面，这样可以得到较大的支撑套管间距。

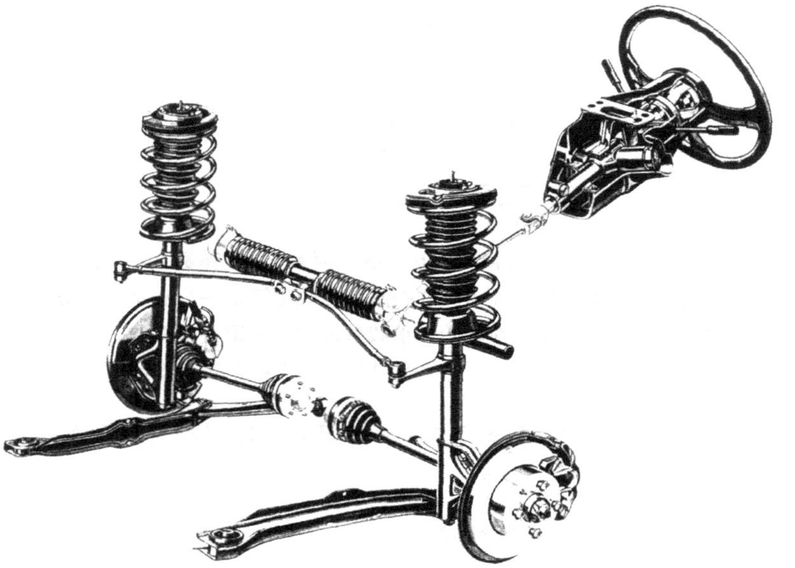

图6-20　图示为 Alfa-Romeo Typ 33 车型的前桥，位于纵撑杆前面的橡胶支承用来吸收轮胎滚动冲击。弹簧支柱布置在车桥中心的前面，其优点是可以得到较长的导向支撑长度，其缺点是运动学后倾拖距；用四个螺栓固定在车轮托架上。转向机布置在后面，斜置的转向横拉杆和转向节臂连接。

6.5　结构细节

承载管和车轮托架希望可以分开，支撑弹簧力的承载管（也称为外筒或支撑管）的布置应该考虑以下三个方面：

1）作用在车轮处通过弹簧支柱传递的静态力和动态力的大小（图1-1）。

2）要求的减振系统。

3）外部允许的安装空间。

图6-21以简明的形式表明了相互间的影响关系。承载管和车轮托架间的连接是否最合适，除了和技术要求有关外，还与生产设备、单个总成的采购可能性有关，另外还要考虑维修情况。这样便能够理解为什么汽车生产商没有统一的解决方案。

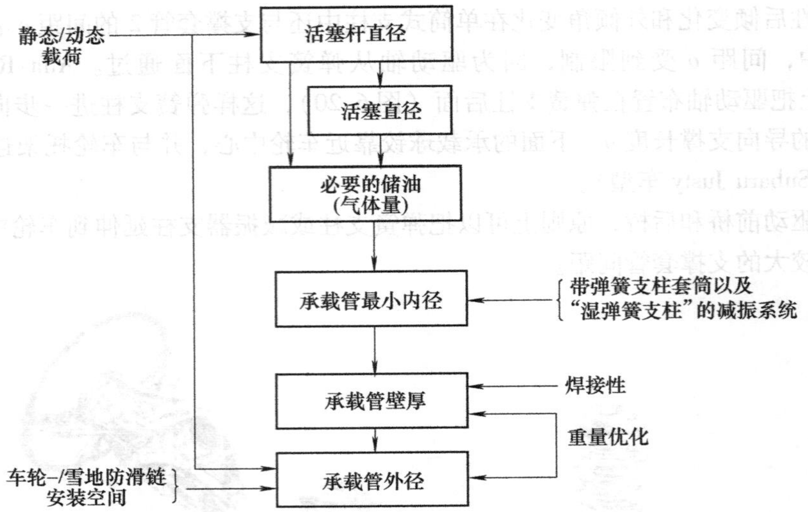

图6-21 图示为弹簧支柱布置中相互影响的因素。“湿弹簧支柱”既是减振器的外筒，同时也是承载管（图6-16）；弹簧支柱套筒是一个和承载管分开的减振器部件。对于非驱动桥，在轮胎和承载管之间必须留有足够的空间（车轮空间，图6-55）；对于驱动桥，还要考虑到安装雪地防滑链（图6-47）。

由图6-22可以看出可拆卸的螺栓联接方式为明显的发展趋势，即车轮托架和减振器部件可以分离。

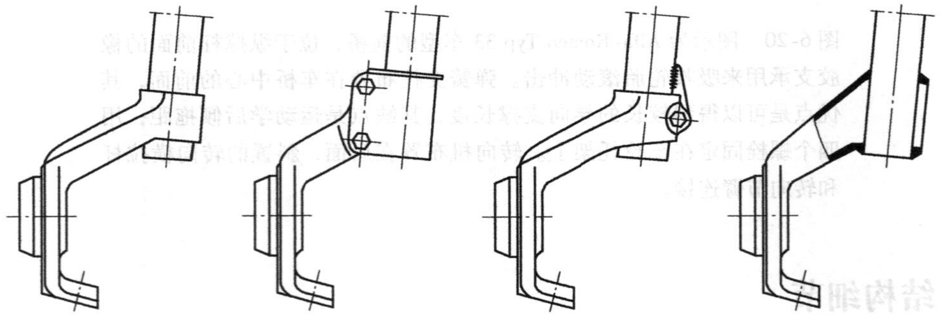

图6-22 图示为在前桥弹簧支柱上承载管和车轮托架可能的连接方式，要求在前驱动中留出传动轴的安装空间。压入式承载管可以另外通过硬钎焊或焊接使之牢靠；夹紧式结构需要一个对中装置，同时避免滑转（参见图6-19中的位置16）。

下述因素会影响最终方案：

1）车轮托架：汽车制造商自己制造或者外购，铸件、锻件或者焊接板件。

2）承载管：自己制造或者外购，焊接或者冲压。

3）减振器：布置在承载管内或者作为弹簧支柱套筒。

4）外倾角调节：希望可以调节或者不希望可以调节。

对于转向前桥还需要考虑：转向节臂在承载管上或者在车轮托架上（图 6-4、图 6-37 和图 6-50、表 6-1）。

表 6-1 不同轿车的弹簧支柱尺寸 （单位：mm）

车　型	减振器单元结构	承载管与车轮托架连接	转向节臂的位置	活塞杆直径	活塞直径	承载管	
						D	*S*
Ford Escort	湿的、夹紧	夹紧式（1 个螺栓）	下面	20	26（30）	44.3	2.0/2.2
Opel Ascona	套筒	压入式	上面	22	32	54	2.4
VW Passat	套筒	焊接连接	上面	22	32	50	2.2
Audi 80	湿的、螺栓联接	焊接连接	上面	22	32	50	3
Renault21，RX，TXE，GTD，Turbo D	湿的	螺栓联接	上面	22×3（空心）	32	50	2.5
Audi 100	套筒	焊接连接	上面	25	34	54	2.5
BMW 316/320i	套筒	压入式	下面	20	26	45	2.5
Ford Siena	湿的、夹紧	夹紧式（1 个螺栓）	下面	20	30	46	2.0/2.5
Opel Omega	湿的、焊接/夹紧	螺栓联接	下面	22	32	54	2.1/2.4
Ford Scorpio	湿的、夹紧	夹紧式（1 个螺栓）	下面	22	32	51.6	2.0/2.5
BMW 735i	套筒	压入式/焊接	下面	22	36	55	2.5

注：前面六个为前轮驱动，从 BMW 316/320i 开始发动机前置后轮驱动（标准驱动形式）。连接方式可以参见图 6-22；布置在“上面”的转向节臂是指和承载管连接，布置在“下面”则是车轮托架的一部分。*D* 是承载管的外管直径，*S* 为壁厚。

如果车轮托架和减振器通过焊接或者承载管压入车轮托架来连接固定，则不可避免地采用弹簧支柱套筒。这样在维修时（减振器失效）零件可以更换，避免连带更换昂贵的车轮托架，降低维修费用（图 6-31）。

但是承载管和车轮托架不可分的固定连接也是适用的，如果转向节臂位于承载管上必须传递转向力和力矩（图 6-3 和图 6-20）。

批产的“湿弹簧支柱”在顶端带有螺纹罩盖，对于维修来说相当于弹簧支柱套筒结构，这种结构不能广泛使用。这种结构的唯一优点是在维修时可以避免减振器工作产生的高温烫伤。

最经济的方式应该是车轮托架和减振器可以分开，越来越多的车型采用这一原则，NSU 公司在 1967 年就已经用于 Ro 80 车型。减振器外筒下端具有一定的公差配合和车轮托架相应配合的孔夹紧在一起。这种情况下，车轮托架侧面有槽，减振器外管焊接有夹板，用来进行高度以及圆周方向定位（图 6-21）。

第二种连接方法是使用两至四个螺栓。螺栓把焊接在外管下部的 U 形叉件压在车轮托架向上延伸的悬臂上（图 6-47 和图 6-48）；减振器支柱也可通过一侧螺栓联接在车轮托架上（图 2-48 和图 6-54）。VW 公司在 1974 年推向市场的 Golf Ⅰ 车型以及 Scirocco 车型的车轮托架和弹簧支柱的叉件上开有偏差 90°的腰形孔（图 6-23），这样可以调节车轮外倾角，调节范围为 ±1°。但是对于直线行驶和转向回正很重要的主销后倾角不可以改变。如果车身不够精确，其角度可能左右不同。

通过对于外倾角调节的必要性的多年经验积累，VW公司在1983年推向市场的Golf Ⅱ车型上放弃了使用这种结构。

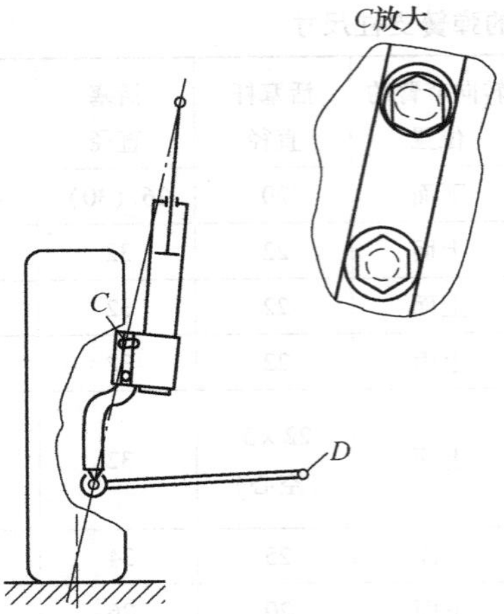

图6-23　VW Golf Ⅰ和Scirocco车型的外倾角调节，是借助车轮托架和弹簧支柱的连接处的上面螺栓的偏心来实现的；下面的螺栓作为转动点。

6.6　前桥支承座

车轮导向的弹簧支柱以及减振器支柱上面的连接点 E 支撑在车身内部的翼子板区域。在这个连接点支撑着第6.3节所阐述的所有三个方向的力，点 E 同时是转向主销的转动点，车轮在转向时绕这个轴摆动。

为了抑制车辆噪声和振动传到车身内引起轰隆声，需要开发特别的金属橡胶支承安置在连接点处。为了满足汽车制造商的要求，这种所谓的“支承座”需要在道路模拟和噪声台架试验中进行繁琐的匹配工作。支承座在垂直方向（轴向）较软，在纵向和侧向（径向）则应尽可能减少变形，从而避免因制动和驱动以及侧向力引起的不利的弹性运动学变化（图6-24图6-25）。

为了保证转向和回正的轻便性，需要采用滚动轴承，滚动轴承的一个圈和螺旋弹簧上部或下部可以转动。比较经济的结构是在支承座中螺旋弹簧和减振器活塞杆一道通过滚动轴承支撑在橡胶件上。这种结构即为“耦合式支承”，因为弹簧和减振器耦合在一起，它们之间没有相对运动。

另外一种方式则是弹簧和减振器相互分开单独支撑，即所谓的“解耦式支承”。在这种结构中只有弹簧支承可以转动，而活塞杆直接处于橡胶支承中。这样在转向过程中活塞杆“站立不动”，减振器套管围绕活塞杆和活塞转动；减振器支承位置的摩擦在小的转向运动时明显减小。另外，在结构中可以根据噪声特性以及弹簧与减振器的反应特性来匹配不同的橡胶特性。

6.6.1　耦合式弹簧支柱支承座

图6-24所示的橡胶支承安装在Volvo 242/264车型上，深沟球轴承（图6-26）装在橡胶支承中，深沟球轴承在使用寿命期间可以一直保持润滑；活塞杆固定在内圈孔中，弹簧托

盘支撑在下面。橡胶支承的上托盘借助预装好的螺栓与弹簧支柱炮弹筒连接。这种支承单元具有以下优点：

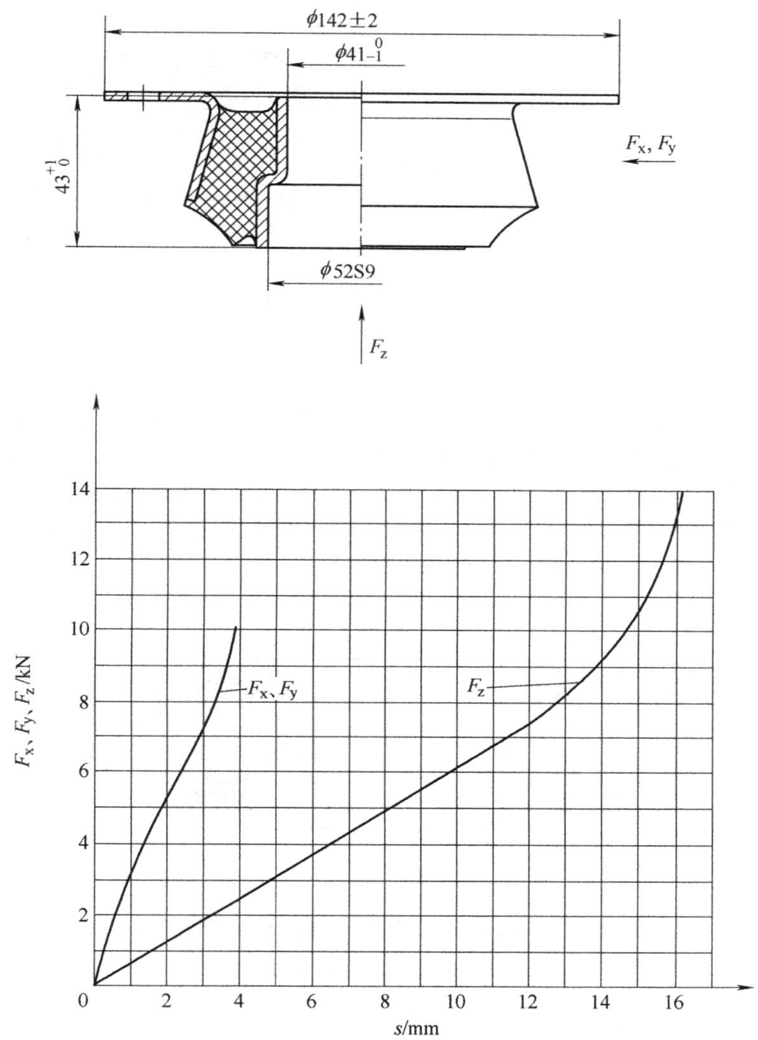

图 6-24 图示为由 Boge 公司生产的用于 Volvo 242/264 车型上的“耦合式”弹簧支柱支承座；内径 52 支撑图 6-26 所示的深沟球轴承，上面的托盘和车身的“炮弹筒”螺栓联接。弹性特性表现为渐变特性；橡胶在垂直方向（力 F_z）比侧向和纵向软得多（力 F_y 和 F_x）。

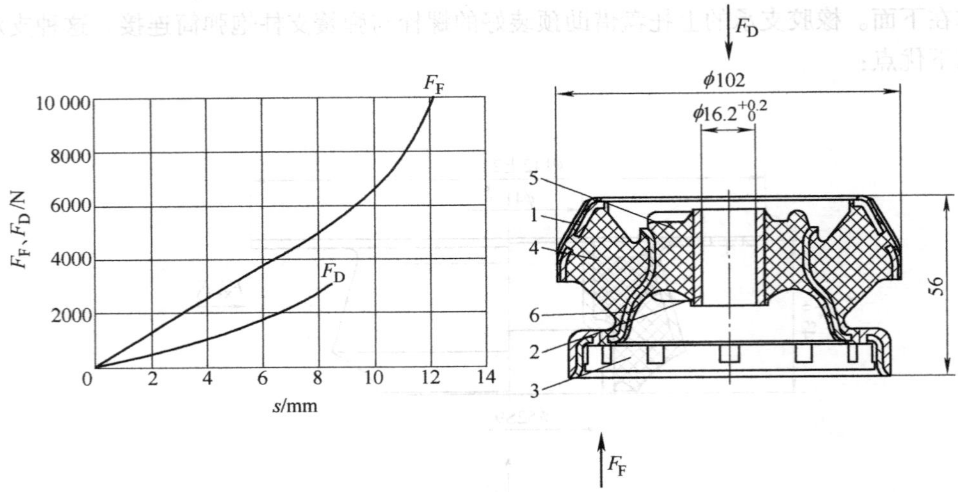

图6-25　图示为Opel Omega车型的“解耦式”弹簧支柱支承座（图1-14的位置10）。倾斜的外件1外面覆盖一层橡胶用来在锥形“炮弹筒”中准确定位；套管2支撑活塞杆端部，空间3支撑滚动轴承，弹簧托盘支撑在滚动轴承上；大体积橡胶圈4用于隔离噪声并作为较软的支承。部件2位于内橡胶圈5上，隔在中间的板件6使得内外橡胶采取不同的配方成为可能。图中可以看出外圈橡胶4和内圈橡胶（位置5）相比硬一些（力F_F和F_D）（Lemfoeder Metallwaren公司的图片）。

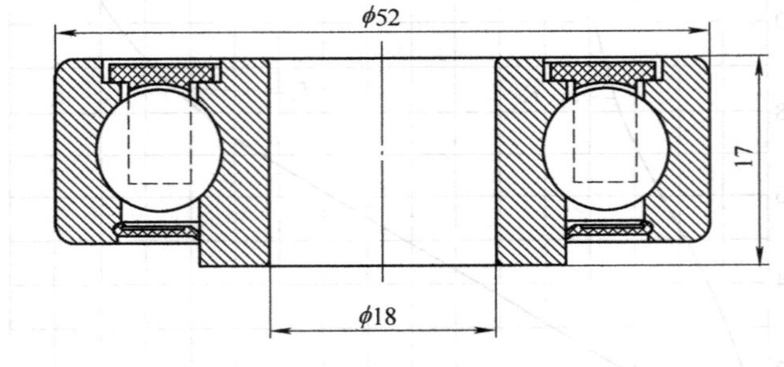

图6-26　图示为Volvo 242/264车型的弹簧支柱支承座；由FAG公司生产的两侧密封的深沟球轴承的轴承圈为无切削成形。

1）制造简单（简单的硫化件）。

2）球轴承较小。

3）成本低。

因此在很多车辆上得到应用。

但是这种支承单元在与车身连接高度自动化装配中表现出一些缺点。因此在VW公司的Golf Ⅱ车型上完整的支承座在流水线上自动导入到翼子板内板的锥形空腔中并且对中（图6-27）。支承外部的橡胶层2使贴靠更加牢靠，圈3保证垂直方向必要的夹紧力。扣在托盘4上的橡胶环5在车轮完全下跳时和板1接触，借助件4保证必要的安全。

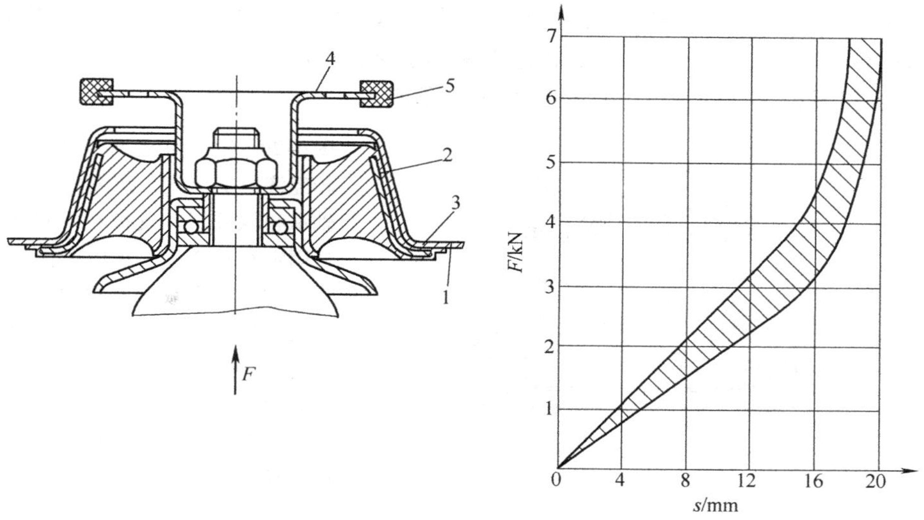

图6-27 VW Golf 和 Jetta Ⅱ车型上的弹簧支柱支承座带推力球轴承，Lemfoeder Metallwaren 公司生产其中的橡胶件。金属橡胶件的压缩弹性特性在开始时为线性，在主要工作区即3～4kN之间弹性陡增；图中画出的是其控制范围。

图6-28所示为Renault 轻型货车 Trafic 上的支承。这个支承在很小的变形下可以承受较大的力，并且噪声很小。橡胶件构造成半圆形，这样可在侧向和纵向方向得到足够的刚性（如图中曲线所示）。其他的结构形式可以参看图6-42和图6-50。

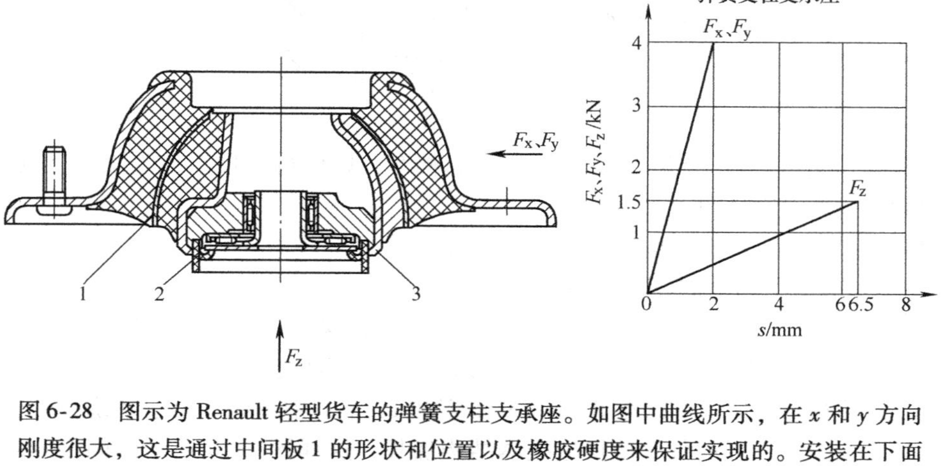

图6-28 图示为Renault 轻型货车的弹簧支柱支承座。如图中曲线所示，在x和y方向刚度很大，这是通过中间板1的形状和位置以及橡胶硬度来保证实现的。安装在下面的由Nadella 公司生产的滚针轴承承担所有方向的力，并且终生保证润滑；滚针轴承通过翻边3被保持住，并且通过橡胶圈2进行密封。

6.6.2 解耦式弹簧支柱支承座

在这种结构中橡胶支承必须构建成这样的形式，即螺旋弹簧和减振器活塞杆被分开支撑。图6-29所示为这种支承，装在Volvo 740/760车型上。通过推力球轴承，弹簧给予橡胶件1压力。减振器活塞杆固定在孔2中，仅对中间橡胶件产生切应力，其橡胶刚度明显软一些（比例为1:30）。下跳行程的限位由止位块3完成，位于活塞杆上的板6则限制上跳行程。Peugeot 604车型（图6-30，只是在这里采用了滚针轴承承受弹簧力）和Opel Omega车型（图1-14和图6-25）也采用了类似结构的支承座。

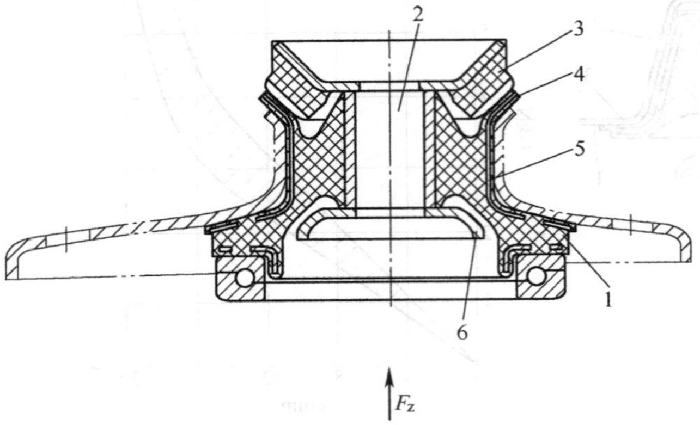

图6-29　图示为Volvo 740/760车型比较经济的支承座；弹簧力通过推力球轴承和橡胶层1支撑在车身上。活塞杆固定在孔2中，在中间橡胶层中产生剪切力；当减振器拉力较大时，止位块3接触，当减振器压力超过一定值时，碗状板在下面接触。通过不同形状的内板（位置4和5）以及两种混料配方得到不同的肖氏硬度，从而可以对弹性特性分别进行匹配。

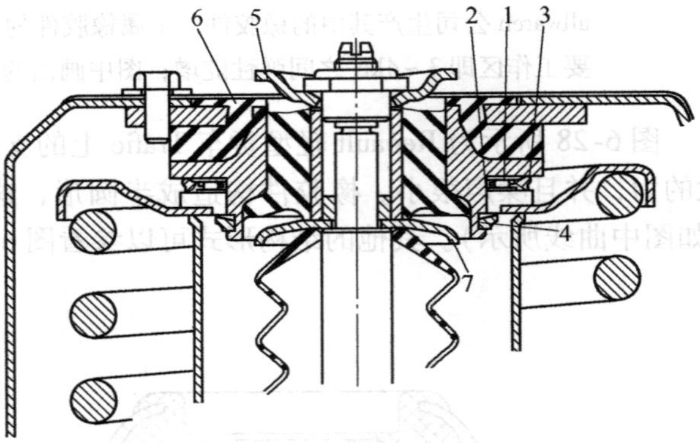

图6-30　Peugeot 604车型的弹簧支柱支承座比较平整；由Nadella公司生产的滚针推力轴承只有3.6mm高，由滚道1、滚道2和密封圈3组成。在径向（侧向）要求光滑传递力，这里的密封件为在滚动轴承下面的槽中的密封圈4。安放在活塞杆上面的板5用于限位，如果减振器的拉力过大，板5靠在橡胶件6上；下板7用于压缩止位并在这个方向产生较大阻尼。

由于解耦式支承座成本高，因此主要用于高档车，以便得到理想的隔噪和行驶舒适性。由此产生的高成本主要来自：

1）硫化很困难，通常采用两种不同的混料配方。

2）球轴承较贵，因为需要更大的直径。

如果弹簧斜置（图6-31、图6-42和图6-47），那么这个支承座将更贵。在这种情况下，活塞杆由一个单独的橡胶支承支撑，弹簧可以放置在上面或下面，可以转动（图6-32～图6-34）。最后提到的结构可以在Renault 9车型和11车型中看到。由于环绕在外管3侧的压缩止位块5以及大直径的件7使得减振器结构加长，这样图6-10所示的间距o缩短，由此摩擦引起的力F_{cy}减小。

6.6.3　减振器支柱的支承座

因为减振器支柱不支撑弹簧，因此支承座的功能限制在支承x方向和y方向的车轮导向力以及减振器和缓冲块在z方向的力，除此之外还必须考虑隔噪，阻隔路面噪声传到车身。Daimler-Benz公司在190/190E车型上把支承内件向上延伸，这样尽管车身炮弹筒位置较低，减振器支柱的导向长度仍可以变大，从而减小夹卡摩擦（图6-35、图6-36和图6-54）。

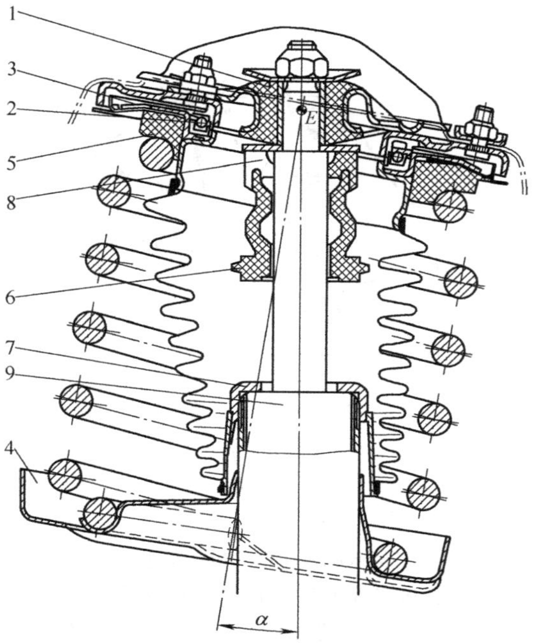

图6-31　图示为Audi 100/200车型的解耦式弹簧支柱支承座。活塞杆尾部位于橡胶件1中，在转向时并不跟转。弹簧托盘3支撑在深槽推力球轴承2上；为了能让弹簧斜置（角度），下托盘4向外偏置（可以参见图6-13）。橡胶圈5用于必要的隔噪。Audi公司生产的轴承单元直径为81.1mm（图6-33），以便弹簧支柱套筒9可以向上拆卸。在转向时桥体围绕点*E*转动。副簧6保持在活塞杆上，在车轮上跳时和罩盖7接触；副簧在压并时空气从通道8溢出。罩盖7上有内螺纹与承载管连接固定弹簧支柱套筒9的位置（INA公司图片）。

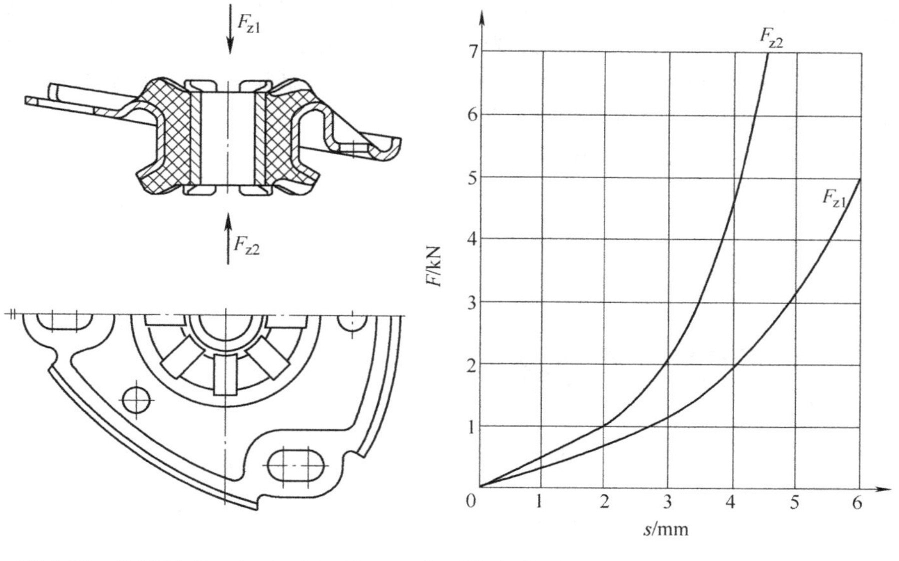

图6-32　图示为Lemfoeder Metallwaren公司生产的用于Audi 100/200车型的减振器支承。活塞杆固定在孔中，在外件上的腰形孔用来调节外倾角和后倾角。曲线图表明，金属橡胶件压缩变形比拉伸变形小。在这个车型中副簧和橡胶件接触。

图6-33　图示为Audi 100/200车型的推力球轴承。为了得到高的表面硬度，两个板无切削加工，滚道另外还有密封。塑料件把填充润滑脂的球体保持在一起，补偿支承面的不平性，并且起密封作用（FAG公司的图片）。

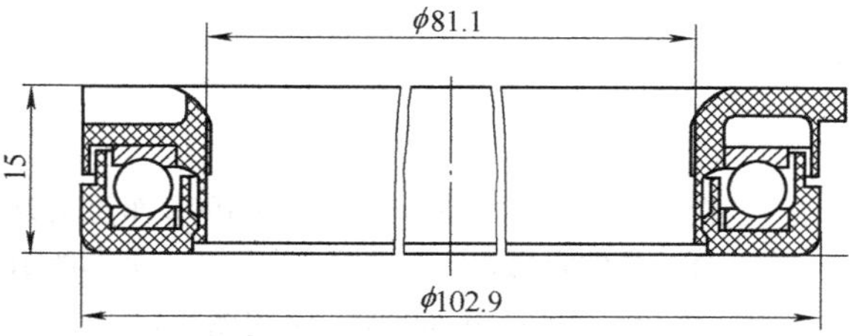

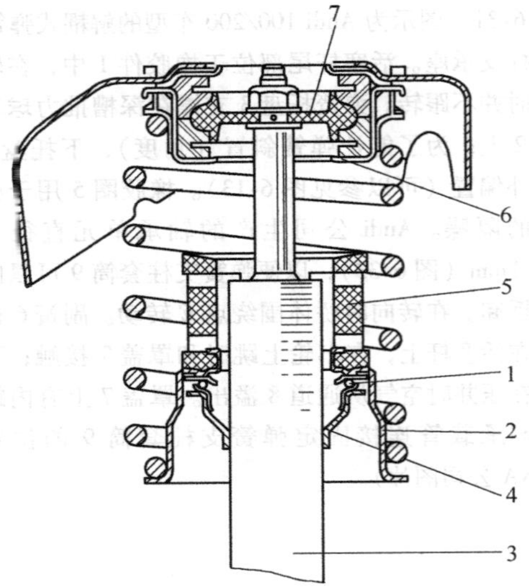

图6-34　SNR公司生产的推力球轴承1应用在Renault 9和11车型上，推力球轴承安装在焊接在承载管3上的支架4和下面的弹簧托盘2之间。副簧5由托盘2的内圈保持住，在车轮上跳时通过支架6支撑在翼子板内板上。活塞杆在上面通过螺栓与托盘7联接，托盘形状平整，其较大的外径使横向挠性较小，此外还可以使由副簧5环绕的外管3的弹簧挠度变大（间距*l-o*变长，见图6-10）。

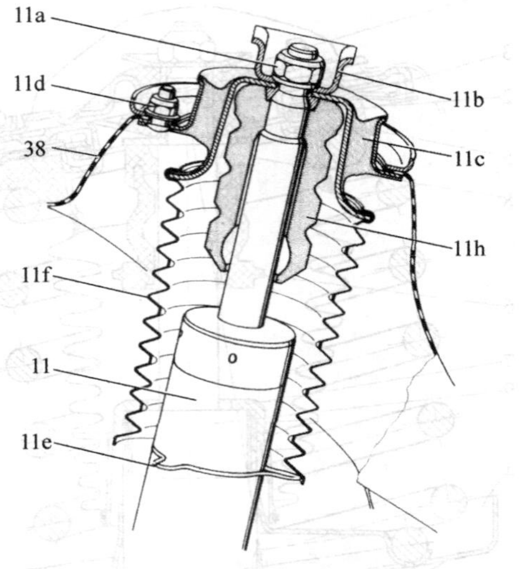

图6-35　Mercedes 190/190E车型橡胶支承11c用来隔离路面噪声，同时在其内部支撑着副簧11h；通过这种结构可以增大减振器11的导向长度。波纹管11f用来保护活塞杆，波纹管卡在橡胶支承的边缘，车轮上跳时波纹管在下面和卡环11e接触。椭圆件11b在减振器拉力很大时起限位作用。

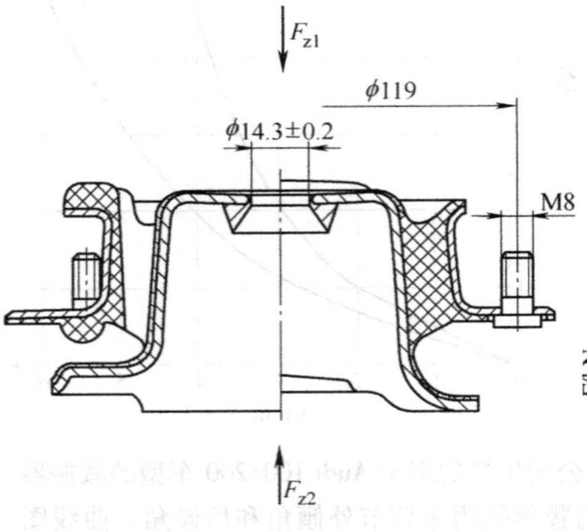

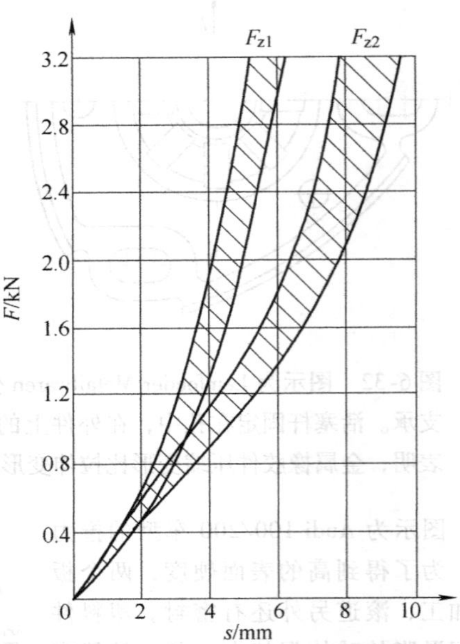

图6-36　图示为Mercedes 190/190E车型的减振器支柱的支承座，锥形孔连接活塞杆。拉伸阻尼力大于压缩方向的力，如图所示橡胶件F_1方向的变形比F_2方向的变形小（Lemfoeder Metallwaren公司图片）。

6.7 前桥弹簧支柱

6.7.1 带螺旋弹簧的非驱动前桥

图6-37所示为BMW 3系列车型的前桥，在副车架6上支撑着齿轮齿条转向机、稳定杆、发动机支承9和横摆臂D。“镰刀形摆臂”围绕点D摆动，其前端部把轮胎滚动冲击传递给金属橡胶支承。在图2-30、图2-66和图2-78中可以看到细节。

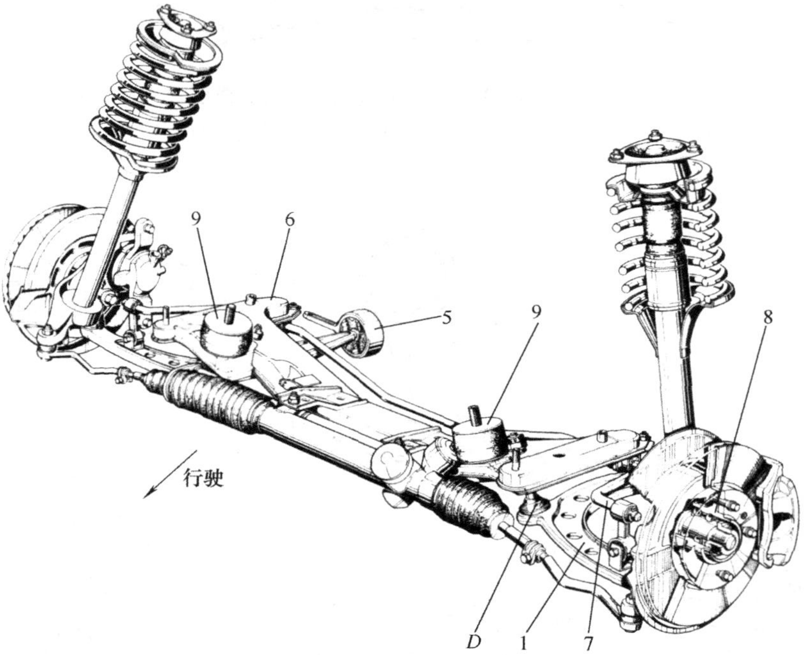

图6-37 图示为BMW 3系列车型的前桥，其主销偏移距 $r_s = +10\text{mm}$，下横摆臂1为镰刀形状。下横摆臂在前面点D通过球铰固定在副车架6上，副车架上还支承转向机，下横摆臂后面连接在具有侧向弹性的支承5中。硫化的橡胶支承具有一定的弹性刚度，吸收60系列轮胎的滚动冲击。图中可以看到斜置的弹簧，连接在镰形摆臂1上的稳定杆，双列球轴承和发动机的支承9。

Opel Omega和Senator B车型则由每侧两个橡胶支承共同来承担这个任务（图1-14、图6-38和图6-39），前面的垂直布置，后面的水平布置（通常方式）。两个支承在滚动阻力 F_R 的作用下都会产生轻微变形，从而把轮胎滚动冲击从车身隔离。

制动过程中在下面导向球铰处产生的力（图5-1）比通常存在的力 F_R 大得多。在三角摆臂中的力 F_b 附加力偶 $\pm F_{Dy}$，其作用在支承侧向（y）方向（图2-28）。D_1 点处软一点的支承必须承受大部分纵向力 F_{Dx}，在合力 $F_D = \sqrt{F_{Dx}^2 + F_{Dy}^2}$ 作用下变形较大；摆臂向后较多偏移，并围绕点 D_2 稍作转动（图6-40）。

在俯视图中斜置的转向横拉杆位置变化：球铰U向外压，车轮向前束方向变化。

图6-41所示为Omega车型前桥的运动学特性。在制动中车辆前部下沉，如果没有图6-40

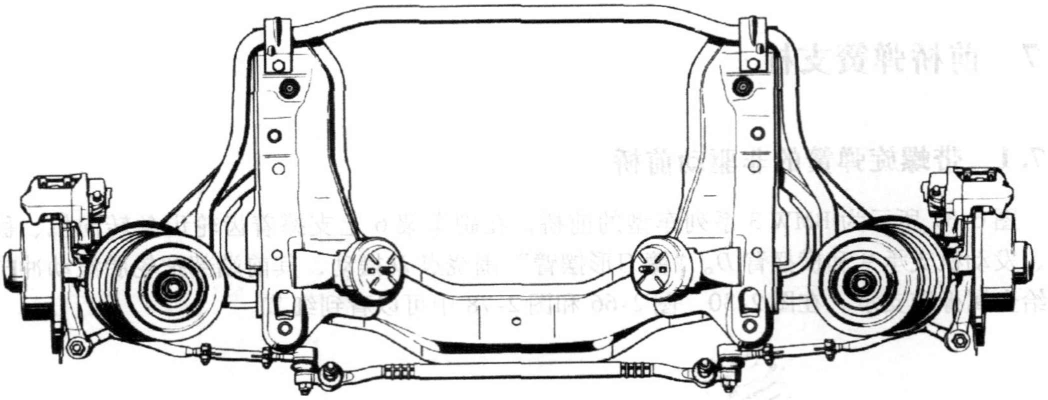

图 6-38　图示为 Opel Omega 和 Senator B 车型的弹簧支柱前桥。横摆臂、发动机支承以及稳定杆支撑在副车架上，转向梯形为反向运动式；循环球转向机和转向摇杆固定在车身横梁上。

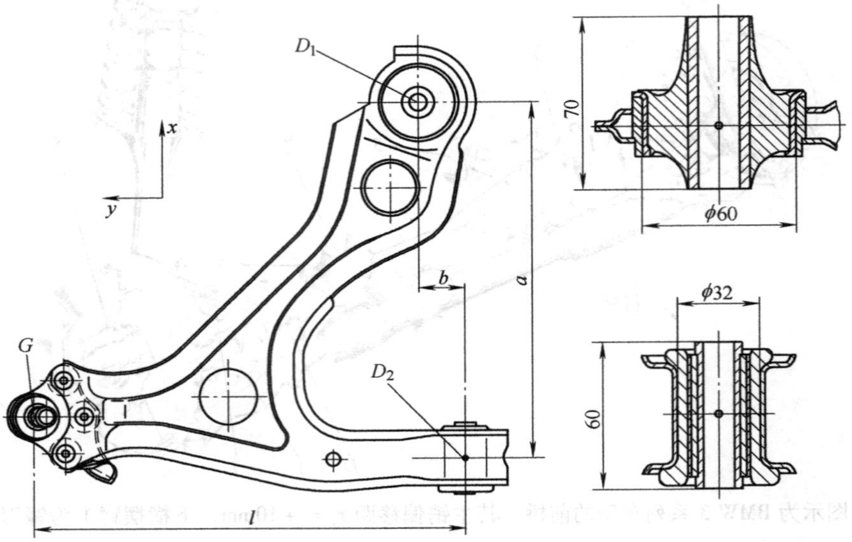

图 6-39　图示为 Omega 和 Senator 车型的前桥的双片焊接三角摇臂的左侧俯视图。橡胶支承 D_1 和 D_2 的相对位置，即距离 $a=309\text{mm}$，$b=39\text{mm}$，在很大程度上影响弹性运动学特性。摆臂长度 $l=368\text{mm}$。后面的支承通常在侧向（即径向）方向较硬平躺布置；内管在两端超出橡胶 4mm，这样在纵向运动中可以起限位作用。前面的支承（较软）则为竖立布置，其径向即在侧向力和纵向力作用下具有一定的刚度，从而吸收轮胎滚动冲击；其刚度为 $c_x=c_y=670\text{N/mm}$。在垂直方向（即产生剪切力），其刚度则为 $c_z=140\text{N/mm}$，明显软一些。

所示的弹性运动学使得车轮向前束变化，那么在相应曲线中可以看出两个车轮将向负前束变化。

轮距变化相对较小，有助于轿车保持良好的直线行驶能力。后倾变化曲线表明车辆具有“抗制动点头”，因为存在纵倾中心；前束的变化曲线表明车辆“侧倾不足转向”。

图 6-42 所示为 BMW 7 系列车型的双球铰弹簧支柱前桥，通常情况中的三角摆臂在这里由横撑杆和压力撑杆代替。这种结构的优点如图 6-3 所示，可以避免在较小的正的或者负的

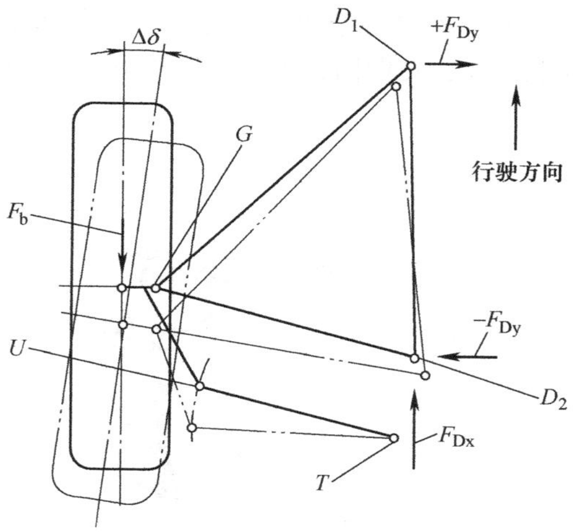

图 6-40 图示为 Omega 和 Senator 车型前桥在制动过程中（力 F_b）前束产生弹性运动学变化 Δδ。摇臂转动向后移动；转向横拉杆 *UT* 位置改变，铰链 *U* 压迫转向节臂向外。在弯道行驶中由于滚动阻力 F_{RK} 增大，必定产生“侧向力不足转向”。

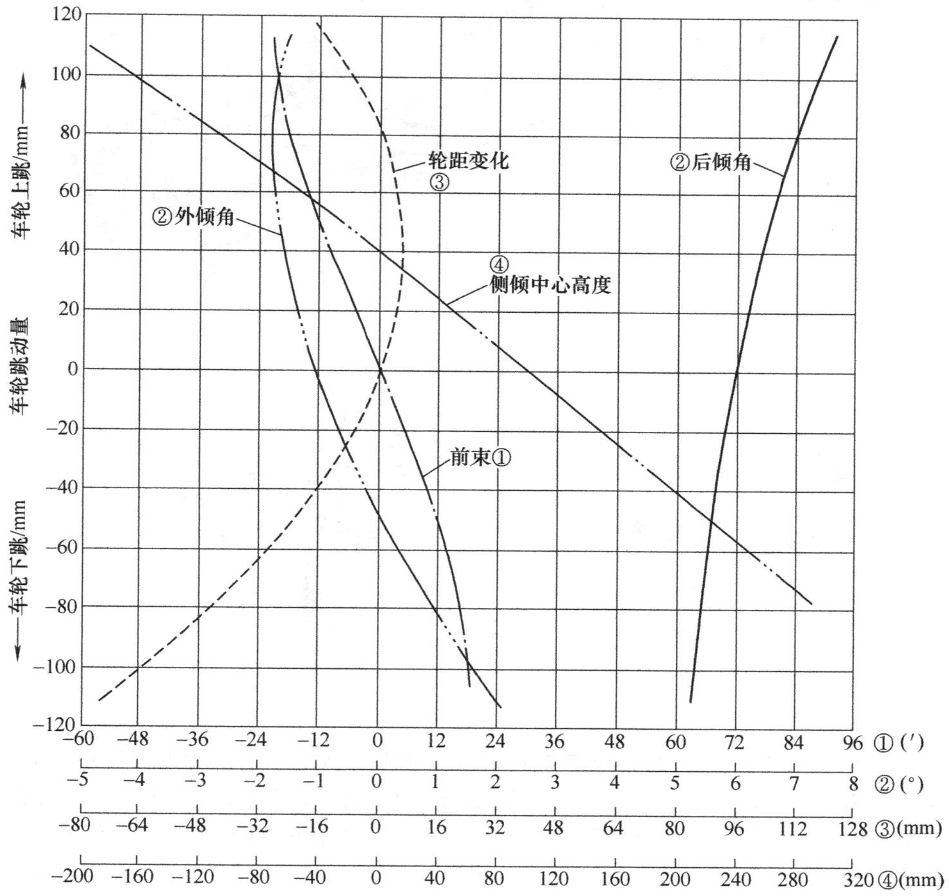

图 6-41 图示为在 Opel Omega 车型上测得的运动学特性。前束变化为单轮，表明前桥“侧倾不足转向”；轮距变化则为双轮。静态值为 2 人乘坐：

轮距：$b_v = 1450\text{mm}$　　侧倾中心高度：$h_{Wv} = 104\text{mm}$

外倾角：$\gamma = -1°10'$　　内倾角：$\sigma = 13°20'$

后倾角：$\tau = 5°55'$

主销偏移距时下面的导向球铰过深地伸入到车轮中。在这种结构中，转向主销的转动点为交点 G（图6-43）。这样留出更多的空间给通风制动盘，转向回正力矩随着转向角度而增大。

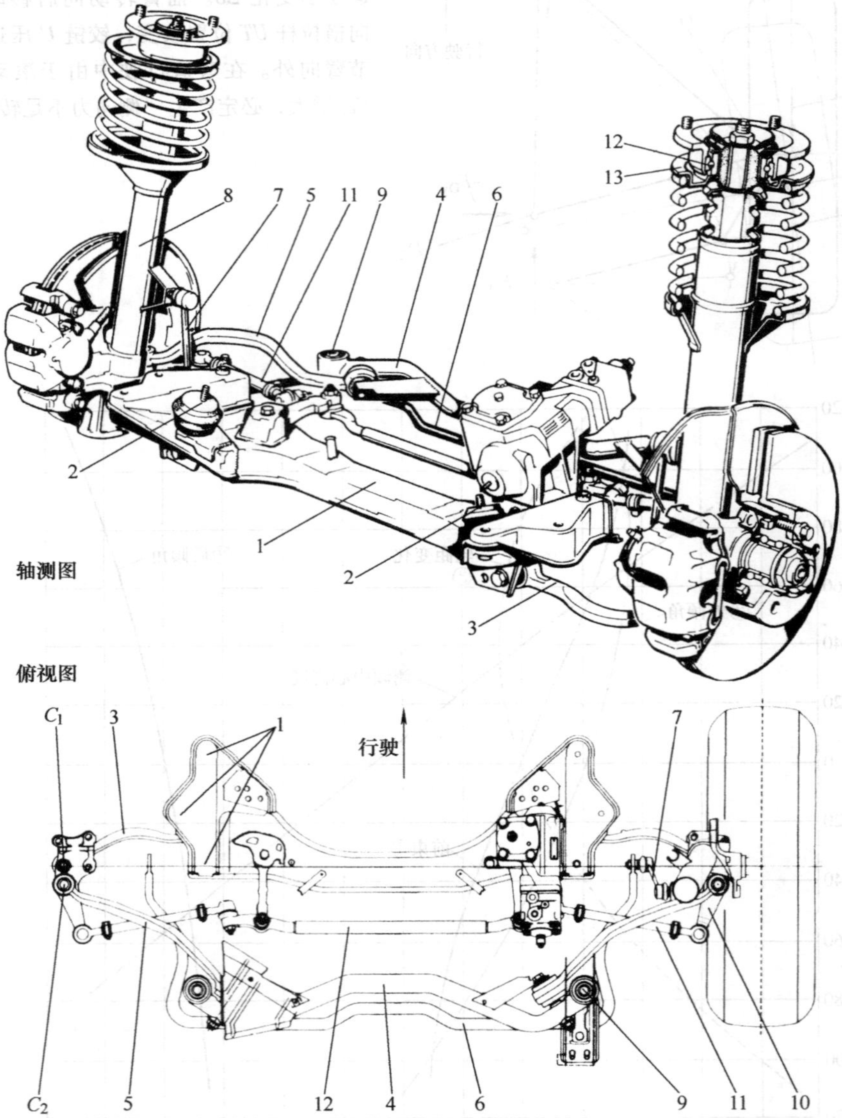

图6-42　图示为1986年推向市场的BMW 7系列车型的双球铰弹簧支柱前桥，螺栓弹簧偏心布置，弹簧上端支撑在推力球轴承12上。和通常意义上的耦合式结构不一样的是上弹簧托盘13直接支撑在轴承的内圈上；弹簧和托盘13之间的橡胶圈起隔离噪声作用。在这种结构中隔噪比较困难，但是弹性系统的响应比较好。轴测图为左置转向盘前桥，俯视图为用于出口的右置转向盘前桥。前面的副车架1的每一侧和车身三点连接；副车架支撑着转向机、发动机悬置2和横撑杆3。后面的车架4借助于橡胶支承9固定在车身上；斜置的压力撑杆5（图2-24）以及稳定杆6支撑在车架上。稳定杆肘管通过耦合杆7与承载管8连接（图2-62和图1-14）。前车轮轴承为第二代双列角接触球轴承。转向节臂10在下面和弹簧支柱螺栓连接；球铰 C_2 在上面连接压力撑杆5，转向横拉杆11在转向节臂处球铰连接，在下面横撑杆3用球铰 C_1 连接。转向横拉杆11的内球铰连接转向中间杆12。

如图6-43所示，在转向角度为δ_a时，铰点D_1、D_2、C_1和C_2使得虚拟交点G移到G'（间距为b，图6-2）。主销内倾角σ轻微减小（图6-44），主销偏移距r_s将增大，垂直力力臂r_n将变长为r_n'。其优点是即使转向角较小，转向回正力矩M_{Sz}（包括外轮和内轮）也很有利，直线行驶能力也会更好。

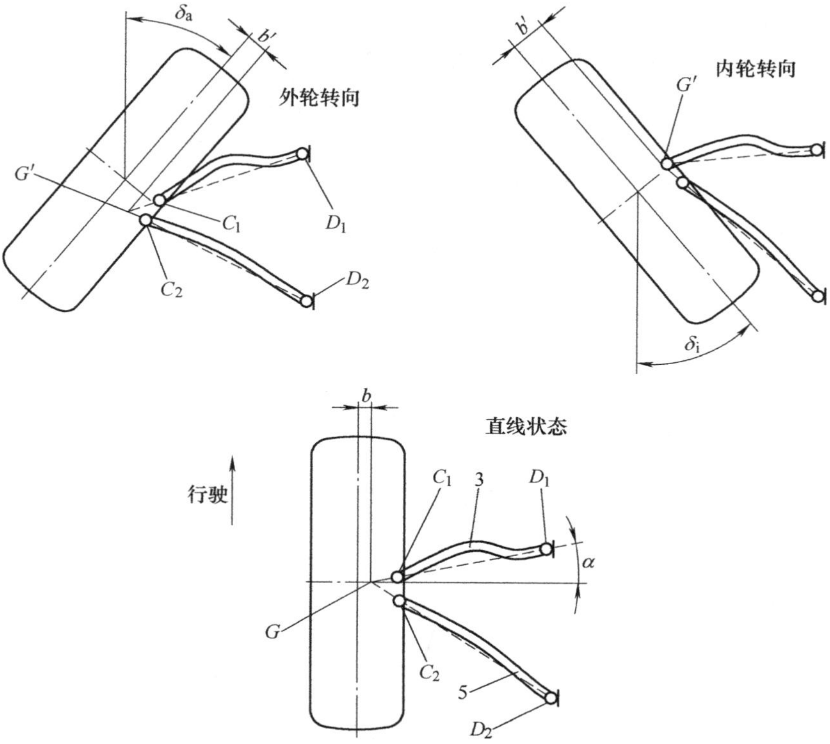

图6-43 在BMW 5系列和7系列车型上，连杆D_1C_1和D_2C_2的交点G为转向主销的转动点。在车轮转向后这一点移到G'，导致间距b增加到b'，增大了主销偏移距。

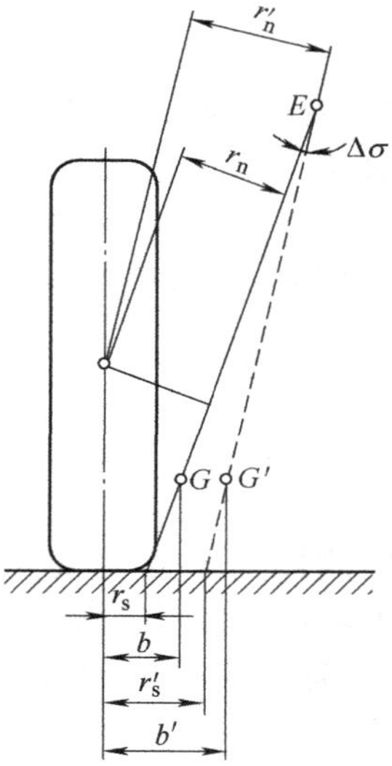

直线行驶时，$r_s = +14$mm；在车轮最大转向时（外轮$\delta_{amax}=33°$、内轮$\delta_{imax}=43°30'$），外侧车轮$r_{sa} = +35$mm，内侧车轮$r_{si} = +44$mm。

制动时，在D_2点有挠度，摆臂3偏斜角度α，因此C_1将向内压。如图6-61所示，产生弹性运动学前束变化，这种变化与由于制动产生的后束变化相反（5-1）。

图6-44 地面上的r_s增大，垂直力力臂r_n也同样增大。结果是转向回正能力增强，直线行驶能力也增强。车轮在设计位置，外倾角$\gamma = -13'$，这样实际上垂直力F_n通过车轮中心点。在车轮转向过程中主销内倾角变化很小（角度$\Delta\sigma$）。

后面的支承 D_2 具有纵向弹性，这样可以吸收轮胎滚动冲击。该支承的结构可以参看图 2-79。撑杆 5 的前球铰 C_2 的位置比铰点 D_2 低，另外弹簧支柱在侧视图中斜置。这样纵倾中心 O_y 位于车桥后面，得到比较有利的抗制动点头效果（图 6-5）。

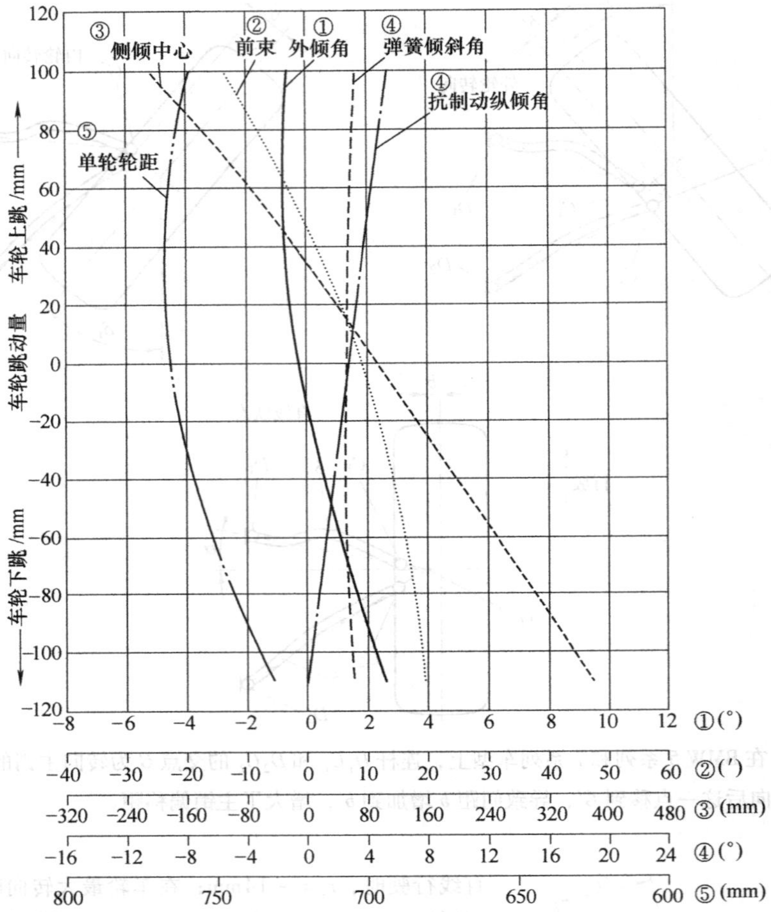

图 6-45　图示为 BMW 7 系列车型车轮运动学参数变化关系。在设计位置（乘坐 3 人，每人体重为 68kg）的定位参数为：

轮距（双轮）(图 1-20)：$b_v = 1530\text{mm}$

前束（单轮）：$\delta_v = +9\text{mm}(\approx \nu = 1.1\text{mm})$；外倾角：$\gamma = -13'$

侧倾中心高度：$h_{W_v} = 94\text{mm}$；弹簧倾斜角：$\kappa = 40'$

抗制动纵倾角：$\varepsilon = 45'$

轮距和外倾角变化较小，前束在车轮上跳中向后束变化，也就是前桥在弯道行驶中有轻微“侧倾不足转向”特性。

车轮上下跳动，车轮的轮距和外倾角变化较小，但侧倾中心变化较大（图 6-45）。前束变化意味着前桥侧倾不足转向特性，车轮外倾和主销内倾角共同产生角度（$\gamma + \sigma$），其随车轮的跳动不变化；如果外倾角向负值变化，那么内倾角必须变为很大的正值（图 6-46）。

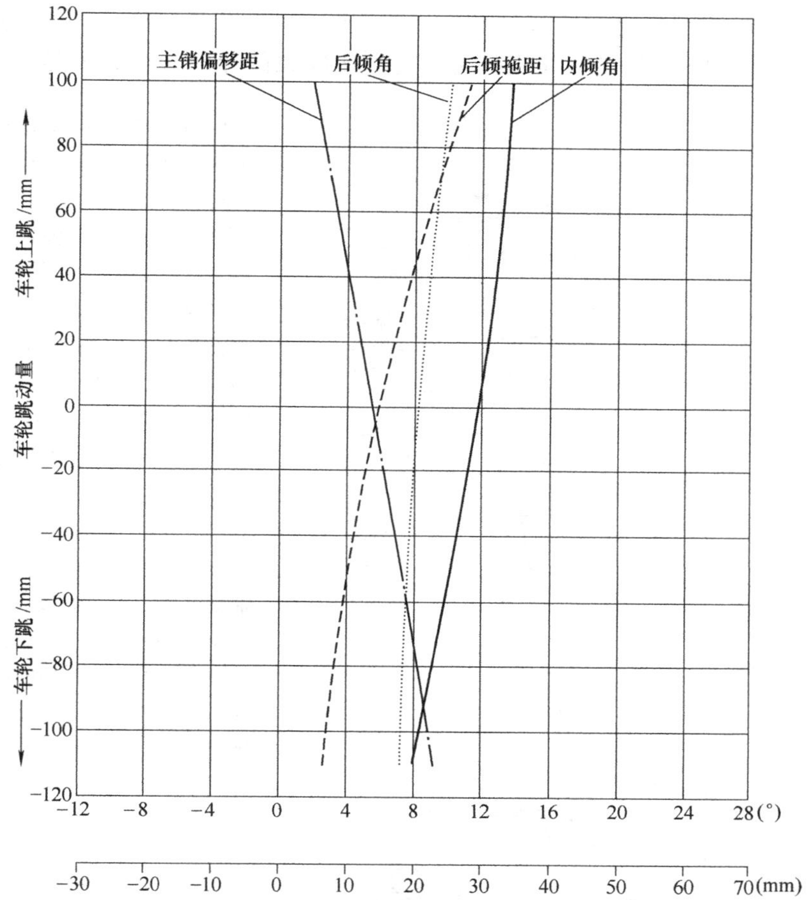

图6-46 图示为BMW 7系列车型车轮跳动时车轮运动学参数变化。在设计位置定位参数为：

内倾角：$\sigma = 11°50'$

后倾角：$\tau = 8°20'$

后倾拖距：$n_k = 14\text{mm}$

纵向力力臂：$r_a = 75\text{mm}$

主销偏移距：$r_s = 14\text{mm}$

由于内倾角改变，主销偏移距在车轮上跳时变小，下跳时变大。

同样，纵倾中心 O_v（图6-5）、抗制动纵倾角以及主销后倾变化都是直接相互关联的。从主销后倾角的变化曲线可以推断出瞬心的位置（这里为后桥）。对于转向回正力矩 M_{Sy}来说，主销后倾拖距 n_k 比角度 τ 更重要；主销后倾拖距 n_k 的大小还与负的车轮后拖距 $-n_\tau$ 有关(图6-54)。

6.7.2 带螺旋弹簧的前驱动桥

在前驱动桥上，减振器下面需要给驱动轴留出空间，因此车轮托架必须构造成相应的形状（图6-47、图6-22、图2-140 ~ 图2-143）。这样使得对于车桥导向很重要的作用间距

$(l-o)$不得不变小，导致活塞和活塞杆导向处的侧向力 F_{Cy} 和 F_{Ky} 变大，相应的摩擦也变大（图6-10）。靠近传动轴布置的弹簧支柱可以得到比较大的导向长度，但是很麻烦，另外

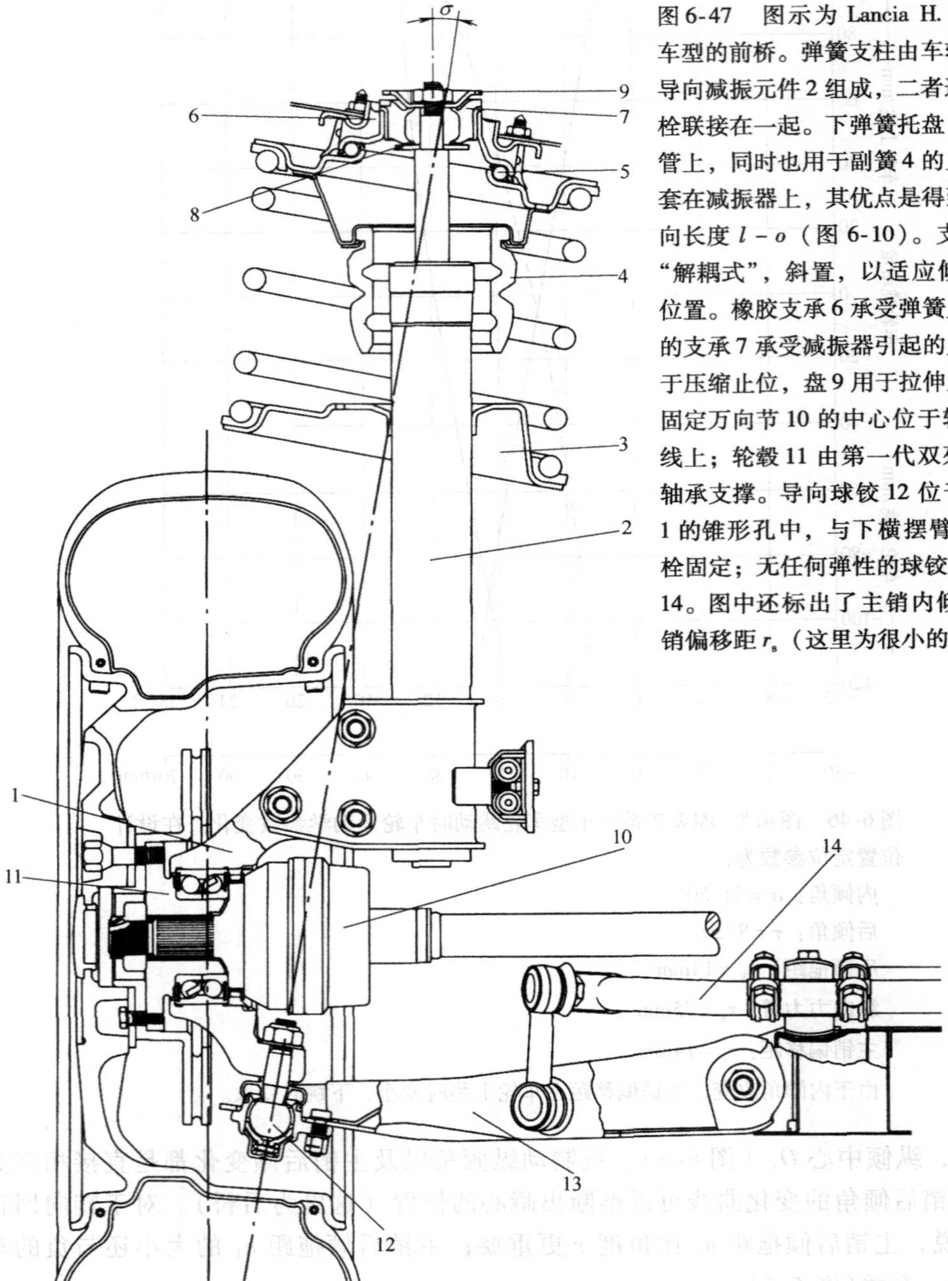

图6-47　图示为 Lancia H. P. Executive 车型的前桥。弹簧支柱由车轮托架1和导向减振元件2组成，二者通过三个螺栓联接在一起。下弹簧托盘3固定在外管上，同时也用于副簧4的止位。副簧套在减振器上，其优点是得到较大的导向长度 $l-o$（图6-10）。支承座5为“解耦式”，斜置，以适应倾斜的弹簧位置。橡胶支承6承受弹簧力，软一些的支承7承受减振器引起的力；板8用于压缩止位，盘9用于拉伸止位。等速固定万向节10的中心位于转向主销轴线上；轮毂11由第一代双列角接触球轴承支撑。导向球铰12位于车轮托架1的锥形孔中，与下横摆臂13采用螺栓固定；无任何弹性的球铰连接稳定杆14。图中还标出了主销内倾角 σ 和主销偏移距 r_s（这里为很小的正值）。

还会在承载管上带来附加弯矩（图6-20）。这也是车轮导向的弹簧支柱结构很晚才应用在前驱动桥上的原因。1965年开始应用于Peugeot 204车型，一年后用于Ford 12/15M/P6车型，1967年用于Audi-NSU R0 80车型，1969年用于Fiat 128车型。真正的突破出现在20世纪70年代初。除了极少数车型外，几乎所有新推出的前桥驱动车辆都采用这种前桥结构，即弹簧斜置，下导向球铰向车轮内移动（图6-3），从而获得负的主销偏移距以及减小夹卡力和力矩。

Fiat Panda采用了一种较为便宜的新颖结构（图6-48）。撑杆2连接在横摆臂1上，撑杆前面固定在车身的托架中；橡胶支承3吸收轮胎滚动冲击。导向球铰被压在由板件组成的车轮托架5中；车轮托架上面与中间件（位置6）连接，中间件上面与减振器通过夹板固定，并与转向节臂通过螺栓联接。等速固定万向节如图2-146所示。

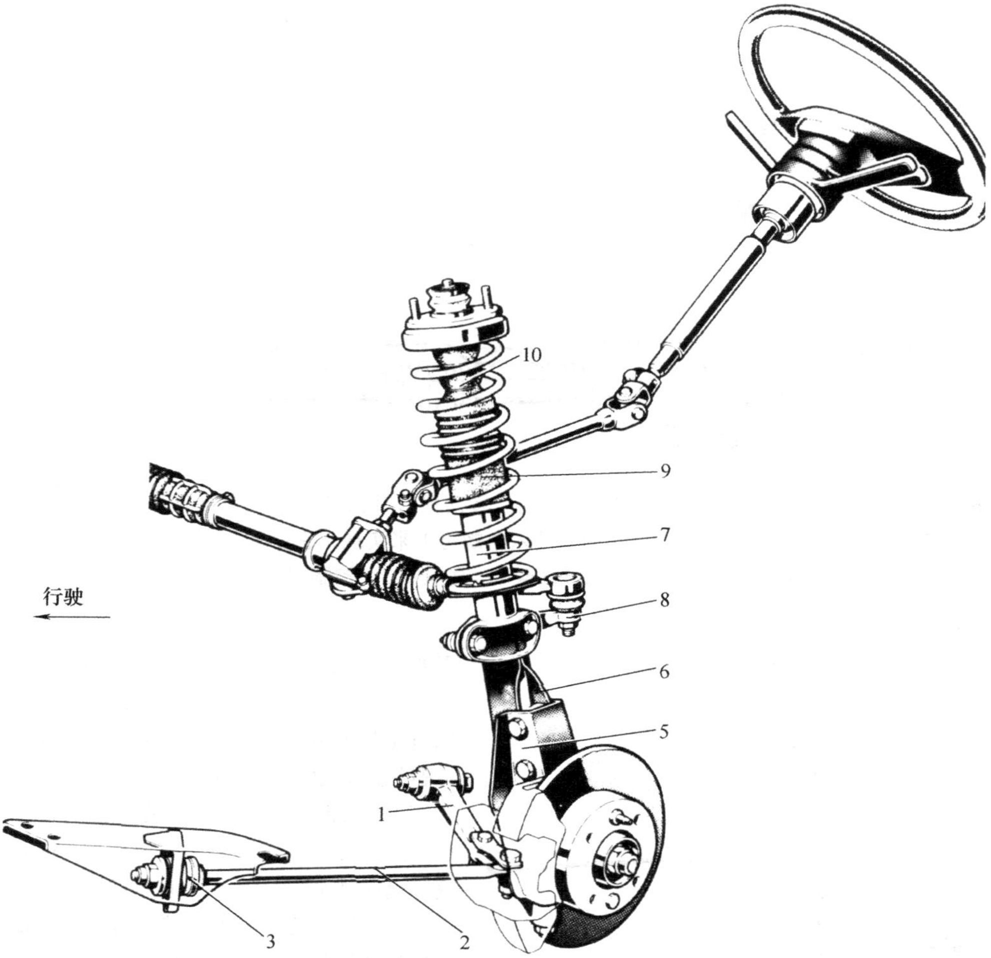

图6-48 图示为Fiat Panda车型的左前桥。车轮托架5为板件组成，转向节臂8与支柱很简单地用螺栓联接；与保护套9构成一体的副簧10套在活塞杆上。转向小齿轮偏离转向管柱向中间偏移，这样转向横拉杆内铰链可以在侧面与齿条螺栓联接。纵撑杆的橡胶支承可以吸收轮胎滚动冲击。

另外一个问题是，发动机横置导致驱动轴长度不同，在踩下加速踏板时（以及在低档位松开加速踏板），驱动轴夹角不同会引起一侧转向。在大功率发动机上采用中间轴

（图2-115），这样驱动轴就一样长了。

把转向机布置得低一些，转向横拉杆的铰链和齿条侧面连接（图6-37），可以避免不希望出现的前束变化。如果转向系统布置得较高（如图6-48所示，在前桥驱动中几乎无法避免），并且出于成本考虑还要保留侧面连接形式，那么由于转向横拉杆太短，在车轮上下跳动时不可避免地会产生过大的前束变化。较为合理的方式是，转向横拉杆在转向机中间伸出（图6-49、图6-50和图6-4）。

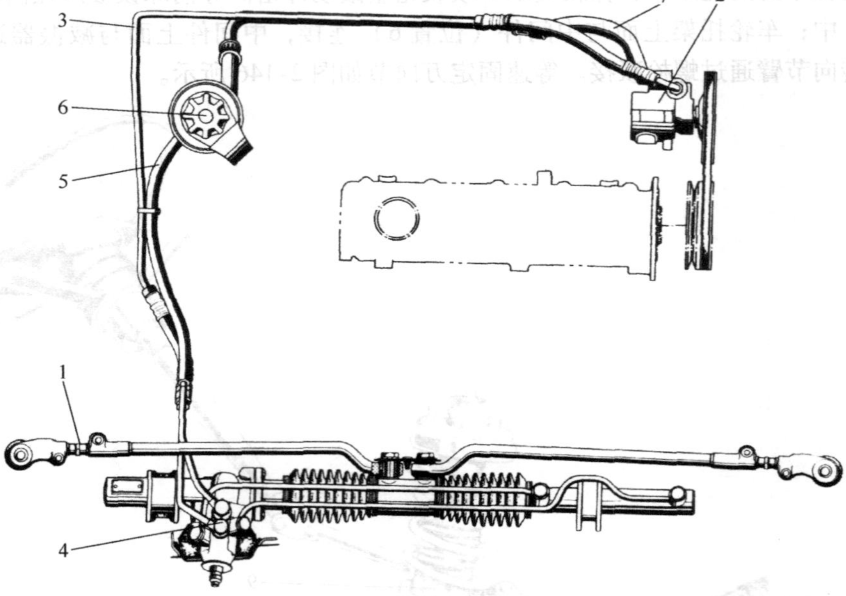

图6-49 图示为Opel Kadett E车型的助力转向。转向横拉杆借助侧向刚度较高的橡胶支承通过中间件与齿条连接。前束的调节可以通过两侧的六角螺母1来实现，它们分别为右螺纹和左螺纹。转向传递比为$i_s=18$。系统由发动机驱动的转向泵2、高压管3、控制器4（由转阀组成）、回油管5、储液罐6和吸油管7组成。

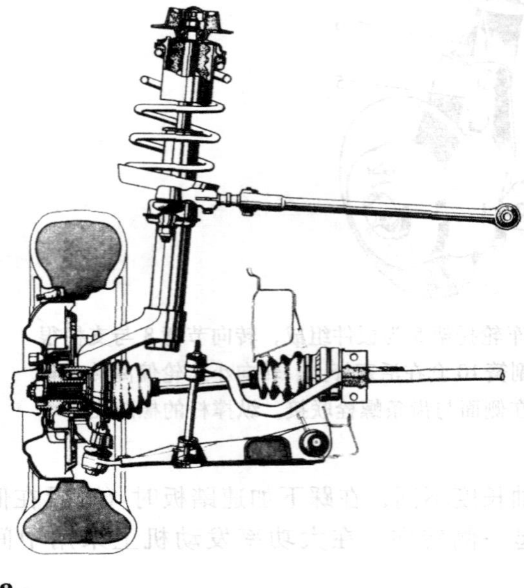

图6-50 图示为Opel Kadett E车型的前桥左侧，转向横拉杆在中部连接，长度较长，可以避免车轮跳动出现不理想的前束变化。下弹簧托盘的边缘向上延伸，避免弹簧断裂时弹簧以螺旋起塞器的方式钻穿托盘将轮胎割裂。弹簧支柱承载管的尺寸为54mm×3mm，这样允许以50~60kN的力将承载管压入车轮托架中，另外还可以承受转向力矩以及由转向横拉杆传到车轮托架的横向力。减振器为套筒结构便于维修更换，套筒螺纹联接在承载管中；活塞杆的直径为22mm。

6.7.3 带气液弹簧的前驱动桥

Citroen BX 车型第一个在弹簧支柱中采用气液弹簧（图 6-51）；弹性介质为在球体 1 内的氮气，氮气压力为 55bar。油液和氮气通过一个膜片分开，油液用来传递力（参见图 5-36）。

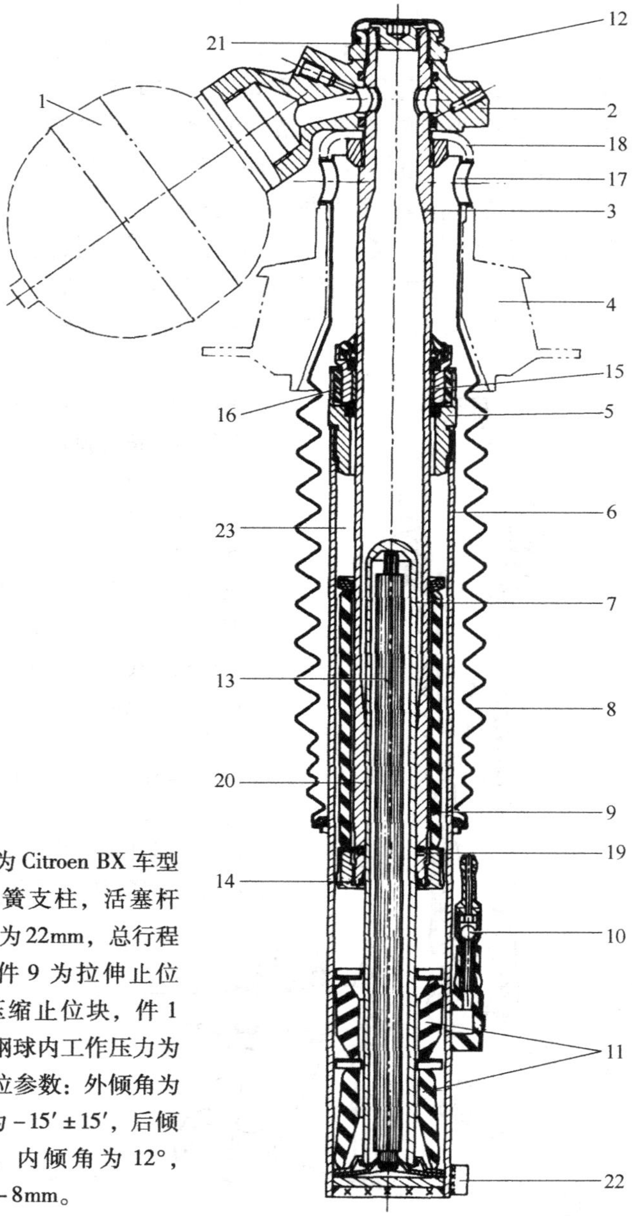

图 6-51 图示为 Citroen BX 车型的气液前桥弹簧支柱，活塞杆（位置 7）直径为 22mm，总行程量为 182mm，件 9 为拉伸止位块，件 11 为压缩止位块，件 1 为弹性钢球，钢球内工作压力为 55bar。车轮定位参数：外倾角为 0° ±30′，前束为 –15′ ±15′，后倾角为 2° ± 35′，内倾角为 12°，主销偏移距为 –8mm。

球体 1 与连接件 2 通过螺栓联接，连接件由螺母 12 紧固在缸套 3 上；螺栓 21 用作封盖。液压油使得空心活塞 7 受力，活塞把力通过撑杆 13 传递到与外管 6 焊接在一起的底板上。活塞 7 在缸套 3 中很长，具有很精密的导向支座 20；在导向支座下部是密封件 19。活塞轴向受载，必须避免任何的公差变化以保证移动滑顺，这样可减小端部的压力。另外，必须采取这种措施来减小横向力（径向力），从而减小整个弹簧支柱的夹卡力矩。

螺纹环14用作密封和导向座单元的下封盖；螺纹环在外侧支承着塑料环，塑料环在管6中滑动。部件14和导向座15承受侧向力矩和纵向力矩；支座间很大的间距以及支座本身直径较大有利于减小表面压应力和夹卡摩擦。由于面转动惯量较大，缸套3在侧向力作用下几乎不会发生弯曲；弹性外倾角的变化将进一步被抑制（图6-9）。

拉伸止位块9支撑在螺纹环14上；在车轮下跳时具有弹性且较长的拉伸止位块和螺纹盖5接触，螺纹盖在上面支撑密封导向座单元15。为了减小摩擦，件15的内环采用PTFE材料，另外为了保证缸套有小量的弯曲和精确的导向，其外圈具有弹性，并且可以保持对中。件15的上面是可以阻挡灰尘的双唇密封圈；其下面采用两个O形密封圈密封缸套。另外波纹管8包裹住所有零件，位置17为两个排气孔；孔上有钩爪，卡在橡胶支承的内件18上。如图6-52所示，零件18把弹簧支柱的所有力传递到橡胶支承4上；橡胶支承通过三个螺栓（图6-52位置23）固定在翼子板的内板上。弹簧支柱在下面固定在转向节柱的孔中；夹紧螺栓24保证紧固，焊接夹板（图6-51位置22）保证正确的高度和位置，即定位。

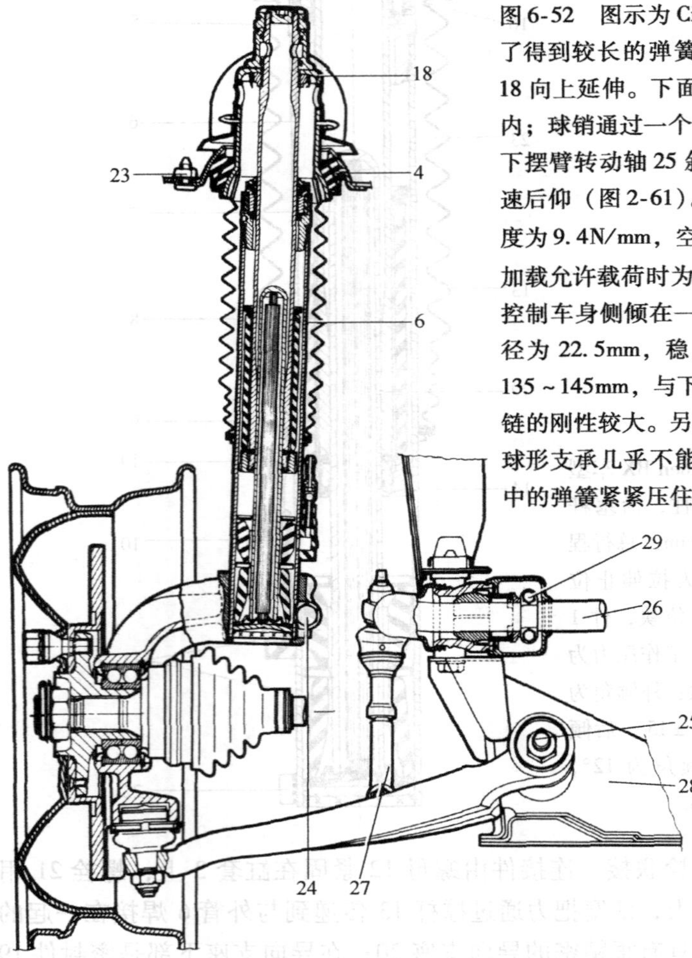

图6-52 图示为Citroen BX车型前桥左侧。为了得到较长的弹簧支柱，橡胶支承4的内件18向上延伸。下面球铰的壳体位于转向节柱内；球销通过一个螺母和下面的横摆臂连接。下摆臂转动轴25斜置，以减小制动点头和加速后仰（图2-61）。弹簧总行程为171mm，刚度为9.4N/mm，空载时车身频率为$48min^{-1}$，加载允许载荷时为$50min^{-1}$。弹簧很软，为了控制车身侧倾在一定范围内，稳定杆26的直径为22.5mm，稳定杆的肘管较短，长度为135~145mm，与下摆臂相连的耦合杆27的铰链的刚性较大。另外，稳定杆和副车架相连的球形支承几乎不能产生形变；固定在夹箍29中的弹簧紧紧压住支承的外部。

如果车轮从正常位置上跳 77mm，压缩止位块 11 接触螺纹环 14。在任何车轮上跳过程中，外腔 23 都产生高压，高压迫使油液通过活塞杆密封圈 19 经过单向阀 10 回到回油管路中。

在转向过程中，转向节柱和外管（图 6-52中位置 6）一起绕活塞杆 7 转动。在位置 15 和 20 处，在零件 6 和 7 以及固定在橡胶支承 4 中的缸套 3 之间产生转动，这个转动减小垂直方向的摩擦。

6.7.4 带空气弹簧的前驱动桥

Subaru 公司于 1986 年在欧洲市场第一次推出在大批量生产的车型上使用完全承载的空气弹簧的车型，随后日本汽车制造商也采用该结构（参见第 2.1.6 节）。

该结构具有以下优点：

1）车身固有频率较小，且不随装载量变化。

2）车身高度可以调节，从而可以降低车身高度以减小空气阻力系数 C_w。

3）容易实现减振器阻尼随载荷变化。

图 6-53 所示为 Continental 公司开发的空气弹簧的弹簧支柱。VW 公司把 Fichtel&Sachs 公司生产的前桥部件安装到试验车 IRVW 3 上。车轮上下跳动时气囊在外面承载管 2 上“翻滚”，气囊的骨架和斜交轮胎一样（图 2-16）。外层中有特殊的衬垫增加强度，内部有不透气层，固定在承载管 2 和空气弹簧外壳 3 上；其安装空间并不比螺旋弹簧需要的大。在这种结构中，工作压力为 8 ~ 15bar，增加凸缘 4 以避免滑脱。

副簧 6 在空气弹簧外壳 3 中（套在活塞杆上）。车轮上跳时副簧和罐状部件 7 接触，外管 2 中的部件 7 起保护液压元件的作用。减振器本身的工作原理和双筒减振器一样；在补偿腔 16 中的液柱承受气囊中的压力，防止油液乳化。气囊 1 的内表面对油液很敏感，为了避免油液侵蚀，在部件 7 下面留有一个空腔 8 接

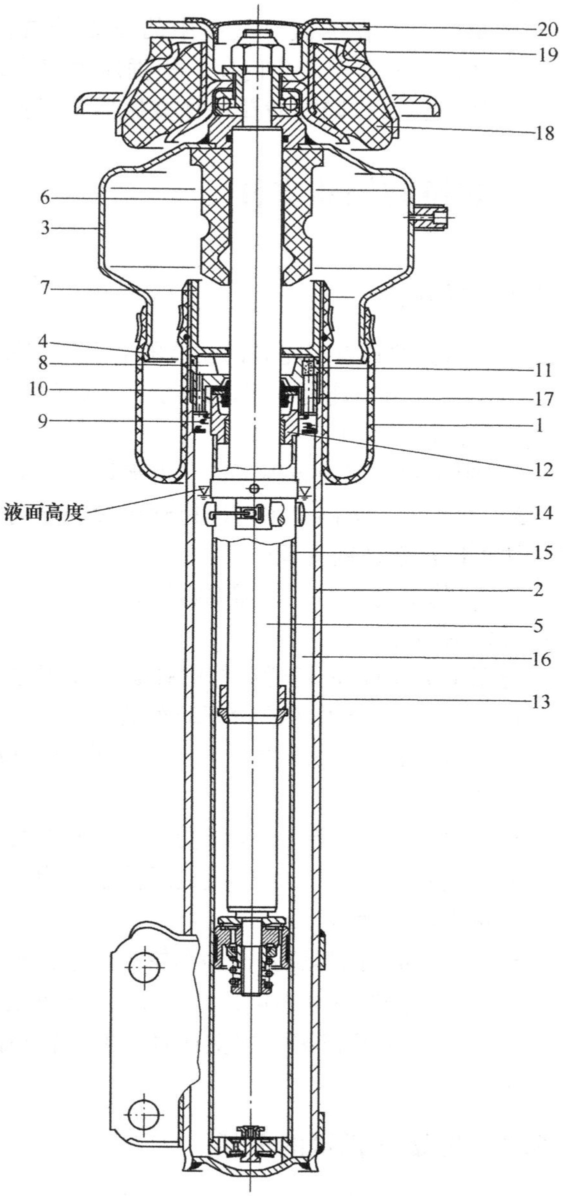

图 6-53 图示为车轮导向的前桥弹簧支柱，与 VW 概念车型 IRVW 3 类似。空气弹簧可以使车身固有频率（$n = 60\text{min}^{-1}$）保持不变，减振器阻尼随载荷变化，车身高度可以调节，可以通过降低车身高度获得较小的风阻系数 C_w。图中可以看到“耦合式”弹簧支柱支承座，以及橡胶支承 18 和限制车轮上跳行程的件 19、20（Fichtel&Sachs 公司图片）。

收溢出的油液，另外在空腔下面还有辅助阀9。孔10用来回流，为了保证压力平衡，在空气弹簧和补偿腔16之间的连接孔17中有一个透气的烧结物填充（位置11）。在活塞杆导向12中的PTFE套管用来减小摩擦；在导向上面为常用的活塞杆密封件，拉伸止位块13在活塞杆上。在装载时气囊中的压力升高，由此通过孔17（通过烧结物填充产生节流）也可在减振器中产生内压。根据压力表原理工作的弹簧管14（布尔顿管）关闭缸筒15上的通道，这样随着载荷增加减振器阻尼提高。

6.8 前桥减振器支柱

6.8.1 优缺点

用于前桥的具有车轮导向功能的减振器支柱在以下方面优于弹簧支柱：

1）不需要滚动轴承来作为支承，螺旋弹簧位于减振器支柱旁边，这样可以让弹簧力支撑在刚度比较大的车身区域。

2）螺旋弹簧侧面布置可以获得平坦的车头，有利于提高空气动力学性能。

3）在相同车辆高度下可以得到更大的导向长度，副簧（图6-54和图6-36）或者压缩止位块可以位于橡胶支承中。

4）维修更为方便，不需要拆卸弹簧就可以更换减振器支柱，只需要松开减振器支柱一端就可以更换弹簧。

与图1-14所示的普通结构的弹簧支柱相比，减振器支柱的缺点如下：

1）对于螺旋弹簧的前轮驱动车辆没有成本优势。

2）横向力引起的摩擦在无干扰的直线行驶中可以在很大程度上减小，但是不能消除（图5-13）。

3）下面的承载球铰必须承受所有方向的力。

4）摆臂以及摆臂的内铰链还承受垂直力，因此必须加强摆臂的结构，并且采用较贵的套管支承来隔离噪声。

5）靠内布置的螺旋弹簧到车轮的传递比稍差（图6-54）。

尽管在减振器支柱中可以通过缩短作用间距 b 来减小横向力，该横向力会使弹性系统变硬（图6-2），若要求减振器支柱对不平度较小的路面有所反应，相对于弹簧支柱来说，则更加困难一些。

6.8.2 带螺旋弹簧的前桥

图6-54所示是Daimler-Benz公司生产的190/190E车型的前桥。图中未画出的盘式制动和主销内倾角 $\sigma=13°34'$ 可以让承载球铰7布置到车轮内部，得到负的主销偏移距 $r_s=-14\text{mm}$ 以及缩短间距 b。另外，减振器支柱11很靠近车轮托架，并在三个地方与车轮托架用螺栓联接。图2-17所示的稳定杆的肘管22连接在下摆臂4上；车轮上下跳动时，摆杆23起长度补偿的作用。其材料为弹簧钢，在车辆纵向方向具有挠度，但是在垂直力作用下刚度很大。其他细节可以参见图2-58、图2-48、图2-49、图2-52、图2-67、图2-127、图6-35和图6-36。

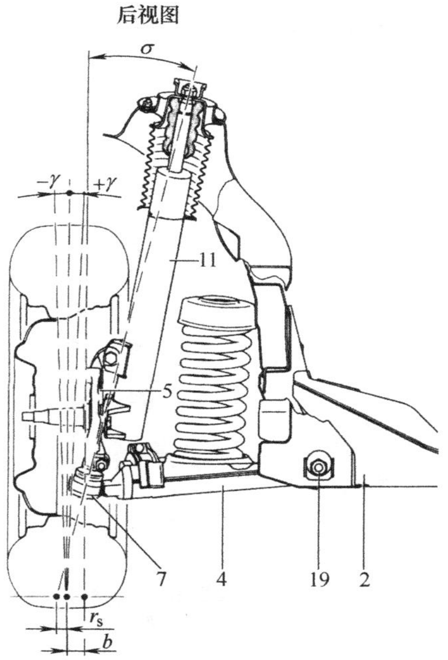

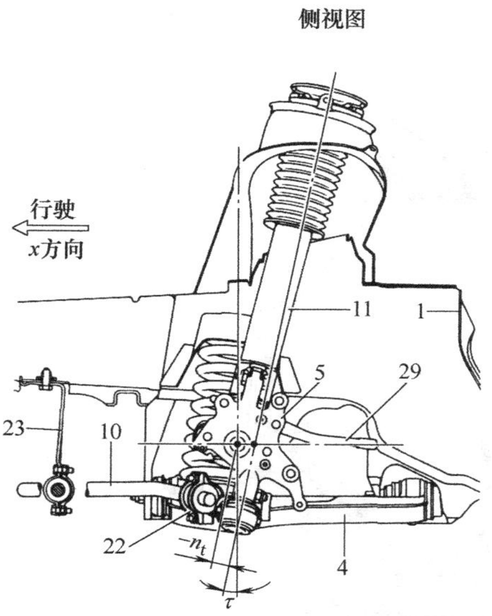

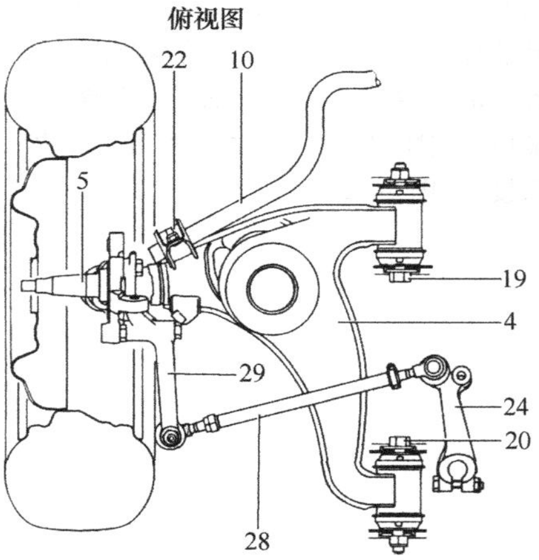

图 6-54　图示为 Mercedes 190/190E 车型减振器支柱前桥左侧的三视图，较大的导向长度和小的作用间距 b 使得活塞和缸筒之间以及活塞杆和导向座之间的摩擦较小。圆柱状的螺旋弹簧位于横摆臂 4 上，上面支撑在与纵梁 1 焊接的托盘中，纵梁在这个地方通过横梁 2 与右侧相连。图中所示为负的车轮后拖距、外倾角、后倾角以及主销偏移距 r_s = 14mm。通过同向转动偏心螺栓 19 和 20 可以调整外倾角，相反方向转动两个螺栓可以调整后倾角。$\tau = 10°10'$ 相对较大，但其优点是纵倾中心位置比较有利（参见图 5-4），抗制动纵倾率可达到 20%。在侧视图中可以看到负的后倾偏距 $-n_\tau$，即车轮中心垂直于主销轴线的距离，且车轮中心在主销轴线前面。前桥其他参数在正常位置时如下：外倾角 $\gamma = 30'$，前束 $\delta = 25'$，弹簧行程 s_g = 200mm，侧倾中心高度 h_{Wv} = 106mm，车轮到弹簧的传递比 $i_F = 2.1$，车轮到减振器的传递比 $i_D = 1.02$，纵向力力臂 r_a = 56mm，后倾拖距 n_k = 28mm，弹簧倾斜角 $\kappa = 2°12'$，非簧载质量 m_{uv} = 58.5kg。在相似车型中，车桥相对较轻。

Daimler-Benz 公司生产的中级车（200D/300CE 车型）同样使用这种减振器支柱，减振器的外套管被压扁；190/190DE 车型上也是如此，以便留出更多的空间给宽轮胎（图 6-17）。

在此期间，车轮导向的减振器支柱也用在轻型货车上。图 6-55 所示为 Ford Transit 车型的前桥。和 VW（图 5-24）不同的是，Ford 公司没有采用转向中间传动装置，仅采用齿条转向的小齿轮轴并斜置。

根据需求，Daimler-Benz 公司生产的中级车可以改装成四轮驱动，即 4 MATIC。车轮托架和弹簧必须进行改动。弹簧的螺距明显不同，以便驱动轴可以通过（图6-56）。

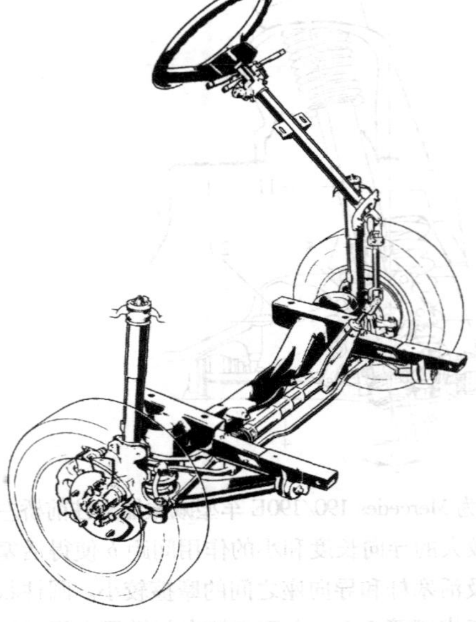

图6-55　图示为Ford运输车FT80、100和120车型的减振器支柱前桥。螺旋弹簧和副簧的上面支撑在纵梁上，下面支撑在框形横摆臂上，横摆臂的内侧支承间距较大。减振器支柱在上面通过销轴式铰链与翼子板内板固定；它只需要承受减振器力和拉伸限位的冲击力。主销偏移距 r_s = 3.5mm，对于轻型货车可较小。齿轮齿条转向机位于纵梁下面。加长的小齿轮轴向前上方延伸；小齿轮通过一个带两个十字轴的中间轴连接到转向管柱上。这种结构有利于碰撞安全性。

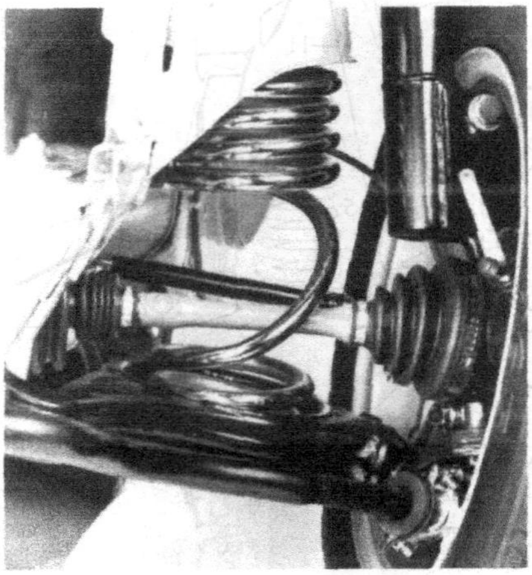

图6-56　图示为Daimler-Benz公司生产的四轮驱动的中级车型的减振器支柱驱动前桥。为了尽可能保留基本结构，螺旋弹簧采用了非同寻常的大变化螺距。减振器支柱和车轮托架之间采用“螺栓联接”（图6-22）。

6.8.3　带扭杆弹簧的前桥

为了得到 c_v = 23.3N/mm 的较软的弹性系统，Fiat公司1977年之前在130车型上都采用扭杆3（图6-57）；弹簧总行程为160mm，这种行程对于一部轿车来说也许太小。扭杆3的端部连接在一个横梁中（图6-58），为了隔离噪声，在点4通过橡胶块10和车身连接在一起（可以参见图5-26～图5-28）。

借助六角螺栓8可以通过偏心块6来调节车身高度。如图6-57所示，横梁9用来连接下摆臂以及支撑发动机悬挂，从而简化装配，横梁9在点2通过螺栓和车身底板组件联接；布置在车桥前面的稳定杆1承受纵向力。

1964年Porsche公司推出带扭杆弹簧前桥的911车型，其减振器支柱需要的宽度较小，这使得发动机后置的车辆也可拥有较大的行李箱空间。由于弹性系统较硬以及前桥载荷较小，因此只需要较短的扭杆，该扭杆可以布置在纵管内部（三角摆臂焊接在扭杆上）。Honda Civic 车型也使用了相同结构的前驱动桥，只是纵管是向后延伸的（图 6-59）。减振器支柱 1 支撑在转向节柱的孔中，下面的承载铰链 2 位于转向节柱中。承载铰链支撑导向摆臂 3，导向摆臂和悬臂 4 用螺栓联接。悬臂 4 形状扁平，其在垂直方向的抗弯刚度大，但在纵向方向具有弹性。在滚动阻力和驱动力作用下扁平件产生挠度，这样后面的导向支承 5 能够吸收轮胎滚动冲击。扭杆 6 两端带有花键，位于管 7 中，管子在后面由滑动轴承支撑，前面由杠杆 9 支撑。杠杆中的螺栓用来调节车身高度。扭杆 6 在前面固定在悬臂 4 中，也就是"弹性功"由扭杆和管 7 共同吸收。这种结构的优点是结构高度较小，车轮导向只具有很小的挠度。

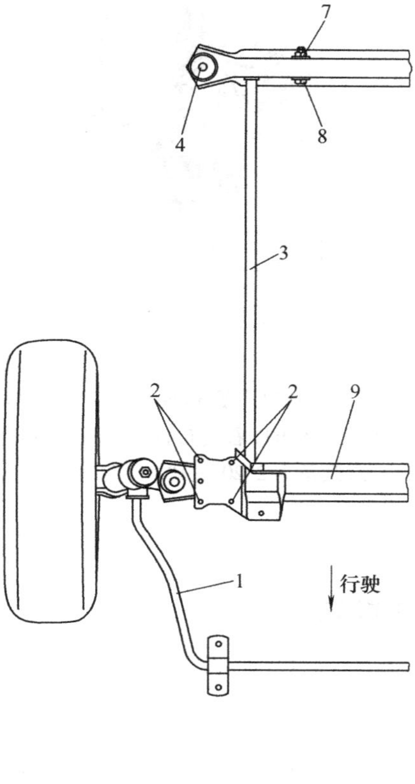

图 6-57 图示为 Fiat 公司 1970～1977 年生产的高档舒适型轿车（130 车型）。拉伸止位块、压缩止位块与横摆臂接触，翼子板内板仅承受减振器力。

图 6-58 图示为在 Fiat 130 车型上转动六角头螺栓 8，通过偏心块 6 调节车身高度。

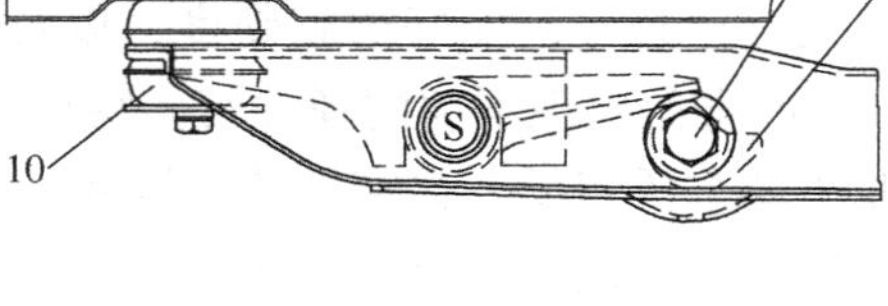

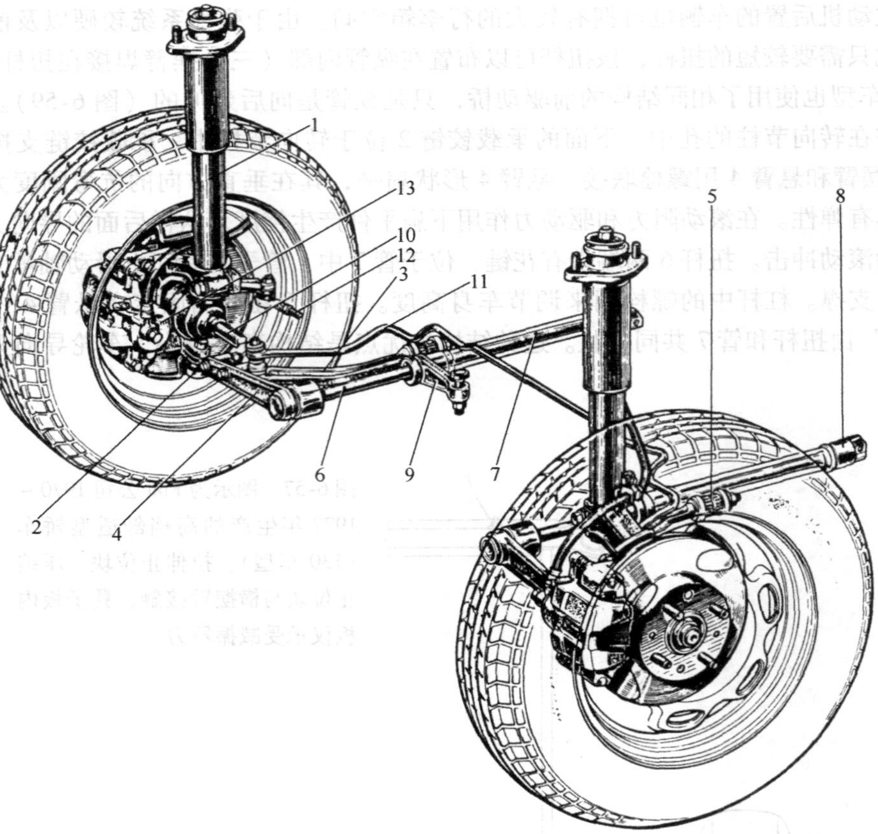

图6-59　图示为 Honda Civic 车型的前桥带高度可调的扭杆弹簧和减振器支柱，驱动轴 10 从减振器下面穿过。稳定杆 11 支撑在导向摆臂 3 上，从图中还可以看到布置在后面的转向横拉杆 12 以及制动钳支架 13。运动学参数：外倾角为 0° ±1°，后倾角为 2°20′ ±1°，主销偏移距为 −5mm。这种车桥一直生产至 1987 年。

6.9　弹簧支柱后桥和减振器支柱后桥

6.9.1　优缺点

和复合式车桥、斜臂式车桥一样，车轮导向的弹簧支柱和减振器支柱可以作为后桥悬架。相对于前桥，其优点是在弹簧支柱中取消了滚动轴承；可以采用较长的，几乎延伸到车辆中心的横摆臂，这样可以获得有利的外倾角变化和有利的轮距变化，另外在装载时侧倾中心下降量较小。缺点是必须匹配好橡胶硬度，以及撑杆在车轮托架固定点的间距（图 6-60 中的点 6 和 14），以避免出现不利的弹性转向特性。

和复合式非驱动车桥相反，弹簧支柱后桥和减振器支柱后桥需要较多的散件，其优点是可以提供更高的行驶舒适性以及更好的运动学特性。

和斜臂式驱动车桥相比，弹簧支柱后桥和减振器支柱后桥没有明显的优点或缺点。这里起关键作用的是安装空间、运动学影响以及制造成本。

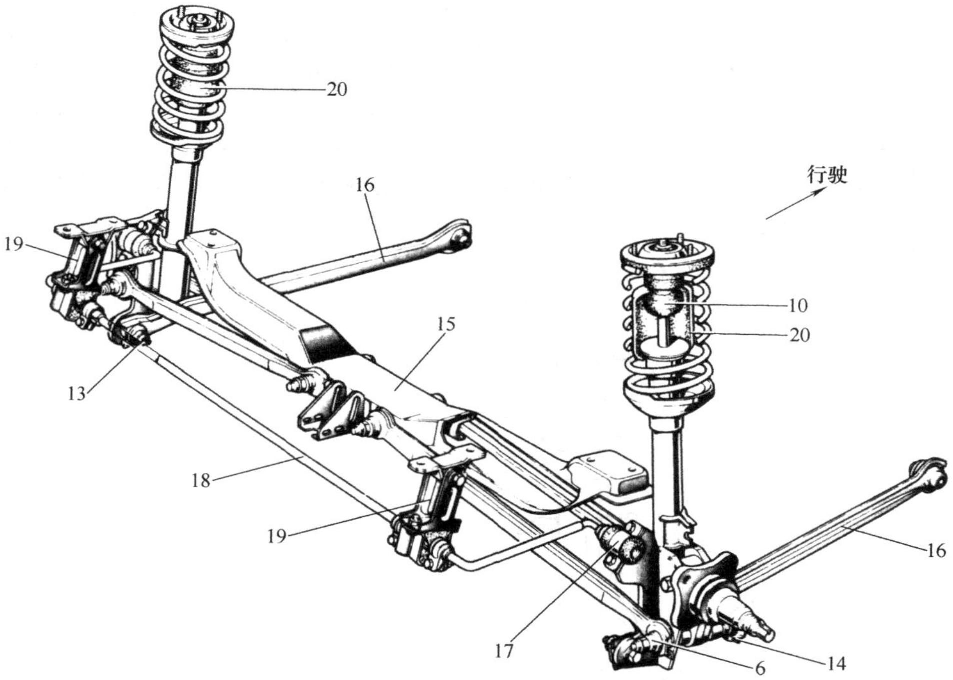

图 6-60 图示为 Lancia Delta 车型的弹簧支柱后桥，其横摆臂等长，布置在内部很深处与横梁 15 连接，横摆臂为板件；为了获得良好的直线行驶性能，车轮托架的点 6 和 14 的间距应该尽可能大。纵撑杆 16 的连接点 13 和稳定杆 18 的固定点 17 一样位于车轮中心后面。稳定杆通过支架 19 固定在车身上可以转动。压缩止位块 10 与减振器上面接触，被保护套 20 覆盖。整个组件借助横梁 15 固定在车身上。

6.9.2 结构细节

弹簧支柱和减振器支柱后桥（非转向桥）的结构形式有四种：两个横撑杆和一个纵撑杆（图 6-60 和图 6-63），一个横摆臂和一个纵撑杆（图 6-68 和图 6-69），一个横摆臂和一个纵摆臂（图 6-70 和图 6-71），跨距较大的一个横摆臂（图 6-73）。

横向力可以由车架承受（图 6-60 中的位置 15），或者直接由车身底板的支架承受。纵向力由撑杆承受，撑杆斜置在两侧构成“瞬心 O_h”，减小制动纵倾（图 6-5）。

通过两个横撑杆相互位置的匹配，可以得到在制动力和侧向力作用下的弹性运动学前束变化。纵撑杆前面的橡胶支承具有渐变的弹性特性，用来避免轮胎滚动冲击传到车身（图 2-79）。

由于纵向弹性，在制动力影响下车轮中心向后面稍稍偏移。

在俯视图中如果横摆臂斜置（图 6-61），那么车轮会产生小的前束角 δ_h，前提是没有制动力 F_b 和力臂 r_b 共同产生的力矩使之回转（图 6-62）。Mazda 公司在 929 车型（图 5-59）上采用了类似的摆臂位置；Toyota 公司在所有前轮驱动车型中采用将平行的横撑杆安置在后面的形式（图 6-63），这样可以得到侧向力不足转向特性。

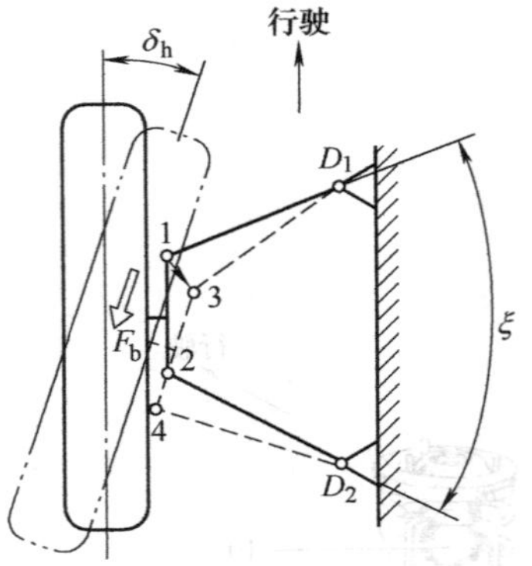

图 6-61　如果弹簧支柱或减振器支柱后桥的纵撑杆的支承具有挠性，并且横撑杆彼此间形成“后掠角”ξ，那么车轮在制动力 F_b 作用下向后偏移。前横摆臂的外连接点围绕与车身的连接支承点 D_1 产生弧线运动，从点 1 移到点 3，把车轮托架向内牵拉。后面的点围绕 D_2 摆动，向外移动（从点 2 移到点 4）；假如不存在使车轮托架回转的力矩 $M_b = F_b r_b$，这两者的共同运动将产生小的前束角 δ_h。

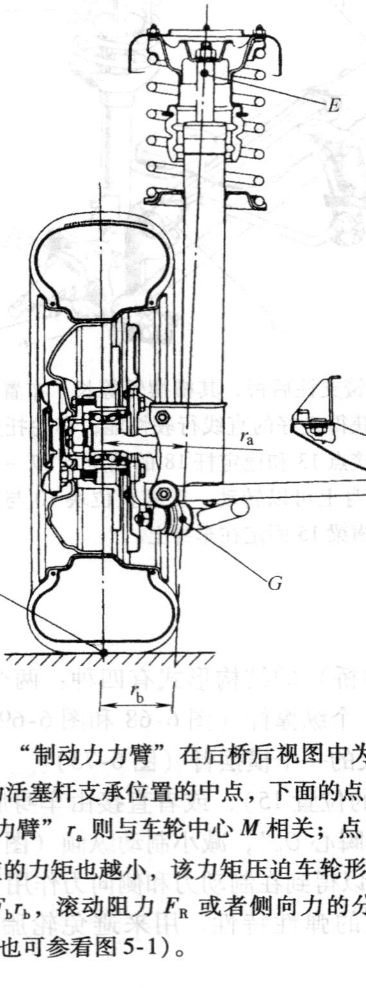

图 6-62　“制动力力臂”在后桥后视图中为点 N 到 EG 延长线的距离。上面的点 E 为活塞杆支承位置的中点，下面的点 G 为纵撑杆在车轮托架的连接点。“纵向力力臂”r_a 则与车轮中心 M 相关；点 G 越深入到车轮内，r_b 和 r_a 则越小，相应的力矩也越小，该力矩压迫车轮形成后束。这里制动力产生的力矩为 $M_b = F_b r_b$，滚动阻力 F_R 或者侧向力的分力 F_{Gx} 产生的力矩 $M_R = F_R$（或 F_{Gx}）r_a（也可参看图 5-1）。

在弯道行驶中车轮接地点的滚动阻力 F_{Rk} 变大，使得横摆臂 1 和 2 轻微向后偏移（图 6-64），因为纵撑杆 3 的连接点的支承具有弹性。另外斜置的横摆臂 1 和 2 现在还要承受侧向力，弯道外侧侧向力为 F_{sa}，内侧为 F_{si}。侧向力作用在车轮中心后面偏离轮胎拖距 n_R 处，$n_R = 10 \sim 40$mm，并且随着侧向加速度增大（也就是轮胎侧偏角变大了）而减小。

在低速弯道行驶中作用的侧向力较小，轻微斜置的横摆臂 1 承受 70% 的侧向力，撑杆 2 承受另外的 30%。图 6-65 所示为摆臂 1 的支承变形，外侧后车轮轻微偏向正前束。内侧车轮上的侧向力由内指向外，产生负的前束。

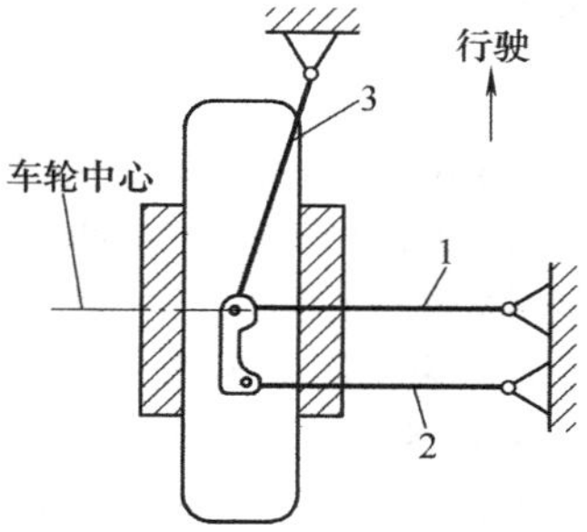

图 6-63 在所有前轮驱动的 Toyota 1 车型中，后桥下面的导向为横摆臂 1，前束杆 2 以及纵撑杆 3；零件 1 和 2 之间的作用间距应该尽可能的大。

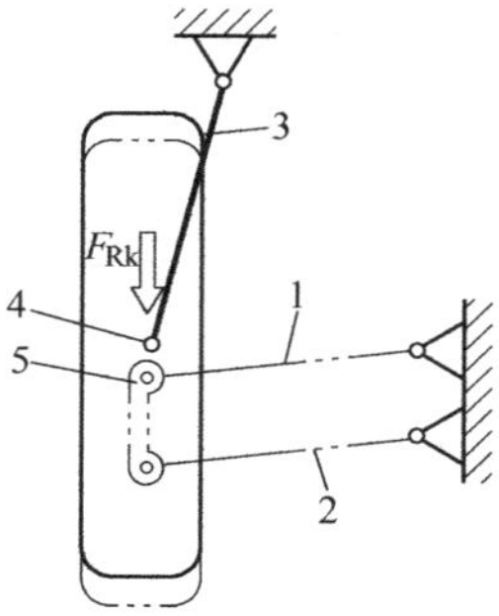

图 6-64 弯道行驶中由于滚动阻力 F_{Rk} 增大，纵撑杆 3 的支承处产生挠度，点 4 向点 5 蠕动，车轮中心也略微向后移动。

当驾驶员提高弯道车速，纵摆臂 3 的支承会进一步分离；此外轮胎侧偏角也会变大，轮胎拖距 n_R 会相应变小。车轮外侧和内侧的侧向力将向前偏移；横摆臂 1 的侧向力载荷会增大，撑杆 2 的载荷将减小直至为零：弯道外侧的前束变大，弯道内侧变为后束（负的前束）。另外，图 6-64 中的点 5 进一步向后窜动，这样横摆臂 1 在俯视图中偏转斜置。产生的分力 F_{Gx} 阻止这种偏转（图 6-66）。

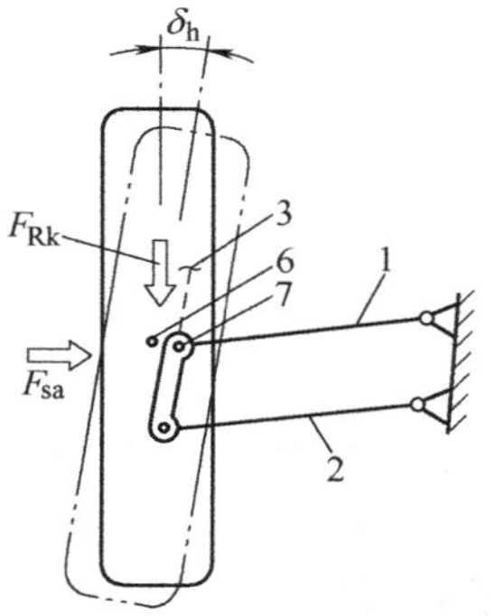

图 6-65 在弯道中外侧的侧向力 F_{sa} 作用在车轮中心略偏后处，横摆臂 1 产生的挠度比撑杆 2 的大；点 6 移动到点 7，形成前束角 δ_h。

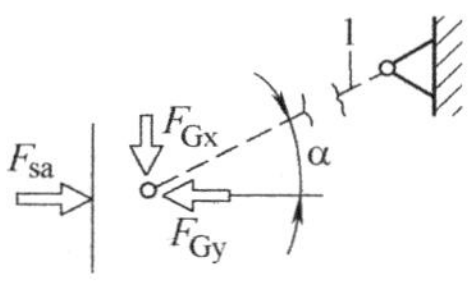

图 6-66 横摆臂 1 位置越斜，则方向向后的分力 F_{Gx} 越大，即 $F_{Gy} \approx F_{sa}$，$F_{Gx} = F_{Gy}\tan\alpha$。

承受悬架和车身之间侧向力的摆臂的位置引起与行驶速度相关的前束变化，车桥产生不足转向的趋势（图 6-67）。在两部采用复合式悬架的车型（Opel Kadett 和 Fiat Uno）以及纵摆臂悬架的 Renault 9 车型中则表现相反。在弯道侧向力的影响下外侧车轮产生轻微后束，内侧车轮轻微前束。这样产生明显的侧向力过多转向特性。试验结果也证明了这一点，但是 Opel 公司在 Kadett 车型中通过侧倾不足转向来抑制这种特性，也就是在车身侧倾的影响下施加一个反向转向。图 6-60 所示为 Lancia Delta 车型的具有车轮导向功能的弹簧支柱。如果侧向力精确通过车轮中心，则车桥表现为中性特性。轮胎拖距在这里为零；假如轮胎拖距为一般值，则在图 6-67 中所有曲线都沿逆时针方向偏转。实际的测量结果也印证了该理论分析。

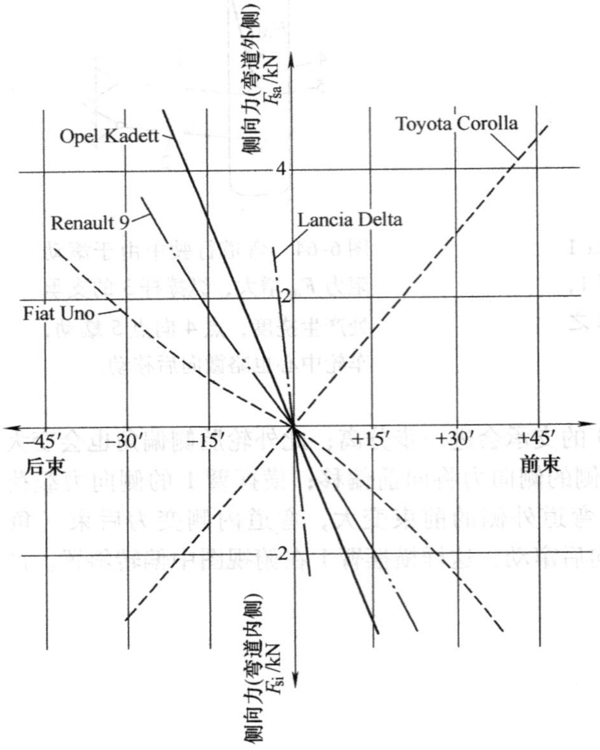

图 6-67　在车轮着地点中间静态施加侧向力，在 Toyota Corolla 车型上外侧车轮产生前束，而其他被测车型为后束。这些车型为复合式悬架（Opel Kadett 车型和 Fiat Uno 车型）、弹簧支柱悬架（Lancia Delta 车型）、纵摆臂悬架（Renault 9 车型）。如果侧向力从内向外施加，则产生后束而不是前束。x 轴为以分（′）为单位的前束变化量；y 轴为侧向力，单位为 kN。

6.9.3　非驱动后桥

除了图 6-60 所示的两个横摆臂外，也可以采用每侧只有一个摆臂的结构（图 6-68），这里外部的支承点必须分离开。Honda 公司在 Prelude 车型中安装的支承如图 2-66 所示，只是这两个“橡胶块”之间距离较大。为了获得较宽大的行李箱（图 6-69），较为扁平的螺旋弹簧可以支撑在横摆臂上。这样采用具有车轮导向功能的减振器支柱所需要的侧面空间比弹簧支柱小，其缺点是横摆臂由于垂直力在内外支承处必须承受更大的载荷。

也可以采用另外一种结构，承载横摆臂在内外都只有一个支承，由侧向力和纵向力产生的力矩由两个“法兰块”承受，这两个“法兰块”安装在一个纵摆臂中（图 6-70、图 6-71 和图 2-66）。这两个“法兰块”在斜向跨距为 a，力矩通过前面的支承 9 传递到车身，支承 9 的外形如图 2-53 所示。

横置板簧（图 6-72 和图 6-73）所需要的安装空间最小，横置板簧位于摆臂下面，在两个位置支撑车身。它同时也代替了通常在前轮驱动车辆的后桥上所需要的稳定杆（消除不足转向趋势）。这种所谓的“两点弹簧”的优点可以参见图5-32和图5-33。

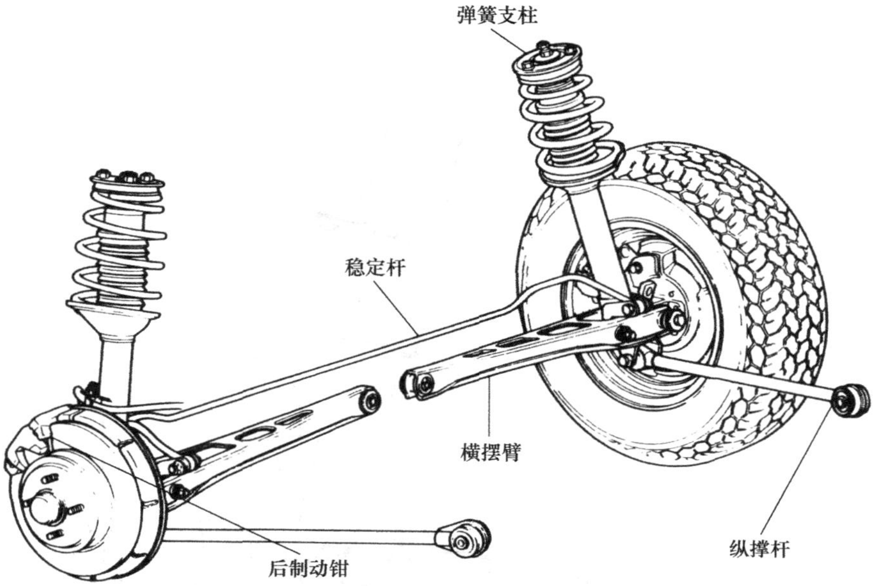

图6-68　图示为Honda Prelude车型的弹簧支柱后桥，带横摆臂。横摆臂分开的两个固定点延伸到车轮内部，且高度接近车轮中心。这样可以获得较高位置的侧倾中心，并且通过改变摆臂的长度得到理想的运动学特性。为了获得纵倾中心，纵撑杆略微斜置（图6-5）；前面的支承吸收轮胎滚动冲击。后面的支承位于减振器部件下面中，减振器与车轮托架为夹紧式连接方式。

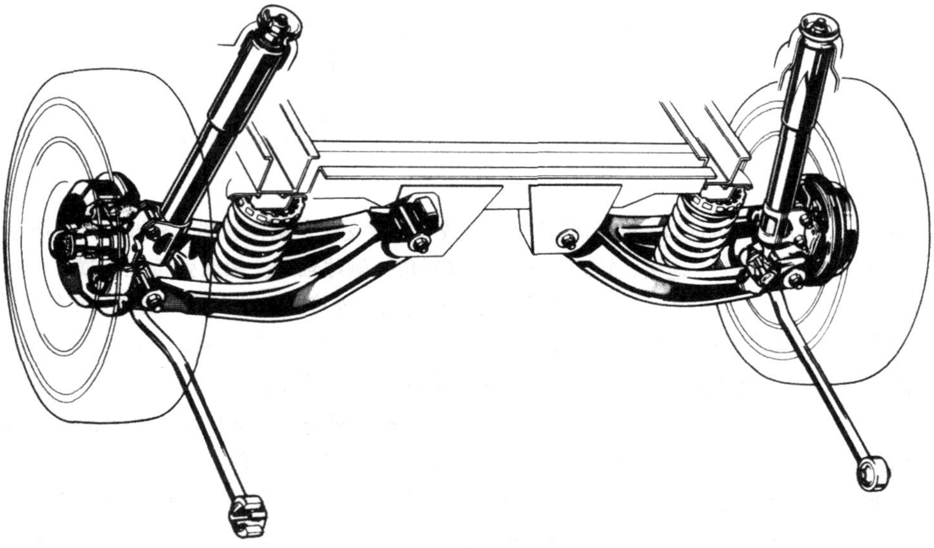

图6-69　图示为Ford Escort车型的后桥，减振器支柱和车轮托架通过两个螺栓联接。U形横摆臂的中间部分向下延伸，这样螺栓弹簧可以布置得较低，从而获得比较平整的行李箱底板；从图中可以看到纵梁，弹簧支撑在纵梁下。纵撑杆前面的橡胶支承吸收轮胎滚动冲击。

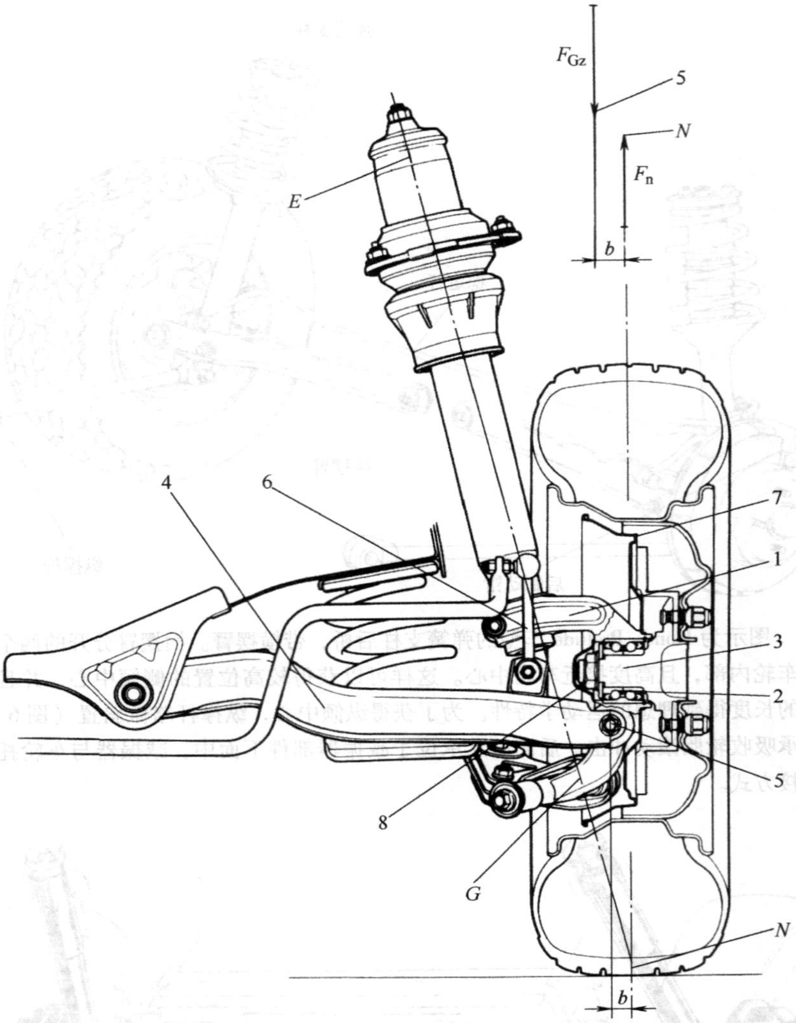

图 6-70　图示为 Honda Legend 车型后桥的“减小摩擦支柱”结构悬架。减振器支柱通过夹紧方式与车轮托架 1 连接；轴颈 3 上装有双列角接触球轴承。螺旋弹簧位于横摆臂 4 的中心位置附近，横摆臂通过橡胶支承 5 与车轮托架 1 连接。橡胶支承 5 延伸到车轮内；使得间距 b 可以保持较小的值。从图中可以看到力 F_n 和 F_{Gz}（作用在点 N 和 5）的作用间距很小，这个间距影响减振器支柱中的“摩擦”。滑动处的力 F_{Cy} 和 F_{Ky} 较小，同样“夹卡现象”也会较小（图 6-10）。制动力由点 E 和 G 承受，其延长线与地面相交于车轮接地点 N，这样 $r_b=0$（图 6-60）。力 F_b 可以不引起力矩（同样也不会导致后束），非常小的滚动阻力通过力臂 r_a 作用，几乎不产生反作用力。用于连接稳定杆和横摆臂的耦合杆 6 的球铰不会产生挠度；挡泥板 7 很靠近轮辐，用来保护制动盘并阻止污物进入车轮轴承 2。罩盖 8 在内侧起密封作用。

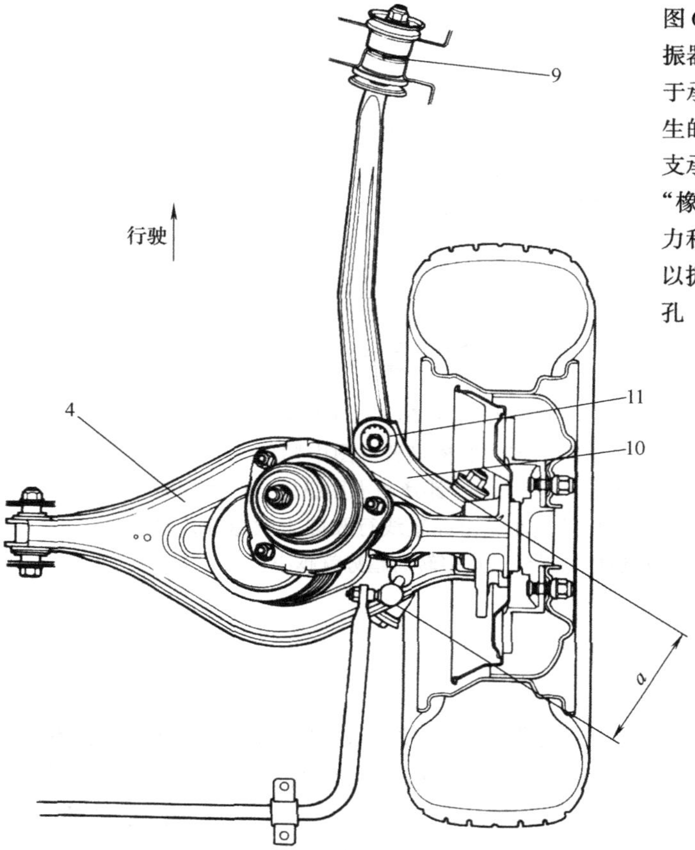

图6-71 图示为Honda Legend车型减振器支柱后桥的俯视图。横摆臂4仅用于承受侧向力，由侧向力和纵向力产生的力矩由纵臂（这里为锻件）的前支承9承受。与车轮托架1连接的两个“橡胶块”跨距为a，必须能承受轴向力和径向力。为便于装配，悬臂10可以拆卸；为便于调节，其孔为腰形长孔（位置11）。

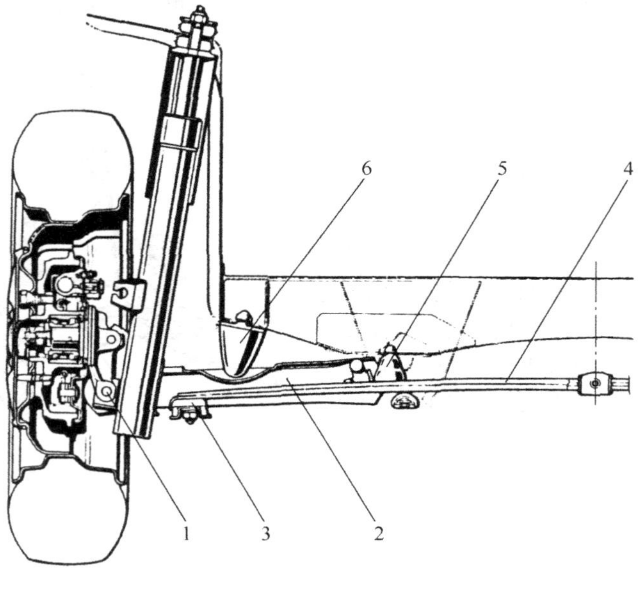

图6-72 Fiat Ritmo车型的后桥为横置板簧。减振器支柱和车轮托架通过螺栓联接，下面同时固定“法兰块”的内管，法兰块内管压在横摆臂2中。下面夹板用螺栓联接在摆臂上，板簧4通过橡胶垫3支撑在摆臂上。车身侧的支撑点5隔得比较开，以便获得较好的稳定效果。压缩止位块6和摆臂接触。车轮定位为：外倾角为－30′±20′，前束为2mm±2mm。

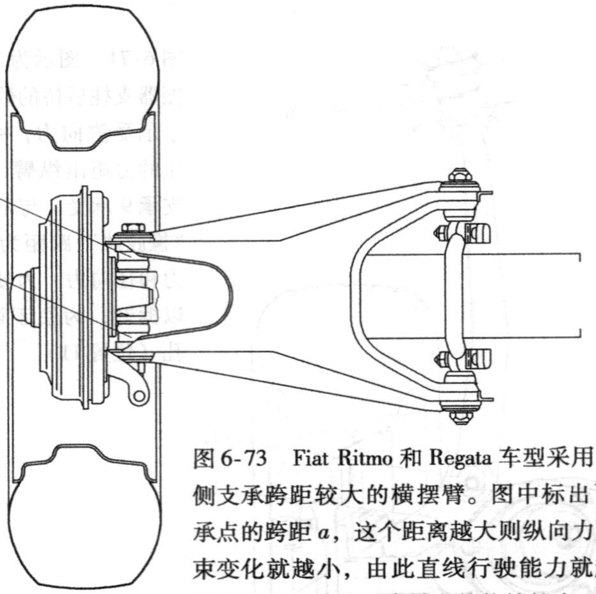

图 6-73　Fiat Ritmo 和 Regata 车型采用了在车身侧支承跨距较大的横摆臂。图中标出了外侧支承点的跨距 a，这个距离越大则纵向力产生的前束变化就越小，由此直线行驶能力就越好，弯道侧向力导致的过多转向趋势就越小。

6.9.4　驱动后桥

相对于经常使用的非驱动后桥，现今只有很少车型使用驱动后桥。Fiat 公司在 130 车型上从 1970 ~ 1977 年使用驱动后桥，并且仍然用于 Campagnola 车型上。具有越野性的多功能车 20 世纪 80 年代中期也使用了四轮驱动，后桥为弹簧支柱或者减振器支柱驱动桥。Audi 公司在 80/90 Quattro 车型上使用了和前桥相似的弹簧支柱，Lancia 公司在 Delta 4 × 4 Turbo 车型上开发了源于非驱动桥的驱动桥结构（图 6-74），Subaru 公司在 Justy 车型上使用了减振器支柱后桥（图 6-75）；减振器部件布置在车桥中心后面可以获得较好的导向性能。

图 6-74　图示为 Lancia Delta 4 × 4 Turbo 车型四轮驱动，后桥为弹簧支柱。其结构与非驱动桥的结构很相似。横撑杆的长度可以调节，从而获得所需要的外倾角和前束；其内侧铰链靠近车辆中心，支撑在差速器上，差速器通过三个橡胶支承固定在车身上。

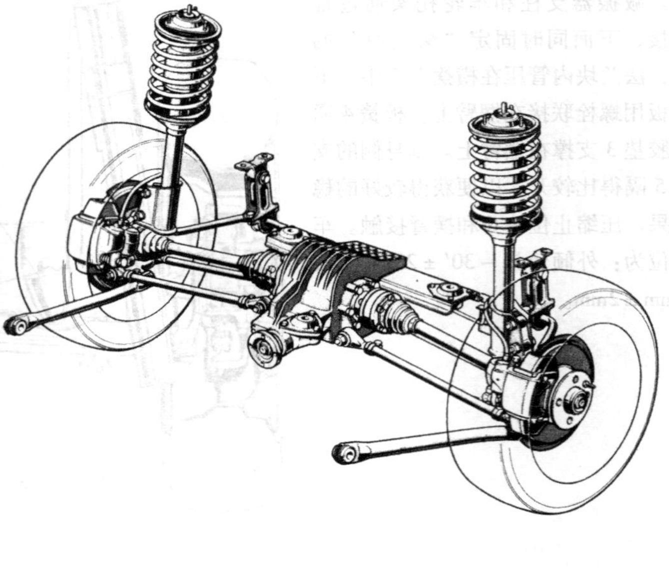

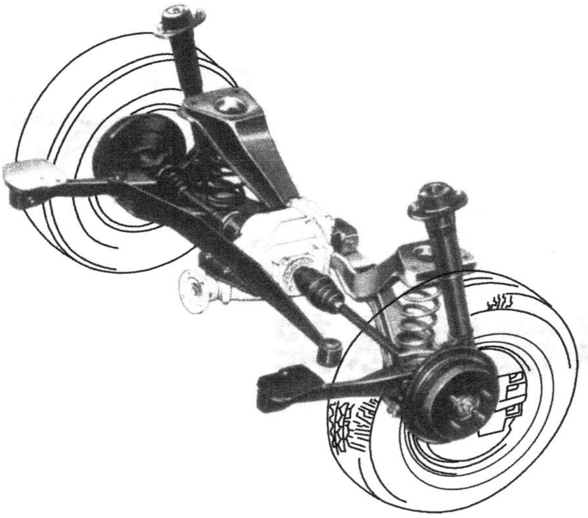

图 6-75 图示为四轮驱动车型 Subaru Justy 的后桥。为了使驱动轴通过并且获得较长的导向长度，减振器布置在车轮中心后面。斜置可以带来理想的纵倾中心。差速器在前面连接在一根很宽的横梁上，横梁两端带橡胶支承；差速器在后面支撑在第三个支承上。第三个支承位于一根横梁上，该横梁同时也支撑螺旋弹簧。

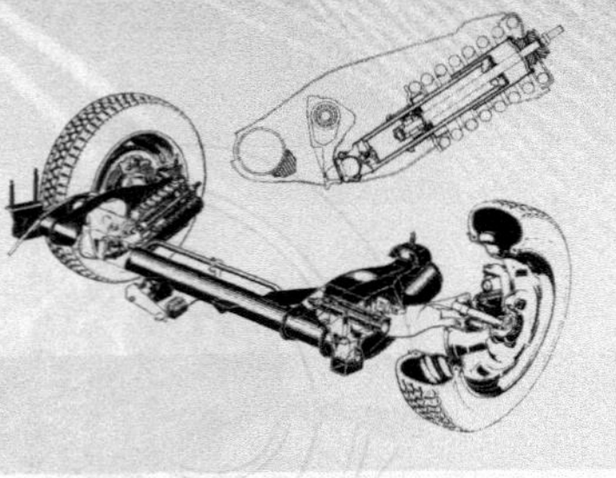

7 纵摆臂悬架

7.1 结构细节

这种悬架在车辆每侧都有一个纵摆臂，纵摆臂支撑在车架或者车身上，可以转动。摆臂必须承受所有方向的力，也就是要承受很大的弯矩和扭矩。这就要求在垂直力和侧向力作用下外倾角和前束不允许改变，抗弯抗扭的框形结构（图 2-35）或者铸件可以满足这种要求。另外，两个支承（图 7-1 中的位置 4 以及图 2-36 中的位置 3 和 4）应尽可能分开，且径向刚度要较大。

纵摆臂悬架相对简单，常用在前轮驱动的后桥中。其优点是车身底板平坦，油箱以及备胎可以布置在摆臂之间。如果转动轴平行于地面，那么车轮跳动时不会引起轮距、外倾角和前束的变化，只是轴距产生轻微变化。通过摆臂长度的变化可以影响悬架刚度的非线性（图 7-2），也就是可以获得车辆在装载时理想的振动频率。摆臂转动点 O 同时也是纵倾中心，即制动时车身后部在这个位置向下拉（图 5-58）。

其缺点是侧倾中心位于地面，过低；此外，与其他独立悬架（图 4-10 和图 4-11）相比，在弯道行驶中车身侧倾严重。车轮上跳时摆臂上的垂直力增加，车轮下跳时垂直力减小，摆臂承受不同的扭矩；摆臂扭曲，引起外倾角变化，导致轮胎的侧向导向能力下降。侧倾外倾角系数的平均值为

$$\Delta\gamma_e/\Delta\varphi \approx 1.05$$

另外，侧向力 F_s 使得弯道外侧车轮进一步向正的外倾角变化，内侧车轮向负的外倾角变化，即

$\Delta\gamma_s \approx 22'$　（每 $F_s = 1\text{kN}$）（图 7-3）

并且还会产生后束（图 6-67）。

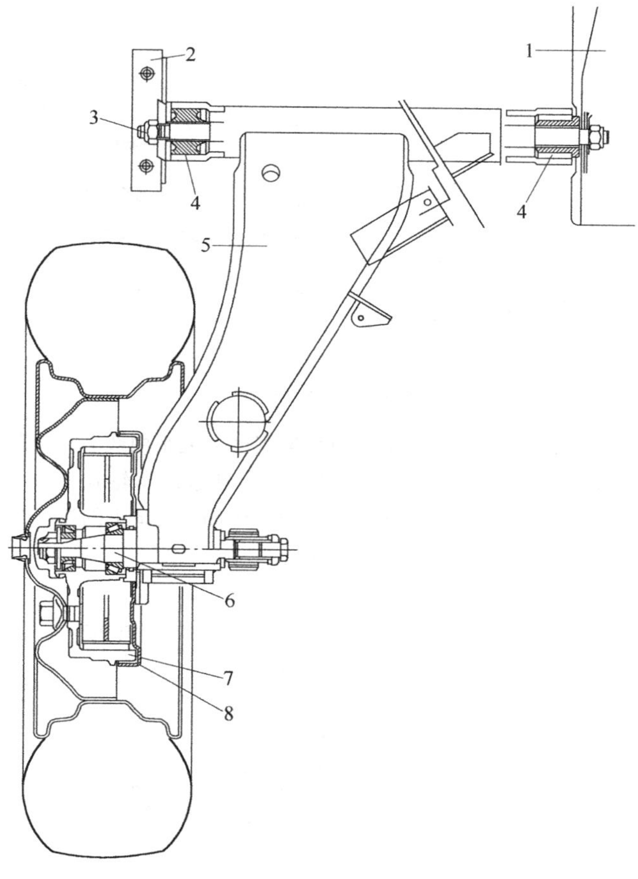

图 7-1 图示为 Citroen Visa 和 LNA 车型的后桥俯视图，其支承位置 4 间的距离很大。这里橡胶件的结构比较特殊；内部在侧面和法兰相连，外部支撑在塑料块上。螺栓 3 用来固定零件 1 和 2。轴颈 6 压在摆臂 5 中，内侧连接弹簧减振器，外侧为双列圆锥滚子轴承，制动鼓支撑在轴承上，从图中还可以看到制动器底板 8。

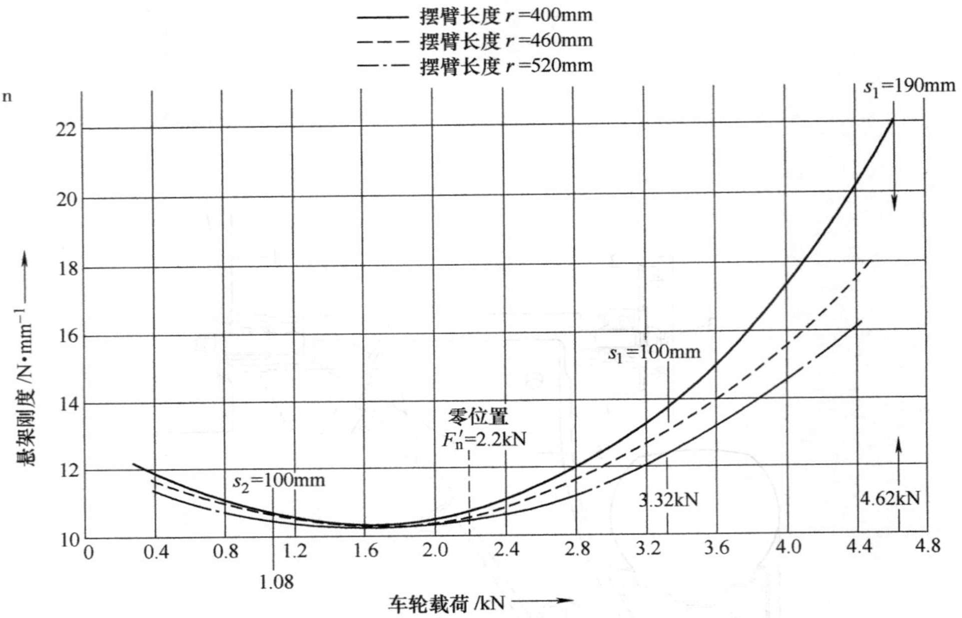

图 7-2　图示为不同摆臂长度的车轮载荷与悬架刚度的关系曲线。车轮跳动量 ±100mm 以及长度为 400mm 的摆臂的零位置已标注在图中，相应的车轮载荷为 1. 08kN、2. 2kN 和 3. 32kN；为了呈现趋势，图中曲线进行到 $s_1=190\text{mm}$。测试中的扭杆为圆柱形，长度为 1196mm（从两个镦头算起），直径为 22. 6mm。

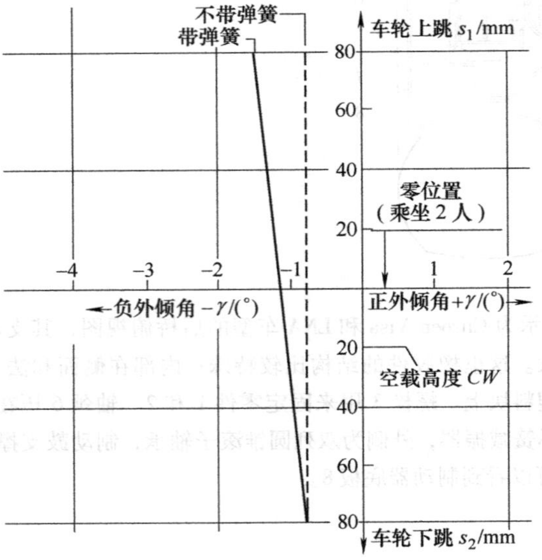

图 7-3　图示为 Peugeot 104 车型后桥上测量的弹性外倾角变化。以乘坐 2 人（每人体重为 68kg）的状态为基点，车轮跳动量为 ±100mm时，在装有弹簧时变化值 $\Delta\gamma=\pm15'$。如果不安装弹簧，则外倾角为恒定值。车辆空载出厂参数为：$\gamma_0=-1°\pm30'$。

7.2 带螺旋弹簧的后桥

图 7-4 所示为 Citroen Visa 和 LNA 车型的后桥，同样也应用在 Peugeot 104 车型中，其摆臂为双片焊接而成。偏向车轮中心的弹簧减振器固定在向内延伸的轴颈上（位置 10）。减振器中心和车轮中心分离会产生一个力矩，该力矩必须由两个支承 4 来承受（图 4-7）；两个支承 4 的间距较大，其位置在车轮中心平面，可以使得 4 的橡胶件承受的载荷在一定范围内不致过大，从而可以隔离路面行驶噪声。中间支架 1 和两边的部件 2 用来固定到车身上。

图 7-4 图示为 Citroen Visa 和 LNA（同 Peugeot 104）车型的后桥，纵摆臂为框形结构，支承的间距也很大，压缩止位块 9 也位于摆臂上。

减振器上的螺旋弹簧在侧面限制了行李箱的空间大小（图 1-10），为了克服这个缺点，在所有前轮驱动的 Talbot 车型上均将弹簧布置在车轮中心前面并下移（图 7-5）。这样虽然摆臂的橡胶支承会承受附加的载荷（图 4-23），但是行李箱的空间大小会好很多。Mitsubishi 公司在 Colt 车型上进一步发展，把纵摆臂焊接在横管上，横管相套，可以转动，相互支撑。这样在力的作用下几乎不会产生外倾角和前束变化（图 7-6）。另外的一个优点是，车桥和车身间只有两个转动点（位置 1），这与复合式后桥相同，短的稳定杆 3 可以很简单地固定在左右套管接口处。

弹簧和减振器不一定必须布置在摆臂和翼子板内板之间，它们也可以“躺在”车架中，车架固定在车身的纵梁上。这样可以获得较宽且平坦的行李箱。Peugeot 公司在 1980 年推向市场的 305 Break 车型上使用了这种结构（图 7-7），Citroen 公司在 1959 年开发的 2CV 车型

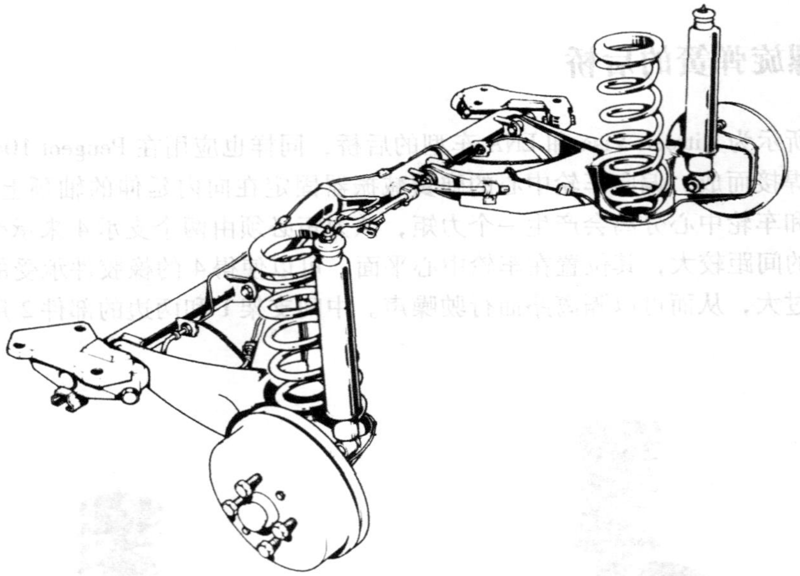

图 7-5　图示为前轮驱动车型 Talbot 的后桥，螺栓弹簧向前布置并且位置较低，稳定杆固定在纵摆臂上。横管（副车架的一种形式）和车身的连接采用了隔声措施。

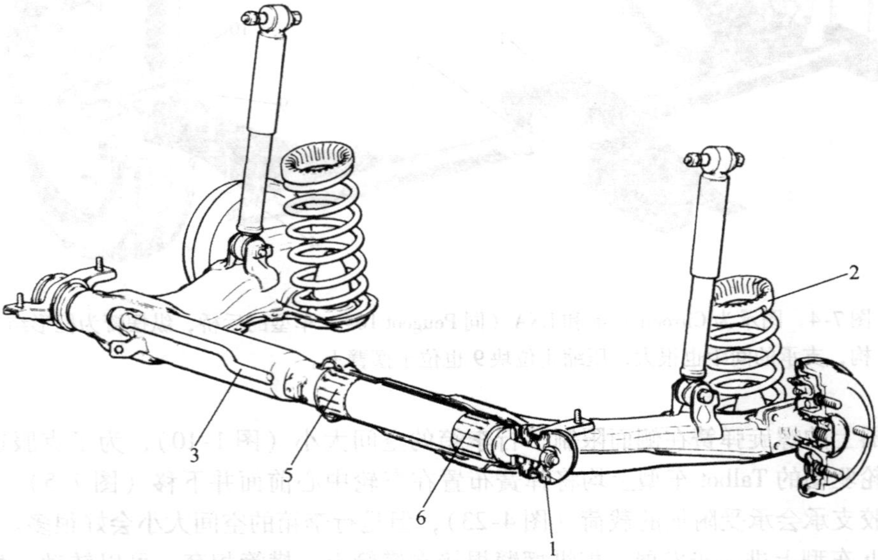

图 7-6　图示为 Mitsubishi 公司 Colt 车型的后桥，弹簧布置在车轮中心，位置较低，弹簧通过橡胶圈 2 支撑在车身下。压缩止位块位于弹簧内，减振器靠前布置。右边的横管较长并逐渐变细，这样可以支撑在永久润滑的滑动支承 5 上以及左侧支撑在 6 上。具有扭转弹性的橡胶管承担横管间的密封作用（在位置 5 附近），支承 1 阻止侧向移动。

上采用了类似结构（图7-8）。前面和后面的纵摆臂在这里支撑在横管上，横管和纵梁焊接。所有的四个摆臂都有向下凸出的臂杆，臂杆通过拉伸杆和弹簧托盘连接。拉伸杆穿过布置在空管中的弹簧中心，并使弹簧承受压力（图7-9）。在车辆两侧，由前面和后面拉伸杆产生的力的方向相反，它们相互抵消，固定在车身底板的外壳仅承受较小的应力。拉伸杆的长度可以调节，即可以通过它来调节车身高度。

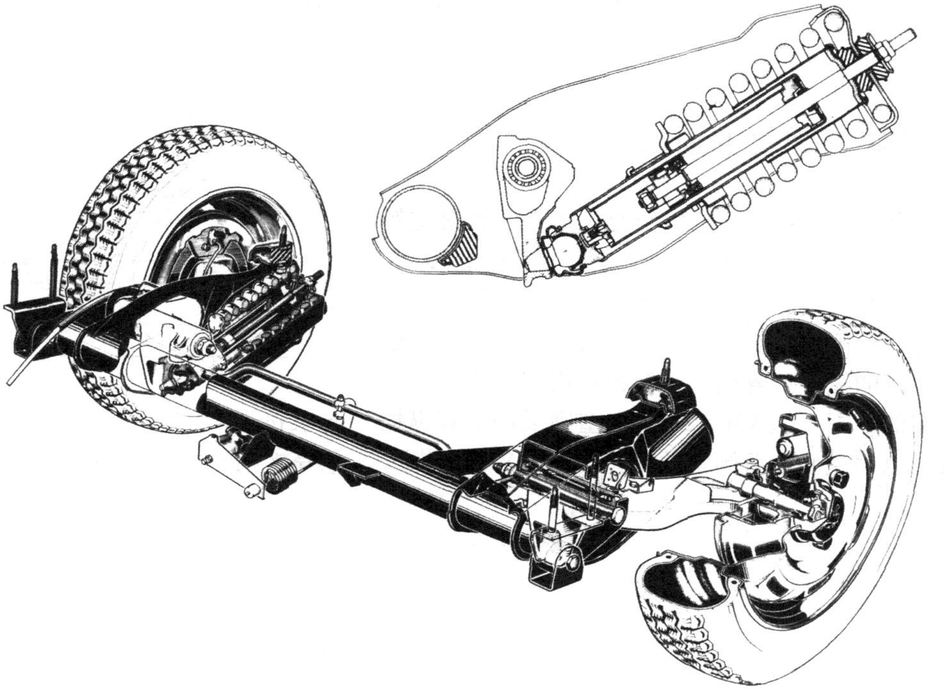

图7-7　图示为Peugeot 305 Break车型的后桥。为了在这种客货两用车型上获得较宽的装载宽度，弹簧减振器斜置，其高度接近车轮中心，并通过球铰与纵摆臂相连。向下凸出的连接臂杆相对较短，由于承受的力较大，因此采用两个圆锥滚子轴承。下弹簧托盘支撑在与减振器外管固定的挡圈中，上面支撑在减振器的销轴式铰链内。

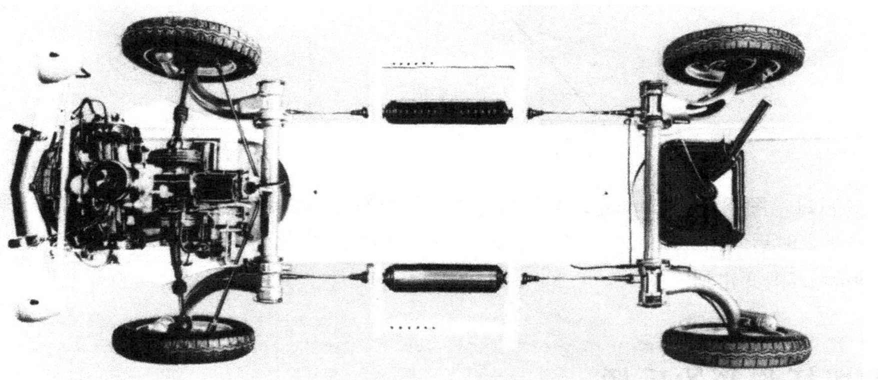

图7-8　Citroen小车型的前后桥均为纵摆臂悬架，前后桥通过拉伸杆与中间的螺旋弹簧连接。这种悬架形式可以明显节省安装空间。

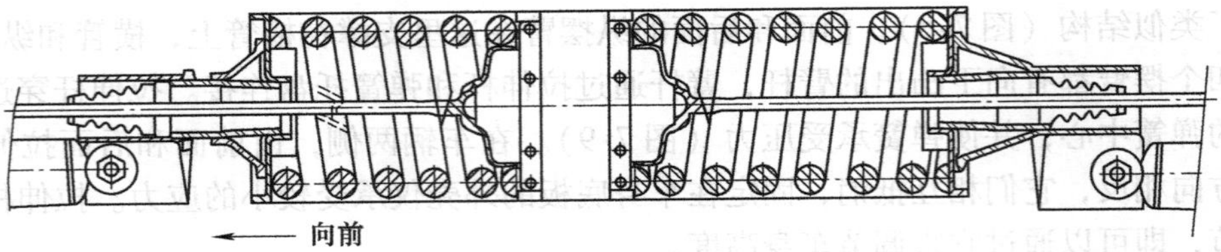

图 7-9　Citroen 2CV 车型的前后弹簧在一个套管中，力几乎可以抵消。可以看到在外面有吊耳用来连接减振器。

7.3　带螺旋弹簧的前桥

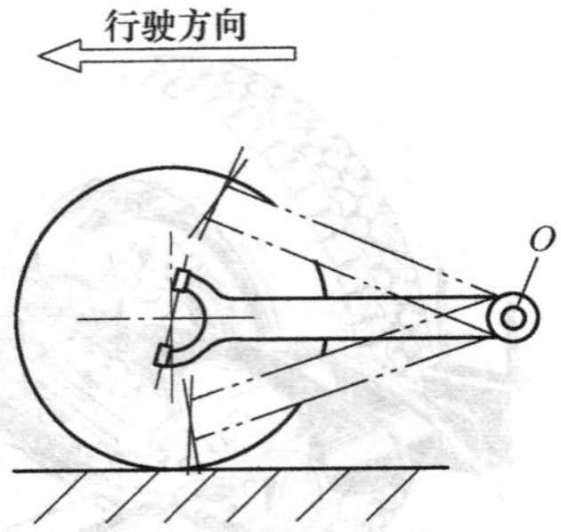

图 7-10　简单的纵摆臂作为前桥悬架会导致主销后倾角变化较大。

纵摆臂悬架用在前桥的缺点是，车轮上跳时主销后倾角会变大，车轮下跳时主销后倾角会变小（图 7-10和图 7-11）。这会引起转向力的变化，车轮上跳的弯道外侧车轮的回正力矩增大。此缺点即为这种简单经济的纵摆臂悬架作为前桥仅用于速度不高的轻型轿车的原因。但 VW 1200L 车型则采用了双纵摆臂悬架，以避免主销后倾角的变化（参见第9.3 节）。

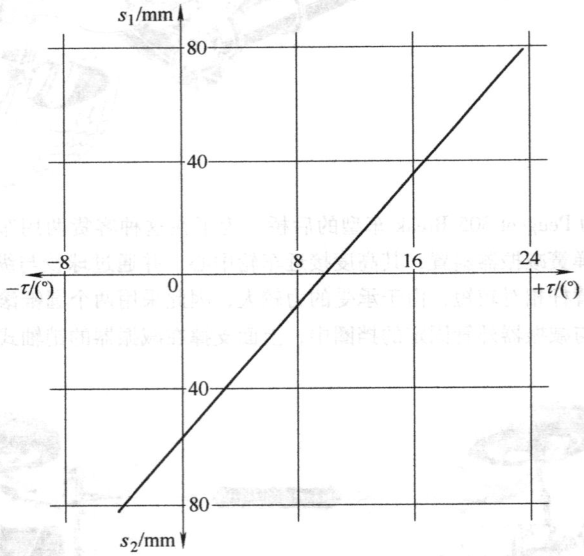

图 7-11　图示为在 Citroen 2CV 车型上测量的车轮跳动引起的主销后倾角变化量。乘坐 2 人时后倾角为 +9°50′；车轮上跳 80mm，后倾角变化到 +23°30′，如果车轮下跳 80mm，则变化到前倾 4°。

7.4　带扭杆弹簧的后桥

采用横置的扭杆作为弹性系统仅需要很小的安装空间；另外左右两边的弹簧力力矩方向

相同，与车身底板的连接很容易实现。图7-12所示为Renault 9和11车型的后桥，该后桥采用了短扭杆，扭杆在车辆中间与导管2和3连接。部件2、3和4共同承受扭矩，并且横置套管的扭转刚度也是弹簧刚度的一部分。在外端纵摆臂铸件与套管焊接，套管相互嵌套并相互支撑在具有扭转刚度的支承5和6上。支承跨距足够长，可以抑制外倾角和前束在力的作用下产生变化。

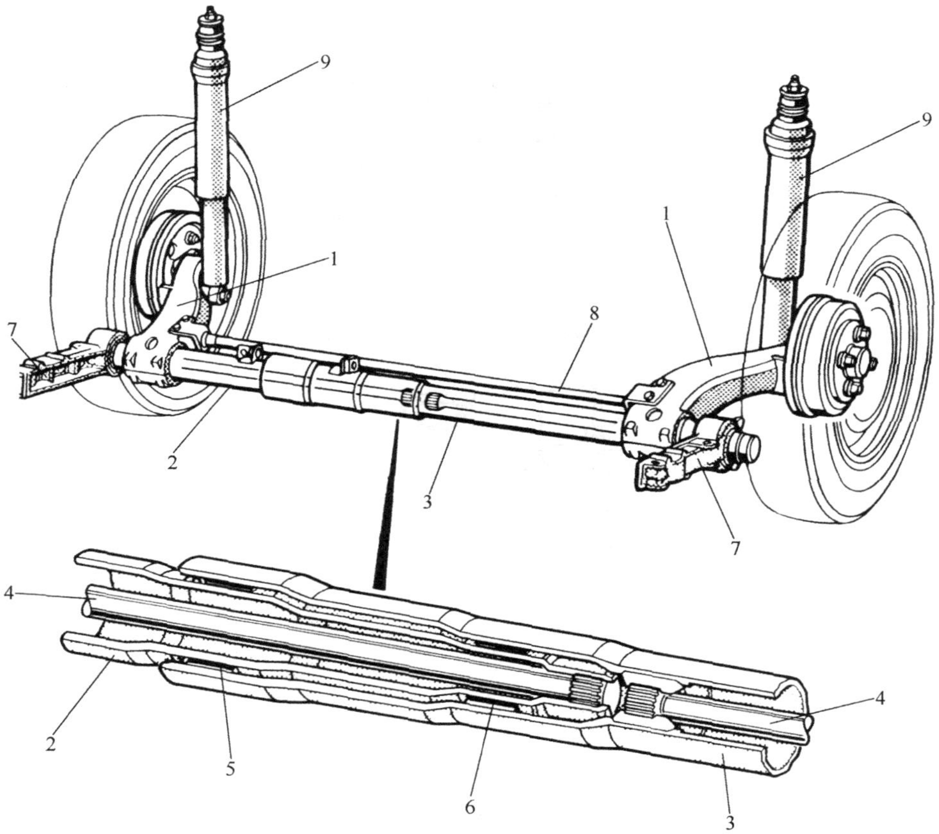

图7-12 图示为Renault 9和11车型的后桥，扭杆较短，稳定杆采用螺栓联接；这种车桥仅安装在使用1.4L和1.6L发动机的车上。

承载臂7用来固定整个组件，导管2和3不仅可以转动地支撑在承载臂中，而且两个扭杆4的外端也固定在其中（图7-13）；两个承载臂承受垂直力并把弹力力矩传到车身。稳定杆8借助两个U形夹板与两个纵摆臂螺栓联接，另外连接套管2和3的橡胶支承5和6也起着稳定杆的作用（图7-12）。为了实现更好的布置结构，减振器9向前移，压缩和拉伸止位块在减振器中。图3-45所阐述的传递比$i_D=1.24$，即意味着活塞杆速度较小、力较大。

为了得到较软的弹性系统和较大的弹簧行程，需要较长的扭杆，但会导致很难布置。在较早的Renault 4和5Le Car车型上弹簧刚度较低（$C_h=10.5\text{N/mm}$），总行程$s_g=287\text{mm}$。Renault公司把扭杆前后相邻布置，但左右轴距不同（图7-14～图7-16），这是很简单的布置方案，在行驶方面也不存在缺点。为了能够调节车身高度，扭杆端部为偏心结构，可以参见图7-14的右上方视图。

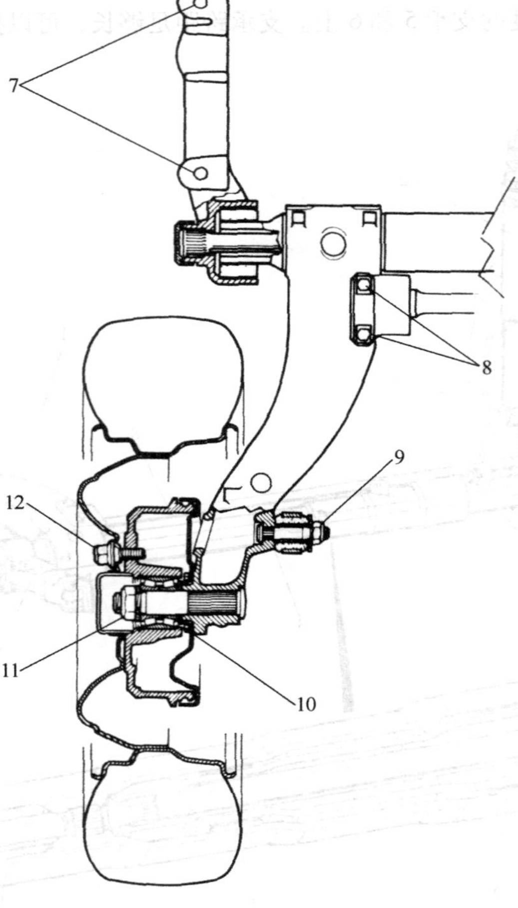

图7-13　在Renault 9和11车型的后桥上，扭杆外侧通过花键与承载臂7固定，同时横管也支撑在承载臂中。螺栓10用来固定制动器底板；和制动鼓形成一体的轮毂通过双列圆锥滚子轴承支撑在被压入的轴颈11上。车轮螺栓拧紧时的力矩为80N·m。

与Renault公司不同的是，PSA集团保留较长的延伸到车辆另外一侧的扭杆。Talbot公司在City-Laster车型上考虑到布置方式以及侧倾中心的高度，采取扭杆交叉布置的方式。Peugeot公司在1983年推向市场的205车型上把左纵摆臂7的扭杆15布置在横管3的前面（图7-17和图7-18），右边的则在后面。横管3中的扭杆（位置17）用作稳定杆，稳定杆两端借助支承18固定在两个摆臂上。Citroen AX车型的后桥也与之相同。

减振器19（图7-19）连接摆臂上向下凸出的杠臂（位置20），这样减振器不至于靠近行李箱侧面。车轮下跳产生压缩阻尼，车轮上跳产生拉伸阻尼，即减振器的工作过程反向进行。Peugeot 205车型的后桥仅高215mm，结构非常紧凑，安装空间较小，预装好后在4个位置从下面固定在车身底板上。

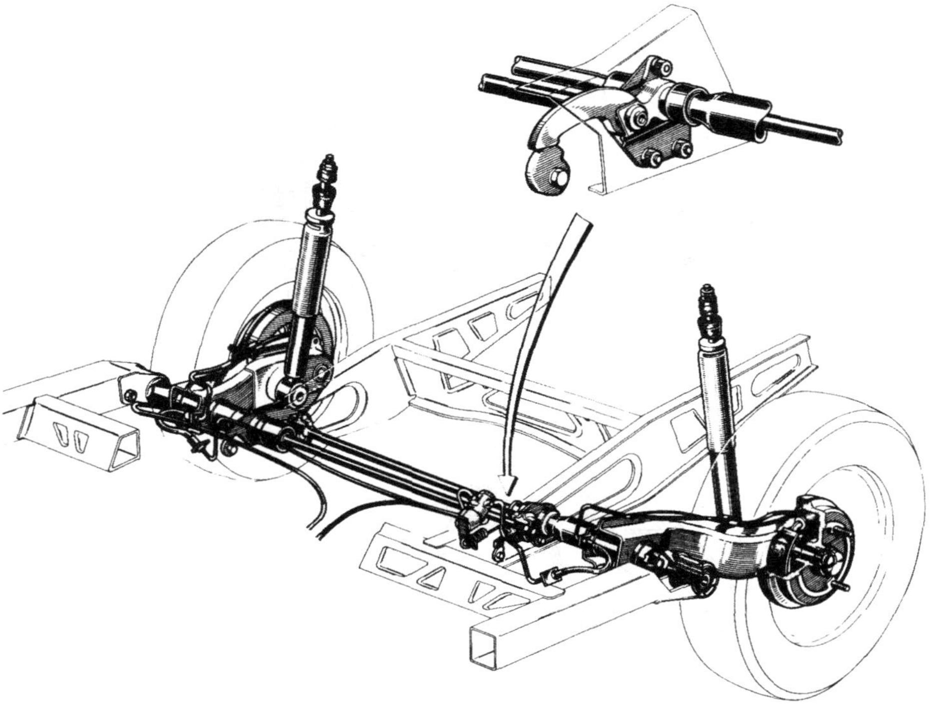

图 7-14　图示为 Renault 5 Le Car 车型的后桥，纵摆臂为框形结构，减振器布置在摆臂内侧，减振器也支承副簧和压缩止位块。上方的视图为用来调节车身高度的扭杆偏心装置；箭头表明安装部位，其附近为感载减压阀。每轮弹簧刚度为 $C_h = 13N/mm$。

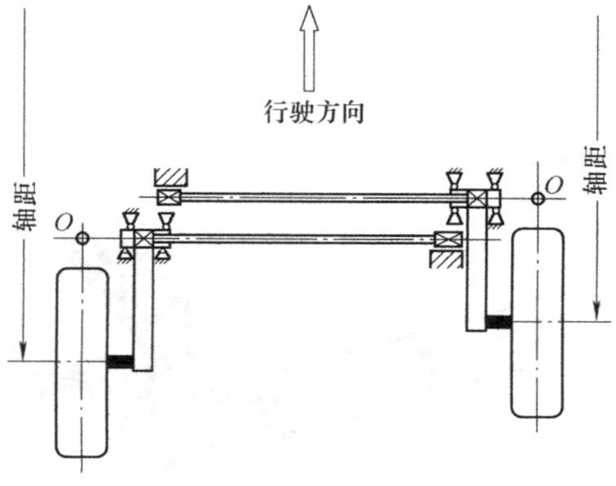

图 7-15　摆臂转动轴和车轮中心平面相交于纵倾中心 O，制动时车辆尾部在这些点下沉。在 Renault 4 和 5 Le Car 车型的后桥安装两根偏开的圆柱状扭杆，左边的轴距比右边大。

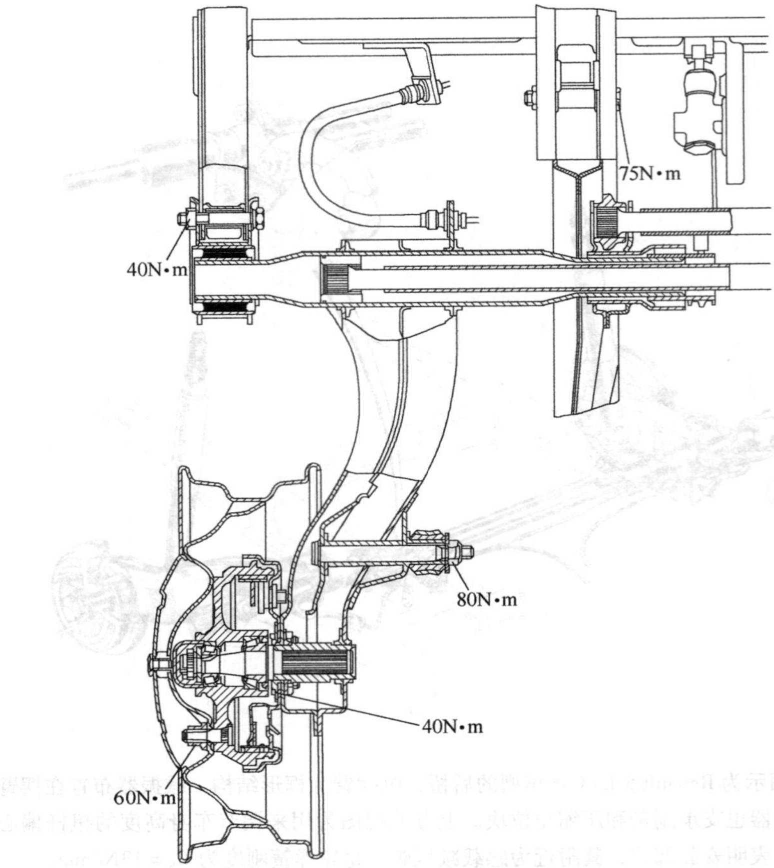

图7-16　图示为Renault 5 Le Car车型纵摆臂后桥剖视图，橡胶支承分得很开，且较软。图中可以看到分开的用花键联接的扭杆、减振器的固定形式以及支撑在被压入的轴颈上的圆锥滚子轴承。轮毂和制动鼓形成一体，图中标出了螺栓拧紧力矩。

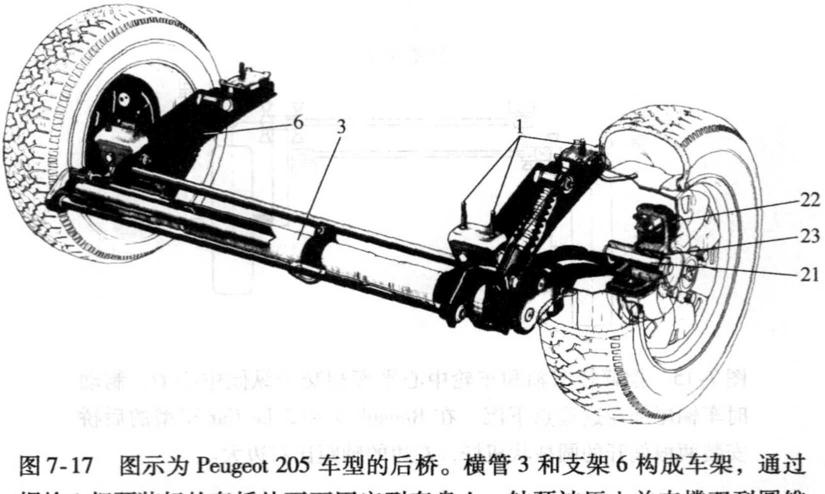

图7-17　图示为Peugeot 205车型的后桥。横管3和支架6构成车架，通过螺栓1把预装好的车桥从下面固定到车身上。轴颈被压入并支撑双列圆锥滚子轴承23，制动鼓22的轮毂支撑在车轮轴承上。

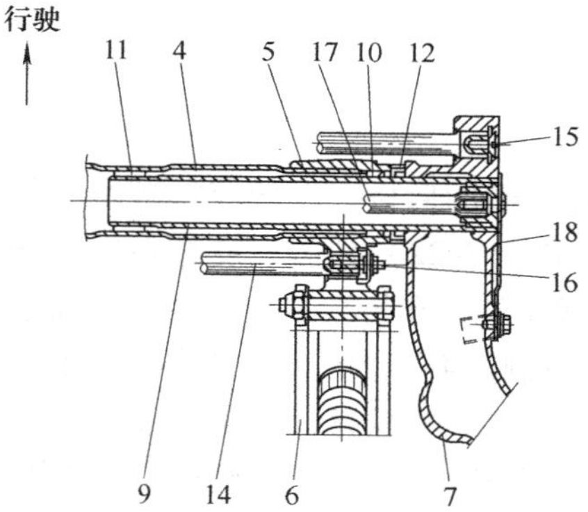

图 7-18　图示为 Peugeot 205 车型后桥右半部分。纵摆臂 7 固定在导管 9 上，导管在位置 10 和 11 处支撑在承载管 4 内（图 7-17 中的位置 3）；密封圈 12 防止污物进入滚针轴承 10。承担弹性元件的扭杆 15 位于摆臂转动点前面（从行驶方向看），要另外承受弯矩。右侧车轮的弹性元件扭杆 14 则在摆臂转动点之后，扭杆通过螺栓 16 与承载管 5 固定在一起。稳定杆为扭杆 17，位于两摆臂中心。

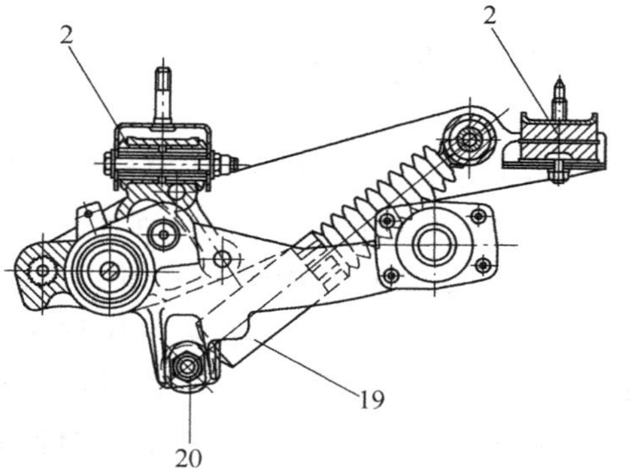

图 7-19　Peugeot 205 车型的橡胶支承 2 用于隔离噪声和避免轮胎滚动冲击传到车身上，通过图 7-17 中的螺栓 1 支撑固定在车身底板上。减振器 19 斜置，减振器的中心线和纵摆臂转动点（即固定点 20）的连线相垂直。

和 Renault 公司一样，Fiat 公司在轻型货车 242 车型中也将扭杆前后相邻布置，扭杆在车辆中间通过扇形齿轮相连（图 7-20）。左右车轮同向跳动时扭杆相对转动，扇形齿轮相对转动；车轮反向跳动（即在弯道行驶）时扇形齿轮锁止，扭杆仅有一半长度产生作用。这使得弹簧刚度几乎增加一倍，可以省去稳定杆，既简单又经济。

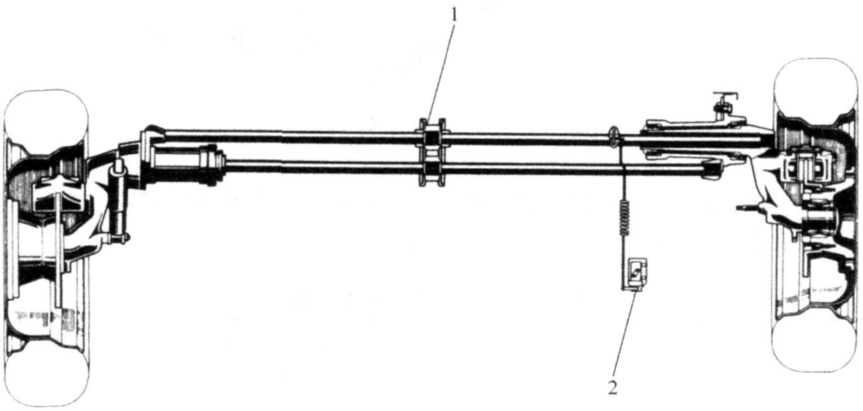

图 7-20　图示为 Fiat 公司的轻型货车 242 的后桥，扭杆弹簧前后布置，扭杆在中心位置 1 处耦合，由于这个原因，减压阀 2 只好偏置在侧面。

7.5 带气液弹簧的后桥

Citroen 公司 30 多年来在中高级轿车上使用带气液弹簧的后桥，以便获得较宽的行李箱（图 1-9）。为了减小安装空间，弹性元件 4（图 7-21 和图 7-22）斜置，支撑在向下开口的 U 形纵梁 5 上，纵梁和横梁 11 焊接。部件 5 和 11 构成车架，车桥预装在车架上。通过螺栓 1 和 2 固定到车身底板；连接处的橡胶支承用来隔离路面噪声和轮胎滚动冲击。纵摆臂 8 的材料为球墨铸铁，弹性元件 4 的挺杆和纵摆臂上向下凸出的悬臂 10 通过球铰连接。如图 5-37所述，由于车轮到弹性元件的传递比（$i_F \approx 3$）不利，会导致摆臂支承处的力过大，为此 Citroen 公司采用了外密封的圆锥滚子轴承（图 7-23）；自锁螺母可以调整游隙。稳定杆 15 的直径为 16.5mm 或 17mm，在弹簧刚度较软的车型上用来减小车身侧倾。车轮同向跳动时，每侧车轮的弹簧刚度见表 7-1。

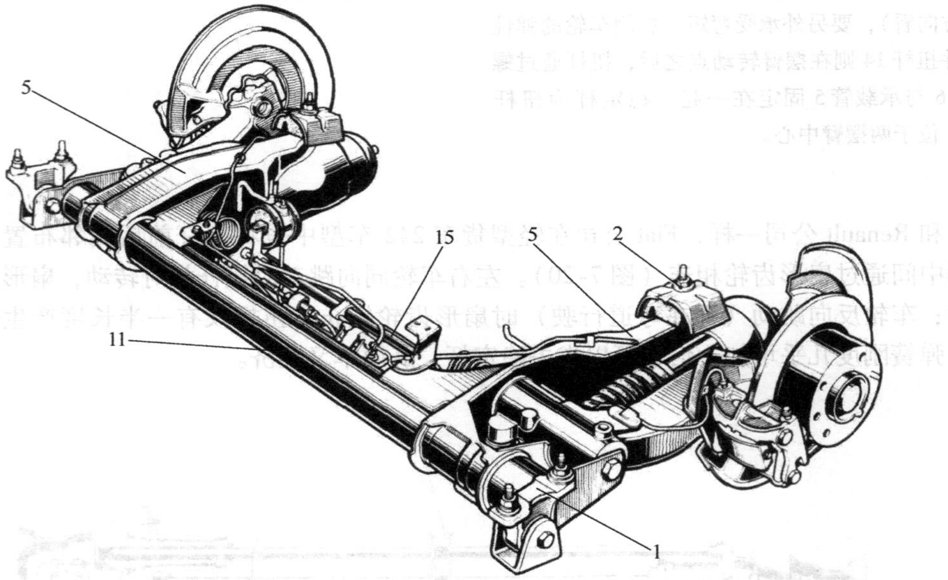

图 7-21 Citroen BX 车型的后桥特别平坦。横管 11 和焊接在上面的两根纵摆臂构成车架，车架通过橡胶支承 1 和 2 连接到车身底板。图中看不出稳定杆的固定方式。

表 7-1 车轮同向跳动时的弹簧刚度

发动机类型	承载状态	弹簧刚度/N·mm^{-1}	振动频率/min^{-1}
汽油发动机	空载车辆	3.4	37
	装载车辆	9.7	48
柴油发动机	空载车辆	3.6	36
	装载车辆	10.0	48

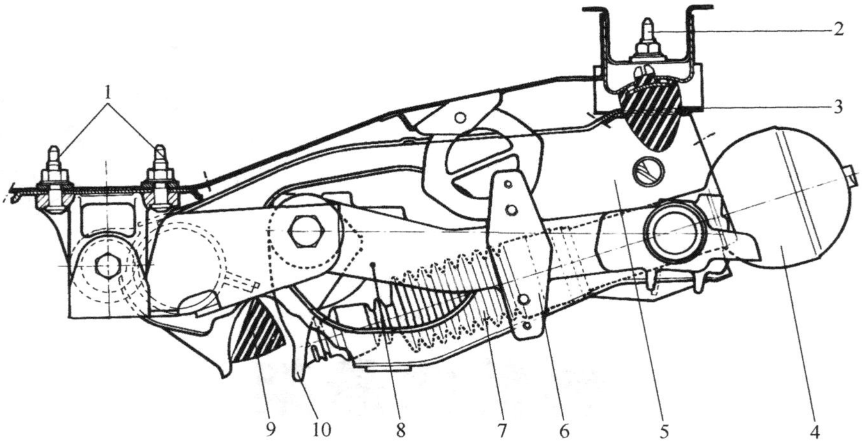

图 7-22 图示为 Citroen BX 车型的后桥。在侧视图中可以看到纵摆臂 8（带盘式制动钳的固定件 6）、压缩止位块 3 以及拉伸止位块 9。波纹管 7 保护弹性元件的挺杆。

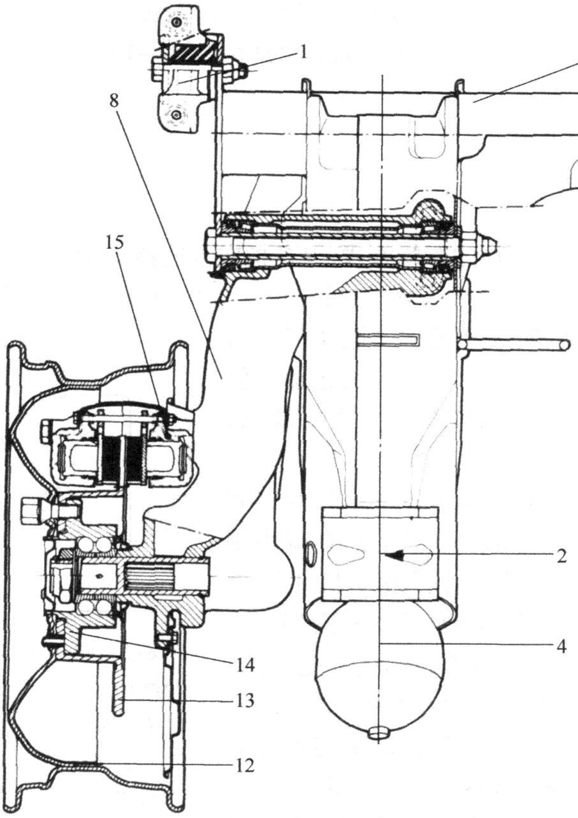

图 7-23 图示为 Citroen BX 车型的后桥。俯视图中可以看到前面的连接点 1 的橡胶支承的半剖图以及横管 11。U 形纵梁 5 用来支撑弹性元件 4，焊接在横管上。双列角接触球轴承为“第二代”车轮轴承，支撑车轮 12 和制动盘 13；制动钳 15 固定在纵摆臂上。圆锥滚子轴承承担摆臂的导向功能（参见图 2-61）。

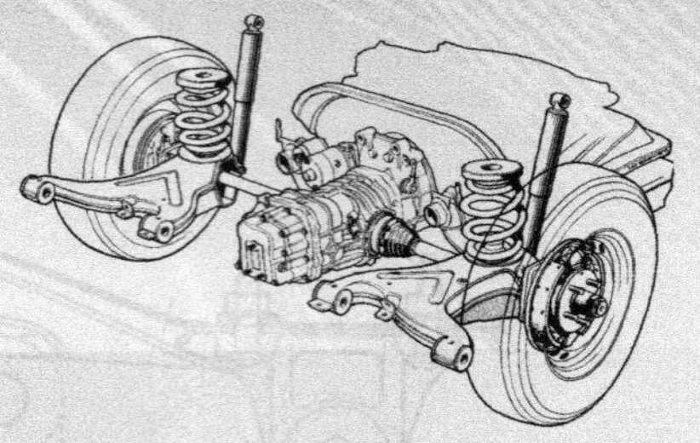

8

斜臂式悬架

斜臂式悬架是纵摆臂悬架和双铰链摆动式悬架的一个很好的综合体，它综合了两者的技术优点，同时把它们的缺点控制在可以接受的范围内。斜臂式悬架的两种不同结构形式仅用于后桥，一种结构是在经济性方面具有优势的简单结构，另一种结构则是具有良好的运动学特性（由此产生良好的行驶性能）。

8.1 简单结构

图 8-1 所示为摆臂转动轴 *EG* 的布置方式，*EG* 指向差速器外端的驱动轴万向节 *C*，其优点是（如同摆动式悬架，见第 9.1 节）每侧只需要一个内万向节就足够了。斜摆臂很容易就可以支承螺旋弹簧（图 8-2），车轮上下跳动时，由于斜摆臂的转动轴斜置会导致车轮产生空间运动。但是这种结构还有双铰链摆动式悬架的两个主要缺点，即侧倾中心太高，轮距变化太大。

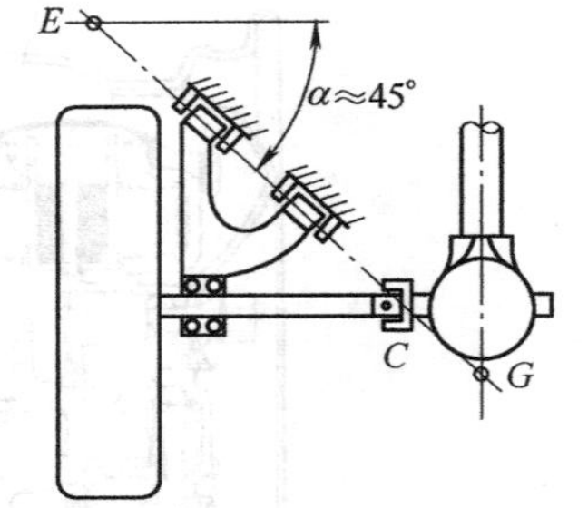

图 8-1　图示为经济性较好的斜摆臂结构形式，在俯视图中摆臂转动轴 *EG* 指向驱动轴内万向节 *C*。其缺点是后掠角 α 较大，导致侧倾中心较高以及外倾角和前束变化较大。

在急剧弯道中，外侧车轮“竖起”程度较轻，并且纵倾中心（图 9-5 所示 VW Kaefer 车型）会减小制动下沉。Fiat 和 Seat 公司在轻型后置发动机轮胎为 12in[⊖]和 13in（即小车轮）的车辆上使用这种悬架，为了保证发动机和差速器的油底壳具有足够的离地间隙，驱动轴的内万向节必须布置在车轮中心上面。如图 9-6 的右图所示，驱动轴的位置斜置，与驱动轴相垂直的车轮的外倾角为正值。有分析表明，这样有利于在弯道中外侧车轮的“竖立”。Fiat 较早车型在乘坐 2 人时测量得到的外倾角为 +1° ~ +2°。

⊖　1in = 25.4mm。

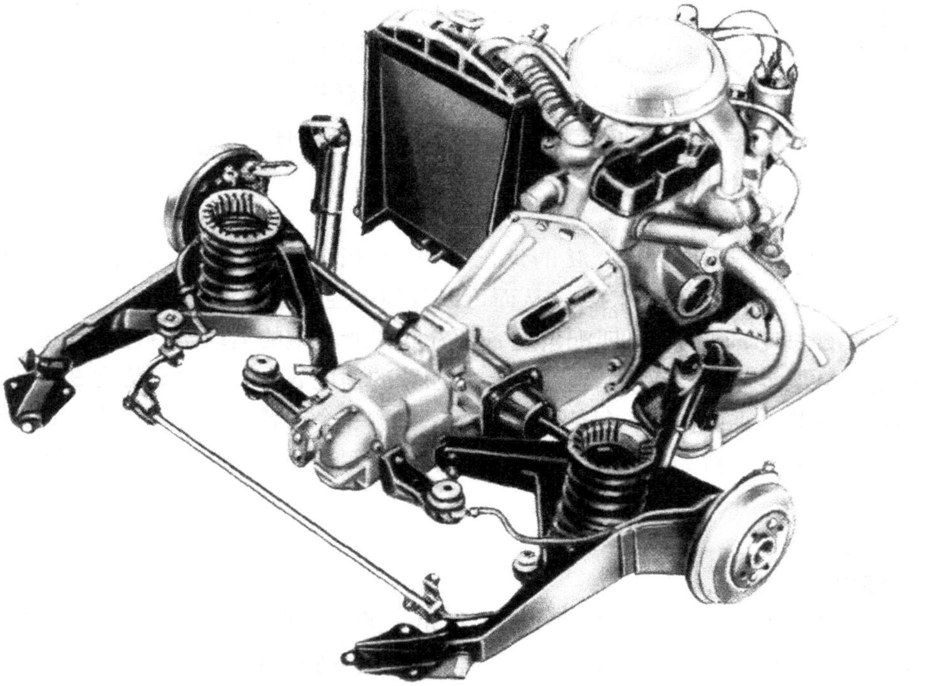

图 8-2 图示为 Fiat 126 后置发动机车型的斜臂式后桥，这种悬架也曾用于 Fiat 133 和 Seat 850 车型。螺栓弹簧约位于摆臂中心。减振器布置得靠后，比较有利。图中还可以看到稳定杆。

8.2 运动学关联

出于经济性因素的考虑，前文所述的结构一般后掠角 $\alpha\approx45°$（图 8-1）；从行驶性能方面考虑则应为 $\alpha=10°\sim25°$，另外在后视图中还有轻微倾斜形成坡度角 β（图 8-3）。摆臂转动轴仍在空间位置倾斜，但是不再通过差速器两侧的驱动轴内万向节。车轮和差速器之间会产生角运动以及距离变化，需要每侧两个铰链且能进行长度补偿。图 2-112 和图 2-114 所示为应用在驱动轴内万向节上的等速可移动万向节。

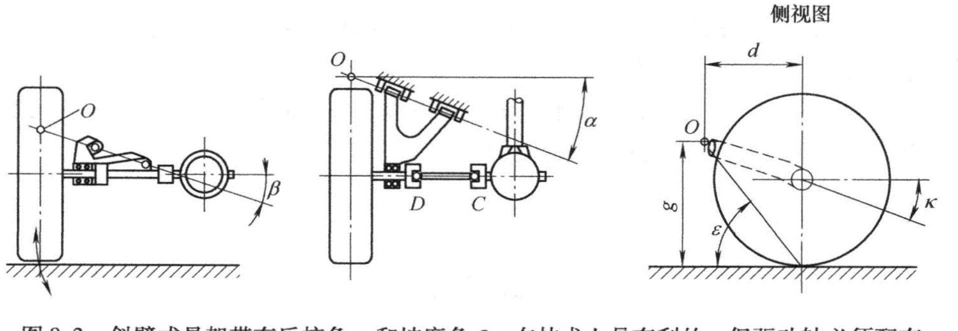

图 8-3 斜臂式悬架带有后掠角 α 和坡度角 β，在技术上是有利的，但驱动轴必须配有两个铰链 C 和 D，另外还要有长度补偿。图中标出的纵倾中心 O 为摆臂转动轴与车轮中心面的交点。为了获得至车桥中心的间距 d 以及高度 g，必须在俯视图和后视图中把连线 EG 向外延伸。ε 为抗制动纵倾角；κ 为抗起动纵倾角，同时也为弹簧倾斜角。

如果不存在坡度角β，那么车轮上下跳动时，延长至瞬心P_1的车轮轴M的运动轨迹为锥面，锥面的中心线为转动轴EG；如图8-5所示，锥面的顶角为2α。在下面的后视图中可以看出，有坡度角β时，车辆在正常位置车轮轴M的延长线和线段EGP_2不再存在交点。延长线在空间相互分离，M的运动轨迹在一个双曲面上。只有当车辆加载到一定程度，车轮负的外倾角$-\gamma$和$+\beta$相同，即在中性位置满足条件

$$\beta+\gamma=0 \tag{8-1}$$

瞬心P_1和P_2位于相同高度，M的延长线和EG相交于一点。如果坡度角为$-\beta$，则情况相反，即下跳车轮的外倾角为$+\gamma$，从而可以得到中性位置。

一定的摆臂长度r可以通过匹配角度α和β获得所希望的运动学特性。在这方面斜臂式悬架和双横臂悬架类似。在双横臂悬架中，上摆臂的角度α、下摆臂的角度β以及两摆臂的长度和相互位置起着重要作用。每侧两个摆臂比每侧一个摆臂更容易达到良好的弹性运动学特性，这也是在驱动后桥中双横臂悬架开始替代斜臂式悬架的原因（参见第1.6节和第5.3.4节）。

运动学特性如下：

1. 侧倾中心

侧倾中心W可以通过增大俯视图中的后掠角α的方式来抬高（图8-5），但是又可以通过β来降低。短的摆臂长度r会限制弹簧行程，但产生高的侧倾中心；长的摆臂长度会使瞬心P偏离车轮，结果是侧倾中心较低，轮距变化较小（图8-3）。在前桥匹配中可以通过斜摆臂获得几乎所有需要的侧倾中心高度。为了更加直观地反映相互间的联系，Daimler-Benz公司在200D/280E（W123）车型的后桥上通过下面公式计算侧倾中心高度，即

$$h_w=\frac{b}{2}\frac{p}{f+d} \tag{8-2}$$

空载状态的尺寸为：轮距$b_h=1440\text{mm}$，摆臂长度$r=524\text{mm}$，轮胎175 R 14 88H的轮胎动态半径$r_{dyn}=308\text{mm}$，$e=495\text{mm}$，$f=140\text{mm}$，$k=338\text{mm}$。

图8-4所示为结果。其中出厂数据角度为：$\alpha=23°30'$、$\beta=+40'$。

侧倾中心高度为176mm。此处没有考虑实际中存在的弹性（图8-10）。

2. 轮距变化

轮距变化曲线的弯曲形状由NP_2的长度以及角度ν确定（图8-5）。NP_2的长度首先取决于后掠角α，角度ν则取决于α和β。为了简化，在计算变化值Δb时可以应用侧倾中心高度h_W与半轮距（$0.5b$）的比值。

当车轮上跳时高度h_W变小，当车轮下跳时则变大；h_W在改变，角度ν也一同变化。因此只能考虑小的位移，在计算变化值Δb时有

$$\tan\nu\approx\frac{h_W}{0.5b} \tag{8-3}$$

$$\Delta b\approx\frac{\Delta s h_W}{0.5b} \tag{8-4}$$

根据前文给出的Daimler-Benz车型的后桥参数，可以计算出$\alpha=10°$、$15°$和$25°$时的轮距变化曲线。图8-6所示为结果，图8-7所示为$\beta=4°$时对$\alpha=25°$的曲线的影响。如果β值为正（图8-5），那么轮距变化减小；当β值为负时，轮距变化略有增大。

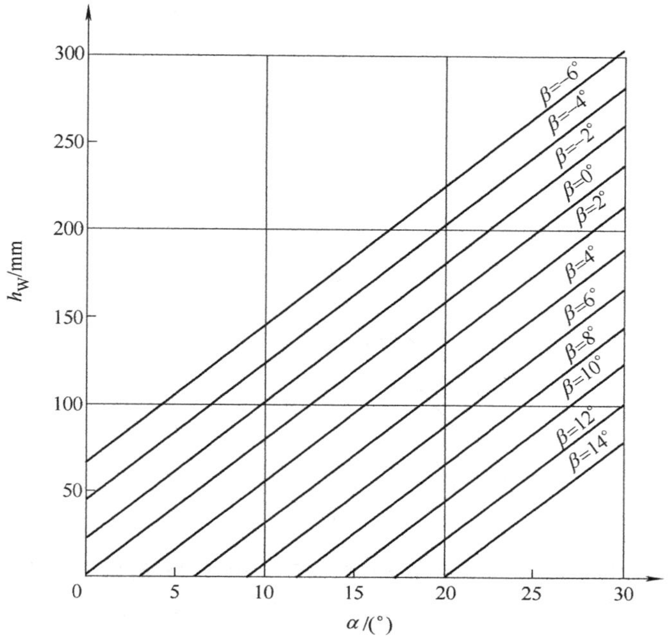

图 8-4　图示为 Daimler- Benz 公司不同车型采用不同后桥角度（α 和 β）计算得到的侧倾中心高度。车辆为空载，并且不考虑实际存在的弹性。

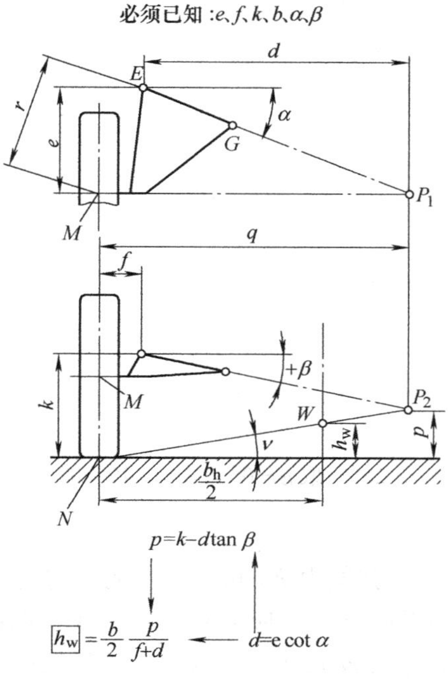

图 8-5　瞬心 P 和侧倾中心 W 的位置由摆臂的长度 r 以及角度 α 和 β 来确定；列出的公式用来计算在车辆中心处 h_W 的高度。在加载后，点 E 和 G 向下移动，点 P 和 W 也向下移动；瞬时的轮距变化为围绕点 P_2 的弧线。

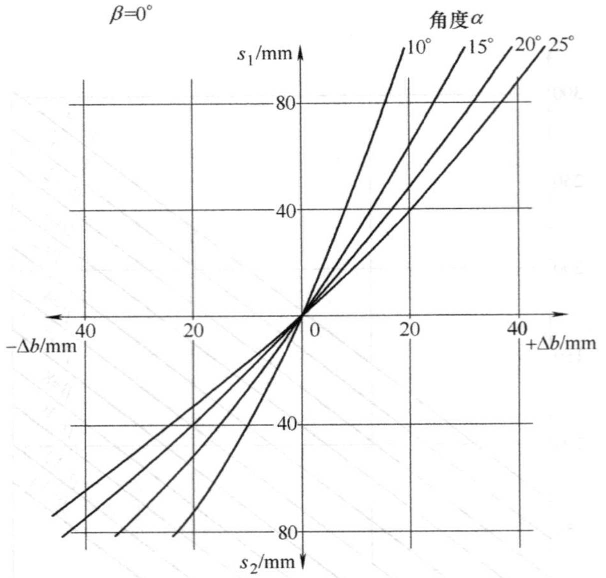

图 8-6　图示为角度分别为 $\alpha=10°$、$15°$、$20°$、$25°$时两个车轮的轮距变化量。其中 $r=524\text{mm}$，$r_{\text{dyn}}=308\text{mm}$，$\beta=0°$，没有考虑弹性。$x$ 轴也是空载状态。

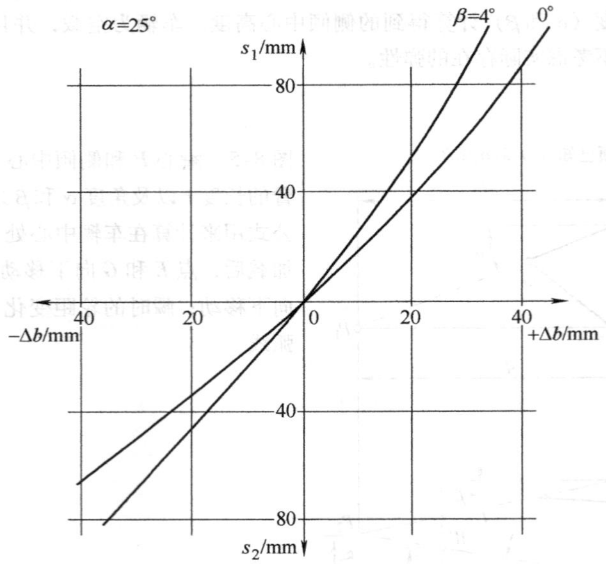

图 8-7　如图 8-6 所示的轮距变化，但当 $\alpha=25°$时取 $\beta=0°$和 $\beta=+4°$，即可看出角度 β 对曲线的影响。

Daimler-Benz 公司把弹簧布置在摆臂中心附近；弹簧力 F_F 和车轮接地点的垂直力 F'_n形成力偶（图 8-8）。作用距离 j 越大，则在 G 点的橡胶支承的应力越大。这样（如同双横臂悬架，图 5-12）曲线将轻微偏转，这就意味着轮距会较大并且侧倾中心位置较高（与没有弹簧的计算值相比而言，图 8-10）。

3. 纵倾中心

减小角度 α 同增大角度 β 一样，会影响抗制动纵倾；这两种变化可以产生图 8-3 所示的有利的纵倾中心 O 的位置，这样在制动过程中车身后部会强烈下沉。抗制动纵倾角 ε 较大，O 点位于车轮中心上面；另外还形成抗起动纵倾角 κ，同时也是弹簧倾斜角。κ 的变化程度要强烈得多；当踩下加速踏板时（或者加载）车身下沉，O 点偏移到车轮中心下面，车身将再次下沉。

抗制动纵倾的优势只有在制动系统布置在外面（即车轮内），才可以体现出来。这也是没有轿车在斜臂式悬架中把制动系统布置在里面（即差速器上）的原因。

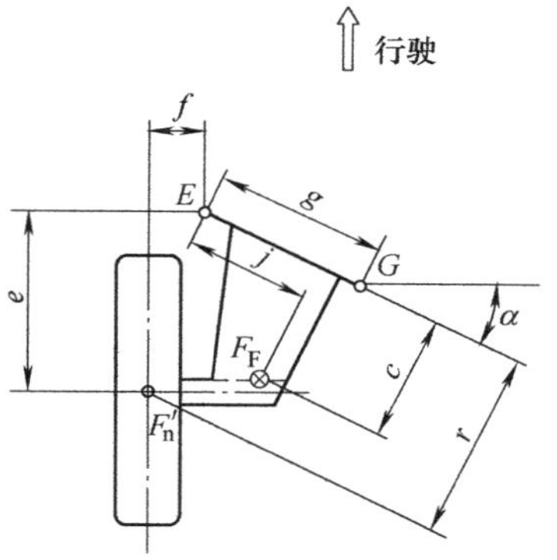

图 8-8 图示为斜臂式悬架的俯视图及尺寸。F_n' 为垂直力 F_n 减去车桥一侧的自重（$F_n' = F_n - 0.5m_u g$）；根据比值 $i_F = r/c$，弹簧力可表示为 $F_F = F_n' i_F$，弹簧本身的刚度为 $C_F = c_h i_F^2$；i_F 越大，在点 E 和 G 处的橡胶支承所受的应力越大。减振器和稳定杆的传递比在图 8-16 中标出。

4. 外倾角变化

后掠角 α 越大，影响外倾角变化的瞬心间距 q 就会越小，车轮上下跳动（s_1 和 s_2，图 8-9）引起的 $\Delta\gamma$ 将变大。

坡度角 β 实际上对长度 q 不产生影响，因此曲线几乎是直线。只需要确定一个点，就可以得到车轮跳动量（例如 $s_1 = 50\text{mm}$）与角度变化的关系，即

$$\sin\Delta\gamma = s_1/q \text{ 或 } \sin\Delta\gamma = s_2/q \tag{8-5}$$

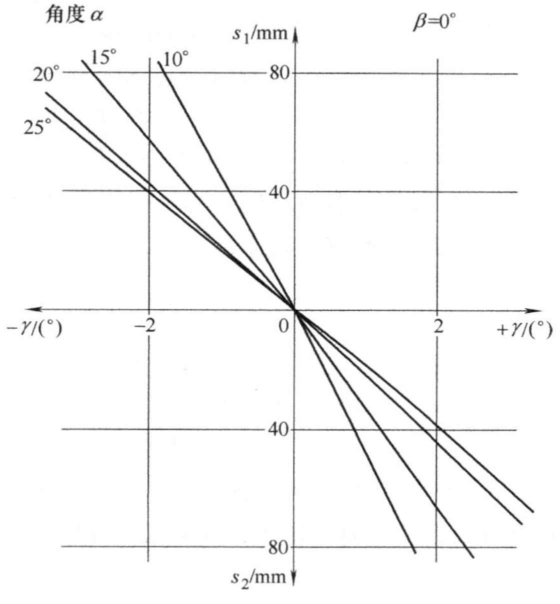

图 8-9 图示为参考图 8-6 中的数据且不考虑弹性，计算出外倾角 γ 随车轮跳动量的变化关系。角度 α 越大，瞬心 P 就越靠近车轮，车轮上跳时越趋向于负的外倾角；角度 β 在这里几乎不产生影响。横坐标 x 轴为空载状态。

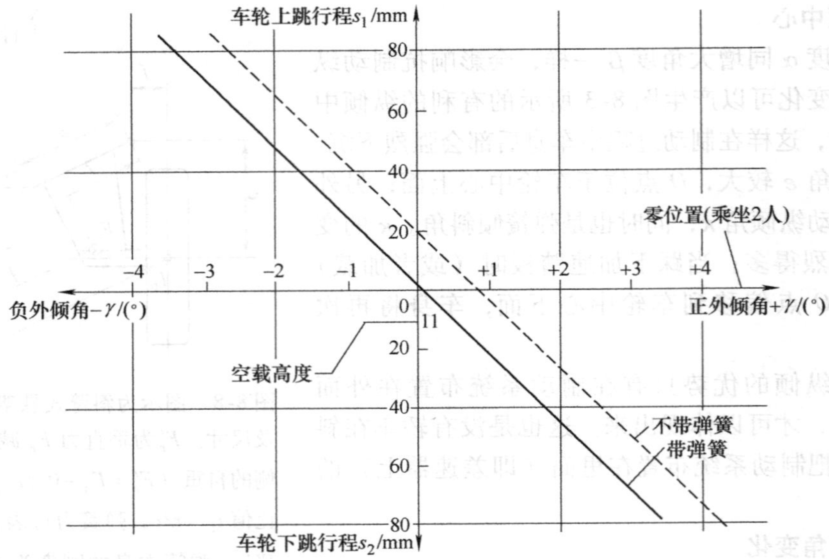

图 8-10　图示为在 Mercedes 230E（W123）车型上测量的外倾角变化。不装弹簧时，外倾角向正的外倾角方向变化，轮距相应变小。图中还画出 Opel Omega 车型的测量数据，它的变化量相对较小。

长度 q 可以通过图 8-5 中的公式来确定。另外对于 $\Delta\gamma$，还必须知道空载时的外倾角 γ_0 或者设计位置的外倾角。对于一定的车轮跳动量（例如 $s_1=50$mm），实际的外倾角为

$$\gamma_1=\gamma_0+\Delta\gamma$$

通过在 $s_1=50$mm 时的 γ_1 和 γ_0（在 x 轴上），可以很方便地确定一条直线。

但是摆臂支承的弹性对于 γ_0 值是有影响的。对 Daimler-Benz 车型后桥的试验表明，拆除弹簧会使得外倾角在整个范围内增大约 45′（图 8-10，也可以参看图 5-12）；图 8-8 中的由 F_{r}' 和 F_{F} 形成的力偶就不再存在了。如果车轮上跳时外倾角变化过大，并且在轻微装载时就已经是负的外倾角，那么会导致在满载时车轮呈现十分不利的姿态。由于车轮上跳行程不同，外倾角为 −3° ~ −4°30′，如果速度很高，夏天时可能气压还较低，则轮胎很容易剥落从而酿成车祸。因此在车轮上跳 100mm 时，$\Delta\gamma$ 的最大允许值为 3°，且在空载状态下，外倾角 $\gamma_0\approx-30'$。

5. 前束变化

如果只有后掠角 α，不论车轮上跳还是下跳，前束变化都很微小；如果存在正的坡度角 $+\beta$，则曲线向左延伸（图 8-11），这样车轮上跳时车轮趋向后束，下跳时趋向前束。这样的曲线表明车辆为侧倾过多转向（图 3-26），不利于车辆的快速换道行驶；如果坡度角为 $-\beta$，则车辆表现为不足转向。图 8-11 所示的曲线都具有相同曲率，该曲线趋近于以 ρ 为半径的圆弧。如果摆臂长度 r 较长且后掠角 α 较小，则可以获得较大的 ρ 值，比较有利。该半径的近似计算公式为

$$\rho\approx r^2/\sin2\alpha \tag{8-6}$$

摆臂处于中性位置时前束变化最小；如果忽略弹性，那么曲线的切线为垂直线。如果结构中有坡度角 β，则必须根据外倾角（如当 $\beta=+40'$时，$\gamma=-40'$）确定车轮跳动量，在此

跳动量下 $\beta+\gamma=0$。如图 8-10 所示，车轮上跳外倾角为 $-\gamma$，在 Daimler-Benz 车型的后桥中 $s_1=15\text{mm}$（装弹簧）；车轮下跳 s_2，外倾角为正值。通过这种方法确定的数值 s_1 可通过圆规画在 x 轴下方，以 ρ 为半径画圆弧，这样可以获得前束变化的近似曲线（图 8-11）。需要注意的是 x 轴和 y 轴的比例。

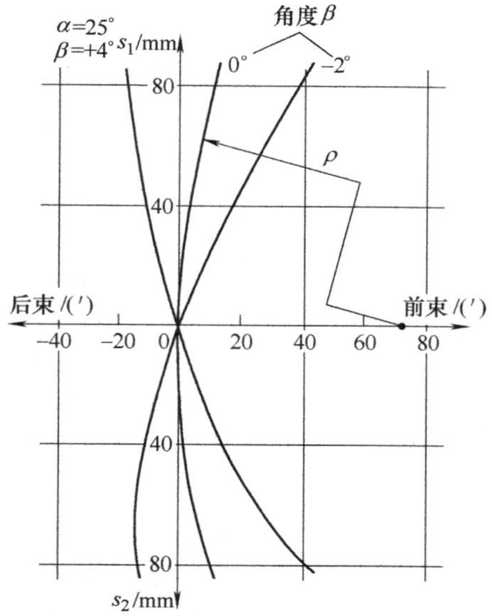

图 8-11　图示为后掠角 $\alpha=25°$，坡度角 $\beta=-2°$、0°和 4°时单轮的前束变化；小的角度 α 产生的影响较小，曲线仅轻微弯曲。角度 $\beta=+4°$时车轮上跳后车轮前束趋向负值，不利于运动学特性；负的坡度角则使车桥向侧倾不足转向趋势发展。x 轴上 60′相当于 6.5mm。

点 E 和 G 处的橡胶支承的弹性对前束变化产生影响。对 Daimler-Benz 公司生产的 230E(W123) 车型的测量结果表明，在不装弹簧上表现出来的不利的前束变化通过安装弹簧而消失（图 8-12），这种不利的前束变化由于支承的弹性而消除，从曲线上看不出有何运动学固有转向特性。摆臂这样布置会更有利一些，向上跳动的弯道外侧车轮向前束趋势变化，向下跳动的弯道内侧车轮向后束变化（图 8-13 和图 1-24）。这样获得的侧倾不足转向可以削弱弹性引起的侧向力过多转向（参见第 1.6.2 节和图 8-28）。

6. 车身高度调节的影响

车身高度调节的优点是可以保证相对地面相同的高度位置（不依赖于装载量），不论是车身还是车灯；缺点是增加乘坐人员后车辆的重心提高，装载量变化但运动学特性不改变。如图 8-6 所示，车轮上跳时轮距增大，即在加载时如果没有车身高度调节，那么支承间距会宽一些。此外，后面的车轮不再向负的外倾角变化（图 8-10），轮胎只能承担较小的侧向力，不可避免地会减少不足转向趋势。

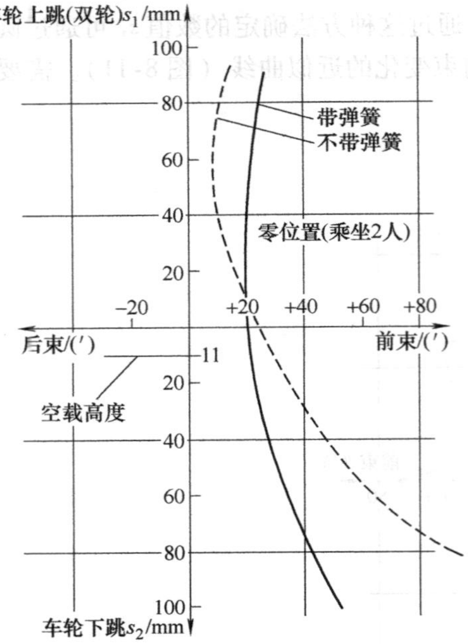

图 8-12　图示为在 Daimler-Benz 230（W123）车型上测量的两轮前束变化。

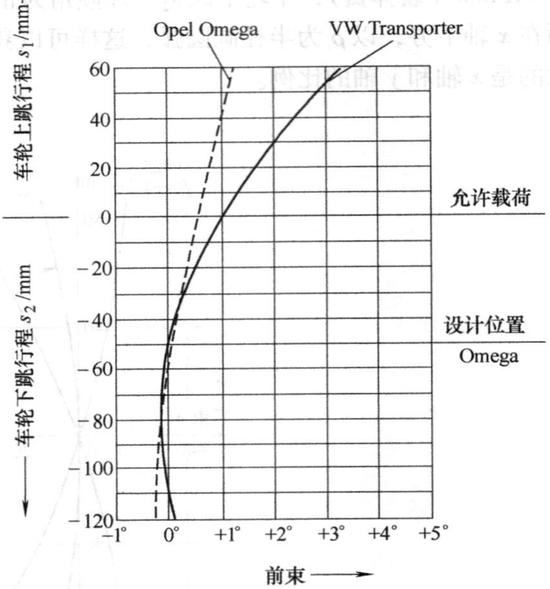

图 8-13　图示为对 VW Transporter 车型和 Opel Omega 车型测量单轮前束变化的结果，在满载时车辆表现为侧倾不足转向；在允许载荷下，摆臂转动点位于车轮中心下面（参见图 8-27 和图 8-28）。在 Transporter 车型上：空载时 $\gamma_{le}=30'\pm30'$，满载时 $\gamma_{be}=-2°5'$；Opel 车型的值为：空载时 $\gamma_{le}=-1°$，满载时 $\gamma_{be}=-2°45'$。

8.3　后掠角和坡度角

1. 侧倾中心高度和角度大小

通过侧倾中心高度 h_W 的三个值可以确定角度 α 和 β，这样在不考虑支承弹性的情况下可以获得有利的外倾角变化和前束变化（见图 8-5 中的公式）。对于后桥驱动：$h_{Wh}=50$mm 时，$\alpha=4°15'$，$\beta=-1°30'$；$h_{Wh}=100$mm 时，$\alpha=11°20'$，$\beta=-1°$；$h_{Wh}=150$mm 时，$\alpha=18°20'$，$\beta=-25'$。

2. 角度

在斜臂式驱动桥中某些厂商采用的角度见表 8-1。

表 8-1　斜臂式驱动桥角度

车　　型	后掠角 α	坡度角 β
Opel Omega/Senator	10°	−1°20′
VW Passat Variant syncro	12°	—
BMW 5 系列和 7 系列	13°	+40′

（续）

车　　型	后掠角 α	坡度角 β
VW Transporter	14°	—
BMW 3 系列	15°	—
Ford Sierra/Scorpio	18°	—
Daimler-Benz S 级	23°30′	—

8.4 后驱动桥

8.4.1 带螺旋弹簧的后桥

为了把车辆的固有转向特性以及第 1.6 节中所介绍的载荷变换反应控制在一定范围内，斜摆臂必须能够在尽可能没有挠度变形的支承中灵活转动。连接固定件为框形抗弯抗扭的横梁，横梁与差速器（可能因布置方式而向前移动）用螺栓联接，共同构成副车架（图 8-14 中的位置 1）。

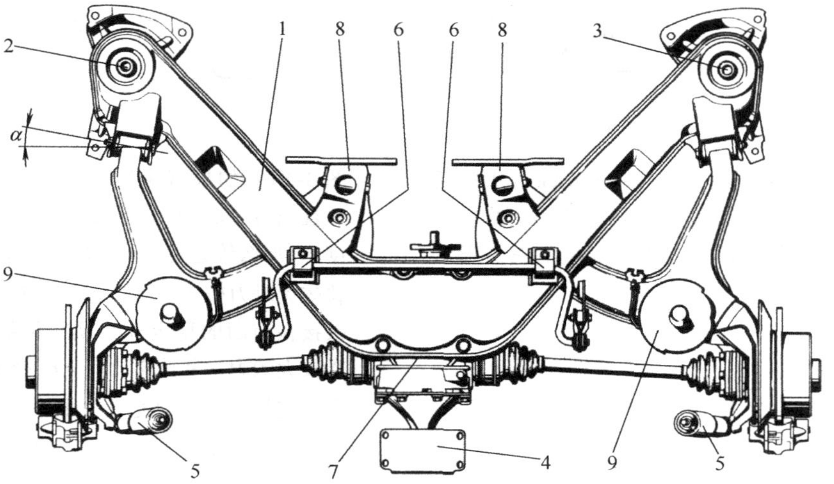

图 8-14　图示为 Opel Omega 和 Senator 车型的后桥俯视图；差速器 7 和副车架 1 通过螺栓固定在一起。两个悬臂 8 用来支撑内侧的摆臂支承，在平板 9 上安装鼓式螺旋弹簧。为了获得平整的行李箱底板，件 9 移动到驱动轴前面；其传递比 $i_F = r/c = 1.5$（图 8-8），这个比例不利于运动学特性。图中标出了后掠角 α。

该组件通过特殊的橡胶支承固定在车身上（位置 2、3、4）；它们可以吸收轮胎滚动冲击，但不会在侧向力作用下变形，或者副车架围绕垂直轴（z 轴）转动（图 2-74）。这些变形运动会导致车辆向不利的过多转向趋势发展。

在垂直方向，支承必须能够承受起动力矩和制动力矩，另外还要布置合理，使得围绕副车架纵轴的转动得到抑制。由发动机产生的驱动力矩 M_A 会导致副车架在踩下加速踏板时朝一个方向倾斜，在松开加速踏板时则朝另一个方向。这种特性和图 1-20 中所描述的刚性车桥的垂直力变化相同（也可参见图 8-25）。

图 8-14 和图 8-15 所示的斜臂式悬架拥有靠前的鼓式弹簧（图 2-12），可以得到较宽且平坦的行李箱。减振器 5 位于车桥中心后面，可以得到有利的传递比（$i_D = 0.86$，图 8-16），在较大的位移时仅需较小的力；另外减振器可以储存较多的油液，有利于冷却。与通常结构不同的是，稳定杆在两个点 6 的地方支撑在副车架 1 上。稳定杆可以使用较硬的橡胶支承，这样可以提高稳定杆的反应速度。其缺点是稳定杆的传递比较差，$i_S = 1.8$（车轮到稳定杆臂，图 8-16）。

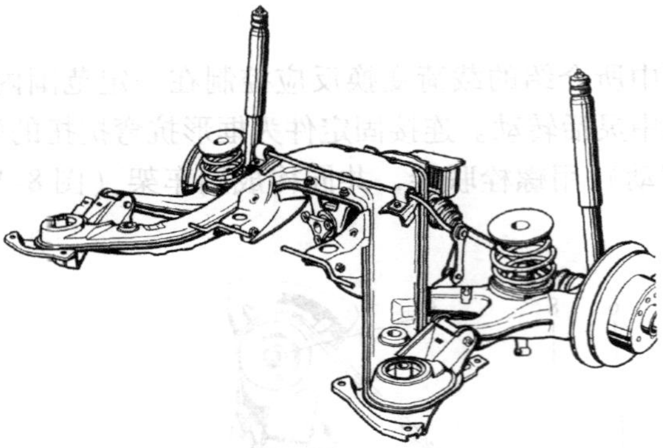

图 8-15 图示为 Opel Omega 和 Senator 车型的后桥轴测图。图中可以看到鼓式弹簧、支撑在副车架上的稳定杆、用于支撑传动轴的三角形法兰以及实心制动盘。

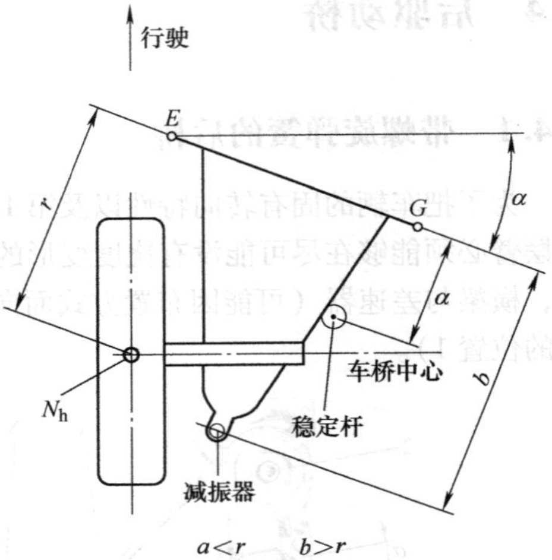

图 8-16 如果减振器位于车桥中心后面，并且到转动轴 EG 的垂直距离 b 大于摆臂长度 r，那么传递比 $i_D = r/b < 1$，其结果是位移较大时力较小，即产生较好的阻尼效果。铰接在前面的稳定杆必须在位移较小时承受较大的力，其传递比 $i_S = r/a > 1$；这决定了稳定杆本身的刚度 C_s。如果 C_φ 为稳定杆在两车轮反向跳动时换算到车轮着地点处的刚度，那么 $C_\varphi = C_s / i_s^2$。⊖

为了得到有利的运动学特性，Opel 公司把后掠角调回到 $\alpha = 10°$，另外坡度角为 $\beta = -1°20'$（图 8-5）。在装载时侧倾中心变化为 $h_{Wh} = 100\text{mm}$，变化不大，外倾角的变化也很微小（图 8-4 和图 8-10）。为了改善后桥的侧向导向性能，车轮在 2 人乘坐时即为负值，$\gamma_{tb} = -1°40'$，在满载时 $\gamma_{bc} = -2°45'$，这样在高速行驶时可将轮胎发热控制在一定范围内。

⊖ 原文中为 $C_s = C_\varphi / i_s^2$。——译者注

如图 8-17 所示，在侧倾的影响下，弯道外侧车轮只有在较高的侧向加速度时才会变为正的外倾角，前束由于结构决定故只稍变小。这种方式，削弱了斜臂式悬架中通常的载荷变换反应和过多转向趋势（图 8-28 和图 3-27）。

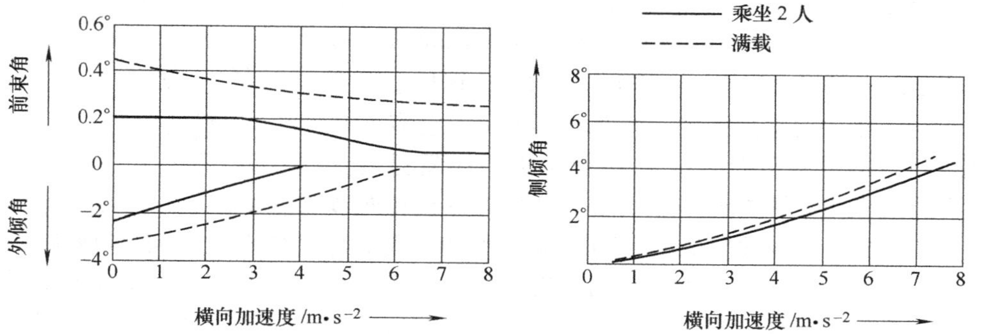

图 8-17 Opel 公司在乘坐 2 人和满载两种状态下，在环道直径为 80m 的弯道上测量弯道外侧后桥车轮的前束和外倾角，以及车身的侧倾角（也可参见图 8-28）。前束在离心加速度较大时只有稍微减小。外倾角仍然保持负值（有利），在加速度 $a_y = 7m/s^2$ 时（相当于 $\mu \approx 0.7$），侧倾角 $\varphi = 4°$，在常规范围内。

前桥的“侧倾不足转向和侧向力不足转向”特性如图 6-40 和图 6-41 所示，故 Omega 车型在弯道中表现为中性转向至不足转向特性。Opel 公司测量的前束变化结果如图 8-13 所示，其他轿车的测量结果如图 5-46、图 5-50、图 5-53 和图 8-27 所示。

VW Transporter 车型（轻型货车，图 8-18 和图 5-24）的后桥也有类似结构，只是外侧的等速可移动万向节装在牢固的框形摆臂中，这样弹簧可以布置在车桥中心（在其上面）。后桥直接和车身相连接；加载时车身下沉，这样铰点位置比较低，后桥侧倾不足转向，有利于运动学特性（图 8-13）。

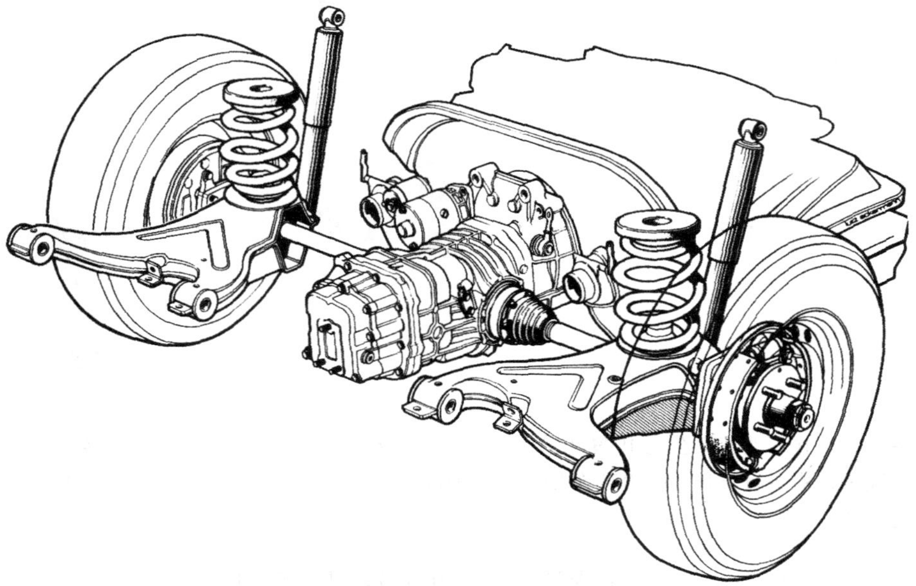

图 8-18 图示为 VW Transporter 车型的后桥，其斜摆臂为框形结构，直接和车身连接；从图中还可以清晰地看到后置发动机上通过法兰连接的变速器单元。

为了保障良好的直线行驶能力以及良好的轮胎磨损，制造厂规定了车桥定位参数和公差范围；对于外倾角，通常 $\gamma_0 \approx -30'$（空载），公差为 $\pm 10' \sim \pm 30'$，前束最大允许值为 $\pm 15'$，其基本值为（空载）$\delta_0 \approx +20'$。为了在批量生产中保证这些值，要求定位参数可以调节。Daimler-Benz 公司和 Ford 公司通过螺栓来实现这个要求，该螺栓位于橡胶支承的内管中，用来把摆臂连接到副车架上，它有两个偏心板，可以通过六角螺栓转动（图 8-19）。不管是内支承点还是外支承点，都有两个偏心板；这样可以让转向节柱偏离水平位置，改变坡度角 β，从而影响外倾角，改变后掠角 α 可影响前束。由于存在驱动力，后束也可能成为有利因素；但是为了保证松开加速踏板时（也即带发动机拖制动）的行驶稳定性，仍不采用后束。

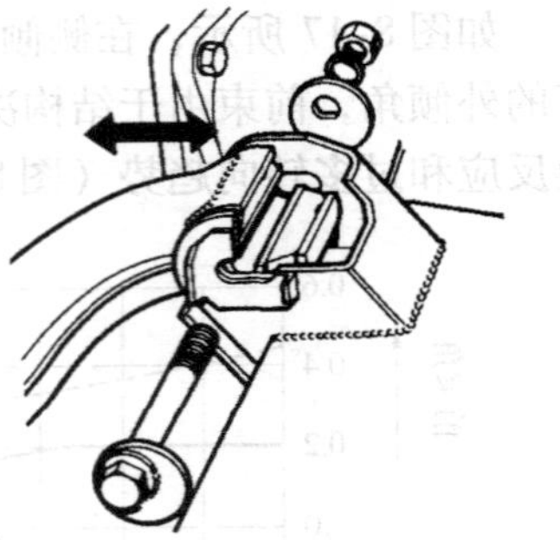

图 8-19　在两个支承点处斜摆臂的偏心板可以用来调节外倾角和前束，偏心板在侧边靠在凸缘上（Ford 公司图片）。

8.4.2　带扭杆弹簧的后桥

与其他汽车制造商不同的是，VW 公司和 Porsche 公司在从摆动式悬架过渡到斜臂式悬架的过程中仍然保留扭杆弹簧。1964 年在 Kaefer（甲壳虫）自动变速器车型上采用了这种悬架，1975 年 Porsche 公司在 Porsche924 车型上采用该结构（图 8-20）。一个横梁用作副车架，横梁中心支撑着两根扭杆弹簧，同时动力总成也支撑在横梁上。横梁两边为两根向后上方延伸的焊接悬臂，它既可以用来支撑减振器和分开的压缩止位块，还可以作为组件与车身的连接件。

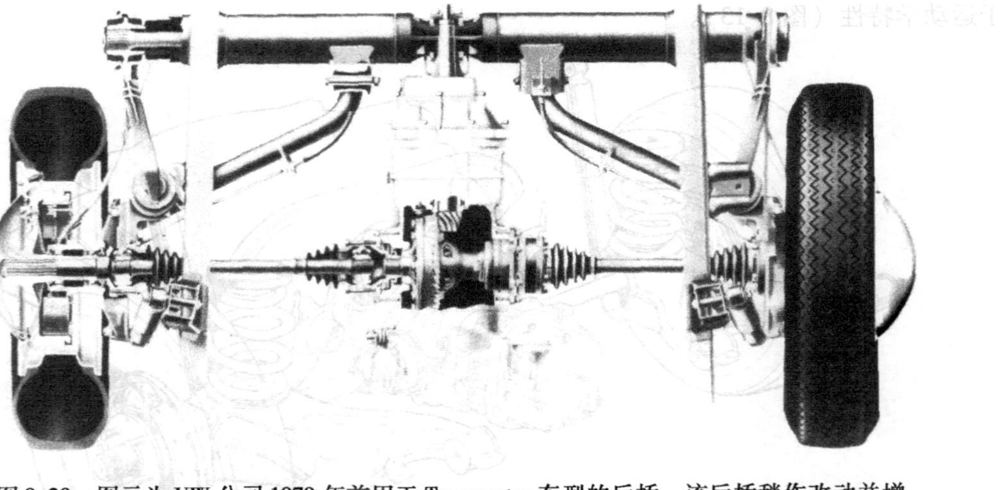

图 8-20　图示为 VW 公司 1979 年前用于 Transporter 车型的后桥，该后桥稍作改动并增加隔声结构便用于 Porsche 924 车型。图示为鼓式制动器、传动轴支承和等速可移动式万向节，可参见图 2-137。

斜摆臂本身为扁平的撑杆，承受弹簧力力矩以及由于侧向力引起的纵向力分力。向前向内斜置的两侧的管件具有抗弯抗扭特性，它支撑在横梁上可以调节，并得到足够的支承间距。这是一种简单经济的设计方案，另一个优点是，由于支承间距较大，传递到车身上的力就会较小。VW 公司 1979 年之前生产的 Transporter 车型的车桥为直接与车身螺栓联接；Porsche 公司则在车架和车身之间采用橡胶支承，以隔离行驶噪声和轮胎滚动冲击；Mitsubishi 公司在四轮驱动 Space Wagon 车型上则是采用另外的方式来实现这个功能（图 8-21）。

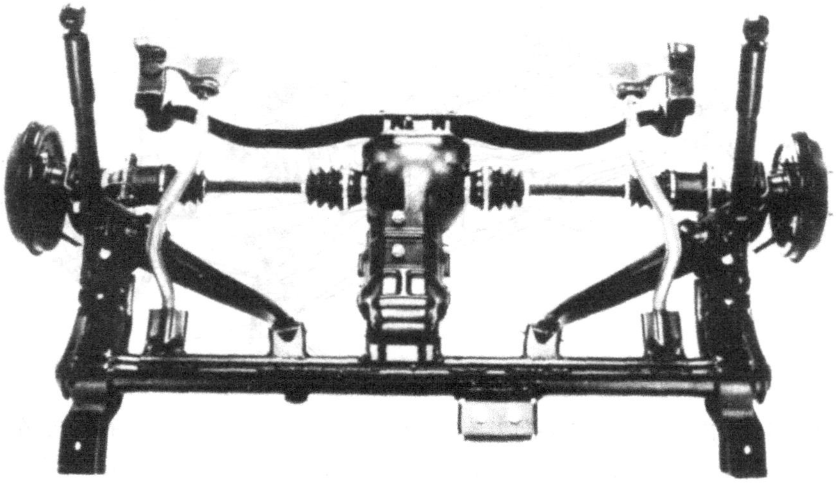

图 8-21　图示为 Mitsubishi 公司四轮驱动 Space Wagon 车型的带扭杆的后桥。弹簧力力矩将通过靠外布置的扁平撑杆从车轮传递到横梁。向前延伸的内纵摆臂抗扭，它承受侧向力力矩和纵向力力矩。减振器布置得很靠后，十分有利；在横管前面可以看到一个弹性悬挂着的金属件，它抑制副车架的固有振动。隔声的功能由两根向后延伸的管状悬臂来实现，悬臂的端部支承在垂直刚度一定的橡胶件上，弹簧力力矩支承在较长的力臂上。悬臂和横管焊接在一起，横管同样支承差速器，差速器后面支承在横梁上。整个单元构成一个跨距较大的副车架，车架的支承在垂直方向几乎不受侧向力的影响，从而可获得“中性”的弯道行驶性能。

8.4.3　精确摆臂式悬架

与前面介绍的斜臂式悬架不同，BMW 公司在 5 系列和 7 系列车型上采用弹簧减振器，它在车桥中心处与车轮托架通过螺栓联接（图 8-22）。这样在纵摆臂和横梁 4（副车架的组成部分）的支承点 11 处引起的反作用力较小，另外一些不同之处也值得关注。

1. 辅助摆臂

焊接在斜摆臂 2 外肘管上的支架 1（图 8-23）使得外支承点的位置较高，并产生坡度角 $\beta = +40'$ 和相对较小的后掠角 $\alpha = 13°$，二者共同形成有利的纵倾中心 O，即形成较大的抗制动纵倾角（图 8-3）。另外，外倾角和前束的变化也很小，表现为侧倾不足转向的前束变化和位置较低的侧倾中心，它们随着加载而明显下降，从而获得不因载荷而变化的弯道行驶性能。曲线如图 8-27 所示。

辅助摆臂布置在斜摆臂下面，辅助摆臂把侧向力进一步传到横梁上，通过这种向下的偏移量，在车轮上下跳动过程中摆臂（以及车轮）会拉向车辆中心，产生螺距增大的螺旋运动，因此这种悬架也称为螺旋摆臂式悬架。辅助摆臂为仅承受拉力和压力的杆件，与带有通孔的球铰的两端连接。用来支撑斜摆臂的橡胶件（图 8-23 中的位置 5 和图 8-24）仅承受径

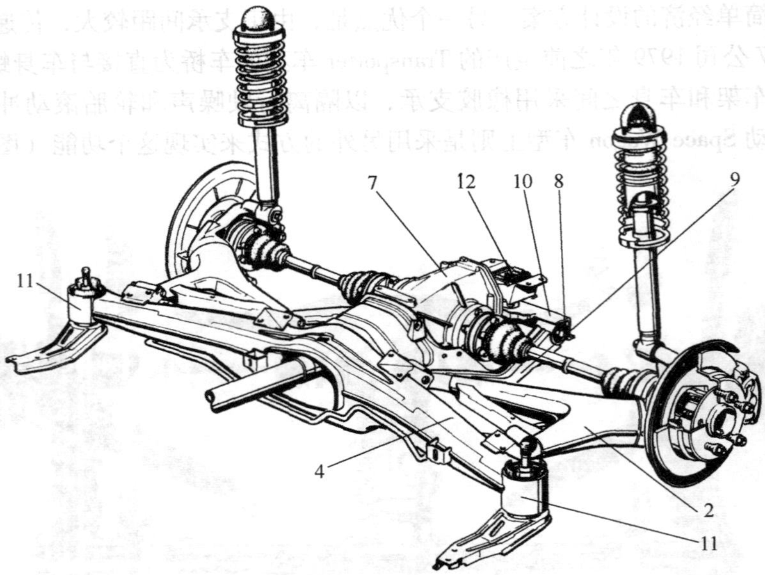

图8-22　图示为用于BMW 5系列和7系列车型的精确摆臂式后桥，可以看到安装在向后延伸的副车架上的差速器支承，由于稳定杆布置在副车架下面，因此在图中无法看到。

向力；在这个方向它必须较硬，轴向则（由于螺旋运动）应该具有挠性。

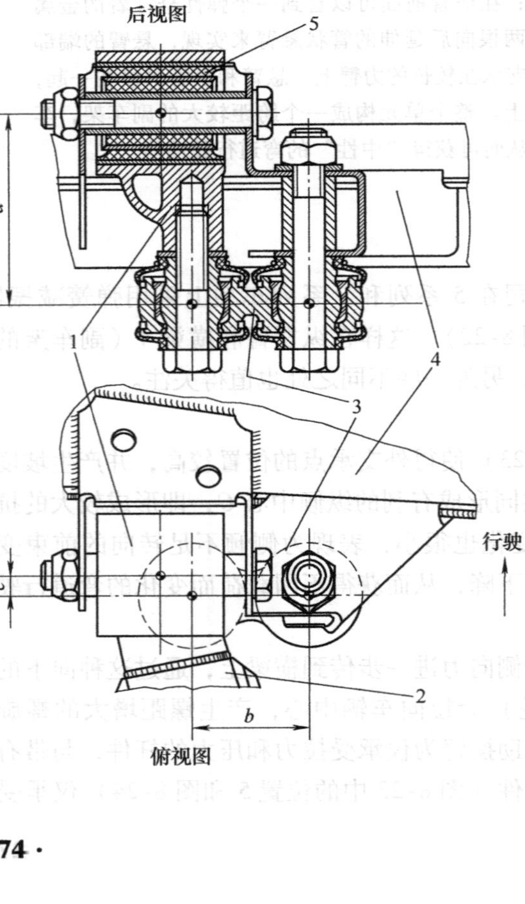

图8-23　图示为BMW 5系列和7系列车型的精确摆臂式悬架。支架1焊接在斜摆臂2上，这样可以减小后掠角并获得间距 *a*。由Lemfoeder Metallwaren公司生产的辅助摆臂3连接到横梁上传递侧向力。

辅助摆臂3越短（间距 *b*），间距 *a* 越大，则斜摆臂在车轮上下跳动中越多地被拉向车辆中心。因此支承5在轴向方向必须具有挠性，而在径向方向则要求高刚度，从而限制摆臂的角度运动（在俯视图中）；硫化在里面的中间套管即起此作用（也可参看第1.6.2节）。间距 *c* 在车轮上跳时变大，在下跳时变为零甚至负值。图示为设计位置，即3人乘坐，每人体重为68kg。在7系列车型中，辅助摆臂长度为50mm（间距 *b*）。

图示中的零件5安装在730i/735i车型中，750i的支承如图8-24所示。

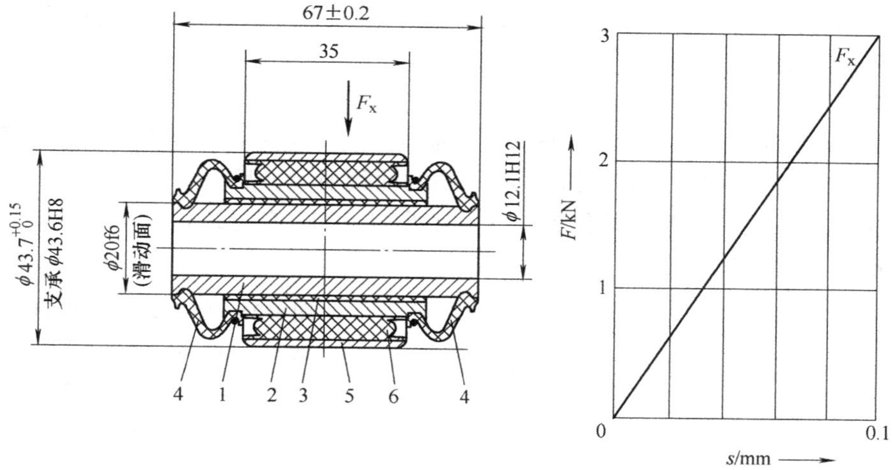

图 8-24 图示为 BMW 750i 车型的斜摆臂支承，由 Lemfoeder Metallwaren 公司提供。和副车架相连的厚壁内管 1 可以在使用期限内一直保持有润滑地滑动，并且侧面很容易移动，钢套管 3 表面涂有 PTFE，位于中间套管 2 内。皮碗 4 起密封作用。在管 2 和 5 之间硫化的橡胶部分 6 起隔噪作用，并补偿由于生产条件限制而产生的偏差，径向几乎没有弹性（也可参看图 2-63）。

在起动时车身后部压缩，辅助摆臂 3 产生车辆纵向方向的分力，该力通过力臂 a 使得下沉减小。摆臂越短，俯视图中的间距 b 产生的支撑作用就越强。制动过程则相反，辅助摆臂拉着车身后部向下，抗制动纵倾率为 81%。

在弯道行驶中，间距 c 在外侧增大，使得侧向力 F_{sa}（轮胎接地点处）和摆动支承之间的间距减小，车轮稍有“竖起”倾向。弯道内侧则相反，间距 c 变为零甚至负值，F_{si} 和摆动支承间的间距变大。另外，两个车轮还由于驱动力在车辆纵向产生分力，这个分力也可以减小侧倾。

2. 副车架

如图 8-14 所示，几乎在所有的斜臂式驱动桥中，差速器 7 固定在横梁上，并且共同形成副车架。BMW 7 系列车型的零件 4 和 7 之间采用橡胶支承（图 8-25），以便把滚动噪声、振动以及齿轮噪声从车身隔离。横梁 4 伸出两个悬臂 9，在背面支撑托架 10。

斜摆臂 2 连接在横梁上（图 8-22）；支承的转动刚度较软，但径向较硬（图 8-23 和图 8-24）。尽管如此，在弯道行驶和载荷变换反应中，在滚动阻力和侧向力（F_{Rk}、F_{sa}、F_{si}）的作用下还是会产生一定的挠度。弯道外侧的车轮会产生微量的后束，内侧产生前束。车桥

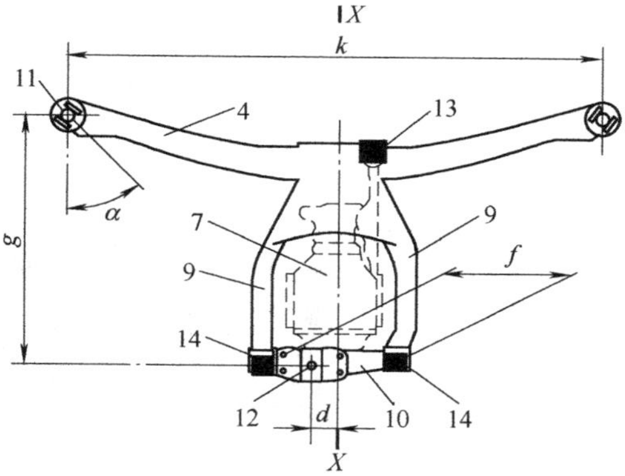

图 8-25 图示为 BWM 7 系列车型的副车架组件。为了平衡由传动轴传递的发动机力矩以及避免围绕 x 轴（纵向）转动，后面的支承 12 偏离中心距离为 d，否则在踩下加速踏板和松开加速踏板时会导致前束变化，从而轻微改变固有转向特性。较宽的支承间距 k 在这个方向上有一定有利的影响。两侧支承 11（图 2-74）在安装中转动了角度 α，这样在 X 方向存在严格定义的弹性来隔离轮胎滚动冲击。为了隔离噪声，差速器通过橡胶支承 13 和 14 固定在副车架上。

表现为侧向力过多转向特性（图1-29和图2-80），没有通过设计摆臂转动轴的空间位置来得到侧倾不足转向特性。

3. 弯道行驶

整个副车架组件向后延伸，与车身在三个地方连接。前支承11（图8-25和图2-74）相对较软，且布置在车桥中心前面。如图8-26中的曲线所示，后支承在侧向（y）较硬，位于车桥中心稍后处（图8-25中的位置12）。支承11和12在弯道行驶中的变形几乎相同，使得副车架组件产生横向滑移。

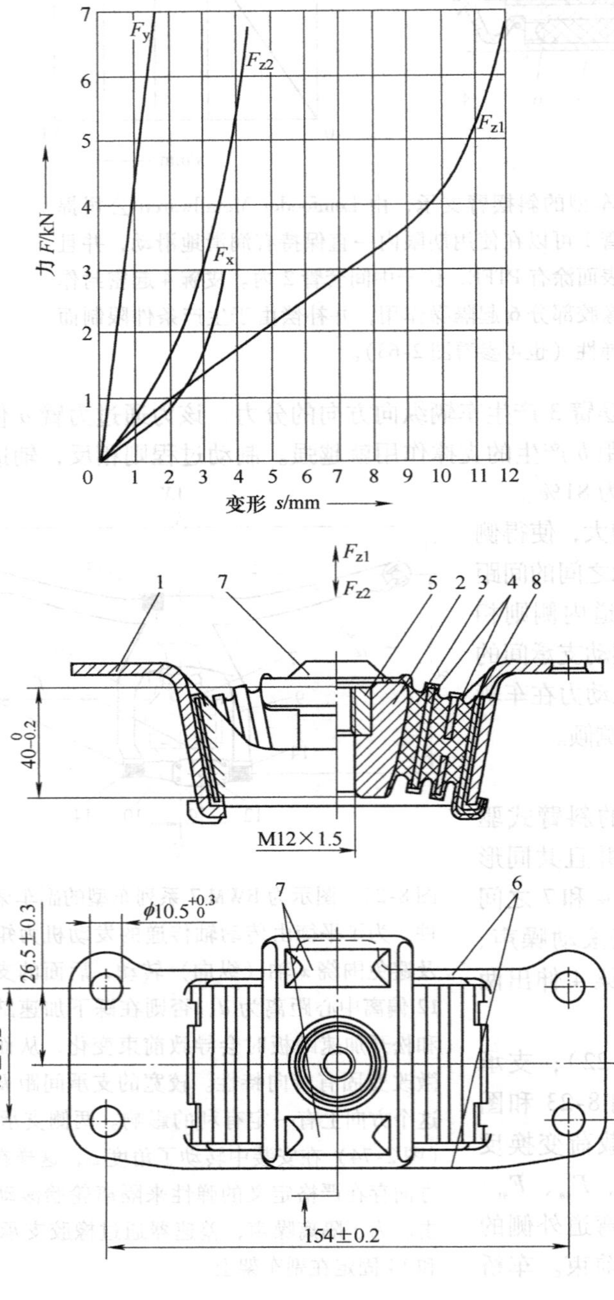

图8-26　图8-22和图8-25中的位置12为BMW 7系列车型副车架的后支承，生产商为Lemfoeder Metallwaren公司。支承外圈1通过四个螺栓与车身连接，内管2连接在副车架上。另外滚花螺母5被压在内管2中（铝压铸件）；连接螺栓从下面与螺母联接。侧面的搭接6支持着外圈板件，并同时限制副车架的纵向运动。外圈1和内管2之间是橡胶弹性体，每侧都有两个中间隔板4以及靠外的隔板8与橡胶硫化在一起。这样支承的侧向刚度很大（曲线F_y），在纵向则软得多（F_x）。外圈1的侧壁倾斜，在压力F_{z2}的作用下支承会变形，这样y方向的刚度会变硬。在弯道中驱动力越大，则内管压向外圈的压力越大，作为“转动点”的支承也越硬。曲线F_{z1}为拉伸方向的力（即制动），表现为大的挠性。橡胶凸起7起限位作用，在高载荷时和车身接触，曲线即表现为陡增特性。

侧向力为 $F_{sha}+F_{shi}=\mu_s G_h$，压迫外侧车轮向后束变化，内侧向前束变化（图 6-67 和图 2-80）。如果这种缺点不能够通过运动学的侧倾不足转向来抵消，那么后桥表现为侧向力过多转向特性。如图 8-27 所示，车轮上跳时前束变大，下跳时则变为后束，并且车辆载荷越大，这种趋势越强烈。

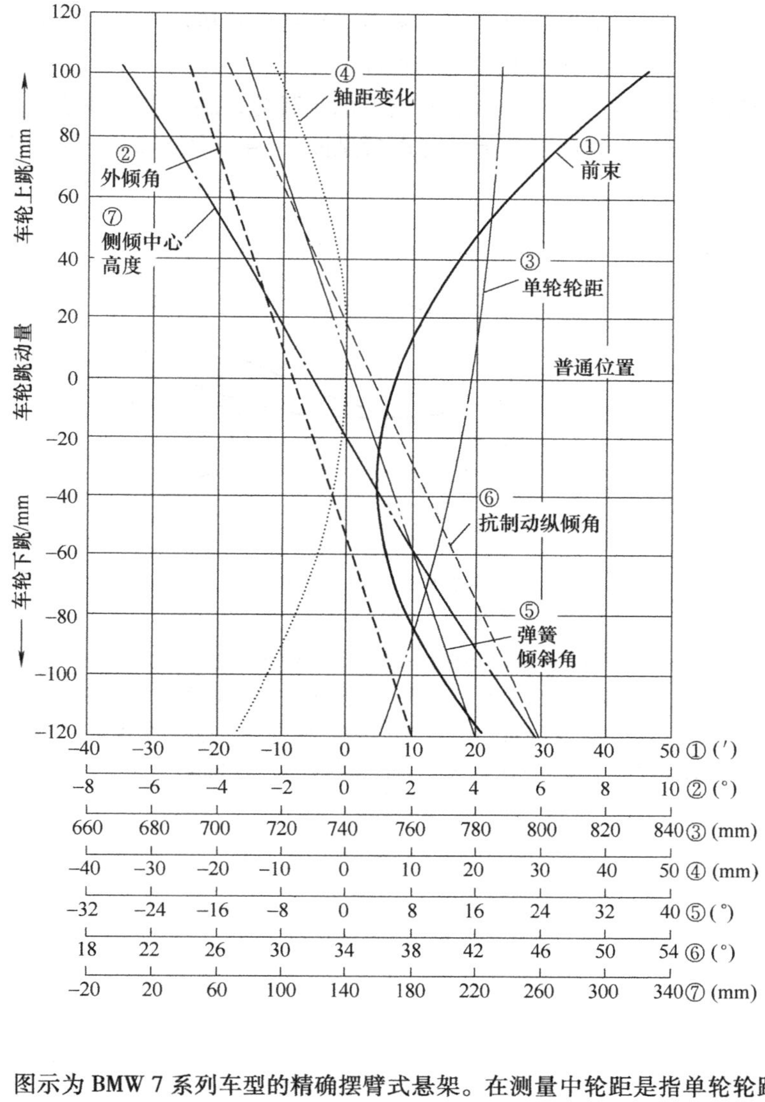

图 8-27 图示为 BMW 7 系列车型的精确摆臂式悬架。在测量中轮距是指单轮轮距。前束变化曲线表明后桥表现为侧倾不足转向，这可以通过车轮外倾角（在普通位置）和坡度角进行匹配来实现。装载时侧倾中心下沉，这样在允许载荷工况时在弯道行驶中车轮力的转移量会减小，十分有利。

图 8-28 所示为 BMW 车型在乘坐 3 人和满载工况下横向加速度与前束变化的关系曲线。在满载工况下，外侧车轮前束增大，内侧前束减小，车桥为不足转向趋势。在非满载工况

下，弯道内侧车轮略微趋向过多转向，这样车辆变得更加灵敏。

4. 纵向力

力矩 $M_A = F_{ah} r_{dyn}$（驱动力和轮胎动态滚动半径）由差速器承受，并进一步通过弹性件13和14传递到副车架组件。产生的垂直力使得后面的支承12（图8-25）承受压力，前面两个支承11承受拉力；较大的作用间距 g 使得应力控制在一定范围内。

纵向力主要由前面支承承受。另外副车架还必须把发动机以及传动轴的力矩传递到车身上（图1-20）。跨距 k 较大，有利于围绕 x 轴的支撑。

制动力矩使安装在件4上的两个斜摆臂支承承受载荷，副车架将在这些位置被向下压和向后拉。支承在力 F_{z2} 和 F_x 作用下的弹性可以参见图2-74和图8-26中的曲线。

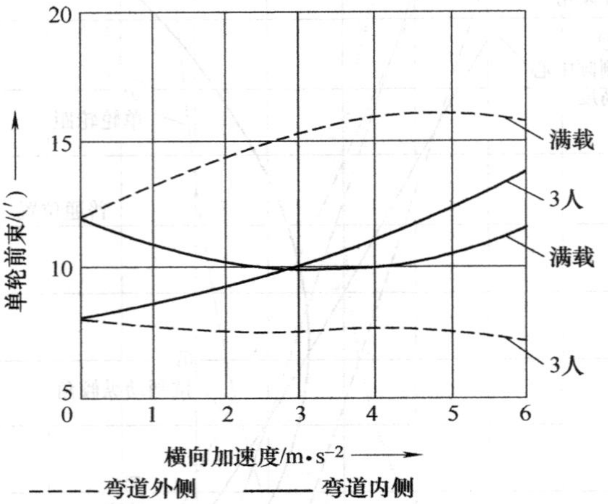

图8-28　图示为BMW公司在一部7系列车型上测量的横向加速度和前束变化的关系，车辆在乘坐3人和满载两种工况下行驶（也可参见图8-17）。直线行驶时的前束取决于装载状态（图8-27），乘坐3人时 $v=1\text{mm}$，满载时 $v=12\text{mm}$。

9

其他独立悬架形式

9.1 双铰链摆动式悬架

双铰链摆动式悬架作为后桥独立悬架的历史最为悠久。20 世纪 30 年代，Daimler-Benz 公司由于其在差速器两侧容易铰接而采用了这种结构，不仅应用于标准驱动形式的轿车上，而且也用于后置发动机的轿车上。当时较高的汽车车身要求侧倾中心高度较高，这样侧倾力臂较小，在弯道中的侧倾程度稍小。

现在对于一辆发动机后置的车辆，要求后桥上的侧倾中心要比前桥的低。在双铰链摆动式悬架上不能满足这种要求；另外轮距变化明显增大，这不利于保证行驶的安全性（图 9-2）。基于以上原因，这种既简单又经济的驱动桥悬架形式几乎无法应用于轿车，只能用于某些货车（大多为四轮驱动）上。

这种悬架每侧由一个横摆臂组成，横摆臂可以转动。布置在中间的差速器在驱动桥上将转动点彼此隔开（图 9-3），这样侧倾中心 W 升高，并且较短的摆动长度会导致过大的轮距变化（图 9-1 和图 9-2 所示）。另外，车身还受到弯道外侧车轮的向上压力（图 9-4），车轮向正的外倾角变化，轮胎侧向导向能力下降；除此以外轮距也减小，即减小了对弯道性能有很重要作用的支撑跨距。如果直线行驶时正的外倾角就很大，或者后桥反向跳动的弹性刚度越大，那么在弯道中这种效应就越明显。车尾向外偏移的后果是过多转向增强（图 2-37），极端情况下可导致翻车。

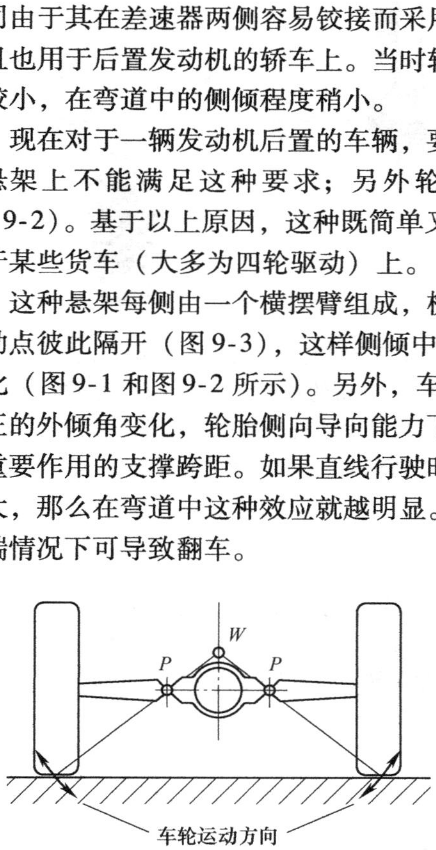

图 9-1　图示为双铰链摆动式悬架，位于差速器附近的摆臂转动点 P 以及较高位置的侧倾中心 W。摆动长度以及瞬心 P 的位置确定了车轮的运动方向，图中的轮距变化和外倾角变化都较大。车轮接地点和瞬心 P 的连线延长的交点可以得到点 W。

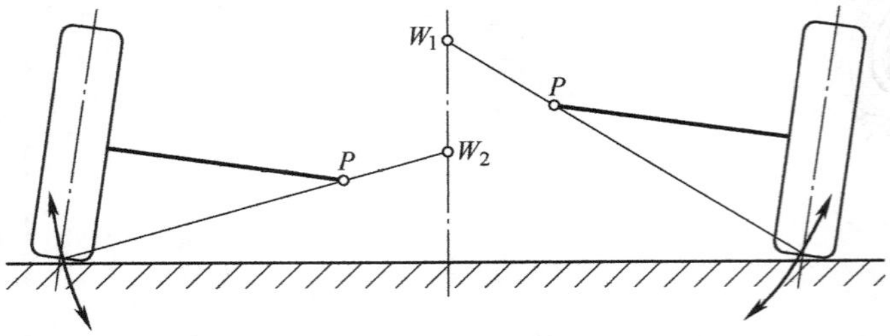

图 9-2　摆臂转动点 P 位置低一些可以减小轮距的变化量，侧倾中心 W_1 下降到 W_2，轮距变大。如果仅乘坐 2 人即使得车轮为负的外倾角，那么其优点是侧向力的承受能力提高，但缺点是车轮上跳行程变小，由此装载量减小。

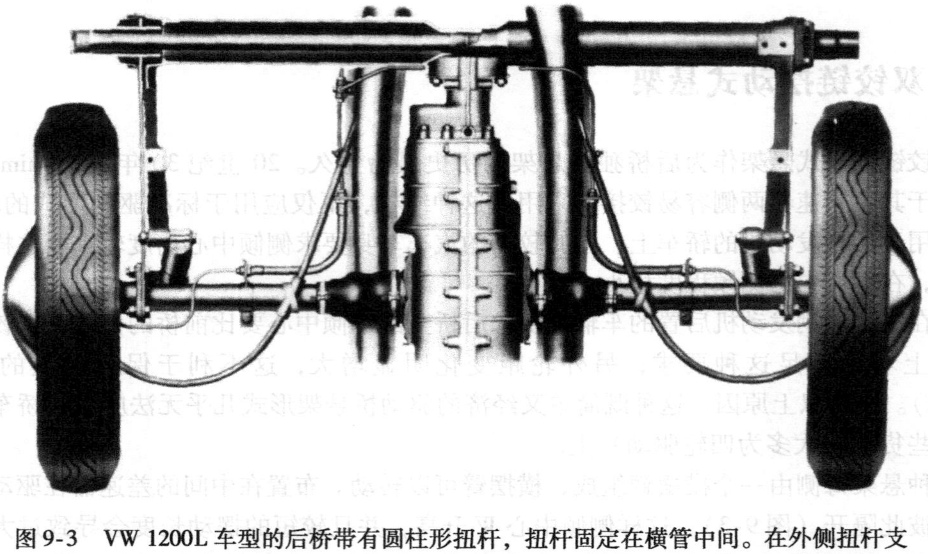

图 9-3　VW 1200L 车型的后桥带有圆柱形扭杆，扭杆固定在横管中间。在外侧扭杆支撑在由扁钢组成的纵摆臂的支承中；纵摆臂把纵向力、弹簧的垂直力以及制动力矩传递到车身。侧向力通过两根桥管传递到差速器，并通过发动机悬挂进一步传到横管上。横管和向后延伸的悬臂（支撑减振器）形成“副车架”，车桥预装在副车架上，一同固定在车身上。

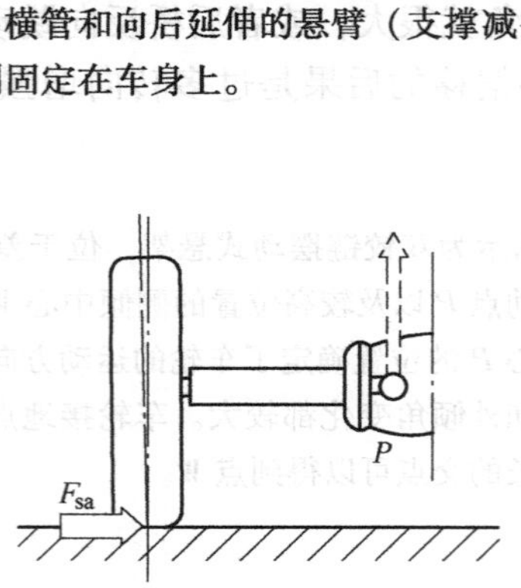

图 9-4　在双铰链摆动式悬架中，侧向力 F_{sa} 压迫弯道外侧车轮向不利的正值方向变化，同时车身在摆臂转动点 P 处向上抬升。

在 VW 1200L 车型中驱动轴位于管状的横摆臂中，在外端需要一个滚动轴承来承受所有方向的力；在内部驱动轴通过匙式铰链与差速器连接，以便转动并可在纵向稍作移动（图 2-111）。驱动轴的内铰点和横摆臂的球窝应具有相同的转动点，这样可以避免车轮跳动时零件相互侧向移动。

摆臂转动轴与行驶方向有夹角，这样在制动时造成车身尾部下沉；在两侧产生纵倾中心 O（图 9-5 和图 8-1）。横摆臂和纵摆臂的转动轴呈 90°夹角，这不是真正的摆动式悬架，而是斜摆臂式悬架；车轮运动围绕两个弧线，一个弧线的中心是差速器上的铰点 P，另一个则是围绕通过点 E 的扭杆中心线的弧线。平的纵摆臂在车轮跳动时扭曲，它不仅承受弯矩还承受扭矩。

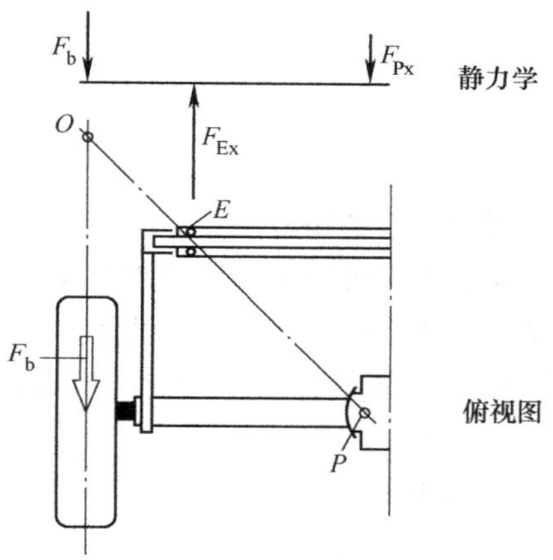

图 9-5　在双铰链摆动式悬架的 VW 1200L 车型中，其静力学分析如图所示，支承 E 处和横摆臂的转动点 P 处均要求支承纵向力；点 P 和 E 连线的延长线与车轮中心平面的交点即为纵倾中心 O。实际上支承点 E 布置得还要靠外一些，为了便于理解，图中把它向车辆中心方向移动。

9.2　单铰链摆动式悬架

横摆臂越长，横摆臂的转动点位置越低，则轮距变化就越小（图 9-2）。较长的摆臂产生位置较低的侧倾中心，其结果是车身在弯道中抬升量较小，车轮的外倾角可以保持不变。

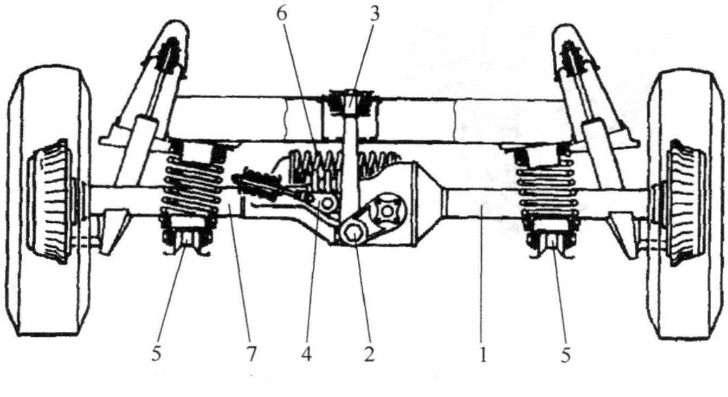

图 9-6　图示为 Daimler-Benz 公司使用的单铰链摆动式悬架的前视图，螺旋弹簧 6 横置于差速器上面不起稳定作用。

基于这种优点，Daimler-Benz公司在20世纪50年代采用单铰链摆动式悬架（图9-6），在S级车型上一直使用至1972年。左侧（行驶方向）的桥管1和差速器外壳固定连接，右侧则在点2处为转动连接。外壳固定到车身上通过扭力支承3以及撑杆4，螺旋弹簧位于向前延伸的纵摆臂5上。纵摆臂也承受大部分的起动力以及制动力，起动力和制动力引起的力矩传递到上面的扭力支承3上。侧向力则由撑杆4承受。这种悬架需要一个可以进行长度补偿的驱动轴铰链，该铰链应位于车桥端7处。

车轮同向跳动时垂直力由两个弹簧以及布置在中间的平衡弹簧6来支承。离心力使得车身围绕点2产生倾斜；只有两个外侧的弹簧会产生变化，中间的弹簧则不受影响。即车轮反向跳动的悬架刚度比同向跳动的软，中间的弹簧不起稳定作用。

9.3 双纵摆臂悬架

这种悬架形式仅用于VW公司生产的发动机后置的车型1200L的前桥上（图9-7），每侧有两根纵摆臂，纵摆臂的前端可以转动，并与布置在中心的扭杆夹紧；摆臂后端与车轮托架连接。弹簧位于两根彼此连接强固的横管1中，横管不仅可简单地构成副车架，而且还用作装配单元，减振器以及转向机也固定于其上。这种结构在运输车型上一直使用至1979年，其优点是车桥中心前所需的安装空间很小；但在轿车上则表现为缺点，轿车空间较小，如果行李箱在前面则空间更小。另外，纵摆臂由于垂直力和侧向力而承受弯矩和扭矩，在弯道中前轮会产生不利的侧倾外倾角，这点和普通的纵摆臂悬架是相同的（图4-11）。

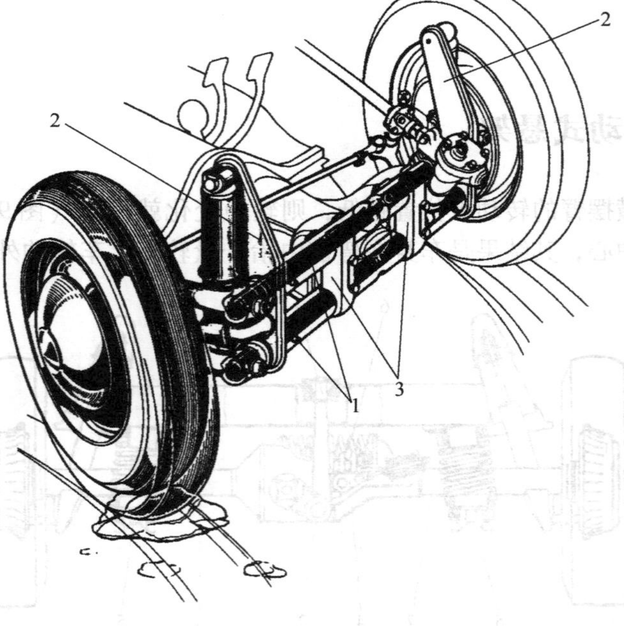

图9-7　图示为VW 1200L车型的前桥，扭杆弹簧在中间固定在横管1中；侧围件2和横管焊接为一体，上面支撑减振器。装配单元可以使车轮具有准确的车轮定位值，并最终通过夹箍3固定在车身组件上。

9.4 纵横摆臂悬架

这是一种具有车轮导向功能的弹簧支柱，这种弹簧支柱可以减小翼子板的负担，上面的支撑力由固定在刚度相对较高的前壁纵摆臂来承受（图 9-8）。承载球铰和导向球铰间的跨距很大，使之承受的力较小；在后视图中，通过转动上面的摆臂转动轴可以影响外倾角、轮距以及侧倾中心高度（图 9-9）。Daimler-Benz 公司通过在 S 级车型的前桥上采用短的上摆臂可以获得渐变的抗制动纵倾角。其缺点是（和双横臂一样）球铰太多，费用高。Rover 公司生产的 2200TC 车型上从 1964 年到 1976 年采用纵横摆臂悬架，1958 年至 1967 年用于 Glas 700、S1004 和 S1204 车型。后几种车型上支撑在纵摆臂中的扭杆用作稳定杆（图 7-18）；之后可以用一个横梁来完成这些功能（如同复合式悬架，图 4-12），同时可以省去两个支撑点。

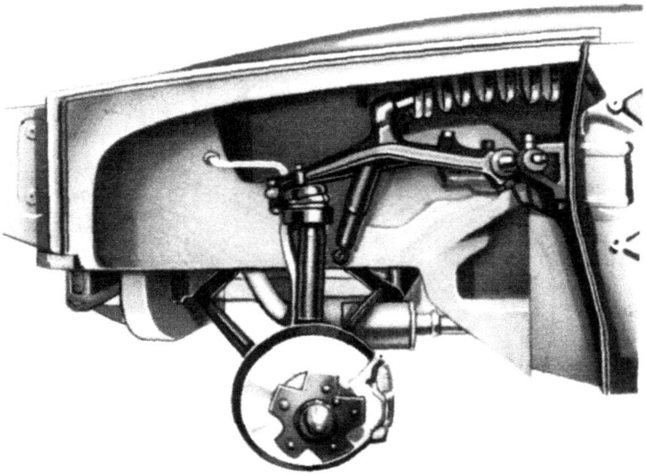

图 9-8 图示为 Rover TC 车型的前桥，螺旋弹簧几乎水平布置并支撑在前壁上。

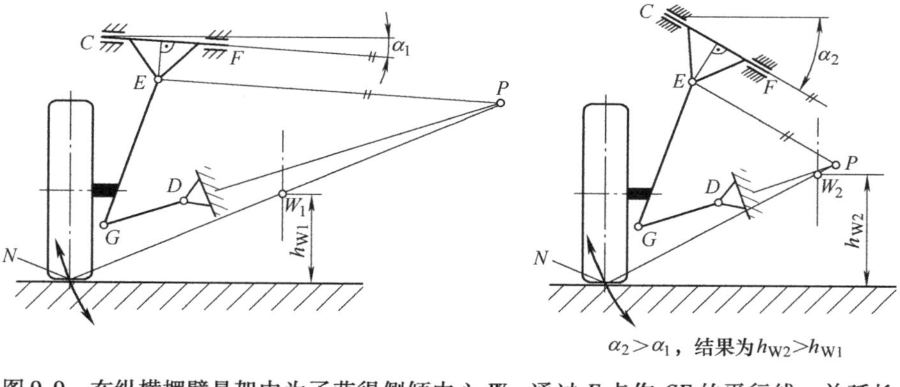

图 9-9 在纵横摆臂悬架中为了获得侧倾中心 *W*，通过 *E* 点作 *CF* 的平行线，并延长 *GD* 线得到交点为瞬心 *P*，*P* 点和 *N* 点的连线与车辆中心的交点即为 *W*。上摆臂在后视图中越斜（右图中的 α_2），则 *P* 点越接近车辆中心，轮距变化和外倾角变化将变大，W_2 位置比 W_1 高。

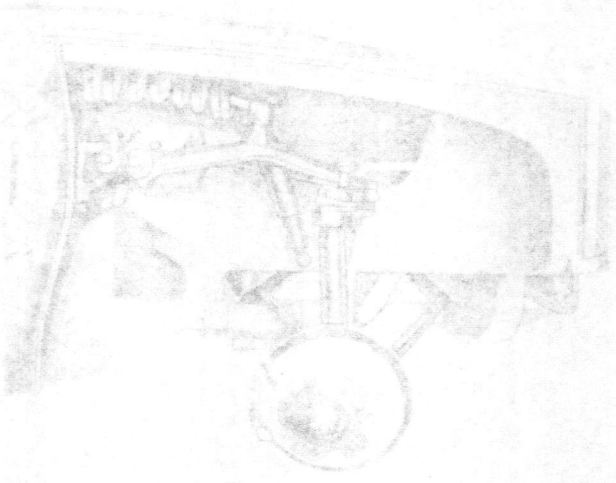

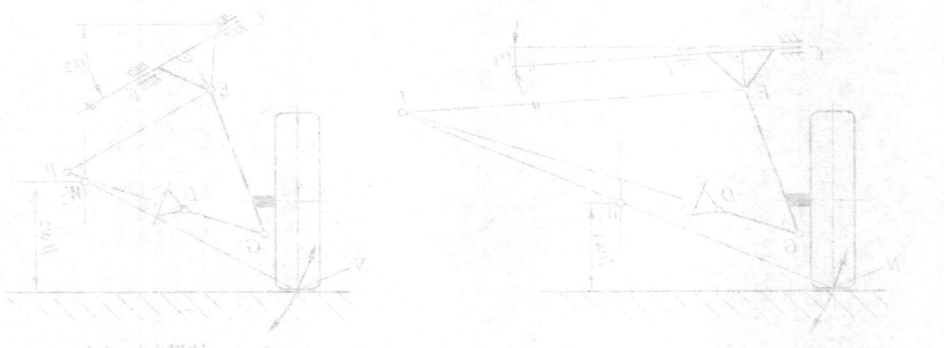